BUCHREIHE DER ANGLIA
ZEITSCHRIFT FÜR ENGLISCHE PHILOLOGIE

Herausgegeben von
Helmut Gneuss, Hans Käsmann, Erwin Wolff
und Theodor Wolpers

15. Band

THEO STEMMLER

LITURGISCHE FEIERN UND GEISTLICHE SPIELE

Studien zu
Erscheinungsformen des Dramatischen
im Mittelalter

MAX NIEMEYER VERLAG TÜBINGEN

1970

Als Habilitationsschrift gedruckt mit Unterstützung der Deutschen Forschungsgemeinschaft

ISBN 3 484 42011 1

© Max Niemeyer Verlag Tübingen 1970
Alle Rechte vorbehalten. Printed in Germany
Satz und Druck: Bücherdruck Wenzlaff KG, Kempten
Einband von Heinr. Koch Tübingen

Inhaltsverzeichnis

Vorwort VII

A. EINFÜHRUNG 1

    I. Kapitel. Kult und quasi-dramatische Feier 3

    II. Kapitel. Fragestellung, Methode, Terminologie 11

B. LATEINISCHE FEIERN UND SPIELE 21

    I. Kapitel. Typologische Entstehung und Verwendung des Tropus *Quem quaeritis in sepulchro* 23

    II. Kapitel. Alogische Montage oder dramatisch-logische Komposition? 47
        1. Texte aus der österlichen Zeit 47
            a) Der Tropus *Quem quaeritis in sepulchro* und die *Visitatio Sepulchri* 47
            b) Passionsspiele 70
        2. Texte aus der Weihnachtszeit 72
            a) Die *Visitatio Praesepis* 72
            b) Das *Officium Stellae* 77
            c) *Ordo Rachelis* 87
            d) *Ordo Prophetarum* 90
            e) Das Benediktbeurer Weihnachtsspiel 92
        3. Andere neutestamentliche „Themen" 96
            a) Lazarus und die *Conversio Sancti Pauli* 96
            b) Die hl. Maria 98
        4. Alttestamentliche „Themen" 103
            a) Jakob und Esau 104
            b) Joseph und seine Brüder 105
            c) Daniel 107
        5. Nikolausspiele 111
        6. Eschatologische „Themen" 114

    III. Kapitel. Typologische Übertragung als Konstante 123
        1. Typologische Übertragungen in Visitations-Szenen 124
        2. Typologische Übertragungen in Theophanie-Szenen 150
        3. Typologische Übertragungen außerhalb von *visitationes* und Theophanie-Szenen 160

C. Die englischen Fronleichnamszyklen 165

    I. Kapitel. Entstehung und Wesen der englischen Fronleichnamszyklen 167

        1. Der Zusammenhang mit dem Fronleichnamsfest 167
        2. Geschichte als Liturgie 180
        3. Der Prozessionscharakter der englischen Fronleichnamszyklen . . 188
        4. Die neue Form der λειτουργία 200

    II. Kapitel. Alte und neue liturgische Elemente in den englischen Fronleichnamszyklen 209

        1. Traditionelle liturgische Kompositionen in den Fronleichnamszyklen 210
            a) die *Visitatio Sepulchri* 210
            Exkurs: Die *Visitatio Sepulchri* in den sogenannten "Digby Plays" 221
            b) Die *Visitatio Praesepis* 226
            c) Die Anbetung der Drei Könige 232
            d) Der bethlehemitische Kindermord 235
        2. Übernahmen aus der Liturgie des Fronleichnamsfestes 238

    III. Kapitel. Typologische Übertragung als Konstante 247

        1. Typologische Übertragungen aus der *Visitatio Sepulchri* . . . 247
        2. Der Typ des Anti-Christen 255
        3. Typologische Übertragungen von den Hl. Drei Königen auf die Hirten in den Weihnachtsspielen 286
        4. Typologische Übertragungen in der *Secunda Pagina Pastorum* der *Towneley Plays* 291

Schlussbetrachtung 301

Literatur- und Abkürzungsverzeichnis 309

Verzeichnis der Abbildungen 327

Autorenregister 329

Sach- und Werkregister 332

Vorwort

Die vorliegende Studie ist eine überarbeitete Fassung meiner im Januar 1967 fertiggestellten Habilitationsschrift. Die seither erschienene Literatur zu dem hier interessierenden Gebiet wurde soweit wie möglich berücksichtigt.

Meinem verehrten Lehrer, Herrn Prof. Dr. Erwin Wolff (Erlangen), möchte ich auch an dieser Stelle meinen Dank aussprechen: Mit mäeutischem Geschick hat er mich zunächst Zaudernden zur Bearbeitung des hier erörterten Problemkreises bestimmt; durch zahlreiche Hinweise und Verbesserungsvorschläge hat Herr Prof. Wolff an dieser Schrift teil.

Ferner verdanke ich Herrn Prof. Dr. Arno Borst (Konstanz) viele wertvolle Hinweise und Ergänzungsvorschläge. Meinen Mannheimer Mitarbeitern, Herrn Hilmar Sperber und Herrn Klaus Sperk sowie Herrn Ingobert Eck, danke ich für ihr ausdauerndes Korrekturlesen und ihre Hilfe beim Erstellen des Registers.

Zu Dank verpflichtet bin ich der Deutschen Forschungsgemeinschaft für ihren großzügigen Druckkostenzuschuß, weiterhin zahlreichen Museums- und Bibliotheksdirektionen im In- und Ausland für die Reproduktionserlaubnis der hier wiedergegebenen Abbildungen. Schließlich danke ich meinem Verleger, Herrn Robert Harsch-Niemeyer, für seine bemerkenswerte Geduld angesichts eines gewiß nicht einfachen, durch zahlreiche Abbildungen und Notenbeispiele weiterhin komplizierten Manuskripts.

Mannheim, im September 1969   Theo Stemmler

A.
EINFÜHRUNG

I. KAPITEL

Kult und quasi-dramatische Feier

> Nein, Gott hat keine Geschichten wie
> Usir, der Dulder von Ägypterland, der
> zerstückelte Begrabene und Erstandene...
> (Thomas Mann, *Joseph und seine Brüder*)

Gegenstand unserer Untersuchung ist das mittelalterliche geistliche Spiel von seinen liturgischen Anfängen im 10. Jahrhundert bis zu seiner besonderen Ausprägung in den englischen Fronleichnamszyklen des Hochmittelalters.[1] Diese programmatische Feststellung enthält zwei Thesen, die der Erläuterung und des Beweises bedürfen.

Daß die Ursprünge der mittelalterlichen geistlichen Spiele in der kirchlichen Liturgie zu suchen sind, ist bis in die jüngste Zeit bestritten worden.[1a] Phillpotts, Stumpfl, Grönbech, Pascal u. a. haben versucht, das geistliche Spiel des Mittelalters aus heidnischen Ritualen bzw. „heidnisch-liturgischem Drama" abzuleiten. Diese Erklärungsversuche basieren auf rein hypothetischen Annahmen oder Fehlinterpretationen der Quellen; insbesondere entbehren die Hypothesen Stumpfls jeder wissenschaftlichen Ernsthaftigkeit und Objektivität. Diese Theorie ist von der Forschung zu Recht einhellig abgelehnt worden.[2]

Ähnlich wie aus einigen tatsächlich im geistlichen Spiel vorhandenen heidnischen Elementen fälschlich auf heidnischen Ursprung dieser Spiele geschlossen wird, ist die Bedeutung des mittelalterlichen Mimus für die Entstehung des mittelalterlichen geistlichen Spiels von einigen Forschern überschätzt worden. Hunningher, der Hauptvertreter dieser Theorie, legte seinen Thesen die Deutung einiger Miniaturen zugrunde, die im Ms. B.N. 1118 – dem sogenannten Troparium von Limoges – enthalten

---

[1] Hier ist nur von Feiern und Spielen im Bereich der römisch-katholischen Kirche die Rede. Auf – z. T. ähnliche – Entwicklungen in der byzantinischen Kirche kann nur gelegentlich verwiesen werden. (Vgl. hierzu die Veröffentlichungen von E. Wellesz [s. Bibliographie]).
[1a] Vgl. hierzu die Forschungsberichte Brugnolis, Henshaws und Michaels, *Drama*.
[2] Vgl. z. B. die Rezension von N. C. Brooks, *JEGP*, 37 (1938), 300–302, über Stumpfl; weitere Hinweise bei Henshaw, S. 9. – In neuerer Zeit hat Speirs eine starke Wirkung heidnischer Rituale auf das mittelalterliche geistliche Spiel angenommen. Er bezeichnet die englischen Spielzyklen zu Unrecht als "a unique combination of the dramatic rituals of the old religion and the new" (*Poetry*, S. 374). Zu diesem Fehlurteil gelangt er, da er nicht streng zwischen phänomenologisch beobachteten Analogien und tatsächlicher direkter Einwirkung unterscheidet.

sind und Musikanten, Tänzer usw. darstellen. Da sich diese Abbildungen in einer Handschrift finden, die ausschließlich liturgische Texte – u. a. den Tropus *Quem quaeritis in sepulchro* – enthält, nahm Hunningher an, die liturgischen Kompositionen seien von Mimen vorgetragen worden.³ Da auch er den Tropus *Quem quaeritis in sepulchro* als Ausgangspunkt für das mittelalterliche geistliche Spiel betrachtet, wurde nach seiner Ansicht der weltliche Einfluß von Mimen, *minstrels* usw. bereits in der ersten Entwicklungsphase des mittelalterlichen geistlichen Spiels wirksam. Diese – aus mehreren, hier nicht zu erörternden Gründen – absurde Theorie ist bereits dadurch widerlegt, daß Hunningher von einer Fehldeutung ausgegangen ist: Die von ihm als mittelalterliche Mimen bzw. "tropes' performers" bezeichneten Figuren des Ms. B.N. 1118 sind in Wirklichkeit Musikanten des Königs David, die eindeutig liturgische Funktionen ausüben. Zwischen dem Teil der Handschrift, in dem sich diese Abbildungen finden – einem *tonarium* –, und dem *troparium*, das u. a. den Tropus *Quem quaeritis in sepulchro* enthält, besteht keinerlei Zusammenhang.⁴

Die von Milchsack, Lange und Young rekonstruierte Entstehung des mittelalterlichen geistlichen Spiels aus der Liturgie der Kirche kann heute nicht mehr ernsthaft bestritten werden. Vor allem hat Young mit seiner monumentalen Textsammlung zahlreiche Beweise für die Richtigkeit einer solchen Annahme geliefert: Am Anfang des mittelalterlichen geistlichen Spiels steht der Ostertropus *Quem quaeritis in sepulchro*, dessen Text inhaltlich – jedoch nicht wörtlich ⁵ – an die Evangelienberichte über den Besuch der Marien am Grabe Christi anschließt.⁶

Daß aus liturgischen Bräuchen einer Religion zugehörige quasidramatische Darstellungen entstehen, ist keineswegs selten: Damit ergibt sich ein weiterer Grund für die Ablehnung der Hypothese, das mittelalterliche christliche Spiel habe sich aus heidnischem Ri-

---

³ S. 83.
⁴ Die Widerlegung der Theorie Hunninghers ist das Verdienst von Gamer; u. a. lehnt auch Weimann, *Shakespeare*, S. 96, Hunninghers Thesen ab. – Cargill, S. 50 und *passim*, überschätzt ebenfalls den Einfluß der Spielleute auf das geistliche Spiel des Mittelalters. Seine Thesen sind einhellig abgelehnt worden; vgl. z. B. Young, I, 542 f. und die Rezension von G. R. Coffman, *Speculum*, 6 (1931), 610 bis 617.
⁵ Vgl. Kap. B I dieser Arbeit.
⁶ Der Behauptung Vitos, das mittelalterliche geistliche Spiel habe sich nicht aus den Tropen der modifizierten „gallischen" Liturgie, sondern aus Responsorien der römischen Liturgie entwickelt, widerspricht die Evidenz der zahlreich vorliegenden Quellen; vgl. die Rezensionen von K. Young, *MLN*, 54 (1939), 299–301, und G. Frank, *Romanic Review*, 30 (1939), 69–71.

tual entwickelt. Es ist oft – und bereits früh [7] – darauf hingewiesen worden, daß das griechische Drama und das mittelalterliche geistliche Spiel auf ähnliche Weise entstanden sind: Beide haben sich aus liturgischen Chorgesängen (am Dionysos-[8] bzw. Oster-Fest) entwickelt; in beiden tritt das Chorische immer mehr zugunsten des Dramatischen zurück usw.[9] Meist werden jedoch nur diese hier angeführten, formalen Ähnlichkeiten erwähnt. Entscheidender ist aber die Tatsache, daß diese Ähnlichkeiten im Wesen der betreffenden Religionen und Kulte begründet sind.[10] Da dieser wichtige Gesichtspunkt in der mediävistischen Forschung bisher vernachlässigt worden ist, soll er im folgenden ausführlicher erörtert werden: Ein Vergleich mit ähnlichen Erscheinungsformen anderer Kulte trägt zum besseren Verständnis der liturgischen Vorformen des mittelalterlichen geistlichen Spiels bei.

Belege für die Entwicklung religiöser quasi-dramatischer Darstellungen aus dem Kultus sind aus den verschiedensten Zeiten und Kulturen erhalten:

> In großen Teilen Westasiens im Altertum kann man von einem in den Hauptzügen gemeinsamen „Kultusmuster" sprechen, das besonders an den Kultus des Neujahrsfestes geknüpft war. Die Hauptzüge, die mehr oder weniger klar an verschiedenen Orten wiederkehren, waren: die Darstellung von Tod und Auferstehung des Gottes ...[11]

So berichtet Herodot über die mimische Darstellung der Leiden des Gottes Osiris:

---

[7] Zum Beispiel Alt im Jahre 1846.
[8] Zum Zusammenhang der griechischen Tragödie mit dem Dionysoskult vgl. Lesky, *Tragische Dichtung*, S. 31 ff.; ders., *Geschichte*, S. 251; ders., *Tragödie*, S. 62 f. und *passim*; Webster, *Vorgeschichte;* ders., *Pre-History*.
[9] Vgl. z. B. Venzmer, S. 3–10; Nicoll, *Development*, S. 80; Hartl, *Aufriß*, Sp. 1949.
[10] Thomson muß sich der unhaltbaren Annahme (s. o.) starker heidnischer Einflüsse auf die Entstehung des mittelalterlichen geistlichen Spiels bedienen, um wesenhafte Gemeinsamkeiten zwischen diesem und dem griechischen Drama entdecken zu können: "The English drama had fundamental elements in common with the Greek; for these liturgical plays were influenced by the mumming-play, folkdance and other performances derived from the agrarian ritual of the Germanic tribes." (S. 193).
[11] Mowinckel, S. 75. – Gaster, *Thespis*, S. 56, verallgemeinert in unzulässiger Weise: Wherever we find in ancient literature a mythological text which is either expressly or implicitly associated with a seasonal occasion, which contains appreciable portions of dialogue, and the plot of which conforms in content and sequence to the structure of the Ritual Pattern, what we have before us ... is a specimen of Drama.
Im Gegensatz zu Gaster u. a. werden wir uns im folgenden auf die Erörterung von Texten beschränken, die mit genügender Wahrscheinlichkeit als quasi-dramatische Bestandteile religiöser Feiern anzusehen sind; mythische Erzählungen u. ä., aus denen Gaster „kultische Dramen" hypothetisch rekonstruiert, werden hier nicht berücksichtigt.

> Auf dem See [bei Sais] werden bei Nacht die Leiden des Gottes [Osiris] mimisch dargestellt; die Ägypter nennen das Mysterien. Doch will ich darüber Schweigen beobachten, obwohl ich ausführlich über diese Schauspiele berichten könnte.[12]

Einige Texte solcher „Mysterienspiele" sind uns erhalten geblieben; die bekanntesten unter ihnen finden sich auf dem sogenannten Schabako-Stein im Britischen Museum und auf dem Ramesseum-Papyrus.[13] Diese Texte erfüllen liturgische Funktionen im Rahmen des Osiris-Kultes: Sie sind keine von der Liturgie unabhängigen Spiele, sondern haben lediglich quasi-dramatischen Charakter:

> Was wir in Inschriften oder auf Papyrus lesen, ist nur ein Auszug aus der Niederschrift für Aufführungen, die im Rahmen eines liturgischen Gottesdiensts stattfanden.[14]

Gerade diese Unterscheidung zwischen autonomen dramatischen und liturgischen quasi-dramatischen Texten wird auch im Verlauf unserer Untersuchungen des mittelalterlichen geistlichen Spiels von Wichtigkeit sein.[15]

Weitere Belege für das Entstehen quasi-dramatischer Darstellungen aus dem religiösen Kultus finden sich auf Keilschrift-Tafeln aus Ras-Schamra (Ugarit), die bis ins 15. vorchristliche Jahrhundert zurückgehen. Diese liturgischen Texte enthalten höchstwahrscheinlich Hinweise auf mimische Darstellungen aus dem Bereich des Baal-Kultes.[16] Von der Erörterung möglicher quasi-dramatischer Darstellungen um Tammuz-Marduk in Babylon sehen wir ab, da die vorliegenden Forschungsergebnisse unsicher sind.[17]

Allen diesen liturgischen quasi-dramatischen Darstellungen – einschließlich der christlichen – ist gemeinsam, daß in ihrem Mittelpunkt ein Gott steht, der zunächst den Tod erleidet, dann jedoch aufersteht:[18]

---

[12] Herodot, II, 171; S. 174.
[13] Vgl. Roeder, II, 85 ff.; Drioton, *Théâtre I*; ders., *Théâtre II*; ders., *Recherche*; Freedley, S. 1–7; Clunes, S. 1 ff.; Hickmann, *Dramen*, Sp. 1011. – Noch heute stellen an einigen Orten des Niltales die Fellachen Tod und Auferstehung des – von ihnen längst vergessenen Gottes – Osiris dar. (Vgl. Hickmann-Mecklembourg; Chubb, S. 164 f.).
[14] Roeder, II, 85; vgl. auch Sethe, *Texte*, S. 95.
[15] Zur Definition dieser Begriffe vgl. Kap. A II.
[16] Vgl. Friedrich; Gaster, *Miracle-Play*; Jirku. – Vgl. aber Maag, S. 553.
[17] Die Existenz solcher quasi-dramatischer Aufführungen wird von Zimmern, Langdon, Bottéro, Moortgaat bejaht, von Dhorme und Soden verneint. – Zu den dramatischen Darbietungen der Urvölker vgl. Eberle, insbesondere S. 498–500.
[18] Auch im Detail stimmen viele dieser Kulte oft genau überein. So spielt etwa die Suche nach dem Leichnam des verstorbenen Gottes eine große Rolle: Die Marien suchen Christus, Isis sucht ihren Bruder Osiris, Anat ihren Bruder Baal. – Auch

Christus, Dionysos, Osiris, Baal sind Vertreter jenes Archetyps von Gottheiten, die Maud Bodkin als den „dionysischen" bezeichnet und streng vom „olympischen" scheidet.[19] Diese „dionysischen" Gottheiten verkörpern durch ihr Leiden, Sterben und Auferstehen den zeitlichen Aspekt der Natur und des Menschen, während die „Olympier" – Zeus, Jehova usw. – unsterblich, allmächtig, „ganz anders" sind. Mit dem „Olympier" kann sich der Mensch nicht vereinigen. Dagegen erreicht er mit Christus oder Dionysos[20] durch sakramentale Riten eine enge *communio*. Damit ergibt sich bereits eine Erklärung für die Tatsache, daß sich aus den Kulten „olympischer" Gottheiten – nach den uns vorliegenden Quellen – keine liturgischen quasi-dramatischen Darstellungen entwickelt haben: Ein „ganz anderer", unsterblicher, ewiger Gott kann durch kultisches Handeln des Menschen nicht vergegenwärtigt werden,[21] wohl aber ein sterblicher Gott, der zwar auferstehen wird, aber den natürlichen Gesetzen des Werdens und Vergehens unterworfen ist.

In diesem Zusammenhang ist wichtig, daß die „dionysischen" Gottheiten ausnahmslos Mittelpunkt von Mysterienreligionen sind. Wesentliches Merkmal dieser Mysterienkulte ist die Betonung von Fragen, die mit dem Leben nach dem Tode zusammenhängen. Dies trifft in besonderem Maße für den Kult des Osiris bzw. dessen griechischer Entsprechung Dionysos Zagreus,[22] aber auch für die christliche Religion[23] zu. In diesen Religionen verbürgt die Auferstehung des Gottes die Auferstehung der Gläubigen:

Thomas Mann hat übrigens in seinem Roman *Joseph und seine Brüder* die Gemeinsamkeiten dieser Religionen betont. So verschmilzt er im Kapitel *Der Adonishain* die Auferstehung Christi mit der des Tammuz-Adonis. Joseph schildert hier seinem Bruder Benjamin den Ablauf der Adonisfeiern (S. 334):

„... Aber indes das Mägdelein kommt und singt, stürzen alle sich auf das Grab. Sie wälzen den Stein hinweg, und siehe, die Lade ist leer."
„Wo ist der Zerrissene?"
„Er ist nicht mehr da. Das Grab hat ihn nicht gehalten, es sei denn drei Tage. Er ist erstanden."

[19] S. 10 ff. – Bodkin knüpft hier u. a. an Cornford an.
[20] In bestimmten Riten des Dionysos-Kultes werden Ziegen oder Stiere als Sinnbilder des Gottes getötet und verspeist; vgl. Frazer, *Spirits*, I, 17.
[21] Zum Problem der Vergegenwärtigung im christlichen Bereich vgl. Wolff, *Terminologie*.
[22] Dionysos Zagreus in den orphischen, Iacchos in den eleusischen Mysterien.
[23] Es wird hier nicht behauptet, die christliche Religion sei eine Mysterienreligion; daß sie Gemeinsamkeiten mit jener aufweist, kann jedoch nicht bestritten werden. Die christliche Religion wird hier selbstverständlich auch nicht zu den Vegetationsmythen gezählt: ein weiterer wesentlicher Unterschied zu den übrigen erwähnten Kulten (vgl. Leipoldt, S. 81; Nötscher, S. 300 ff.). – Vgl. hierzu (neben Frazer) James, *Myth*, und Weston.

> Der Mensch erwacht nach seinem Tode zu neuem Leben, weil er mit seinem Gotte wunderbar verbunden ist und so dasselbe Schicksal im Guten und Bösen erleiden muß, wie der Gott.[24]

Die Bedeutung dieser „Jenseitsmystik" für den Osiris-Kult beschreibt J. G. Frazer folgendermaßen:

> In the resurrection of Osiris the Egyptians saw the pledge of a life everlasting for themselves beyond the grave. They believed that every man would live eternally in the other world if only his surviving friends did for his body what the gods had done for the body of Osiris... Thus every dead Egyptian was identified with Osiris and bore his name. From the Middle Kingdom onwards it was the regular practice to address the deceased as "Osiris So-and-So", as if he were the god himself...[25]

> In the faith of the Egyptians the cruel death and blessed resurrection of Osiris occupied the same place as the death and resurrection of Christ hold in the faith of Christians.
> ... In the long history of religion no two divine figures resemble each other more closely in the fervour of personal devotion which they have kindled and in the high hopes which they have inspired than Osiris and Christ...[26]

Daß die Auferstehung des Osiris die Auferstehung der an ihn Glaubenden garantiert, geht u. a. sehr deutlich aus dem Pyramidenspruch 219 der Unaspyramide hervor:

> O Atum, das ist dein Sohn Osiris, den du leben und am Leben bleiben läßt. Er lebt und es lebt auch dieser NN, er stirbt nicht und es stirbt auch dieser NN nicht...[27]

Für den Dionysos-Kult gilt – wenn auch weniger deutlich erkennbar – Ähnliches:

> Ce caractère chthonien et cette appartenance à un au-delà qui, à l'inverse de celui où se retranchent en quelque sort les immortels olympiens, n'est pas séparé de notre monde par une barrière quasi infranchissable, ont certainement contribué au développement de la religion dionysiaque dans le sens d'un mysticisme... et, par ailleurs, ce mysticisme a eu pour effet... d'incliner les fidèles de Dionysos à voir en lui un dieu de mystère et un garant d'une certaine forme d'immortalité.[28]

Als Zeuge für die entsprechenden christlichen Vorstellungen sei hier

---

[24] Leipoldt, S. 29.
[25] Frazer, *Adonis*, II, 15 f. – Vgl. Kees, S. 155; Bertholet, *s. v. Auferstehung*; Roeder, I, 233.
[26] Frazer, *Adonis*, II, 159. – Vgl. hierzu Budge.
[27] Thausing, S. 44. – Vgl. hierzu auch Spiegel.
[28] Jeanmaire, S. 269.

nur Paulus angeführt, der die enge Verbindung zwischen göttlicher und menschlicher Auferstehung betont:

> 12. Si autem Christus praedicatur quod resurrexit a mortuis, quomodo quidam dicunt in vobis, quoniam resurrectio mortuorum non est?
> 13. Si autem resurrectio mortuorum non est: neque Christus resurrexit.
> . . . .
> 20. Nunc autem Christus resurrexit a mortuis primitiae dormientium,
> 21. quoniam enim per hominem mors, et per hominem resurrectio mortuorum.
> 22. Et sicut in Adam omnes moriuntur, ita et in Christo omnes vivificabuntur.[29]

Nunmehr wird verständlich, warum gerade im alten Ägypten und Griechenland und im mittelalterlichen Europa aus dem religiösen Kultus quasi-dramatische Darstellungen von Tod und Auferstehung der Gottheit entstanden: Diese Darstellungen enthielten die zentralen Heilsgeschehnisse, durch deren quasi-dramatische Vergegenwärtigung die Gottheit anwesend wurde und zugleich die Gläubigen Gewißheit über ihre eigene Auferstehung erlangten.[30]

Die zweite in unserem programmatischen Satz enthaltene These lautet: Die englischen Fronleichnamszyklen haben sich – nicht ausschließlich, aber in wesentlichen Teilen – aus den Feiern und Spielen in lateinischer – bzw. später – englischer Sprache entwickelt; in einigen Einzelspielen der Fronleichnamszyklen sind noch wesentliche Elemente der frühesten, liturgischen Entwicklungsstufen erkennbar.

Eine solche Entwicklung ist gerade in den letzten Jahren wiederholt bestritten worden. So behauptet z. B. Kolve, die Einzelspiele der Zyklen seien nicht aus den entsprechenden Texten der lateinischen Feiern und Spiele entstanden, sondern hätten sich selbständig und unabhängig von jener Tradition gebildet:

> Just as dozens of simple versions of the *Quem quaeritis* scene at the sepulchre could evolve in Latin all over Europe, without any deeper interrelationship than their independent origin from the same source, so could

---

[29] 1. Kor. 15, 12–13, 20–22; vgl. auch Röm. 10, 9. – Vgl. Leipoldt, S. 53, u. v. a.

[30] Dagegen haben sich anscheinend im Bereich der byzantinischen Kirche zuerst – und ausschließlich? – quasi-dramatische Feiern in der Weihnachtsliturgie entwickelt. So ist aus dem 7. Jh. ein Zyklus von dialogischen Weihnachtshymnen erhalten, die sich wiederum aus den syrischen Sôgithâ – ebenfalls dialogischen Kompositionen – herleiten lassen. Diese Sôgithâ waren bereits im 5. Jh.(!) verbreitet. (Vgl. Wellesz, *Byzantine Music*, S. 357–359; ders., *Nativity Drama*).

vernacular plays concerning these same events be written independent of Latin dramatic traditions... Whatever can be "invented" once can be invented again and again.[31]

Bereits Kolves Prämisse ist unrichtig: Die zahlreichen *Visitationes Sepulchri,* die auf dem Tropus *Quem quaeritis in sepulchro* basieren, sind keineswegs ‚unabhängig', mehr oder weniger spontan an den verschiedensten Orten Europas immer wieder neu entstanden. Vielmehr ist diese liturgische Neuerung eines Klosters – sei es nun St. Gallen oder St. Martial in Limoges[32] – bald von vielen anderen übernommen worden: Die Behauptung Kolves steht im Widerspruch zum Quellenbefund. Außerdem haben bereits Kretzmann,[33] Marshall,[34] Clark, de Boor[35] u. a. die Übernahme traditioneller liturgischer Elemente in die volkssprachlichen Spiele nachgewiesen: Die stoffliche Kontinuität zwischen sogenanntem „kirchlichem Drama" und den Fronleichnamszyklen muß als gesichert gelten. Es ist heute eine „unbestreitbare Tatsache, daß das mittelalterliche Schauspiel die ausgebildetsten Formen der liturgischen Feiern aufgegriffen und seinen Zwecken nutzbar gemacht hat".[36]

---

[31] S. 40 f.
[32] Vgl. Young, I, 204 f.; Chailley, *Drame,* S. 136.
[33] *Liturgical Element.*
[34] *Tradition.*
[35] *Grundlage.*
[36] De Boor, *Textgeschichte,* S. 2.

II. KAPITEL

Fragestellung, Methode, Terminologie

> Die europäische Literatur bildet ein zusammenhängendes Ganzes, wo alle Zweige innigst verwebt sind, eines auf das andere sich gründet, durch dieses erklärt und ergänzt wird.
> (F. Schlegel, *Geschichte der europäischen Literatur*)

> Man ist Europäer, wenn man *civis Romanus* geworden ist. Die Aufteilung der europäischen Literatur unter eine Anzahl unverbundener Philologien verhindert das fast vollkommen.
> (E. R. Curtius, *Europäische Literatur und lateinisches Mittelalter*)

Die am Ende des vorigen Kapitels getroffene Feststellung der Kontinuität zwischen lateinischen Feiern und Spielen und Fronleichnamszyklen gestattet es uns, folgende Fragen sinnvoll zu stellen: Ist nicht nur in der stofflichen Überlieferung, sondern auch in der Arbeitsweise der jeweiligen Autoren quasi-dramatischer bzw. dramatischer Texte eine Kontinuität erkennbar? Lassen sich immer wiederkehrende Gestaltungsprinzipien nachweisen, die entweder für das sogenannte „kirchliche Drama" oder die Fronleichnamszyklen – oder für beide – charakteristisch sind? Die Untersuchung dieser Fragen soll an die Stelle der bisher üblichen positivistischen Registrierung stofflicher Übernahmen, Ähnlichkeiten usw. treten.

Eine Studie, die sowohl liturgische Feiern und geistliche Spiele in lateinischer Sprache als die englischen Fronleichnamszyklen umfaßt, erscheint um so dringlicher, als lateinische Feiern und Spiele und englische Zyklen bisher fast nur in getrennten Darstellungen ausführlicher behandelt worden sind:[1] Während Milchsack, Lange, Young, Hardison, de Boor u. a. nur die quasi-dramatischen und dramatischen Texte in lateinischer Sprache genauer untersucht haben, lassen die zahlreichen Untersuchungen zu den englischen Fronleichnamszyklen die vorhergehenden lateinischen Feiern und Spiele fast völlig außer acht.[2]

In methodischer Hinsicht soll die vorliegende Arbeit über bereits Bewährtes und Erprobtes hinausführen und neue Aspekte berücksich-

---
[1] Wir sehen hier von den naturgemäß wenig detaillierten literarhistorischen Gesamtdarstellungen ab (Creizenach, Chambers, Craig usw.).
[2] Vgl. z. B. die Arbeiten von Laut; Maltman, *Study;* Prosser; Penninger; Kolve u. v. a.

tigen. Während der ersten Jahrzehnte, in denen sich die Forschung des mittelalterlichen geistlichen Spiels annahm, herrschte eine historische Betrachtungsweise vor, die sich einseitig Problemen der Textkritik, Datierung, Quellenforschung usw. widmete. In den heute noch unentbehrlichen Werken von Creizenach und Chambers ist diese Methode am reinsten vertreten. Der wesentlichste Vorzug dieser Methode schließt zugleich ihren Mangel ein: Sie beschränkt sich auf die positivistische Sammlung und Darstellung von Fakten, die oft nur die äußere Textgeschichte betreffen; weitergehende Fragen, die über die Eigenart der dramatischen Texte selbst Auskunft geben, werden kaum gestellt.

Es ist das Verdienst Coffmans, 1929 erstmals auf diese methodische Einseitigkeit in der Erforschung des mittelalterlichen geistlichen Spiels hingewiesen zu haben. Der Titel seiner Schrift enthält sein methodologisches Programm: "A Plea for the Study of the Corpus Christi Plays as Drama". Die Forschung soll sich nicht mehr auf die Darstellung von "external facts" beschränken, sondern das „religiöse Drama" *qua* „religiöses Drama" untersuchen. Coffmans Mahnung blieb zunächst ungehört. Obwohl Young wenige Jahre später eine nahezu vollständige Sammlung liturgischer Feiern und geistlicher Spiele des Mittelalters in lateinischer Sprache veröffentlichte, wurden diese – abgesehen von de Boors 1967 erschienener Studie[3] – bis heute nicht im Detail analysiert. Coffmans erneuter Hinweis auf die "numerous possibilities for the observance and study of literary composition"[4] dieser Texte blieb wiederum weitgehend unbeachtet.

Gardiner griff 1946 Coffmans Forderungen auf:

> It is desirable that this early drama ... be treated for its own sake and not *merely* because it prepared the way rather indirectly for the glories of the Shakespearean stage ... The religious stage still needs a fresh approach ... Such an understanding treatment would presuppose a deep appreciation of and sympathy with the religious life of the Middle Ages.[5]

Diese Anregungen wurden in den folgenden Jahren endlich beachtet: Craig, Laut, Prosser, Kolve u. a. versuchten in ihren Arbeiten, das geistliche Spiel des Mittelalters mit Hilfe der mittelalterlichen Theologie zu verstehen. Sie bedienten sich einer Methode, die in Deutschland meist als „geistes-" oder „ideengeschichtliche" bezeichnet wird; d. h. im vorliegenden Falle: In den dramatischen Texten wird nach Überein-

---

[3] *Textgeschichte.* – Zu diesem Werk vgl. die weiter unten folgenden Ausführungen.
[4] Rezension von G. R. Coffman, *Speculum,* 9 (1934), 112, über K. Young, *The Drama of the Medieval Church.*
[5] S. x–xi.

stimmungen mit bestimmten Disziplinen der zeitgenössischen Theologie
– z. B. der Moraltheologie[6] – gesucht. Mit Hilfe dieser Methode kann
das geistliche Spiel des Mittelalters als religiöses Phänomen verstanden
werden; nicht berücksichtigt wird jedoch die Frage, warum und in welcher Weise derartige „theologische" Vorstellungen in ganz bestimmte
dramatische Formen umgesetzt worden sind. Bei einseitiger Anwendung dieser Methode wird das von den mittelalterlichen Autoren verwendete Material, nicht aber deren Arbeitsweise untersucht. Diesen
schwerwiegenden Nachteil weisen alle obengenannten Arbeiten auf.

Aus diesem Grunde wurden die Untersuchungen der vorliegenden
Arbeit mit Hilfe einer Kombination „geistesgeschichtlicher" und „interpretatorischer" Methoden angestellt:[7] Ausgangspunkt ist jeweils
der Text in seiner vom Autor bestimmten Gestalt. Der Befund, der sich
aufgrund der interpretatorischen Analyse ergibt, wird geistesgeschichtlich anhand theologischer und liturgischer Denkmuster und Begriffe
erläutert. Es wird also – von der Erörterung einiger Sonderprobleme
abgesehen[8] – nicht lediglich versucht, in den betreffenden Texten theologische Gedankengänge „wiederzufinden". Es soll vielmehr untersucht
werden, in welcher Weise theologische und liturgische Vorstellungen
und Praktiken die Gestaltung der Texte direkt und im Detail beeinflußt haben.

Den bisherigen Studien zum sogenannten „kirchlichen Drama" in
lateinischer Sprache haftete ein weiterer methodischer Mangel an: Die
quasi-dramatischen liturgischen Feiern und geistlichen Spiele wurden
ausschließlich als literarische Texte behandelt, d. h. sie wurden von Literaturwissenschaftlern mit Hilfe literaturwissenschaftlicher Methoden
untersucht. Dadurch blieb die Tatsache, daß Tropen wie *Quem quaeritis
in sepulchro* und die *Visitationes Sepulchri* auch musikalische Kompositionen darstellen, in der Forschung unberücksichtigt. Mit Recht stellte
der Musikwissenschaftler O. Ursprung bereits vor mehr als dreißig
Jahren fest:

> Während in den liturgischen Dramen die drei Gebiete Liturgie, Musik und
> Literatur (bzw. mittelalterlich-lateinische Philologie) zusammenklingen und
> demnach ihre drei wissenschaftlichen Disziplinen zu Wort kommen müß-

---

[6] Vgl. die Studie Prossers.
[7] Zu diesem methodologischen Problem vgl. Wellek-Warren, S. 94 ff.; Rüdiger; Wiese.
[8] Z. B. kann bei der Erörterung des Zusammenhangs von Fronleichnamsfest und -zyklen nur die geistesgeschichtliche Methode – genauer: eine liturgiegeschichtliche Betrachtung – zu einem befriedigenden Ergebnis führen (vgl. Kap. C I).

ten, sind bei diesen vorgenannten (Milchsack, Böhme u. a.) und anderen Autoren die Untersuchungen nur auf das Literarische eingestellt...; von Musik ist kaum die Rede...[9]

G. Vecchi beklagt noch im Jahre 1953 die Vorherrschaft philologischer Methoden bei der Untersuchung des „liturgischen Dramas":

> Le presenti annotazioni ... denunciano l'insufficienza del metodo della filologia letteraria, che ignora uno dei sostanziali elementi genetici, espressivi di tale dramma: la musica.[10]

Die Berücksichtigung der Musik wird allerdings dadurch erschwert, daß der Forschung bis heute keine repräsentative Sammlung musikalischer Kompositionen der liturgischen Feiern und geistlichen Spiele zur Verfügung steht, die etwa der Textsammlung Youngs vergleichbar wäre.[11] In der vorliegenden Arbeit soll die Musik – zumindest versuchsweise – berücksichtigt werden: Solche Kühnheit mögen die Musikwissenschaftler dem Philologen verzeihen. Darüber hinaus werden auch zeitgenössische bildliche Darstellungen herangezogen, um die nach den geschilderten Methoden gewonnenen Ergebnisse – im wörtlichen Sinne – zu „illustrieren".

Am Ende dieser methodologischen Überlegungen sei noch erläutert, warum die einzelnen Texte der liturgischen Feiern in dieser Arbeit nicht aufgrund ihrer regionalen oder nationalen Herkunft unterschieden werden; zugleich soll begründet werden, warum es zulässig ist, kontinentale Texte neben englischen als Vorstufen der englischen Fronleichnamszyklen zu behandeln.

Ein solches Vorgehen wird durch den internationalen Charakter dieser Texte nicht nur legitimiert, sondern geradezu gefordert: Kein – im weitesten Sinne – „literarisches" Produkt des Mittelalters war so weit im Bereich der römischen Kirche verbreitet wie das sogenannte „kirchliche Drama".[12] K. Young, der beste Kenner der Materie, stellt dazu fest:

---

[9] S. 81.
[10] *Innodia*, S. 237. – Ähnlich noch 1957: Michael, *Drama*, S. 136.
[11] Mittlerweile gibt es jedoch eine ganze Reihe Einzelausgaben und Teilsammlungen, von denen hier genannt seien: Coussemaker; Liuzzi; Anglès, S. 267–311; Lipphardt, *Weisen*; Greenberg-Smoldon; Krieg; Smoldon, *Daniel*; Tintori; Vecchi, *Uffici*; (vgl. die Bibliographie in Lipphardt, *Dramen*, Sp. 1045–1048). – Zur Musik vgl. (neben den bereits Genannten) Schuler; Reese, S. 114–197; Smoldon, *Liturgical Drama*; ders., *Lyrical Melody*; Meyer, *Melodiebildung*; McShane; Weakland; (vgl. die Bibliographie in Lipphardt, *Dramen*, Sp. 1049–1051).
[12] Daß aus England so wenige Texte erhalten sind, ist durch den Untergang seiner mittelalterlichen Bibliotheken zu erklären. Die größten Verluste entstanden, als im Jahre 1550 die Ablieferung und Zerstörung aller mittelalterlichen liturgischen

During the period when the religious drama belonged exclusively to the Church, and was written in the ecclesiastical language, it was, like the Church itself, essentially international. Among the Latin plays, to be sure, we have observed a few national and regional differences, and some achievements of individual talent; but in a survey of the whole body of Church plays one is impressed less by the rise of special forms from particular places than by the international likenesses in form and content.[13]

Speziell zur Situation in England stellt M. D. Anderson fest:

We are able to form a reasonably accurate picture of the developments of early liturgical drama because, up to the middle of the twelfth century, the Channel was a less distinct cultural frontier than it afterwards became, so that liturgical plays performed in the great cathedrals of France or Germany can be reckoned as a fair indication of what happened in England.[14]

Während sich in allen Gattungen der weltlichen Literatur des Mittelalters trotz vieler Gemeinsamkeiten starke nationale Unterschiede ausprägten, trat eine solche Differenzierung im Bereich der liturgischen Feiern und geistlichen Spiele in lateinischer Sprache kaum ein: Der übernationale Charakter der römischen Kirche, der sich in der Einheit von Sprache, Ritus und Dogma manifestierte, verhinderte weitgehend die Ausbildung nationaler Eigenheiten. Regionale Unterschiede sind – wie de Boor[15] gezeigt hat und bereits Young[16] zugab – selbstverständlich vorhanden. Diese sind jedoch ausschließlich in mehr oder weniger wichtigen textlichen Details,[17] nicht jedoch in den wesentlichen Charakteristika des sogenannten „kirchlichen Dramas" zu beobachten: Die konstituierenden Merkmale dieser Texte sind durchaus international feststellbar und treten auch in den wenigen noch vorhandenen Texten aus England zutage. Im übrigen ist die Relevanz regionaler Unter-

---

Handschriften gesetzlich angeordnet wurden: „Das Zerstörungswerk, das bisher meist dem Zufall überlassen war, wurde nun an einer großen Handschriftenkategorie systematisch und unter staatlicher Überwachung vollzogen." (Gneuss, S. 115). Dieses Vernichtungswerk wurde so gründlich betrieben, daß z. B. aus 137 englischen Benediktinerabteien nur noch zehn Breviere erhalten sind. (Ebd., S. 118).

[13] II, 425; ähnlich Chambers, *Stage*, II, 94–96; Creizenach, S. 359–363; Gardiner, S. 94 u. a.
[14] S. 33.
[15] *Textgeschichte*.
[16] Vgl. obiges Zitat.
[17] So ist z. B. de Boors Beobachtung, daß in einer großen Textgruppe das *o* des *Quem quaeritis in sepulchro, o christicolae* fehlt (*Textgeschichte*, S. 33–40), für den Nachweis textgeschichtlicher Zusammenhänge wichtig, für die Interpretation der Texte selbst jedoch unerheblich. Dagegen ist auch für die Textinterpretation wichtig, wenn z. B. eine bestimmte Antiphon nur in gewissen Gebieten vorkommt oder nicht. (Beispiele bei de Boor, *Textgeschichte*, passim).

schiede abhängig von der jeweiligen Fragestellung: Eine textgeschichtliche Untersuchung – wie die genannte von H. de Boor – fragt vornehmlich nach regionalen Unterschieden oder Gemeinsamkeiten, verschiedenen Textgruppen usw. In der vorliegenden Arbeit dagegen sollen überregionale Konstanten ermittelt werden, die allgemein für liturgische Feiern und geistliche Spiele in lateinischer Sprache und die volkssprachlichen (nicht nur englischen) Spielzyklen gültig sind. Falls dennoch im Rahmen unserer Fragestellung regionale Varianten eine wichtige Rolle spielen, werden diese berücksichtigt.

An einem englischen Beispiel sei die Internationalität der liturgischen Feiern demonstriert. Eine bereits höher entwickelte *Visitatio Sepulchri* ist in der *Regularis Concordia* aus dem 10. Jahrhundert erhalten – einer für alle englischen Klöster verbindlichen modifizierten Version der Benediktiner-Regel. Im *prooemium* dieses *consuetudinarium* sind die von den Autoren benutzten liturgischen Quellen angegeben:

> Nam ilico eius [= König Eadgar] imperiis toto mentis conanime alacriter obtemperantes, sanctique patroni nostri Gregorii documenta, quibus beatum Augustinum monere studuit ut non solum Romanae verum etiam Galliarum honestos ecclesiarum usus in rudi Anglorum ecclesia decorando constitueret, recolentes; a c c i t i s F l o r e n s i s beati Benedicti necnon praecipui coenobii quod celebri G e n t nuncupatur vocabula m o n a c h i s, q u a e q u e e x d i g n i s e o r u m m o r i b u s h o n e s t a c o l l i g e n t e s, uti apes favum nectaris diversis pratorum floribus in uno alveario, ita has morum consuetudines ... hoc exiguo apposuerunt codicello.[18]

Es wird also ausdrücklich festgestellt, daß ein großer Teil der in der *Regularis Concordia* aufgezeichneten Vorschriften von den Benediktinerklöstern in Fleury und Gent übernommen worden ist.[19] De Boor hat nachgewiesen,[20] daß die *Visitatio Sepulchri* der *Regularis Concordia* in der Tat aus zwei verschiedenen liturgischen Traditionen hergeleitet werden muß: dem Brauch der lothringischen Reform, die von Gorze ausging und auch Gent erfaßte, und (vielleicht) dem Brauch von Fleury.[21]

---

[18] *Regularis Concordia*, S. 3 f. – Gerade dieses Beispiel widerlegt Kolves oben erwähnte Behauptung, die *Visitationes Sepulchri* seien unabhängig voneinander entstanden.

[19] Vgl. hierzu Symons, *Sources*; de Boor, *Textgeschichte*, S. 94 f. – Zu den engen Beziehungen zwischen den damaligen monastischen Reformern Englands und den Klöstern Gent und Fleury vgl. Symons, *Sources*, S. 161, Anm. 1; Wright, *Dissemination*, S. 144–146.

[20] *Textgeschichte*, S. 94 f.

[21] Genaueres läßt sich erst nach der Veröffentlichung der in Fleury gültigen *consuetudines* sagen; vgl. die vorsichtigen Äußerungen Corbins, S. 21.

Diese Internationalität bleibt zum Teil bis in die volkssprachlichen Fronleichnamszyklen und Passionsspiele des 14. und 15. Jahrhunderts erhalten, wenngleich sich nunmehr nationale Besonderheiten immer deutlicher ausprägen.[22]

Abschließend seien folgende Begriffe erörtert und definiert, die im Verlauf unserer Untersuchungen eine wesentliche Rolle spielen werden: typologische Übertragung, quasi-dramatische Feier, geistliches Spiel.

Eine typologische Übertragung liegt vor, wenn bestimmte Details eines heilsgeschichtlichen Geschehens in ein anderes – typgleiches – übernommen werden. Wenn z. B. in einigen englischen *pageants* gewisse Merkmale des Herodes auf Pilatus – einen anderen Gegenspieler Christi – übertragen werden, bezeichnen wir dies aufgrund unserer Definition als eine typologische Übertragung. Der von uns hier verwendete Begriff „typologisch" stammt aus der biblischen Hermeneutik und wird dort folgendermaßen definiert:

> Typologie liegt dann vor, wenn geschichtliche Fakten (Personen, Handlungen, Ereignisse, Einrichtungen) „als von Gott gesetzte, vorbildliche Darstellungen, d. h. ‚Typen' kommender, und zwar vollkommenerer und größerer Fakta aufgefaßt werden".[23]

Die moderne Theologie verwendet den Begriff „Typologie" also nur, wenn zwischen einem alttestamentlichen Faktum – dem *typus* – und einem neutestamentlichen – dem *antitypus* – eine Steigerung festgestellt werden kann (z. B. Isaak–Christus).[24]

Demgegenüber schließen wir uns an eine weniger enge Definition an, die für den außerbiblischen Bereich angemessener erscheint. Vorweg sei bemerkt, daß gerade in der Mediävistik der Begriff der „Typologie" weiter gefaßt werden muß als in der modernen Theologie:

> ... wird wiederum ersichtlich, daß es nicht „die Typologie" schlechthin gibt, sondern primär eine Auffassung, die in bestimmten heilsgeschichtlich angelegten Linien dem Gegebenen „entlang-denkt", wobei sich eben dem Faktischen entsprechend ganz bestimmte Schwerpunkte bilden...[25]

Speziell für den Bereich der mittelalterlichen Dichtung[26] hat H. Grundmann eine ähnlich weite Begriffsdefinition verwendet:

---

[22] Vgl. Michael, *Drama*, S. 124.
[23] *RGG, s. v. Typologie.* – Ähnlich: *LTK, s. v. Typos;* Bultmann; Goppelt.
[24] Goppelt, S. 18 f.
[25] Jantsch, S. 396. – Vgl. auch Charity, S. 1.
[26] Vgl. für den Bereich der neueren Literatur Brumm, S. 44 ff. und *passim*.

> Sicherlich lassen sich auch in der Dichtung die Grundlagen des typologischen Denkens aufweisen... Ich denke dabei nicht nur an explizite Darstellungen der typologischen Beziehung wie in den Texten zu den Bilderzyklen... oder in den Antitypen-Darstellungen der kirchlichen Dramen des späten Mittelalters... Wichtiger erscheint mir das typologische Denken, wie es bei der Dichtung gleichsam hinter der Gestaltung wirkt. Wo wir in mhd. Erzählungen so leicht etwas geringschätzig eine „typische" Episode, eine „typische" Handlungsweise, Bekehrung... usw. feststellen, oft noch dazu an biblische Formen anklingend, da dürfen wir das nicht nur als Mangel an selbständiger Erfindungskraft oder als gar zu gut funktionierende Assoziationsfähigkeit, sondern ebenfalls als Symptom der typologischen Denkweise beurteilen... Wo „dasselbe" wieder geschieht, bestätigt sich seine Wahrheit an den Zügen des Vorbilds.[27]

Grundmann[28] und Auerbach[29] haben nachgewiesen, daß in der bildenden Kunst und der Literatur des Mittelalters typologisches Denken erkennbar wird, ohne daß alttestamentliche Typen und neutestamentliche Antitypen vorliegen.

Unserem Begriff „typologische Übertragung" liegt also nicht etwa eine verwässerte Definition des hermeneutischen Begriffs „typologisch" zugrunde, sondern die Erkenntnis, daß nach-tridentinische theologische Begriffsbestimmungen der Mediävistik meist nicht bekömmlich sind.

Daß auch Mediävisten in ihren Arbeiten moderne Begriffe verwenden, die den mittelalterlichen Untersuchungsobjekten nicht gerecht werden, zeigt die folgende kritische Erörterung des Begriffs „liturgisches Drama".

Spätestens seit Coussemakers im Jahre 1860 erschienener Sammlung *Drames liturgiques du moyen âge* geistert dieser Begriff durch die Mediävistik. Als *drames liturgiques* bezeichnete Coussemaker nicht nur mit der Liturgie verbundene Feiern, sondern alle geistlichen Spiele überhaupt, sofern sie in lateinischer Sprache abgefaßt waren und gesungen wurden. Diese unselige Benennung hat sich bis heute erhalten. Noch 1958 gibt R. B. Donovan seinem (im übrigen sehr bedeutsamen) Buch den Titel: *The Liturgical Drama in Medieval Spain*. 1960 bezeichnet W. Lipphardt pauschal „alle geistlichen Spiele des Mittelalters" als „liturgische Dramen"[30] – ohne Rücksicht auf vorhandene oder nicht

---

[27] S. 205.
[28] S. 199 ff.
[29] *Figura*, S. 478; *Motive*, S. 8 f., 19. – Als interessantestes Beispiel führt Auerbach Dantes Darstellung der Beatrice als *typus* Christi an (*Figura*, S. 487 ff.). Wenn Dante z. B. die *signa mortis* von Christus auf Beatrice überträgt, liegt eine typologische Übertragung im oben definierten Sinne vor.
[30] *Dramen*, Sp. 1012.

vorhandene Zusammenhänge der einzelnen Versionen mit der Liturgie. In den übrigen Abhandlungen zu dem uns hier beschäftigenden Thema ist zwar nicht von „liturgischem Drama" die Rede, kaum weniger irreführend jedoch von „kirchlichem Drama", „religiösem Drama" u. ä.[31] Sogar die eng mit der Liturgie verbundenen *Visitationes Sepulchri*, ja die Tropen *Quem quaeritis in sepulchro* und *Quem quaeritis in praesepe* werden als „Dramen", „Spiele", "plays" u. ä. bezeichnet.[32] Die vorliegende Arbeit (insbesondere Teil B) befaßt sich so ausführlich mit diesem Problem, daß hier nur andeutungsweise folgendes gesagt sei: Wir unterscheiden streng zwischen „quasi-dramatischer liturgischer Feier" und „geistlichem Spiel".[33] Die quasi-dramatische Feier ist in ihrem ganzen Wesen von der Liturgie geprägt: Quellenwahl, Anordnung und Darbietung des Stoffes werden durch die zugehörige liturgische Umgebung bestimmt. Mehr noch: Eine solche Feier kann für sich allein überhaupt nicht bestehen. Sie ist nicht autonom, sondern eine Funktion der Liturgie, von der sie in allen Einzelheiten abhängt.

Im Gegensatz zur quasi-dramatischen Feier ist „das Drama absolut. Um reiner Bezug, das heißt: dramatisch sein zu können, muß es von allem ihm Äußerlichen abgelöst sein. Es kennt nichts außer sich."[34] Aus diesem Grunde ist es geradezu widersinnig, von „liturgischem Drama" zu sprechen, zumal der Begriff „Drama" die Assoziation mit dem „klassischen" europäischen Drama von Aristoteles bis heute beschwört. Das Epitheton „quasi-dramatisch" besagt daher lediglich, daß gewisse Merkmale der betreffenden Feier an echtes Drama erinnern: dialogisch aufgeteilte liturgische Gesänge, eine – wenn auch durch die Liturgie vorbestimmte – Handlung u. ä.

Von der quasi-dramatischen liturgischen Feier unterscheiden wir das geistliche Spiel (in lateinischer oder der Volks-Sprache). Dieses ist frei von den Fesseln der Liturgie. Es besteht autonom für sich; seine Gestaltung wird nicht durch ihm äußere – das wären hier: liturgische – Denkmuster bestimmt:

---

[31] Zum Beispiel Young, Craig.
[32] So: Chambers, *Stage*; Creizenach; Young; Craig u. a.
[33] Unabhängig vom Verf. (und gleichzeitig mit dessen im Januar 1967 abgeschlossener Habilitationsschrift) gelangt de Boor zu der gleichen grundlegenden Unterscheidung (*Textgeschichte*, S. 4 ff.). Während jedoch das Phänomen der – von uns so genannten – alogischen Textanordnung von de Boor lediglich mehrfach beobachtet wird, widmet der Verf. diesem Aspekt größere Aufmerksamkeit und erhebt dieses Merkmal in den Rang eines Kriteriums, durch das Feiern und Spiele unterscheidbar werden (vgl. Kap. B II).
[34] Szondi, S. 15.

> Es ist frei, seine Stoffe zu wählen, dichterisch zu gestalten und szenisch darzustellen. Es kann sein Personal biblisch, nicht nur liturgisch wählen... Es kann in Mimik und Gestik charakterisieren und in Kleidung und Ausstaffierung differenzieren.[35]

Am Schluß dieser Einführung sei noch vermerkt, daß alle in der vorliegenden Arbeit verwendeten Zitate aus mittelalterlichen Werken buchstabengetreu den Texten der kritischen Editionen folgen – mit einer Ausnahme: Um der besseren Lesbarkeit willen wird zwischen u und v unterschieden.[36] Außerdem werden die Interpunktionszeichen in mittelalterlichen Texten oft nach dem Ermessen des Verfassers gesetzt, zumal in mittelalterlichen Handschriften kaum interpunktiert wird und die in den Textabdrucken vorhandenen Satzzeichen – von der Bezeichnung des Satzendes abgesehen – meist spätere Zutat der Herausgeber sind.

---

[35] de Boor, *Textgeschichte*, S. 9.
[36] Eine solche – sehr vorsichtige – „Normalisierung" mittelalterlicher Texte setzt sich immer stärker durch (vgl. z. B. Dronke, II, [xiii]).

B.

LATEINISCHE FEIERN UND SPIELE

I. KAPITEL

Typologische Entstehung und Verwendung des Tropus *Quem quaeritis in sepulchro*

Das geistliche Spiel des Mittelalters nimmt vom Tropus *Quem quaeritis in sepulchro* seinen Ausgang.[1] In seiner einfachsten Form[2] lautet dieser Tropus:

> Interrogatio:
> Quem quęritis in sepulchro, Christicolę?
> Responsio:
> Iesum Nazarenum crucifixum, o caelicolae. Non est hic, surrexit sicut predixerat; ite, nuntiate quia surrexit de sepulchro.
> Resurrexi.[3]

Ursprünglich war dieser Tropus nichts anderes als eine ausschmückende Erweiterung innerhalb der Osterliturgie: Er wurde u. a. – wie im obigen Beispiel – vor dem Introitus *Resurrexi* des Osterhochamts oder auch am Ende der Ostermatutin gesungen.[4]

Die Entstehung dieses Textes ist nicht einfach zu erklären.[5] Die Synoptiker, die von dem betreffenden Geschehen – dem Besuch der Marien am Grabe Christi – berichten, geben dieses mit folgenden Worten wieder:

MATTHÄUS 28, 5–7:
> 5. Respondens autem angelus, dixit mulieribus: Nolite timere vos; scio enim quod I e s u m, qui crucifixus est, q u a e r i t i s.
> 6. Non est hic; surrexit enim, sicut dixit. Venite videte locum ubi positus erat Dominus.

---

[1] Vgl. oben Teil A. – Zum Entstehungsort vgl. Young, I, 205; Chailley, *Histoire*, S. 180; Hardison, S. 180 ff.; de Boor, *Textgeschichte*, S. 32, 68 ff.

[2] Inguanez, *Quem quaeritis*; de Vito; Hardison, S. 197, halten eine „Kurzform" für die einfachste und ursprünglichste Fassung dieses Tropus. Die „Kurzformen" beginnen folgendermaßen:
> Quem quaeritis?
> Iesum Nazarenum.

In Wirklichkeit geben diese Texte jedoch den vollständigen, hier zitierten Tropus in verkürzter Schreibweise wieder: Wie in vielen anderen liturgischen Texten notierten die Kopisten nur die jeweiligen Anfangsworte der Komposition. (Vgl. hierzu ausführlich de Boor, *Textgeschichte*, S. 71–75).

[3] Troparium Sangallense (St. Gallen) saec. X; Young, I, 201.

[4] Vgl. Hardison, S. 198 f.

[5] So begnügt sich Smoldon, *Liturgical Drama*, S. 177, mit der Feststellung: "There is no direct authority in the Gospel account for the actual wording, which therefore represents free composition." Ähnlich: de Boor, *Textgeschichte*, S. 30.

7. Et cito euntes, dicite discipulis eius quia surrexit; et ecce praecedit vos in Galilaeam...

MARKUS 16, 5–7:
5. Et introeuntes in monumento, viderunt iuvenem sedentem in dextris coopertum stola candida, et obstupuerunt.
6. Qui dicit illis: Nolite expavescere; Iesum q u a e r i t i s Nazarenum, crucifixum; surrexit, non est hic; ecce locus ubi posuerunt eum.
7. Sed ite et dicite discipulis eius, et Petro, quia praecedit vos in Galilaeam...

LUKAS 24, 4–6:
4. Et factum est, dum mente consternatae essent de isto, ecce duo viri steterunt secus illas in veste fulgenti.
5. Cum timerent autem, et declinarent vultum in terram, dixerunt ad illas: Q u i d q u a e r i t i s viventem cum mortuis?
6. Non est hic, sed surrexit; recordamini qualiter locutus est vobis, cum adhuc in Galilaea esset.

In keinem der zitierten drei Evangelienberichte findet sich der Wortlaut des Dialogs, wie er im Tropus enthalten ist. Die Evangelisten Matthäus und Markus verwenden „quaeritis" innerhalb eines Aussagesatzes. Lediglich der Bericht des Lukas könnte den Ansatz zu einem Dialog bieten: Die Frage „Quid quaeritis viventem cum mortuis?" kommt dem Text des Tropus am nächsten. Hier handelt es sich jedoch nicht um eine echte Frage, die sich an ein Gegenüber richtet, sondern um eine rhetorische Frage, die ihrem Wesen entsprechend keine Antwort erwarten läßt:

> Die *interrogatio* ist der Ausdruck eines gemeinten Aussagesatzes als Frage, auf die keine Antwort erwartet wird, da die Antwort durch die Situation im Sinne der sprechenden Partei als evident angenommen wird.[6]

In diesem Falle tadeln die Engel das törichte Suchen der Marien nach dem Leichnam Christi. Der Text verbietet geradezu die Entwicklung eines echten Dialogs, kann also schon aus diesen Gründen nicht direkt zur Entstehung unseres Tropus beigetragen haben.[7]

Auch die verschiedenen Antiphonen und Responsorien, die Young[8] zitiert, enthalten zwar – wie bereits die Berichte der drei Synoptiker – Anklänge an den Wortlaut des Tropus, aber nicht die entscheidende Frage der Engel und die Antwort der Marien. Dennoch finden sich die

---
[6] Lausberg, I, 379.
[7] Die oberflächliche Ähnlichkeit von „quem quaeritis" und „quid quaeritis" verleitet Anz, S. 38, und Böhme, S. 33, zu der irrigen Annahme, der Wortlaut des Tropus folge Lk. 24, 5.
[8] I, 203.

wesentlichsten Bestandteile des Dialogs in der Vulgata, wenn auch nicht in demselben Geschehnis-Zusammenhang. Der Evangelist Johannes berichtet über die Gefangennahme Christi im Garten Gethsemane (18, 3-8):

3. Iudas ergo cum accepisset cohortem, et a pontificibus et Pharisaeis ministros, venit illuc cum lanternis, et facibus, et armis.
4. Iesus itaque sciens omnia quae ventura erant super eum, processit, et dixit eis: Quem quaeritis?
5. Responderunt ei: Iesum Nazarenum. Dicit eis Iesus: Ego sum. Stabat autem et Iudas, qui tradebat eum, cum ipsis.
6. Ut ergo dixit eis: Ego sum: abierunt retrorsum, et ceciderunt in terram.
7. Iterum ergo eos interrogavit: Quem quaeritis? Illi autem dixerunt: Iesum Nazarenum.
8. Respondit Iesus: Dixi vobis, quia ego sum: si ergo me quaeritis, sinite hos abire.

Dieser Bericht wurde als Teil der Leidensgeschichte während der Messe am Karfreitag von dem Diakon gesungen. Dabei wurden Tonhöhe und Tempo von ihm jeweils so verändert, daß der Unterschied zwischen Frage, Antwort und Erzählbericht deutlich erkennbar war. Diese Stelle aus dem Johannesevangelium könnte also allem Anschein nach eine wichtige Rolle für die Herleitung unseres Tropus spielen.[9] Die sich daraus ergebenden Deutungsmöglichkeiten sind bisher jedoch nicht genügend beachtet worden, da die folgende Schwierigkeit unüberwindbar schien: Der Tropus und die betreffende Stelle aus dem Johannesevangelium behandeln zwei völlig voneinander isolierte Geschehnisse – den Besuch der Marien am Grabe bzw. die Gefangennahme Christi.

Diese Beurteilung, die keinerlei Beziehung zwischen beiden Geschehnissen herstellen kann, beruht jedoch auf einer logisch-historischen Denkweise, die zwar unser modernes Weltbild weitgehend bestimmt, für mittelalterliche Theologen aber keineswegs allein verbindlich war, sondern oft einer typologischen Betrachtungsweise weichen mußte. Wenn z. B. Young keinen Zusammenhang zwischen beiden Stellen sieht und von einem "irrelevant context" und "no association"[10] spricht, wird er dem Text nicht gerecht und läßt das Problem ungelöst.[11]

Versucht man dagegen, die mittelalterliche typologische Verknüpfung zweier historischer Ereignisse hier anzuwenden, gelangt man zu einem befriedigenden, eindeutigen Ergebnis. Der Verdeutlichung wegen seien beide Geschehnisse auf ihre Grundelemente reduziert: In beiden Fällen hat der Mensch die Absicht, sich der Gottheit zu nähern, sie auf-

---

[9] Vgl. Jodogne, S. 2.   [10] I, 204.
[11] Ähnlich: Brinkmann, S. 110.

bzw. heimzusuchen. Die Grundsituation ist einer der wichtigsten Bestandteile des Alten und Neuen Testaments. Dieses Aufsuchen Gottes – *visitatio* im weiteren Sinne – findet seine Entsprechung in einer weiteren, ebenfalls sehr wichtigen Ursituation – der Theophanie: Gott sucht den Menschen auf bzw. heim. (Oft ergänzen sich beide Typen und sind nicht zu trennen, z. B. im Evangelienbericht von der sogenannten Epiphanie: Christus zeigt sich den Weisen aus dem Morgenlande, deren Gottsuche so endlich Erfolg hat.) Motive und Begleitumstände der Suche sind selbstverständlich oft verschieden – so auch hier: Während die Marien Christus suchen, um seinen Leib zu salben, suchen Judas und die Häscher Christus heim, um ihn seinen Richtern auszuliefern. Dies ändert jedoch nichts an der Tatsache, daß beide Geschehnisse einen typgleichen Kern aufweisen.[12]

Die Typenverwandtschaft wird bereits von den Evangelisten berücksichtigt, die die beiden Ereignisse keineswegs so isoliert und unterschiedlich darstellen, wie es zunächst den Anschein hat: Das wichtigste Merkmal für die Urszene der Begegnung zwischen Gott und Mensch findet sich in beiden Fällen. So berichtet Johannes (18, 6):

> Ut ergo dixit eis: Ego sum: abierunt retrorsum, et c e c i d e r u n t in t e r - r a m.

Ähnlich versetzt die Nähe der Gottheit bzw. ihrer Boten die Frauen am Grabe in Furcht und Schrecken (Lk. 24, 5; ähnlich: Mt. 28, 5):

> Cum timerent autem, et declinarent vultum in terram...

Die Wächter fallen wie tot zu Boden (Mt. 28, 4):

> Prae timore autem eius exterriti sunt custodes, et facti sunt velut mortui.

Aufgrund des gleichen Wortlauts und des typologischen Zusammenhangs können wir also mit einiger Sicherheit annehmen, daß der Tropus

---

12 Vgl. auch die Bedeutung von lat. „visitare", engl. "visit", dt. „heimsuchen": In all diesen Worten hat sich die Bedeutung ‚heimsuchen' sekundär aus der Grundbedeutung ‚besuchen' entwickelt. Als Beispiel mögen die folgenden Übersetzungen von Ex. 20, 5 genügen:
Vulgata:
Ego sum Dominus Deus tuus fortis, zelotes, v i s i t a n s iniquitatem patrum in filiis...
Authorized Version:
For I the Lord thy God am a jealous God, v i s i t i n g the iniquity of the fathers upon the children...
Lutherbibel:
Denn ich, der Herr, dein Gott, bin ein eifriger Gott, der da h e i m s u c h t der Väter Missetat an den Kindern...

Abb. 1. Gefangennahme Christi (Psalter des Robert de Lindseye)

Abb. 2. Die drei Marien am Grabe (Psalter des Robert de Lindseye)

Abb. 3. Gefangennahme Christi (West Chiltington Church, Sussex)

Quem quaeritis in sepulchro aus dem Bericht von der Gefangennahme Christi herzuleiten ist. Diese Annahme wird weiter gestützt durch die Evidenz der Ikonographie: Wie die hier wiedergegebenen Abbildungen (Abb. 1, 2, 3) zeigen, werden *Captio Christi* und *Visitatio Sepulchri* in der mittelalterlichen Malerei oft typologisch verwandt dargestellt. (Insbesondere beachte man die Darstellung der – jeweils drei! – Suchenden.)

Eine solche Übertragung bot sich einem Verfasser liturgischer Stücke geradezu an, da er auf diese Weise zwar „Neues" schaffen konnte, aber dennoch innerhalb der Grenzen der Orthodoxie blieb, die von der Vulgata und dem liturgischen Kanon abgesteckt waren. Daß das Verfahren der typologischen Übertragung nicht nur für Neuerungen (wie Tropen, Sequenzen usw.), sondern auch für viele Stücke der traditionellen Liturgie wesentlich war, zeigt der oben zitierte Text des Oster-Introitus selbst, dem unser Tropus ja lediglich vorangestellt wurde. Dieser Introitus gibt Worte wieder, die Christus zu seinem Vater spricht. Nicht nur der Inhalt weist bereits darauf hin: In vielen Texten stellen dies spezielle Ergänzungen fest. So heißt es häufig:

> ... En ecce completum est illud quod olim ipse per prophetam dixerat ad Patrem, taliter inquiens:
> Resurrexi.[13]

Die Worte Christi geben Kunde von seiner Auferstehung und von der Allwissenheit des Gottvaters. In ihrer einfachen Überzeugungskraft und harmonischen Folge hält man sie zunächst für tatsächlich von Chritus gesprochene Worte, die einer der Evangelisten aufgezeichnet hat. Sie sind jedoch nie von ihm gesprochen worden, sondern einzelne Verse aus Ps. 138, die folgendermaßen lauten:

> 18. ... Exsurrexi, et adhuc sum tecum.
> 5. ... Posuisti super me manum tuam.
> 6. Mirabilis facta est scientia tua ex me.
> 1. Domine, probasti me, et cognovisti me.
> 2. tu cognovisti sessionem meam et resurrectionem[14] meam.

Ähnlich wie in unserem Tropus liegt auch hier eine typologische Übertragung vor. Zunächst hat nämlich die „resurrectio" des Psalmes nichts mit der Auferstehung Christi zu tun, sondern bedeutet lediglich das allmorgendliche Aufstehen, was auch die von Papst Pius XII. approbierte neue Psalm-Übersetzung deutlich macht:

> 2. Tu novisti me, cum sedeo et cum surgo.

---

[13] Young, I, 209; ähnlich: 212.   [14] Andere Vulgata-Hss.: „surrectionem".

Durch diesen eindeutigeren Text geht aber gerade das Wort „resurrectio" verloren, das der biblischen Hermeneutik des Mittelalters die typologische Anknüpfung erleichterte: Wie so viele andere Psalmen wurde auch dieser auf Ereignisse des Neuen Testaments – hier: auf die *resurrectio Christi* – bezogen. Die Worte des Psalmisten David präfigurieren die Worte Christi, wurden also im Mittelalter als tatsächlich von Christus gesprochene Worte aufgefaßt. Dies war um so naheliegender, als David – der vermeintliche Dichter der Psalmen – allgemein als *figura* Christi angesehen wurde, so daß viele seiner Taten, wie sie in den Büchern der Könige aufgezeichnet sind, auf Christus bezogen wurden. Pseudo-Hugo von St. Viktor schreibt etwa über Davids Harfenspiel vor Saul:

> David adhuc puer in cithara suaviter, imo fortiter canens, malignum spiritum qui exagitabat Saulem compescebat: non quod ejus cithara tantam virtutem haberet, sed figura crucis Christi, per lignum et chordarum extensionem mystice gerebat, quae jam tunc daemones effugabat.[15]

Wie man bereits hier sieht, ist das Zeit- und Geschichtsbewußtsein des Mittelalters von dem der Neuzeit grundsätzlich verschieden. Während wir heute den Unterschied zwischen David und Christus betonen, indem wir einer historischen Chrono-Logik folgen, die kausale Reihungen betrachtet, sieht man im Mittelalter eher den überzeitlichen Zusammenhang, in dem horizontal folgendes Nacheinander irrelevant ist und durch vertikale heilsgeschichtliche Bewertung gestuft wird.[16] Bereits an der Quelle der mittelalterlichen Spiele wird deutlich, daß moderne Denk-Kategorien – wie hier: chronologisch-kausale Abfolge – zur Lösung der Probleme oft nichts beitragen können.

Kehren wir zum Tropus *Quem quaeritis in sepulchro* zurück. Wir sahen, daß seine Herleitung (ähnlich wie die des eigentlichen Introitus) nur typologisch verstehbar ist. Dies trifft in gleichem Maße für die verschiedenen Entwicklungen zu, die er dann selbst durchgemacht hat. Das Muster des Dialogs und wörtliche Übernahmen finden sich in einigen Tropen zum Introitus *Viri Galilaei* vom Feste Christi Himmelfahrt:

> Quem creditis super astra ascendisse, o Christicolae?
> Iesum qui surrexit de sepulcro, o caelicolae.
> Iam ascendit, ut praedixit: Ascendo ad patrem meum et patrem vestrum, Deum meum et Deum vestrum, alleluia...
> Viri Galilaei.[17]

---

[15] Migne, *P.L.*, 175, col. 692.
[16] Vgl. Auerbach, *Motive*, S. 12.
[17] Young, I, 196.

Die Übereinstimmungen sind so auffällig, daß die Herkunft aus dem Ostertropus *Quem quaeritis* unbestritten ist. Auch hier erfolgt die Übertragung des Textes in einen anderen liturgischen Zusammenhang keineswegs willkürlich; es handelt sich auch hier nicht um eine Art „Motiv-Wanderung". Es liegt vielmehr eine typologische Vorstellung zugrunde, durch die zwei heilsgeschichtliche – für den Gläubigen: historische – Geschehnisse ihre zeitliche Einmaligkeit verlieren und als Wiederholung eines typgleichen Vorgangs erscheinen: Auferstehung und Himmelfahrt Christi sind in diesem Sinne verschiedene Ausprägungen e i n e s Ereignisses, d. h.: Christus trennt sich von denen, die an ihn glauben. Bereits im Neuen Testament ist die Gleichartigkeit bestimmter Züge dieses Geschehens angedeutet.[18] Man vergleiche mit den oben zitierten Evangelienberichten über die Auferstehung die folgende Darstellung der Himmelfahrt Christi in der Apostelgeschichte:

>   10. Cumque intuerentur in caelum eunte illo, **ecce duo viri adstiterunt iuxta illos in vestibus albis**,
>   11. qui et **dixerunt**: Viri Galilaei, **quid** statis aspicientes in caelum?[19]

Besonders die Ähnlichkeit mit dem Bericht des Lukas (24, 4–5) ist auffallend:

>   4. ... **ecce duo viri steterunt secus illas in veste fulgenti**.
>   5. Cum timerent autem, et declinarent vultum in terram, **dixerunt ad illas: Quid quaeritis** viventem cum mortuis?

Es handelt sich jedoch nicht nur um eine äußere, formale Ähnlichkeit der Berichte, sondern um die Wesensgleichheit der typischen Situation. In beiden Fällen suchen die Gläubigen ihren Herrn, der sie verlassen hat; danach werden sie von Engeln mit dem Hinweis auf die Wiederkunft Christi getröstet:

>   Auferstehung: ... ibi eum videbitis.[20]
>   Himmelfahrt: ... hic Iesus ... sic veniet quemadmodum vidistis eum euntem in caelum.[21]

Auch von den bildenden Künstlern wurde die Zusammengehörigkeit beider Geschehnisse empfunden.[22] So sind auf der hier abgebildeten

---

[18] Réau, II, 2, S. 583, erkennt wohl eine Ähnlichkeit, nicht aber die typologische Verwandtschaft beider Geschehnisse: »On saisit ici la contamination qui s'est opérée entre l'*Ascension* et la *Résurrection*. Le rédacteur des Actes des Apôtres fait reparaître les deux anges blancs assis sur le sépulcre qui avaient déjà annoncé aux Saintes Femmes la Résurrection du Christ.«

[19] Apg. 1, 10–11.

[20] Mt. 28, 7; Mk. 16, 7.

[21] Apg. 1, 11.

[22] Zahlreiche Beispiele in Réau, II, 2, S. 547. – Vgl. auch Gutberlet, S. 67.

Elfenbeinschnitzerei aus dem 4./5. Jahrhundert (Abb. 4) nicht – wie sonst häufig – die Auferstehung und eine sich chronologisch anschließende Szene (z. B. Hortulanus) vereint, sondern die typgleichen Geschehnisse der Auferstehung und Himmelfahrt Christi.

Ebenso ist im musikalischen Bereich die typologische Verwandtschaft von Auferstehung und Himmelfahrt Christi erkennbar. So wurde die Melodie der Himmelfahrts-Hymne *Iam Christus astra ascenderat* auf die Antiphon *Quis revolvet* der *Visitatio Sepulchri* aus Cividale übertragen:

> Il concetto della resurrezione del Nazareno, contenuto in questo spunto d'inno..., sembra aver ispirato l'autore del quadro scenico di Cividale nella scelta del tema melodico.[23]

Man vergleiche also:

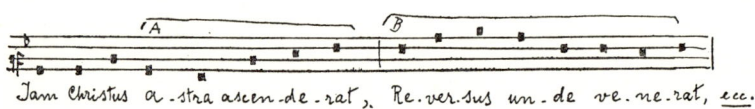

mit der folgenden Melodie:[24]

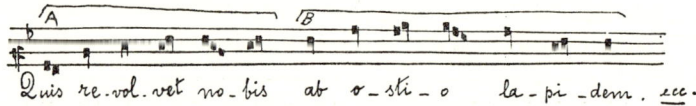

Angesichts dieser Tatsachen nimmt es nicht wunder, daß die oben erörterte Denkweise auch die Abfassung des Tropus *Quem creditis* entscheidend beeinflußte.

Während die liturgischen Feiern und geistlichen Spiele, die um die Vorgänge der Auferstehung Christi kreisen, auf den Tropus *Quem quaeritis in sepulchro* zurückgehen, wurde für die Feiern und Spiele um die Geburt Christi folgende liturgische Neuschöpfung zum Ausgangspunkt der Entwicklung:

> Quem queritis in presepe, pastores, dicite?
>
> Salvatorem Christum Dominum, infantem pannis involutum, secundum sermonem angelicum.
>
> Adest hic parvulus cum Maria matre sua, de qua dudum vaticinando Isaias dixerat propheta: Ecce virgo concipiet et pariet filium; et nunc euntes dicite quia natus est.

---

[23] Liuzzi, S. 84. [24] Ebd.

Abb. 4. *Visitatio Sepulchri* und Himmelfahrt Christi
(Elfenbeinschnitzerei des 4./5. Jahrhunderts)

> Alleluia, alleluia! Iam vere scimus Christum natum in terris, de quo canite omnes cum propheta, dicentes:
>
> Psalmus: Puer natus est.[25]

Dieser Tropus ist dem Introitus *Puer natus est* der dritten Weihnachtsmesse vorangestellt, findet sich also an der gleichen Stelle wie – in zahlreichen Fällen – der Ostertropus *Quem quaeritis in sepulchro*, dem er in allen wesentlichen Details nachgebildet ist. Der Deutlichkeit halber seien hier beide Tropen kollationiert:[26]

> Quem quaeritis in sepulchro, o Christicolae?
> Quem quaeritis in praesepe, pastores, dicite?
>
> Jesum Nazarenum crucifixum.
> Salvatorem Christum Dominum.
>
> Non est hic.
> Adest hic.
>
> Ite, nuntiate, quia surrexit.
> Nunc euntes dicite quia natus est.
>
> ... illud quod olim ipse per prophetam dixerat ad Patrem taliter inquiens.
> ... de quo canite omnes cum propheta dicentes.

Das Abhängigkeitsverhältnis ist nicht etwa umgekehrt: Die frühesten Texte des Weihnachtstropus liegen erst aus dem 11. Jahrhundert vor, während die ältesten Fassungen des Ostertropus sich bereits in Troparien von Limoges und St. Gallen finden, die aus dem 10. Jahrhundert stammen.[27]

Zunächst mag die deutliche Anknüpfung an den Ostertropus verwunderlich erscheinen, stellt sie doch eine kühne Neuschöpfung dar, deren Dialog sich nicht im Bericht des Evangelisten Lukas (2, 7–20) oder in autorisierten Texten der Liturgie findet. Bei näherer Betrachtung stellt sich jedoch heraus, daß der Verfasser dieses Tropus keineswegs willkürlich vorgegangen ist und etwa den Rahmen der orthodoxen Liturgie gesprengt hat. Er hat hier lediglich in einem liturgischen Text einen Gedanken folgerichtig angewendet, der bereits im patristischen Schrifttum auftaucht: die symbolische Gleichsetzung von *sepulchrum* und *praesepe*.

Im 8. Jahrhundert schreibt Germanus von Konstantinopel:

> Altare est et dicitur praesepe, et sepulchrum Domini.[28]

---

[25] Troparium Lemovicense (Limoges) saec. XI; Young, II, 4.
[26] Vgl. bereits Young, II, 5.
[27] Vgl. Young, I, 201, 210; Brinkmann, S. 108.
[28] Zitiert bei Young, I, 220.

In der Tat wurde während des ganzen Mittelalters der Altar bei liturgischen Handlungen sowohl als symbolischer Ort für das Grab wie auch die Krippe Christi verwendet. So wurde während der Karwoche die Hostie aus der Messe von Gründonnerstag für die Messe *Praesanctificatorum* am Karfreitag aufbewahrt, da an letzterem Tage keine Hostie konsekriert werden durfte. Schon bald wurde der Aufbewahrungsort – meist der Altar – mit dem Grabe Christi, die Hostie mit dem Leibe Christi identifiziert. Auch für die Zeremonien der *Depositio* und *Elevatio* wurde der Altar oft als *sepulchrum* verwendet.[29] Schließlich – für unsere Betrachtung am wichtigsten – wurde der Ostertropus *Quem quaeritis* am Altar gesprochen, der ausdrücklich als *sepulchrum* bezeichnet wird. So schreibt Bischof Durandus von Mende in seinem *Rationale*:

> Nec est omittendum, quod in quibusdam ecclesijs in his septem diebus duo cum albis superpellicijs incipiunt responsorium *Hec dies*; et in alijs, quosdam tropos post altare, – quod representat sepulcrum pro eo quod corpus Iesu in eo sacramentaliter collocatur et consecratur – gerentes typum duorum angelorum qui stantes in sepulcro Christum resurrexisse retulerunt.[30]

Auch in den Rubriken zu den liturgischen Texten selbst wird der Ort des Grabes oft an den Altar verlegt. Das folgende Beispiel ist aus dem 13. Jahrhundert überliefert:

> ... duo pueri induti albis vestibus sedentes iuxta altare, unus a dextris et alius a sinistris, quasi duo Angeli ad Sepulchrum Domini ... tres diaconos ... ante altare astantes, tamquam Mulieres ad Sepulchrum Domini venientes, cantando interrogant:
> Quem queritis ...[31]

Nach mittelalterlicher Auffassung symbolisierte der Altar aber auch die Krippe. Entscheidend für diese Auffassung war wohl vor allem die Tatsache, daß der Papst seit dem 7. Jahrhundert zur Vigil von Weihnachten die Messe in der Kirche Sancta Maria Maior feierte. In dieser Kirche wurde seit dieser Zeit der Altar durch die Überreste der „ursprünglichen" Krippe zu Bethlehem gebildet, die in diese römische Basilika überführt worden waren. Wenn der zelebrierende Papst das konsekrierte *Corpus Christi* auf den Altar legte, legte er es zugleich auf die Krippe im ganz realen Sinne.[32]

---

[29] Vgl. Young, I, 112 ff.
[30] Zitiert bei Young, I, 220.
[31] Ordinarium Catalaunense (Châlons-sur-Marne) saec. XIII; Young, I, 279.
[32] Vgl. Young, II, 8, 25.

In zahlreichen Darstellungen der bildenden Kunst ist das Christkind auf dem Altare liegend abgebildet.[33]

Schließlich bewegen sich in vielen liturgischen Feiern und geistlichen Spielen der Weihnachtszeit die Anbeter des Christkindes zum Altare als der Krippe hin. Besonders deutlich wird dies im folgenden Beispiel:

> Dum autem processio navem ecclesie intrare ceperit, corona ante crucem pendens in modum Stelle accendatur, et Magi, Stellam ostendentes, ad Ymaginem Sancte Marie super Altare Crucis prius positam cantantes pergant:
> Ecce stella...[34]

Kehren wir zu dem Weihnachtstropus *Quem quaeritis in praesepe* zurück. Aus dem oben Dargelegten geht hervor, daß der Verfasser dieses Tropus sich ganz bewußt einer alten und weitverbreiteten Tradition bedient hat, indem er die sakralen Stätten *sepulchrum* und *praesepe* austauschte, da sie typgleich waren.

Dies trifft jedoch nicht nur für den Ort, sondern im gleichen Maße für die Geschehnisse zu, die sich dort begeben. In beiden Fällen handelt es sich wieder um die Ursituation einer *visitatio*: Wie die Marien brechen auch die Hirten auf, um die Gottheit an einer bestimmten Stätte (Grab-Krippe) aufzusuchen. Es handelt sich hier im Grunde um zwei verschiedene Ausprägungen oder Realisierungen eines einzigen Typs. Dies kommt bereits in den Berichten der Evangelisten zum Ausdruck:

Besuch des Grabes:	*Besuch der Krippe:*
ecce duo viri steterunt secus illas in veste fulgenti. (Lk. 24, 4)	Et ecce angelus Domini stetit iuxta illos, et claritas Dei circumfulsit illos... (Lk. 2, 9)
cum timerent autem... (Lk. 24, 5)	et timuerent timore magno (ebd.)
Respondens autem angelus, dixit mulieribus: Nolite timere vos... (Mt. 28, 5)	Et dixit illis angelus: Nolite timere... (Lk. 2, 10)
...et ecce praecedit vos in Galilaeam; ibi eum videbitis. (Mt. 28, 7)	Invenietis infantem pannis involutum, et positum in praesepio. (Lk. 2, 12)

In beiden Fällen werden die Menschen auf die Begegnung mit Gott

---

[33] Beispiele in Mâle, *XIII*, S. 188 f.   [34] Young, II, 44.

durch Engel vorbereitet, erschrecken zutiefst vor der Nähe des Göttlichen, erhalten von den Engeln Hinweise auf die erst später erfolgende Theophanie.

Die enge typologische Verwandtschaft von *Visitatio Sepulchri* und *Visitatio Praesepis* ist auch im Bereich der liturgischen Musik erkennbar. In zahlreichen Fällen wurde nicht nur der Text, sondern auch die Musik des Ostertropus *Quem quaeritis in sepulchro* auf den Weihnachtstropus *Quem quaeritis in praesepe* typologisch übertragen. Die folgenden Beispiele mögen genügen:

Visitatio Sepulchri:

a) aus St. Benoît:[35]

b) aus Rouen:[36]

c) aus Tours:[37]

Visitatio Praesepis:

a) aus St. Benoît:[38]

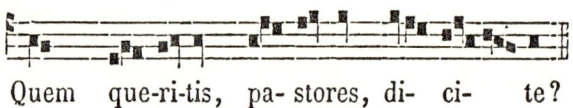

b) aus Rouen:[39]

---

[35] Coussemaker, S. 180.   [36] Ebd., S. 250.   [37] Ebd., S. 26.   [38] Ebd., S. 144.
[39] Ebd., S. 237. – Ganz Ähnliches läßt sich auch im Bereich der byzantinischen Liturgie beobachten. So sind z. B. die im folgenden z. T. wiedergegebenen Stichera von

Der Vollständigkeit halber sei hier der Vergleich abgedruckt, den W. Lipphardt schon 1931/32 veröffentlichte:[40]

Frage:
a) der Engel im Osterspiel (Hs. aus Tours. XII. Jahrhundert nach Coussemaker)
b) der Frauen im Hirtenspiel (Hs. aus Rouen. XIII. Jahrhundert nach Coussemaker)

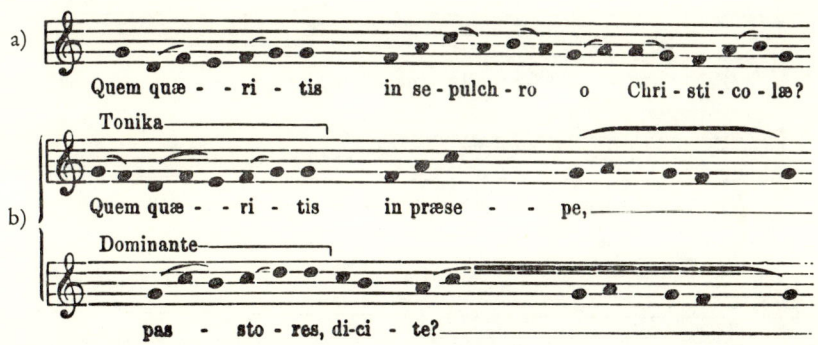

Weihnachten und Karfreitag in Text und Melodie passagenweise völlig identisch. Man vergleiche:
    a) Weihnachts-Sticheron (Wellesz, *Byzantine Music*, S. 392)
mit b) Karfreitags-Sticheron (ebd., S. 393):

[40] Anm. auf S. 36.

Antwort:

a) der Frauen im Osterspiel
b) der Hirten im Hirtenspiel

Später ist der Tropus *Quem quaeritis in praesepe* aus dem *Officium Pastorum* in das *Officium Stellae* übertragen worden. Nunmehr wird der Dialog von König Herodes und den soeben an seinem Hofe eingetroffenen Weisen aus dem Morgenlande gesprochen:

> Man ist versucht, auch hier von einer typologischen Übertragung zu sprechen. Wie im Bereich der abendländischen Tropenkomposition erscheint es auch hier angebracht, in bestimmten, theologisch begründbaren Fällen nicht den allgemeinen Begriff „Kontrafaktur", sondern den speziellen der „typologischen Übertragung" zu verwenden. Damit gelänge es, die musikwissenschaftliche Unterscheidung zwischen „Stichera idiomela" und „Stichera prosomoia" (z. B. Stöhr, Sp. 584) in einigen Fällen inhaltlich neu zu fassen. (Zum Problem der Kontrafaktur vgl. die folgende Anm. 40).
>
> 40 *Weihnachtsspiel*, S. 39 f. – Lipphardt bezeichnet Melodie und Text des *Officium Pastorum* als „Kontrafaktum" des *Officium Sepulchri* (S. 40). Der Begriff „Kontrafaktur" beschreibt den Zusammenhang beider Kompositionen jedoch nur unzureichend: Er berücksichtigt nur die materielle Übereinstimmung, nicht aber die hier evidente typologische Abhängigkeit. (Vgl. zur Kontrafaktur: Finscher; Taylor, *Melodien*, I, 42). – Im übrigen ist es unerfindlich, warum Lipphardt einige Jahrzehnte später behauptet, die hier in Frage stehenden Tropen seien „melodisch nicht ähnlich"! (*Dramen*, Sp. 1013, 1022).

Herodes ad Magos:
>   Quem queritis, advene?
> Magi:
>   Regem Iudeorum natum querimus.[41]

Auch hier sprengt der Verfasser nicht den Rahmen der überlieferten Liturgie, da er bewußt auf den Tropus *Quem quaeritis* zurückgreift: Noch augenfälliger als die Hirten sind die Weisen die Gottsucher – *visitatores* – kat'exochen.

Als letztes Beispiel für das bewegte Schicksal, das der Ostertropus *Quem quaeritis in sepulchro* erfahren hat, sei ein Tropus zum Introitus *De ventre* vom Feste der Geburt Johannis des Täufers (24. Juni) erwähnt. Er lautet:

> Quem creditis natum in orbe, o Deicole?
> Iohannem precursorem ortum de sterili, angelo nunciante,
>   o celicole.
> Iam natus est, ut dixit Salvator: Mitto angelum meum
>   ante me qui preparet viam meam.
> Eia! Psallite, omnes cristicole: De ventre.[42]

Hier liegt die Betonung weniger auf einer Suche nach der Gottheit als auf deren komplementären Ergänzung: der Ankunft des Heiligen, d. h. der Theophanie, wenn es sich um die Geburt Christi handeln würde. Die Übertragung erhält aber gerade dadurch ihren vollen Sinn, daß Johannes nicht nur Vorläufer Christi, sondern nach mittelalterlicher Auffassung eine *figura* Christi war. Oder anders ausgedrückt: Johannes der Täufer i s t in diesem Sinne Christus, wenn auch noch nicht der vollkommene, erfüllte *typus,* der erst von Christus selbst vollendet werden kann. Wiederum ist dieser Zusammenhang bereits im Neuen Testament vorhanden. Der Evangelist Lukas z. B. berichtet gerade von der Geburt Johannis und des Erlösers als von heilsgeschichtlichen Parallelen.[43] Nur das Auffälligste sei hier erwähnt:

Verkündigung der Geburt Johannis:

> 11. Apparuit autem illi angelus Domini ...
> 12. Et Zacharias turbatus est videns, et timor inruit super eum.
> 13. Ait autem ad illum angelus: Ne timeas Zaccharia, quoniam exaudita est deprecatio tua; et uxor tua Elisabeth pariet tibi filium, et vocabis nomen eius Iohannem: ...
> 15. Erit enim magnus coram Domino ...
> 18. Et dixit Zaccharias ad angelum: Unde hoc sciam? ego enim sum senex, et uxor mea processit in diebus suis.[44]

---

[41] Young, II, 60.
[42] Troparium Ripollense (Ripoll) saec. XII; Young, I, 197.
[43] Vgl. hierzu Dibelius.   [44] Lk. 1, 11–18.

Verkündigung der Geburt Christi:

> 28. Et ingressus angelus ad eam dixit...
> 29. ... turbata est in sermone eius...
> 30. Et ait angelus ei: Ne timeas Maria, invenisti enim gratiam apud Deum.
> 31. ecce concipies in utero, et paries filium, et vocabis nomen eius Iesum:
> 32. Hic erit magnus...
> 34. Dixit autem Maria ad angelum: Quomodo fiet istud, quoniam virum non cognosco? [45]

Zahlreiche Bibel-Exegeten des Mittelalters nehmen Bezug auf die Geburtsgeschichten Johannis des Täufers und Christi. So schreibt Honorius von Autun in seinem *Speculum Ecclesiae*:

> Praecursor redemptoris erat, dum eum in mundum nascendo et ad infernum patiendo praecurrebat.[46]

Auch von den bildenden Künstlern des Mittelalters wurden die Geburt Johannis des Täufers und Christi als typologisch eng verwandt angesehen. Ein Vergleich der hier wiedergegebenen Darstellungen macht dies deutlich (Abb. 5 und 6).

Die typologische Gleichheit der beiden wunderbaren Geburten kommt weiterhin in der liturgischen Musik zum Ausdruck. In einem liturgischen Text aus Cividale für das Fest Mariä Verkündigung ist u. a. folgende Passage enthalten:

> ANGELUS:
> Ne timeas, Maria; invenisti gratiam apud Dominum. Ecce concipies in utero, et paries filium, et vocabis nomen eius Yhesum.
> . . . .
> Et ecce Helisabeth, cognata tua, et ipsa concepit filium in senectute sua...[47]

Der Engel bringt also die Geburt Christi mit der des Täufers in Zusammenhang: Für die Erwähnung dieser beiden wunderbaren Vorgänge hat der Autor dieses liturgischen Stückes die gleiche Musik verwendet.[48]

Geburt Christi:

---

[45] Lk. 1, 28–34.
[46] Migne, *P.L.*, 172, col. 966. – Weitere Beispiele in Thulin, S. 65.
[47] Young, II, 247.   [48] Liuzzi, S. 88, Anm. 1.

Abb. 5. Geburt Christi
(Griechisches Evangeliar der
Vatikan-Bibliothek)

Abb. 6. Geburt Johannis des Täufers
(Griechisches Evangeliar der
Vatikan-Bibliothek)

Geburt Johannis des Täufers:

...et ipsa concepit filium in senectute sua.

Die heilsgeschichtliche Sonderstellung Johannis des Täufers wird von der römischen Kirche auch heortologisch zum Ausdruck gebracht: Sie ehrt ihn (wie auch Maria) vor allen anderen Heiligen, indem sie seine Geburt (am 24. Juni) feiert. (Daneben wird auch sein Todestag – wie bei anderen Heiligen allein üblich – am 29. August begangen.) An diesem Tage werden drei Messen gelesen; dies ist während des übrigen Kirchenjahres sonst nur noch am Weihnachtsfeste – dem Fest der Geburt Christi – der Fall.

Angesichts dieser Vorstellungen war es naheliegend, den Tropus vom Feste der Geburt des Herrn für das Fest der Geburt Johannis des Täufers zu verwenden.

Wie die vorhergehenden Betrachtungen zeigen, war der Einfluß des Ostertropus *Quem quaeritis in sepulchro* so groß, daß er als Vorbild für zahlreiche andere neue Tropen diente. Seine Bedeutung für die Entwicklung des mittelalterlichen geistlichen Spiels liegt darin, daß er den Kern sowohl für die späteren Oster- als auch (durch Übertragung) für die Weihnachtsspiele bildet. An dieser Stelle ergibt sich die Frage, warum gerade dieser – und nur dieser – Tropus alle anderen liturgischen Neuschöpfungen an Bedeutung überragt und zum Ausgangspunkt des mittelalterlichen geistlichen Spiels wurde.

Diese Sonderstellung kann sich nicht zufällig ergeben haben. Sie muß vielmehr in bestimmten Merkmalen dieses Tropus begründet liegen. Äußerungen wie die folgende tragen daher nichts zur Klärung dieser Frage bei:

> We are now to linger somewhat more attentively over a trope which, in its original form, is no more impressive or dramatically promising than the others... Its pre-eminence is due, then, not to the boldness of its conception, but to the fact that out of it happened(!) to be developed the earliest recorded play of the medieval Church.[49]

Kriterien wie "impressive" und "dramatically promising" sind von vornherein zu vage, um in einer fruchtbaren Diskussion sinnvoll verwendet werden zu können. Daß der Tropus keine "boldness of conception" verrate, sei unbestritten (s. o.); dies ist jedoch nur einer von

---

[49] Young, I, 201.

vielen möglichen Gesichtspunkten, die für die Lösung des Problems entscheidend sein können. Da Young hier rein formal vorgeht und die liturgischen Zusammenhänge nicht beachtet, erscheint ihm die Vorrangstellung des *Quem quaeritis*-Tropus als zufällig.

Bei der Erörterung dieser Frage ist zunächst von dem Rang auszugehen, den die einzelnen Feste des Kirchenjahres einnehmen. Denn es wird sich ein Tropus aus dem Festbereich durchsetzen, der nicht an der Peripherie der kirchlichen Liturgie liegt, sondern in dieser eine zentrale Stellung hat. Daher scheiden die Feste von Heiligen, Märtyrern usw., aber auch Feste wie Christi Himmelfahrt, Pfingsten u. a. aus. Im Mittelalter überstrahlte ein Fest alle anderen an Bedeutung und Glanz: das Osterfest.

> Die ... Osterfeier mit der Karwoche ist als der Ursprung des Kirchenjahres anzusehen. Ostern wurde für die Kirche der erste Mittelpunkt eines festen liturgischen Gefüges von Zeiten und Festen des Kirchenjahres.[50]

Innerhalb der österlichen Zeit wiederum bildet die Auferstehung Christi bis heute den Mittelpunkt:

> Im Rahmen der christlichen Lehre nimmt die Auferstehung Christi eine zentrale Stelle ein. Ihre grundlegende Bedeutung wird verfehlt, wenn sie lediglich als ein dogmatischer Lehrsatz neben anderen verstanden würde. Die Auferstehung Christi ist die Urvoraussetzung der christlichen Botschaft überhaupt. Das Osterzeugnis ist nicht nur das älteste urchristliche Bekenntnis (Lk. 24, 34), sondern auch spezifischer Inhalt des christlichen Glaubens.[51]

Die entscheidende Bedeutung der Auferstehung Christi wird von den Theologen vor allem durch 1. Kor. 15, 14 belegt:

> Si autem Christus non resurrexit, inanis est ergo praedicatio nostra, inanis est et fides vestra.

Die theologische Bewertung der österlichen Geschehnisse blieb im Kern bis heute unverändert. Wenn sich auch die liturgische Bedeutung der österlichen Zeit im Westen Europas immer mehr zugunsten des Weihnachtsfestes verringerte, wurde die beherrschende Stellung des Osterfestes bis zum späten Mittelalter nicht angetastet. Dies geht u. a. aus der Tatsache hervor, daß bis ins 9. Jahrhundert von Gründonnerstag bis zum Mittwoch nach Ostern die Arbeit ruhte.

Diese abgestufte Bewertung der beiden wichtigsten Kirchenfeste wird auch in der Zahl der überlieferten liturgischen Feiern bzw. Spiele

---

[50] *RGG, s.v. Ostern.*
[51] Ebd., *s.v. Auferstehung Christi.*

deutlich: Die überwältigende Mehrheit hat den Besuch der Marien am Grabe, nur ein kleiner Teil die Anbetung der Hirten zum Gegenstand.[52]

Die obigen heortologischen Überlegungen begründen die Ausnahmestellung des Ostertropus *Quem quaeritis in sepulchro* bzw. die Abhängigkeit des Weihnachtstropus *Quem quaeritis in praesepe*. Weiterhin bleibt jedoch die Frage offen, warum gerade die Tropusgruppe *Quem quaeritis*, nicht aber andere vergleichbare Tropen zum Ausgangspunkt des mittelalterlichen geistlichen Spiels wurden. Es kann hier nicht versucht werden, alle Tropen der Oster- oder Weihnachtszeit miteinander zu vergleichen. Wir beschränken uns daher im folgenden auf einen genauen Vergleich der beiden wichtigsten und häufigsten Tropen, die für unsere Fragestellung von Bedeutung sind.

Der einzige Tropus, der infolge seiner weiten Verbreitung mit der *Quem-quaeritis*-Gruppe konkurrieren konnte, war *Hodie cantandus est*, der dem Introitus (der dritten Weihnachtsmesse) vorangestellt wurde. Er wurde von Tutilo zu Beginn des 10. Jahrhunderts verfaßt und war so weit verbreitet, daß er früher zu Unrecht als die Keimzelle der mittelalterlichen geistlichen Spiele angesehen wurde.[53] Der besseren Übersicht wegen seien *Hodie cantandus est* und die beiden Hauptvertreter der *Quem-quaeritis*-Gruppe nacheinander zitiert:

1. Hodie cantandus est nobis puer, quem gignebat ineffabiliter ante tempora Pater, et eundem sub tempore generavit inclyta mater.
    Interrogatio: Quis est iste puer quem tam magnis preconiis dignis vociferatis? Dicite nobis, ut collaudatores esse possimus.
    Responsio: Hic enim est quem presagus et electus symmista Dei ad terras venturum previdens longe ante prenotavit, sicque predixit: *Puer natus est.*[54]
2. Quem queritis in presepe, pastores, dicite?
    Salvatorem Christum Dominum, infantem pannis involutum, secundum sermonem angelicum.
    Adest hic parvulus cum Maria matre sua, de qua dudum vaticinando Isaias dixerat propheta: Ecce virgo concipiet et pariet filium; et nunc euntes dicite quia natus est...[55]
3. *Interrogatio:*
    Quem queritis in sepulchro, Christicolę?
    Responsio:
    Iesum Nazarenum crucifixum, o caelicolae. Non est hic, surrexit sicut predixerat; ite, nuntiate...[56]

---

[52] Vgl. Young, II, 29.
[53] So z.B. Sepet, S. 15 f. und Blume, XLIX, 7; vgl. dazu Young, II, 24. – Noch vor wenigen Jahren hat B. Stäblein diesen Tropus als die „Keimzelle für die späteren liturgischen Spiele" bezeichnet! (Sp. 802).
[54] Young, I, 195.   [55] Ebd., II, 4.   [56] Ebd., I, 201.

Warum hat sich nicht etwa der Tropus *Hodie cantandus est*, sondern das *Quem-quaeritis*-Muster durchgesetzt? Beiden ist ein dialogischer Kern gemeinsam; beide bestehen im wesentlichen aus Frage und Antwort. Doch nur aus einem Tropus haben sich später quasi-dramatische liturgische Feiern und geistliche Spiele entwickelt. Der entscheidende Unterschied kann also nicht in der formalen, syntaktischen Anordnung des Textes liegen; er muß vielmehr in der völlig anders gearteten Situation gesucht werden, die in beiden Texten dargestellt wird.[57]

Zunächst einmal sind die dramatischen Möglichkeiten des Tropus *Hodie cantandus est* dadurch beschränkt, daß eine Zuweisung der einzelnen Sätze an bestimmte Personen, die im weihnachtlichen Geschehen eine Rolle spielen, schwierig, wenn nicht unmöglich ist. Diese Frage ist im streng liturgischen Bereich irrelevant, wird aber bedeutsam, sobald versucht wird, bestimmte heilsgeschichtliche Vorgänge durch bestimmte daran teilnehmende Personen zu repräsentieren. Der Tropus *Hodie cantandus est* gibt keinerlei Hinweise auf eine räumliche oder zeitliche Fixierung, ist in diesem Sinne also reinste Liturgie: Die Dimensionen von Raum und Zeit werden von der heilsgeschichtlichen Überzeitlichkeit und Allgegenwart überschattet. Dies kommt besonders im ersten Satz des Tropus zum Ausdruck: „... puer, quem gignebat ineffabiliter **ante tempora** Pater, et eundem **sub tempore** generavit inclyta mater." Nicht das *Hic et nunc* der Geburt Christi ist bedeutsam, sondern vor allem das Zeitlose des Geschehens. So ist es nicht verwunderlich, daß in keinem der erhaltenen Texte eine Rubrik konkrete Hinweise auf Ort oder Teilnehmer des Geschehens enthält.[58]

Es ist ja auch bereits theoretisch undenkbar, daß einer der Sätze etwa von den Hirten im Wechsel mit den *obstetrices* gesungen werden könnte: Die Frage „Quis est iste..." z. B. kann sinnvoll weder von den Hirten noch den *obstetrices* gestellt werden. Dieser Tropus bietet also nicht einmal *in nuce* die Möglichkeiten zu späterer dramatischer Entwicklung. Hier wird deutlich, daß das Vorhandensein eines dialogischen Kerns nicht mit potentieller Dramatisierung gleichzusetzen ist. Dies wird offenkundig, wenn man die Tropen der *Quem-quaeritis*-Gruppe zum Vergleich heranzieht.

Auch hier ist ein dialogischer Kern vorhanden, es kommt jedoch Entscheidendes hinzu. Nicht das Überzeitliche und Unräumliche werden betont. Der Dialog ist vielmehr in einem zeitlich-räumlichen Rah-

---

[57] Jodognes Ansicht, der Tropus *Hodie cantandus est* sei »trop court toutefois pour germer le drame liturgique« (S. 2), ist sachlich unrichtig (vgl. obige Zitate).
[58] Vgl. Young, II, 24.

men genau fixiert; es nehmen deutlich bezeichnete Personen teil: Die *Christicolae, caelicolae* und *pastores* werden ebenso erwähnt wie *sepulchrum* und *praesepe*. Die gleiche fixierende Wirkung haben Wendungen wie „non est hic", „adest hic", „nunc euntes". In beiden *Quem-quaeritis*-Tropen wird also unverwechselbar auf eine genau bestimmte Situation aus der Heilsgeschichte, nicht etwa auf die Geburt oder Auferstehung Christi schlechthin verwiesen: den Besuch der Marien am Grabe bzw. der Hirten an der Krippe.

Daß beide Geschehnisse verschiedene Ausprägungen einer einzigen Ursituation sind, wurde bereits oben erwähnt. Dieser Gesichtspunkt gewinnt hier zusätzliche Bedeutung. Die drei erörterten Tropen werden – wenn wir hier zunächst von den anderen Verwendungsmöglichkeiten in der Liturgie absehen – jeweils an gleicher Stelle der *missa solemnis* gesungen: vor dem Introitus, der u. a. die Aufgabe hat, den Einzug des Priesters und seiner Ministranten liturgisch zu verschönern. Wurde dem Introitus ein Tropus vorangestellt, wurde dieser also ebenfalls zur Zeit des Einzuges des Priesters und der Ministranten gesungen. Während diese sich zum Altare hin bewegten, konnte der Tropus etwa in der Art eines Responsoriums gesungen werden, wie das folgende, frühe Beispiel aus dem 11. Jahrhundert zeigt:

> In die sancto Pasche ad Missam sint omnes ordinati in choro, et incipiat cantor ita dicens:
> Hora est, psallite; iubet domnus canere; eia dicite!
> Respondet scola:
> Quem queritis in sepulchro, o Cristicole?
> Respondet cantor:
> Hiesum Nazarenum crucifixum, o celicole...[59]

An dieser Stelle wird deutlich, warum sich ein Tropus der *Quem-quaeritis*-Gruppe besser als alle anderen dazu eignete, vor dem Introitus als liturgische Erweiterung gesungen zu werden. Durch das Singen eines solchen Tropus, der im Kern die Ursituation der *visitatio* enthält, wird die kultische Handlung des Hinbewegens zur Gottheit – einer liturgischen *visitatio* also – musikalisch kontrapunktiert. Hier muß nämlich daran erinnert werden, daß ein wesentlicher Bestandteil der christlichen Messe – wie vieler anderer kultischer Handlungen (Prozessionen z. B.) – die sogenannte „Begehung" ist, d. h. daß der Gläubige bzw. der Priester sich dem Heiligen in geordneter Bewegung nähern will. So bemerkt etwa Jungmann zum Introitus der Messe:

---

[59] Troparium Mantuanum (Mantua) saec. XI; Young, I, 210 f.

> Dieser Einzug soll nicht nur durch Gesang gehoben sein, er soll auch sofort als ein Gang zum Gebet, als ein Hintreten vor Gottes Majestät gekennzeichnet sein.[60]

Der Kultus – auch die christliche Messe – ist im Kern ein dramatischer Vollzug:

> Der Kultus läßt den Mythus dramatisch geschehen. Der Kultus bildet den Mythus nicht ab; er stellt auch nicht nur versinnbildlichend dar, ahmt auch nicht nach, sondern er realisiert. Ohne kultische Handlung gibt es keine Realisierung dessen, was man glaubend weiß... Diese „Begehung" des Kultus ist selbst Heilsereignis... Die „Begehung" des Kultus hat tief dramatische Züge in sich, denn in den Religionen geht es immer auch um Begegnung: Die Begegnung der Mächte..., wie die Begegnung der Gottheit. Begegnung muß sein, damit Leben sei. Sie wird im Kult handelnd vollzogen.[61]

Die enge Verbindung zwischen kultischer Handlung und dramatischer Bewegung gilt allgemein für die Messe, ganz besonders aber für den Einzug derer, die die Feier „begehen". An dieser Stelle der Messe eignete sich das Singen eines Tropus der *Quem-quaeritis*-Gruppe sehr gut, indem dieser die allgemein-kultische *visitatio* durch einen Text ergänzte, dessen Kern spezielle, heilsgeschichtliche Ereignisse des *visitatio*-Typs bilden.

Weiter ist für unsere Fragestellung bedeutsam, daß die ganze Messe gerade zu der Zeit, als die *Quem-quaeritis*-Tropen entstanden, von vielen Theologen in zunehmendem Maße „commemorativ" gedeutet wurde. Der wichtigste und einflußreichste Vertreter dieser Methode ist Amalarius von Metz, der im 9. Jahrhundert wirkte. Obwohl die Synode von Kierzy im Jahre 838 seine Theorien zum Teil verwarf, wurden sie in der Folgezeit immer wieder aufgegriffen und von Gelehrten wie Sicardus von Cremona, Innozenz III., Albertus Magnus u. a. verwertet.[62]

Diese Theologen deuten die Messe insgesamt als eine Folge von liturgischen Handlungen, die jeweils bestimmte Ereignisse aus dem Leben Christi vergegenwärtigen:

> Die Liturgie wird wesenhaft gefaßt als realer, mystischer Vorgang, der Inhalt für die mannigfaltigen Formen des liturgischen Kunstbaues wird aber geschöpft aus der geschichtlichen Vergangenheit.[63]

So stellt der erste Teil der Messe vom Introitus bis zum Evangelium

---

[60] S. 347.   [61] *RGG, s. v. Drama.*
[62] Vgl. Cabaniss, *passim*; Heitz, S. 171 ff.; Young, I, 81 ff.
[63] Stroppel, S. 148.

den ersten Abschnitt im Leben Christi von der Geburt bis zum Einzug in Jerusalem dar. Der zweite Teil vom Offertorium bis zum Vaterunser gibt die Passion und Grablegung wieder usf. Die Methode als solche ist nicht neu: Seit langem repräsentierte die Feier des Meßopfers jenes historische Opfer Christi. Neu war jedoch, daß nicht nur das Zentrum der Messe, sondern jeder einzelne liturgische Vorgang „commemorativ" gedeutet wurde:

> alliz daz di prister tut
> iz ist gwisse
> ein gehucnisse
> an ein war urchunde
> der gotis marterunge.[64]

Diese Methode will jedoch keineswegs die Messe etwa als Drama interpretieren: Die Ereignisse aus dem Leben Christi sollen in der Messe nicht „nachgespielt", sondern tatsächlich vergegenwärtigt werden. Das Wesen der eucharistischen Feier – die Realpräsenz Christi im Altarssakrament – schließt ja bereits eine Deutung der Messe als Drama aus. So bedeuten „commemorativ", „rememorativ", „memoria" in diesem Zusammenhang mehr ‚Vergegenwärtigung des Vergangenen' als ‚Erinnern an Vergangenes':

> Quae aguntur in celebratione missae, in sacramento Dominicae passionis aguntur, ut ipse praecepit, dicens: Haec quotiescunque feceritis, in mei memoriam facietis. Idcirco presbyter immolans panem, et vinum et aquam in sacramento, est Christi panis, vinum et aqua in sacramento carnis Christi et ejus sanguinis.[65]

Für die Lösung unseres Problems ist es von besonderer Wichtigkeit, daß Amalarius von Metz die Subdiakone an mehreren Stellen mit den Frauen am Grabe Christi identifiziert:

> Subdiaconi qui stant usque modo in facie sacrificii, et nunc recedunt, ministeria feminarum ad memoriam nobis ducunt, quae recesserunt de monumento, sepulto Domino. Non enim ita recesserunt a sepulcro, ut abessent ministerio Domini, sed sabbato siluerunt; quo transacto, paraverunt aromata, ut ungerent corpus ejus. Eo modo praesentes subdiaconi recedunt a praesentia sacrificii, ut sabbato quidem, hoc est, quandiu septem petitiones Dominicae orationis dicuntur, sint in silentio et inclinati, sicut erant apostoli illo tempore et sanctae mulieres.
> Qui postea satagunt cum patenis ad requirendum corpus Domini circa altare, ut mulieres quaesierunt Domini corpus circa sepulcrum.[66]

---
[64] *Credo* des Armen Hartmann, V. 1080–1084; zitiert nach Stroppel, S. 79.
[65] Amalarius von Metz (Migne, *P.L.*, 105, col. 989).
[66] Ebd., col. 1146; ähnlich: col. 1147. Vgl. dazu Cabaniss, S. 62 ff.

Auch hier wird der Altar mit dem Grabe Christi identifiziert. Der Besuch der Marien am Grabe wird kultisch-liturgisch durch die Hinbewegung der Subdiakone zum Altare vergegenwärtigt. An anderer Stelle[67] repräsentieren die Subdiakone die Frauen unter dem Kreuze, wiederum also die Frauen, die später zum Besuch am Grabe Christi aufbrechen.[68]

Auch diese „commemorative" Deutung der Messe hat wohl dazu beigetragen, dem *Quem-quaeritis*-Tropus seine überragende Stellung zu sichern: Der Einzug der Subdiakone vor dem Introitus und ihr Schreiten zum Altare mußte den Besuch der Marien am Grabe „commemorieren". Diese Vorstellung wurde erleichtert durch die Identifizierung des Altars mit dem Grabe Christi (s. o.).

Die Überlegungen dieses Kapitels ergeben, daß Entstehung, Verwendung und Bedeutung des Tropus *Quem quaeritis in sepulchro* erst durch die Berücksichtigung typologischer oder verwandter Betrachtungsweisen verständlich und erklärbar werden. Es zeigte sich, daß die kultische und heilsgeschichtliche Ursituation der *visitatio* den Kern für eine Reihe typologischer Übertragungen und Entwicklungen bildete.

Als nächstes ergibt sich die Frage, welche Faktoren die Entwicklung des *Quem-quaeritis*-Tropus auf dem Wege zur quasi-dramatischen Feier und zum geistlichen Spiel beeinflussen. Vor allem wird zu fragen sein, in welchem Verhältnis die auftretenden Veränderungen zur liturgischen Funktion des jeweiligen Textes stehen.

---

[67] Migne, *P.L.*, 105, col. 1135.
[68] Vgl. Mt. 27, 55–56; Mk. 15, 40–41; Lk. 23, 49 ff.

II. KAPITEL

Alogische Montage oder dramatisch-logische Komposition?

1. Texte aus der österlichen Zeit

a) Der Tropus *Quem quaeritis in sepulchro* und die *Visitatio Sepulchri*

Der Ostertropus *Quem quaeritis in sepulchro* konnte, wie Hardison[1] gezeigt hat, wohl von Anfang an in verschiedenen liturgischen Feiern des Karsamstags und Ostersonntags verwendet werden: Er war bereits im 10. Jahrhundert Bestandteil der Ostermesse, der Matutin am Ostermorgen, der Prozession vor der Ostermesse und sehr wahrscheinlich auch der Ostervigil am Abend des Karsamstags.

Der *Quem-quaeritis*-Tropus als Bestandteil des Meß-Introitus erfüllt – wie alle übrigen Stücke des Meßformulars – eine liturgische Funktion. Daß dem Tropus keine dramatische Funktion zugewiesen ist, geht besonders deutlich aus den Rubriken der St. Gallener Version hervor:

> *Interrogatio:*
> Quem quęritis in sepulchro, Christicolę?
> *Responsio:*
> Iesum Nazarenum crucifixum, o caelicolae.
> Non est hic, surrexit sicut predixerat; ite, nuntiate quia surrexit de sepulchro.[2]

Im vorhergehenden Kapitel wurde zwar gezeigt, daß dieser Tropus dialogische Elemente enthält, hier muß jedoch festgestellt werden, daß der Tropus als Ganzes keineswegs einen Dialog darstellt, wie er im Drama verwendet wird. Aus den Rubriken ergibt sich, daß der Text des Tropus nach liturgischen, nicht nach dramaturgischen Gesichtspunkten aufgeteilt wurde: Offensichtlich wird der dritte Satz („Non est hic...") von den Personen gesungen, die auch den zweiten („Iesum Nazarenum...")

---

[1] Aufgrund der Untersuchungen Hardisons, S. 178–219, ist die bisher allgemein vertretene Ansicht, dieser Tropus sei zunächst nur in der Ostermesse verwendet und dann in die Matutin übertragen worden, nicht mehr haltbar. Ob aber dieser Tropus ursprünglich Bestandteil der Ostervigil war, wie Hardison annimmt, muß aufgrund der spärlichen Belege für eine solche Theorie bezweifelt werden.
[2] Young, I, 201.

singen. Eine solche Satzverteilung wäre in einem dramatischen Text undenkbar, ist jedoch in einer liturgischen Komposition durchaus verständlich: Die Aufteilung des Textes an Chor und Einzelsänger muß nicht unter dramaturgisch-logischen Gesichtspunkten erfolgen, sondern richtet sich nach den jeweiligen Erfordernissen der liturgischen Feier. Es ist daher unzulässig, den Tropus *Quem quaeritis* – wie z. B. Nicoll[3] und Stallbaumer[4] – bereits als "play" zu bezeichnen. Sehr bezeichnend für die Unfähigkeit, zwischen liturgischen und dramatischen Texten zu unterscheiden, ist die Art, wie Stallbaumer den Tropus aus St. Gallen abdruckt: Er fügt vor „Non est hic..." die Rubrik „Angeli:" ein,[5] teilt den Text also unzulässigerweise nach dramatisch-logischen Gesichtspunkten auf.

Die meisten später hinzutretenden Erweiterungen tragen ebenfalls liturgischen Charakter. So werden häufig Sätze wie:

Karrissimi, verba canite Christi.
Psallite, fratres, hora est...[6]

zwischen dem ursprünglichen Text des Tropus und dem Introitus eingeschoben. Hier handelt es sich wohl eindeutig um Aufforderungen zu liturgischer Lobpreisung. Ferner wurden auch vor den Tropus rein liturgische Sätze gestellt, wie z. B.:

Psallite regi magno, devicto mortis imperio![7]

oder:

Hora est, psallite; iubet domnus canere; eia dicite![8]

In anderen Fällen wird der Text durch den Einschub eines kurzen erzählenden Berichtes erweitert:

Alleluia, ad sepulcrum residens angelus nunciat resurrexisse Christum.[9]

Auch hier spielen „dramatische" Bedürfnisse keine Rolle. Es wird an dieser Stelle sogar deutlich, daß viele Erweiterungen elementaren dramatischen Anforderungen widersprechen: Während im Kern des Tropus von mehreren Engeln – *caelicolae* – die Rede ist, berichtet der Einschub von nur e i n e m Engel. (Die Quelle für diesen Widerspruch wird weiter unten ausführlich behandelt.) Aus diesem Text geht hervor, daß eine Grundvoraussetzung dramatischer Darstellung – die Einführung einer ganz bestimmten Zahl Agierender, die in gewissen Konstellatio-

---

[3] Nicoll, *Drama*, S. 18. [4] S. 654. [5] Ebd.
[6] Young, I, 208. [7] Ebd., I, 210. [8] Ebd.; ähnlich: 211, 212, 213.
[9] Ebd., I, 209; ähnlich: 211, 213.

nen gruppiert werden – hier nicht beachtet wird: Sie war für den Verfasser eines liturgischen Textes irrelevant. Ihm genügte es zur Rechtfertigung, sich auf die allein gültige Autorität der Hl. Schrift zu berufen, in der unterschiedlich von einem oder zwei Engeln berichtet wird; außertheologische Gesichtspunkte traten demgegenüber in den Hintergrund.

Diese Haltung wird in dem folgenden Beispiel noch deutlicher:

> Indutus presbyter sacris vestibus stet post altare, et dicat alto voce:
>   Quem queritis in sepulcro, Christicole?
>
> Respondeat diaconus:
>   Hiesum Nazarenum, o celicole.
>
> Respondeat presbyter:
>   Non est hic, surrexit sicut predixerat; ite, nunciate quia surrexit... [10]

Hier wird nicht etwa ein dramatischer Dialog an verschiedene Personen verteilt, die bestimmte Rollen spielen. Es wird vielmehr ein liturgischer „Dialog" von liturgischen Offizianten gesprochen. Die dramatisch-logische Unmöglichkeit, daß die Marien und Engel jeweils von einer Person dargestellt werden, ist für den Verfasser ohne Belang.

Nur eine einzige Erweiterung des Tropus könnte ohne Schwierigkeit in einem echt dramatischen Text erscheinen:

> Ubi est Christus, meus Dominus et filius excelsus? Eamus videre sepulcrum. [11]

Für die Tatsache, daß die dramatischen Erweiterungen des *Quemquaeritis*-Tropus fast unbedeutend sind, findet Young keine Erklärung:

> For the fact that the dialogue *Quem quaeritis in sepulchro* achieved so meagre a dramatic development at the introit of the Mass of Easter there appears to be no adequate explanation. One is at liberty to conjecture that the incongruity in content between the trope and the introit, already commented upon, was a deterrent; or that a more ample dramatic ceremony would have been censured as displacing or overshadowing the authorized liturgical observances at the beginning of Mass. [12]

Eine "incongruity" wie die zwischen dem *Non est hic* des Tropus und dem *Adhuc tecum sum* des Introitus war – wie oben an anderen Beispielen gezeigt wurde – für den Liturgiker irrelevant. Daher wurde ja auch kein ernsthafter Versuch unternommen, diese ‚Ungereimtheit' in in der Meßliturgie zu beseitigen. Dieses (auch von Young nicht mit vol-

---

[10] Troparium Beneventanum (Benevento) saec. XII; Young, I, 215.
[11] Ebd., I, 212; ähnlich: 213.
[12] Ebd., I, 223.

ler Überzeugung vorgetragene) Argument kommt für die Lösung des Problems nicht in Betracht. Im Grunde liegt hier ein schwerwiegendes Mißverständnis vor: Young unterstellt den Verfassern der betreffenden Texte ein Bemühen um dramatische Erweiterung. Der Befund der Tatsachen schließt eine solche Absicht jedoch aus. Die erhaltenen Versionen des Introitus-Tropus zeigen, daß sie eine rein liturgische Funktion erfüllen, die wiederum die Art ihrer Veränderung bestimmt: Liturgische Vorstellungen folgen anderen Gesetzen als säkular-logische Denkweisen.

Dieser tiefgreifende Unterschied wird auch an einer anderen "incongruity" deutlich. In den einfachsten Versionen folgt auf den Schlußsatz des Tropus „Ite, nunciate quia surrexit de sepulchro" unmittelbar das „Resurrexi..." des Introitus, das meist von mehreren *cantores* gesungen wurde.[13] Die Worte Christi folgen also ohne Kennzeichnung unmittelbar auf die der Engel. Der abrupte Wechsel von der 3. Person Singular zur 1. erschwert das logische Erfassen des Textes. In einigen Handschriften ist an einem charakteristischen Schreibfehler des Kopisten zu erkennen, wie sehr dieser plötzliche Wechsel dem natürlichen logischen Denken widersprochen haben muß: Statt „Resurrexi" schreibt er „Resurrexit" und beseitigt so unwillkürlich die hier auftretende gedankliche "incongruity"[14]. E. Wolff[15] erwähnt eine ähnliche Fehlleistung, die ebenfalls auf das Bedürfnis logischer Konsequenz zurückzuführen ist: Der Verfasser einer neueren Monographie über das mittelalterliche Drama Englands übersetzt das „Resurrexi" mit "He has risen".

Es ist nun aufschlußreich zu beobachten, in welchem Dilemma sich die Verfasser dieser liturgischen Stücke befunden haben müssen. Einerseits haben sie sicher die logische Inkonsequenz des Textes bemerkt, andererseits bestand aus liturgischer Sicht keineswegs ein zwingendes Bedürfnis zu einer „Glättung" des Textes. Wie die erhaltenen Versionen zeigen, haben sich die Verfasser dennoch oft bemüht, die Abruptheit im Wechsel der grammatischen Person zu mildern. Da eine Änderung des autorisierten Introitus oder des Tropus-Kerns nicht in Frage kam, schoben sie meist folgenden überleitenden Satz ein:

> En ecce completum est illud quod olim ipse per prophetam dixerat ad Patrem, taliter inquiens:
> Resurrexi.[16]

---

[13] Vgl. Young, I, 21.   [14] Beispiele: Young, I, 206, 208, 222.
[15] Rezension von Williams, *Drama*, in *Anglia*, 79 (1962), 479.
[16] Young, I, 209, 212, 213.

Daß die Absicht einer logischen Glättung jedoch nicht primär vorzuliegen braucht, sondern sich die „Logisierung" lediglich als Folge einer liturgischen Erweiterung einstellen kann, zeigt das folgende Beispiel. Der bereits erwähnte Satz „Eia, karissimi, verba canite Christi" eignet sich vorzüglich als Überleitung zu den Worten Christi am Anfang des Introitus. Doch nur in einem Fall ist von dieser Möglichkeit Gebrauch gemacht worden: Auf diese liturgische Aufforderung „... verba canite Christi" folgt unmittelbar das „Resurrexi" des Introitus.[17] In den übrigen Texten lag nicht die Absicht vor, einen Übergang zu schaffen: Der Einschub folgt erst nach dem „Resurrexi"[18] oder ist durch den Satz *Psallite, fratres* vom Introitus getrennt.[19] Aufgrund dieser willkürlichen Einordnung in den Text kann sich die Beseitigung der Inkongruenz in jener Version[20] auch zufällig ergeben haben.

Wurde der *Quem-quaeritis*-Tropus während der Prozession gesungen, die vor dem Beginn des Hochamtes stattfand, erfüllte er auch in dieser Umgebung ausschließlich liturgische Funktionen. Dies geht u. a. aus folgenden Merkmalen hervor: Wir finden wiederum keine Neuerungen im Dialog, die man als „dramatisch" bezeichnen könnte. Statt dessen treffen wir rein liturgische Einschübe an, z. B. das bereits erwähnte „Hora est, psallite...".[21] Einige Texte enthalten einen Erzählbericht, der in mehrfacher Hinsicht dramatisch-logischem Denken widerspricht:

> Sedit angelus ad sepulchrum Domini stola claritatis coopertus; videntes eum mulieres nimio terrore perterrite astiterunt a longe. Tunc locutus est angelus et dixit eis: Nolite metuere; dico vobis quia illum quem queritis mortuum iam vivit, et vita hominum cum eo surrexit, alleluia.
> Quem queritis in sepulchro, Christicole?
> Iesum Nazarenum crucifixum, o celicole.
> Non est hic, surrexit sicut locutus est; ite, nuntiate quia surrexit, dicentes:
> Alleluia, resurrexit Dominus.[22]

Ähnlich wie der bereits erörterte Einschub „Alleluia, ad sepulcrum residens angelus..." berichtet auch dieser von einem *angelus*, während im *Quem-quaeritis*-Dialog von zwei *celicole* die Rede ist. Vor allem aber nimmt die neu hinzugefügte Ergänzung den Inhalt des Tropus-

---

[17] Ebd., I, 217.
[18] Ebd., I, 209.
[19] Ebd., I, 208.
[20] Ebd., I, 217.
[21] Ebd., I, 225.
[22] Graduarium-Troparium Modoetinum (Monza) saec. XII; Young, I, 226; ähnlich: 226 f., 227.

Kerns vorweg. Auch hier ist der Kommentar Youngs mißverständlich. Er schreibt, daß die Anordnung dieses Einschubs den "dramatic effect" des Dialogs schwäche.[23] Wir mögen als heutige Betrachter zwar einen solchen Eindruck haben, für den Verfasser des liturgischen Stückes war dieser Gesichtspunkt jedoch nicht bedeutsam. Er stand vor der Aufgabe, für eine kultische Handlung gewissermaßen den Begleittext zu schreiben. Diesen fügte er im wesentlichen aus dem Tropus *Quem quaeritis* und der bereits ebenfalls vorhandenen Antiphon *Sedit angelus* zusammen. Es war für ihn nicht wesentlich, daß durch diese Kombination eventuell ein "dramatic effect" zerstört wurde. Gerade weil Young hier offensichtlich an die klimaktische Spannung als wesentliches Merkmal des Dramas denkt, ist sein Urteil verfehlt. Hier stoßen wir auf einen weiteren fundamentalen Gegensatz zwischen wesentlichen Prinzipien des Dramas und christlich-liturgischer Denkweise. Phänomene wie Klimax, Spannung, Peripetie haben im Denken des Liturgikers keinen Platz: Seine Schöpfungen – oder besser: Montagen – müssen sich stets in einem Bereich bewegen, dessen zeitliche und räumliche Dimensionen fixiert sind und vorher gewußt werden. Das große Schema des göttlichen Heilsplans kennt keine Überraschungen. Lange vor dem Beginn der hier erörterten Osterprozession sind – auch den nicht aktiv Beteiligten – die Einzelheiten der bevorstehenden kultischen Handlung im Prinzip bekannt. Daher kann der Liturgiker im Grunde nie Neues schaffen, sondern lediglich neue Kombinationen, Montagen herstellen.[24] Auch er beruft sich – wie die weltlichen Dichter des Mittelalters – auf verbindliche Autoritäten: die Bibel und die bereits kanonisierte Liturgie.

Der *Quem-quaeritis*-Tropus wird sehr häufig in den *Cursus* des Stundengebets übernommen. In fast allen Fällen wird er zwischen dem letzten Responsorium und dem *Te Deum* der Ostermatutin eingeschoben. An dieser Stelle konnte der Tropus immer umfangreichere Erweiterungen aufnehmen, ohne – wie etwa als Bestandteil des Meß-Introitus – durch die Fesseln der liturgischen Umgebung daran gehindert zu werden. Denn während die römische Meßliturgie seit dem 10. Jahrhundert im wesentlichen fixiert war und fast überall in Westeuropa als verbindlich anerkannt wurde,[25] gab es um diese Zeit für den *Cursus* noch

---

[23] I, 226.
[24] Zum Originalitätsbegriff in der weltlichen Dichtung des Mittelalters vgl. Verf., *Liebesgedichte, passim*.
[25] Lediglich in Mailand hielt sich die ambrosianische, in Toledo die mozarabische Liturgie.

keine überall gültige Form. Bereits der unterschiedliche Charakter dieser beiden liturgischen Komplexe erklärt diese Tatsache hinreichend: Während die Meßfeier im Zentrum des christlichen Kultus steht und die kirchliche Autorität daher bestrebt ist, vor allem diese zu kanonisieren, ist das Stundengebet eine zusätzliche Verehrung und Anbetung Gottes, ohne den Kern eines Sakramentes zu besitzen. In der Messe dagegen sind alle liturgischen Vorgänge auf das Sakrament der Eucharistie hingeordnet; übermäßigen Erweiterungen, die von diesem Zentrum ablenken könnten, wird zwangsläufig die Aufnahme in die Meßliturgie verwehrt. Als Bestandteil der Matutin dagegen konnte sich der Tropus ungehindert weiter entfalten. Hier ergibt sich wieder die Frage nach der Funktion, die diesen immer länger werdenden Texten der *Visitatio Sepulchri* – wie sie in diesem liturgischen Rahmen genannt werden – von ihren Verfassern zugedacht war. Das Urteil Youngs erscheint zu pauschal und muß im folgenden überprüft werden:

> The dramatic potentialities of *Quem quaeritis* were realized, then, only when it was withdrawn from the Mass altogether, and was given a lodging-place in the Canonical Office. In this new position it achieved a generous amount of literary freedom, and developed into an authentic Easter play.[26]

Hier ergibt sich wiederum die Frage, ob die fundamentale Wichtigkeit dramatischer Logik in den erhaltenen Texten beachtet oder auch nur erkannt wurde.

Eine *Visitatio Sepulchri* aus dem 12. Jahrhundert lautet:

Versus:
    Quem queritis in sepulchro, o Christicole?
Mulieres:
    Ihesum Nazarenum crucifixum, o celicole.
Angelus:
    Non est hic, surrexit sicut predixerat...[27]

Auf den ersten Blick bemerkt man den Widerspruch zwischen der Anrede „celicole" und der Erwähnung nur eines Engels in der Rubrik. Ein ähnliches Beispiel ist bereits oben erörtert worden. Fälle dieser Art finden sich so häufig,[28] daß es geboten erscheint, diesen Problemkreis ausführlich darzustellen.

Die unterschiedlichen Angaben über die Anzahl der Marien und Engel am Grabe lassen sich auf die widersprüchlichen Berichte der Evan-

---

[26] I, 231. – Zur Frage der ursprünglichen Verwendung dieses Tropus vgl. Anm. 1 dieses Kapitels.
[27] Liber responsalis Ultrajectensis (Utrecht) saec. XII; Young, I, 242 f.
[28] Young, I, 606, 608 u. a.; Sievers, S. 21; Donovan, S. 53, 54, 55, 57, 77, 190, 193 f.

gelisten zurückführen. Während Matthäus zwei Marien erwähnt, spricht Markus von drei Frauen. (Lukas gibt keine Zahl an; Johannes schildert nur den Besuch der Maria Magdalena am Grabe.) Auch die Angaben über die Zahl der Engel differieren: Matthäus und Markus erwähnen jeweils einen Engel, Lukas und Johannes deren zwei. Liturgische Stücke, die Bezug auf die Geschehnisse am Grabe Christi nehmen, folgen bald diesem, bald jenem Evangelisten.[29] Der *Quem-quaeritis*-Tropus läßt die Zahl unbestimmt, setzt aber zwei Engel und mindestens zwei Marien voraus. Aufgrund der unantastbaren Autorität des biblischen Textes wurden dessen Widersprüche hingenommen; dennoch konnte sich der Verfasser eines liturgischen Stückes für einen, in sich konsistenten Evangelienbericht entscheiden. Aus den überlieferten Versionen der *Visitatio Sepulchri* geht jedoch hervor, daß der Wille zu logischer Konsistenz bei sehr vielen Verfassern nicht vorhanden war.

Wenn in dem oben zitierten Text einem Engel die Worte mehrerer Engel zugeteilt sind, ergibt sich als einzige Folgerung, daß der betreffende Kleriker nicht etwa eine dramatische „Rolle" übernommen hat – trotz der Bezeichnung „Angelus" –, sondern daß er nach wie vor als liturgischer Offiziant den Teil eines dialogischen Tropus singt.

Die Texte, in denen nun tatsächlich jeweils mehrere Marien bzw. Engel den Dialog singen, sind jedoch noch kein Beweis für dramatischlogische Absicht der Verfasser: Liturgische Denkweise ist zwar alogisch, aber nicht unbedingt unlogisch. Die widerspruchsfreie, logische Verteilung eines Dialogs schließt logisches Desinteresse keineswegs aus.

Bewußte Absicht, den Text logisch zu gestalten, liegt nur in sehr wenigen Fällen vor. Bezeichnenderweise handelt es sich um Versionen, die fast ausnahmslos aus später Zeit (14./15. Jahrhundert) stammen, als eine ausschließlich liturgische Funktion oft nicht mehr vorhanden war.[30] So heißt es in einer *Visitatio Sepulchri* des 14. Jahrhunderts:

> Hinc procedant lente usque ad ostium iuxta altare, et unus frater in albis in specie Angeli stans iuxta Sepulchrum respondeat:
> Quem queritis in sepulchro, o Christicole?
> Mulieres ad Angelum:
> Ihesum Nazarenum crucifixum, o celicola.[31]

Dies ist einer der seltenen Fälle, daß der traditionelle Kern des Tropus verändert wird.

---

[29] Vgl. Young, I, 217.
[30] Zum Beispiel Young, I, 253, 264, 268, 348; nur ein Text stammt aus dem 10. Jahrhundert: I, 254.
[31] Ordinarium Fisannense (Fécamp) saec. XIV; Young, I, 264. – Veränderungen

Bei einer Vielzahl späterer Erweiterungen kann ebenfalls die Beobachtung gemacht werden, daß die Verfasser sehr oft alogisch vorgegangen sind. Meist wird eine bereits vorhandene liturgische Komposition mit anderen neu kombiniert, ohne daß auf logische Bedürfnisse Rücksicht genommen wird. So wurden Teile der im 11. Jahrhundert entstandenen Ostersequenz *Victimae paschali* in zahlreiche *Visitationes* aufgenommen. Ihr im Mittelalter gebräuchlicher Text lautet:

       1. Victimae paschali laudes
          immolent Christiani.

2. Agnus redemit oves,
   Christus innocens Patri
   reconciliavit
   peccatores.

3. Mors et vita duello
   conflixere mirando;
   dux vitae mortuus,
   regnat vivus.

4. Dic nobis, Maria,
   quid vidisti in via?
   ‚Sepulchrum Christi viventis,
   et gloriam vidi resurgentis;

5. Angelicos testes,
   sudarium et vestes.
   Surrexit Christus, spes mea;
   praecedet suos in Galilaea.'

6. Credendum est magis soli
   Mariae veraci
   quam Judaeorum
   turbae fallaci.

7. Scimus Christum surrexisse
   ex mortuis vere;
   tu nobis, victor
   rex, miserere.[32]

Den Kern der Sequenz bildet ein Dialog zwischen einer Maria (Maria Magdalena) und den Jüngern. Der Autor folgte also dem Bericht des Johannes (20, 1–2). Hieraus ergibt sich die Schwierigkeit, die *Christicolae* des *Quem-quaeritis*-Dialogs mit der Anwesenheit nur einer Maria in der Sequenz zu kombinieren. In der Mehrzahl der Fälle wurde dieses Problem von den Verfassern der *Visitationes* nicht beachtet und es ergaben sich Widersprüche der folgenden Art:

Cantor indutus capa serica cantat ad Mulieres:
   Dic nobis, Maria, quid vidisti in via?

Prima Mulier respondet sola:
   Sepulcrum Christi viventis, et gloriam vidi resurgentis.

Secunda Mulier:
   Angelicos testes, sudarium et vestes.

Tertia Mulier:
   Surrexit Christus, spes nostra; precedit suos in Galileam.

---

dieser Art finden sich nur im anglo-normannischen Bereich (vgl. de Boor, *Textgeschichte*, S. 95 ff.).
[32] Blume, LIV, 12–13; Young, I, 273.

Cantor ad chorum:
>Credendum est magis soli Marie veraci quam Iudeorum turbe fallaci...[33]

Der *cantor* befragt eine Maria – in der Rubrik ist von „Mulieres" die Rede – drei Marien antworten – am Schluß singt der *cantor* wieder von „soli Marie veraci". Zu dieser Fassung bemerkt Young:
>One wonders at the apparent unwillingness of the performers to alter the text of the sequence – from a singular to the plural – in accordance with the dramatic circumstances.[34]

Nach den obigen Erörterungen sollte dies aber nicht mehr so ‚verwunderlich' erscheinen: Solange das liturgische Bedürfnis im Vordergrund stand, wurde logischer Konsistenz wenig Aufmerksamkeit geschenkt.

Als die Antiphon
>Ad monumentum venimus gementes, angelum Domini sedentem vidimus et dicentem quia surrexit Ihesus

hinzugefügt wurde, in der von nur einem Engel die Rede ist, stellte sich ein neuer Widerspruch ein, wenn – wie es oft der Fall war – zwei Engel am *Quem-quaeritis*-Tropus beteiligt waren. So heißt es in einer Version aus Augsburg:
>. . . . .
>Angeli cantent versum:
>>Non est hic quem queritis, sed cito euntes nunciate discipulis eius et Petro quia surrexit Ihesus.
>
>Mulieres cantent versum:
>>Ad monumentum venimus gementes, angelum Domini sedentem vidimus...[35]

Diese Inkongruenz wurde nur in wenigen, späten Versionen (14. bis 16. Jahrhundert) beseitigt bzw. vermieden.[36]

Wie gleichgültig die Verfasser der *Visitationes* oft dramatisch-logischen Erfordernissen gegenüberstanden, macht auch das folgende Beispiel deutlich:
>Exacto responsorio cum *Gloria Patri*, iterum repetitur, sicque, ut mos habet, Sepulchrum visitatur. Ibique clero in duas partes diviso, ut fieri solet in choro, imponat cantor antiphonam:

---

[33] Breviarium Parisiense (Paris) saec. XIV; Young, I, 276 f.; weitere Beispiele: 278 f., 281, 297, 349, 355, 362, 366, 384, 410, 606 u. a.
[34] I, 277.
[35] Ebd., I, 312; weitere Beispiele: 316, 319, 322, 324, 334, 351, 354, 376 u. a.
[36] Zum Beispiel Young, I, 283, 361, 627 (Tegernsee), 631 B. – Für das vorherrschende Desinteresse an logischer Textgestaltung ist es bezeichnend, daß in einigen Versionen, in denen nur ein Engel am *Quem-quaeritis*-Tropus beteiligt ist, die ver-

> Maria Magdalena et alia Maria ferebant diluculo aromata, Dominum quaerentes in monumento.
> Tunc **duo vel tres** presbyteri, ad hoc **officium** dispositi, portantes thuribula et incensum, et in eundo ad Sepulchrum ad invicem cantent:
> Quis revolvet nobis lapidem ab ostio monumenti? . . .[37]

Aus der Anmerkung der Rubrik „duo vel tres" geht hervor, daß der Verfasser an einer widerspruchsfreien Übereinstimmung zwischen dem Text der Antiphon *Maria Magdalena et alia Maria* und der sich anschließenden *Visitatio* nicht interessiert war. Die ‚zwei oder drei' Kleriker spielen keine Rollen, sondern – „ad hoc **officium** dispositi" – sind liturgische Offizianten. Dadurch, daß sie sich zum Grabe bewegen, entsteht noch keine dramatische Szene; hier liegt vielmehr eine liturgische Handlung vor, die ein heilsgeschichtliches Ereignis kultisch verlebendigt. An dieser Stelle wäre höchstens die Bezeichnung „quasi-dramatisch" zulässig. Der Kommentar Youngs ist hier geradezu widersinnig: Er spricht von "either two or three **actors**".[38]

Der heutige Betrachter wird noch mehr verwirrt, wenn er Versionen liest, in denen der erörterten Antiphon *Maria Magdalena* das Responsorium *Dum transisset* vorangestellt wird, das vollständig lautet:

> Dum transisset sabbatum, Maria Magdalena et Maria Iacobi et Salomae emerunt aromata, ut venientes unguerent Iesum, alleluia, alleluia. Versus: Et valde mane una sabbatorum veniunt ad monumentum, orto iam sole.[39]

Der Text einer solchermaßen erweiterten *Visitatio* beginnt dann etwa auf folgende Weise:

> Exacto tercio responsorio cum *Gloria Patri*, iterum repetitur responsorium *Dum transisset*, sicque ut mos habet, Sepulchrum visitatur. Ibique clero in duos ordines diviso, ut fieri solet in choro, cantores imponant antiphonam:
> Maria Magdalena et alia Maria ferebant diluculo aromata, Dominum quaerentes in monumento.
> Tunc **tres** presbyteri ad hoc officium dispositi, portantes thuribula et incensum, et in eundo ad Sepulchrum ad invicem cantent antiphonam . . .[40]

Hier werden also der Reihe nach drei, zwei, drei Marien erwähnt.

Die logische Entwicklung einer Handlung, wie sie jedes Drama erfordert (hier wird abgesehen von modernen Experimenten), setzt die

---

änderte Antiphon verwendet wird, in der von "angelos" die Rede ist (Beispiele bei de Boor, *Textgeschichte*, S. 207; Breuer, S. 69).
[37] Breviarium Vindobonense (Wien) saec. XIII; Young, I, 325; ähnlich: 355, 647, 655.
[38] I, 326.
[39] Hartker, S. 229; Young, I, 232.
[40] Ordinarium Claustroneoburgense (Klosterneuburg) anni 1325; Young, I, 329; weitere Beispiele: 314, 315, 317, 321, 325, 326, 330, 337, 354, 366 u.a.

Beachtung chronologisch geordneter Kausalzusammenhänge voraus. Es stellt sich die Frage, ob dieser chronologische Faktor für den Verfasser einer *Visitatio* von Belang war.

In zahlreichen Versionen der *Visitatio Sepulchri* dringt die Antiphon „Venite et videte locum ubi positus erat Dominus" ein.[41] Sie ist vorzüglich geeignet, eine dramatische Weiterentwicklung der Szene am Grabe einzuleiten: Sie fordert die Marien geradezu auf, sich dem Grabe zu nähern und hineinzuschauen. In einfacher Form wird diese Antiphon folgendermaßen eingeschoben:

> Quem queritis in sepulchro, o Christicolae:
> Presbyteri:
> Ihesum Nazarenum crucifixum, o caelicolae.
> Diaconi:
> Non est hic, surrexit sicut praedixerat; i t e, nuntiate quia surrexit.
> Antiphona:
> V e n i t e et videte locum ubi positus erat Dominus, alleluia...[42]

Diese Stellung der Antiphon läuft den fundamentalsten dramatisch-chronologischen Erfordernissen zuwider.[43] Zunächst werden die Marien zum Gehen („ite"), gleich darauf zum Kommen („venite") aufgefordert. Eine solche oder ähnliche Anordnung findet sich in der überwiegenden Mehrzahl der erhaltenen Versionen.[44] Wiederum ist die Erklärung Youngs unzulänglich, ja irreführend:

> In disposing of this speech within the fabric of the performance, however, the writers seem not to have been very adroit. According ... to common sense this exhortation ought to be uttered between the two parts of the angels' second speech, after they have announced the Resurrection, but before they have sent the Marys on their way by the words *Ite, nuntiate* ... This inept arrangement arises form a reverent unwillingness to disturb the original simple structure of the trope *Quem quaeritis* – and from a lack of dramatic resourcefulness.[45]

---

[41] Hartker, S. 226; Young, I, 246.
[42] Directorium Spirense (Speyer) saec. XIV; Young, I, 247.
[43] Williams, *Drama*, S. 11, versucht, diese "incongruity" als dramaturgische Feinheit zu deuten:
> The recalling of the women by the angel, which has been criticized as awkward, adds a certain subtlety. It is as though the women at first think only of their own joy, forgetting their duty of announcing the marvelous event of which they are witnesses.

Diese Deutung läßt die liturgische Funktion des Textes völlig außer acht und unterstellt dem mittelalterlichen Autor dramaturgische Absichten, die diesem mit Sicherheit fernlagen.
[44] Zum Beispiel Young, I, 248, 263, 281, 328 u. v. a.
[45] I, 246 f.

Wie der Befund der Texte zeigt, haben die logischen Bedürfnisse des "common sense" für den Liturgiker eine untergeordnete Rolle gespielt. Wenn Young die ‚Ungeschicklichkeit' der Verfasser verurteilt, legt er falsche Maßstäbe an. Wie an vielen anderen Stellen seines sonst so überaus nützlichen Buches betrachtet er hier den Text fast ausschließlich unter dem Gesichtspunkt der Entwicklung zum Drama hin und bedauert alle „nicht-dramatischen" Elemente, die für ihn nur retardierende Hemmnisse auf dem Wege zum echten dramatischen Spiel sind.

Wie auch dieses Beispiel zeigt, überwiegt jedoch nach wie vor die liturgische Denkweise: Daher bleibt der Kern des traditionellen liturgischen Stückes unangetastet. Dabei wird die chronologische Folgerichtigkeit liturgisch-kanonischem Denken geopfert, das die Montage, nicht aber die kausal geordnete Komposition bevorzugt.

Hier wird ein Wesenszug des christlichen Zeitbegriffs wirksam, der ein völlig neues chronologisches Denken hervorbrachte. Geschichte ist mehr als eine lineare Abfolge von Einzelereignissen: Als Heilsgeschichte wird sie auf die Überzeitlichkeit des göttlichen Heilsplanes bezogen. Nicht der linear-chronologische Ablauf ist wesentlich, sondern der Stellenwert des einzelnen Geschehnisses innerhalb eines achronischen Bezugssystems. Die Zeit ist nicht mehr ein absoluter Ordnungsfaktor; sie wird relativiert und überzeitlichen Kategorien untergeordnet. Dieser Zeitbegriff macht es erst möglich, in typologischer Methode zeitlich entfernte Geschehnisse zusammenzufassen, zeitlich aufeinanderfolgende jedoch zu trennen. Hier wird bereits deutlich, daß typologisches Denken – wie es in Kapitel B I erörtert wurde – und achronisches Vorgehen eng zusammenhängen.

Dieser christliche Zeitbegriff hat besonders die Liturgie maßgeblich beeinflußt:

> In der Liturgie ist die Einmaligkeit der geschichtlichen Erscheinung ganz aufgehoben in der großen Göttlichen Komödie ... und das Einmalige ist ganz in das Ewige eingegangen, indem alles im Rhythmus der Hauptfeste und -zeiten des Kirchenjahres mitschwingt.[46]

Erst später werden säkular-chronologische Erfordernisse – des *common sense*, wie Young sagen würde – berücksichtigt. Dies wird auch bei der Betrachtung des Einschubes *Venite et videte* deutlich: Die wenigen Texte der *Visitatio Sepulchri*, in denen auf kausale Abfolge geachtet wird, sind – mit einer Ausnahme[47] – aus späterer Zeit, d. h. aus dem 14., 15., 17. Jahrhundert.[48] In diesen Versionen lautet die Reihenfolge:

---

[46] Stroppel, S. 150.   [47] Young, I, 270.   [48] Ebd., I, 251, 252, 258, 349, 379.

> Non est hic, surrexit sicut praedixerat...
> Venite et videte locum ubi positus erat Dominus...
> Ite, nuntiate discipulis eius quia surrexit...

In diesen Texten ist also nach mancherlei liturgischen Umwegen genau die Anordnung wiederhergestellt, wie sie sich im Bericht des Evangelisten Matthäus (28, 6–7) findet:

> 6. Non est hic: surrexit enim, sicut dixit:
> venite videte locum ubi positus erat Dominus.
> 7. Et cito euntes, dicite discipulis eius quia surrexit.

Diese logische Abfolge in der Bibel ist durch deren Funktion bedingt: Die Evangelien – besonders das des Matthäus – sollten u. a. den Beweis erbringen, daß Christus tatsächlich der Messias war. Um andere zu überzeugen bzw. den Glauben der christlichen Gemeinde zu stärken, mußten die Berichte glaubwürdig und möglichst widerspruchsfrei abgefaßt sein.[49] So betont Lukas (1, 3–4) zu Anfang seines Evangeliums ausdrücklich die Notwendigkeit der widerspruchsfreien Anordnung des Stoffes:

> 3. Visum est et mihi, adsecuto a principio omnibus diligenter, ex o r d i n e tibi scribere, optime Theophile,
> 4. ut cognoscas eorum verborum, de quibus eruditus es, veritatem.

Die Evangelisten schrieben also in ganz anderer Absicht als später die Liturgiker, bei denen die apologetische Funktion keine Rolle mehr spielt.

Von den beschriebenen wenigen Beispielen abgesehen, wurde also der liturgische T e x t etwaigen dramatischen Bedürfnissen nicht angepaßt. Es ist jedoch nur ein scheinbarer Widerspruch zu diesem Befund, wenn in den R u b r i k e n vieler Versionen quasi-dramatische Elemente zu finden sind. So heißt es in einer Fassung des 12. Jahrhunderts:

> Tercio responsorio denuo percantato, tres presbyteri sive diaconi, albis cappis induti, capita humeralibus obvoluta habentes et thuribula cum incenso in manibus tenentes, progrediuntur ad altare ubi paratum est Sepulcrum Domini cantantes multum suppressa voce:
> Quis revolvet nobis ab hostio lapidem...?

> Qua finita, subsistunt non longe ab illis duobus fratribus qui induti dalmaticis, velatis similiter capitibus, sedent infra Sepulcrum, quique subinferunt hanc:
> Quem queritis in sepulchro, o Christicole?

---

[49] Die Widersprüche der Evangelien untereinander sind ein anderes Problem, das oben bereits kurz erörtert wurde.

> Econtra isti qui vicem Mulierum agunt respondent:
> Iesum Nazarenum crucifixum, o celicole.
> Item illi qui vicem Angelorum agunt:
> Non est hic, surrexit sicut predixerat; ite, nunciate quia surrexit de sepulchro.
> Mox isti intrant Sepulcrum, et illis interim canentibus:
> Venite et videte locum...
> thurificant locum ubi positus erat Crucifixus...[50]

Auf den ersten Blick könnte man diese *Visitatio* für eine echte dramatische Szene halten und sie mit Young[51] als "play" bezeichnen. Eine genauere Untersuchung erweist jedoch die Irrigkeit einer solchen Ansicht. Besonders auffällig ist hier, daß der Schlußsatz des *Quem-quaeritis*-Tropus („Ite, nunciate") und die neu hinzugefügte Antiphon *Venite et videte* keineswegs mit der Bewegung der Marien synchronisiert sind. Sobald die Marien aufgefordert worden sind, sich zu entfernen, treten sie näher und begeben sich in das *sepulchrum*. Während die Engel die Marien einladen näherzukommen, befinden sich diese bereits im Grabe und weihräuchern. In dieser Version sind also „Handlung" und Dialog zeitlich gegeneinander verschoben. Es genügt keineswegs, in oberflächlicher Betrachtung das Vorhandensein von Dialog und Handlung festzustellen und infolgedessen den vorliegenden Text als "play" zu bezeichnen. Diese beiden Elemente sind im echten Drama sinnvoll aufeinander bezogen. Hier sind sie lediglich Bestandteile einer liturgischen Handlung, bei der sie sich *ad libitum* – nicht zwangsläufig – ergänzen.

Auch die anderen „Handlungen", auf die in den Rubriken hingewiesen wird, sind unter diesem Gesichtspunkt zu betrachten. So ist das Schreiten zum Altar–Grab weniger dramatische Bewegung als vielmehr Teil einer kultischen Handlung (s. o.). Auch hier wäre die Bezeichnung „quasi-dramatische" *Visitatio Sepulchri* angebracht.

Von zahlreichen anderen Beispielen für die liturgische Irrelevanz chronologischer bzw. synchroner Komposition seien nur die folgenden kurz erwähnt.

In mehreren Versionen singen die Marien die Ostersequenz *Mane prima sabbati*. Auch die Anwesenheit dieses Stückes ist nur sinnvoll aus dessen liturgischer Funktion zu erklären. Denn durch seine Einfügung wird eine chronologisch-dramatische Abfolge der Geschehnisse verhindert. Bevor die Marien von den Engeln über die Auferstehung unterrichtet sind, singen sie bereits:

---

[50] Liber responsalis Zwifaltensis (Zwiefalten) saec. XII; Young, I, 266 f.
[51] I, 266.

> 1. Mane prima sabbati
>   surgens Dei filius,
>   nostra spes et gloria,
>
> 2. Victo rege sceleris,
>   rediit ab inferis
>   cum summa victoria.
>
> 3. Cuius resurrectio,
>   omni plena gaudio,
>   consolatur omnia...[52]

Vom dramaturgischen, nicht vom (hier allein relevanten) liturgischen Standpunkt aus ist diese Kombination "hardly fitting".[53]

Ähnliches gilt auch für das folgende Beispiel. In dieser Version[54] treten auch Petrus und Johannes auf, die zum Grabe Christi eilen, dort nicht den Leichnam Jesu, wohl aber die leinenen Tücher finden, in die er gewickelt war.[55] Obwohl sie nun Gewißheit haben, befragen sie gleich darauf Maria Magdalena über die gleichen Vorgänge. Auch diese Version zeugt nicht von dramaturgischer Konsequenz und einem Bedürfnis nach chronologischer Ordnung. Diese wird beachtet, wenn – wie es in einigen Texten der Fall ist[56] – zunächst die Marien ihre Erlebnisse am Grabe berichten und dann erst die beiden Apostel dorthin eilen, um sich selbst zu überzeugen.

Auch die Einfügung von erzählenden Berichten widerspricht dramaturgischen Grundsätzen, zumal wenn die Berichtenden sich selbst in der 3. Person erwähnen:

> Petrus et Johannes cantent:
>   Currebant duo simul, et ille alius discipulus praecucurrit citius Petro, et venit prior ad monumentum...[57]

In dieser Passage stellen die beiden Priester nicht die Apostel Petrus und Johannes dar, sondern erfüllen die Aufgabe liturgischer Offizianten. In der Rubrik einer ähnlichen Version wird dies *expressis verbis* festgestellt:

> Deinde **chorus, vel duo**, scilicet Petrus et Johannes, cantent antiphonam:
>   Currebant duo simul...[58]

An dieser Stelle sind die beiden Kleriker lediglich Mitglieder des liturgischen Chores. Gleich darauf aber erfüllen sie quasi-dramatische Aufgaben und verkörpern die Apostel:

> Et currant versus Sepulchrum, Johanne precurrente, Petro sequente...[59]

---

[52] Ebd., I, 277; der vollständige Text von *Mane prima sabbati*: 234 f. Diese "incongruity" findet sich ferner in: Young, I, 287, 289, 291, 293.
[53] Ebd., I, 278. [54] Ebd., I, 354. [55] Vgl. Joh. 20, 4 ff.
[56] Zum Beispiel Young, I, 362. [57] Ebd., I, 354. [58] Ebd., I, 356.
[59] Ebd., I, 354.

In ähnlicher Weise sind Kleriker anderer Versionen sowohl Darsteller der Marien als auch liturgische Offizianten:

> Mulieres:
> Maria Magdalena et alia Maria ferebant diluculo aromata, Dominum querentes in monumento.
> Mulieres:
> Quis revolvet nobis ab hostio lapidem...?[60]

Abschließend sei eine *Visitatio Sepulchri* im Wortlaut zitiert, die – man möchte fast sagen: in idealer Weise – sämtliche hier erörterten undramatischen Merkmale in sich vereinigt:

> Fiat processio ad Sepulchrum... et u n u s aptam vocem habens, acturus vocem Angeli, sedeat ad capud in dextra parte coopertus stola candida; et t r e s figuram Mulierum habentes cum tribus thuribulis cantent:
> Maria Magdalena et altera Maria ferebant diluculo aromata...
> Item Marie cantent:
> Quis revolvet nobis ab ostio lapidem...?
> A n g e l i :
> Quem queritis...?
> Marie cantent:
> Ihesum Nazarenum...
> Angeli cantent:
> Non est hic quem queritis...
> Cum Angeli ceperint cantare *Sed cito euntes,* Mulieres thurificent Sepulchrum, et cito due redeant in chorum cantantes:
> Ad monumentum venimus gementes, a n g e l u m Domini sedentem vidimus et dicentem quia surrexit Jesus.
> Petrus et Johannes cantent:
> C u r r e b a n t d u o s i m u l ...
> E t c u r r a n t versus Sepulchrum... Venientes ad monumentum auferant lintheamina et sudarium; vertentes se ad chorum ostendendo ea cantent antiphonam:
> Cernitis, o socii, ecce lintheamina et sudarium, et corpus non est in sepulchro inventum.
> Cantent versum:
> Dic nobis, M a r i a, quid vidisti in via?
> Maria versum:
> Sepulchrum Christi viventis...
> Secunda versum: Angelicos testes...
> Tertia versum: Surrexit Christus...
> Apostoli:
> Credendum est magis soli Mariae veraci...[61]

---
[60] Ebd., I, 319; ähnlich: 375.
[61] Breviarium Pataviense (Passau) saec. XV; Young, I, 354 f.

In dieser Fassung finden sich:
1. Alogische Inkonsistenz: a) Schwanken in der Zahl der Marien (3–2–1). b) Schwanken in der Zahl der Engel (1–2–1).
2. Achronische Anordnung: Petrus und Johannes fragen, n a c h d e m sie bereits Gewißheit haben.
3. Erzählende Elemente: „Currebant duo..."
4. Abrupter Funktionswechsel der teilnehmenden Kleriker: zwei Kleriker als Offizianten und als Darsteller der beiden Apostel.

Die Untersuchungen dieses Kapitels zeigen, daß die Entwicklung des *Quem-quaeritis*-Tropus auch als Teil der Matutin zunächst weitgehend durch seine liturgische Funktion bestimmt wird. Dramatische Absicht ist nur in seltenen Fällen zu erkennen, die meist aus späterer Zeit stammen. Immerhin erkannten die Liturgiker, daß ihnen das Stundengebet größere Freiheiten für liturgische Neuerungen bot als die Messe: Dort konnten sie – nicht behindert durch eine sakramentale Zentrierung – ihre liturgischen Montagen immer mehr erweitern. Daß sich dabei auch quasi-dramatische Wirkungen ergeben, ist ein sekundäres Merkmal, das sich auf den dramatischen Charakter jeder Kulthandlung zurückführen läßt.

Die bisher erörterten Versionen sind relativ kurz. Im folgenden sollen Texte betrachtet werden, die vor allem durch die Aufnahme einer Christus-Szene beträchtlichen Umfang erreicht haben. Diese Gruppe, die auch die als *Ludi Paschales* bekannten längsten Texte einschließt, wird aus folgendem Grunde gesondert behandelt: Wenn es sich nachweisen läßt, daß auch in komplexen, hoch entwickelten *Visitationes* zahlreiche undramatische Elemente enthalten sind, kann endgültig nicht mehr bezweifelt werden, daß die „incongruities" den Verfassern solange irrelevant erschienen, als die liturgische Funktion bestimmend war. Denn die Versionen dieser Gruppe zeugen von einer so sehr verfeinerten Kompositionstechnik, daß nicht etwa Unvermögen oder Ungeschicklichkeit der Verfasser das Vorhandensein solcher „incongruities" erklären könnte.

Eine genaue Untersuchung dieser meist späten Versionen[62] ergibt, daß die meisten von ihnen die gleichen Widersprüche und Unstimmigkeiten enthalten, die wir bereits in den einfachsten Texten des *Quem-quaeritis*-Tropus und der *Visitatio Sepulchri* angetroffen haben. Der folgende Überblick möge genügen:

---

[62] Sehr wenige dieser Texte sind aus der zweiten Hälfte des 12. Jahrhunderts, die meisten aus dem 13. bis 16. Jahrhundert überliefert.

1. Alogische Inkonsistenz:

Die Zahl der Engel und Marien ist in sehr vielen Fällen nicht konstant.[63] In dem *Ordo Paschalis* aus Klosterneuburg findet sich ein weiterer, neuer Beweis für das Desinteresse der Verfasser an logischer Konsistenz. Nachdem Christus der Maria Magdalena erschienen ist, berichtet diese den anderen zwei Marien:

> Vere vidi Dominum vivere,
> nec dimisit me pedes tangere;
> discipulos oportet credere,
> quod ad Patrem velit ascendere.

Zusammen mit diesen singt aber Maria Magdalena gleich darauf:

> Galileam omnes adibitis;
> ibi Iesum vivum videbitis;
> quem post mortem vivum non vidimus,
> nos ibidem visuros credimus.[64]

Daß den Verfassern auch psychologische Konsistenz irrelevant erschien, zeigen die folgenden Beispiele. Maria Magdalena singt in einer Version aus Einsiedeln zunächst den jubelnden Anfang der Sequenz *Victimae paschali*:

> 1. Victimae paschali laudes
>   immolent Christiani.

> 2. Agnus redemit oves,　　　3. Mors et vita duello
>   Christus innocens Patri　　　conflixere mirando;
>   reconciliavit　　　　　　　　dux vitae mortuus,
>   peccatores.　　　　　　　　 regnat vivus.

Unmittelbar darauf erscheint Christus und fragt Maria Magdalena:

> Mulier, quid ploras?[65]

Ähnlich hat der Verfasser des hoch entwickelten Textes aus Tours ohne Bedenken in die Klage der weinenden Maria Magdalena zwei Verse (a, b) aus einer Prosa eingefügt, die nur Freude (über Christi Auferstehung) ausdrücken:

> Heu! me misera!
> Magnus labor, magnus dolor, magna est tristitia...
> Heu! michi tristi, dolenti de morte altissimi.

---

[63] Zum Beispiel Young, I, 375, 385, 398, 402, 405, 410, 418, 441, 442, 445 u. a.
[64] Ebd., I, 428.
[65] Ebd., I, 391.

a O quam magno dies ista celebranda g a u d i o,
b Quam ingenti, tam devoto, recolenda studio!...
 Me misera! me misera! me misera!
 Quid agam? Heu! tristis, quid dicam?⁶⁶

Eine ähnliche Unbekümmertheit zeigt sich in einer „Montage" des *Ordo Paschalis* aus Klosterneuburg:

Apostoli sine cessatione murmurant ymnum istum p l a n g e n t e s Dominum:

1. Ihesu, nostra redemptio,
 amor et desiderium,
 Deus, creator omnium,
 homo in fine temporum...

5. Tu esto nostrum g a u d i u m,
 qui es futurus praemium;
 sit nostra in te g l o r i a
 per cuncta semper saecula...⁶⁷

2. Achronische Anordnung:

Sehr häufig folgt das *Venite et videte* erst nach dem *Ite, nunciate* bzw. *Cito euntes nunciate*.⁶⁸ Ferner ist in einigen Fällen die Frage *Quis revolvet...?* nicht mit dem quasi-dramatischen Geschehen synchronisiert.⁶⁹ In der Version aus Tours stellen die Marien die Frage, nachdem sie bereits in das offene Grab geschaut haben.⁷⁰ In demselben Text berichtet Maria Magdalena den Aposteln von der Auferstehung Christi, nachdem dieser ihnen bereits mehrmals erschienen ist.⁷¹

3. Abrupter Funktionswechsel der teilnehmenden Kleriker:

In dem Text aus Origny laufen die Darsteller der Apostel zum Grabe und kommentieren als Offizianten ihre eigene quasi-dramatische Handlung:

Apres ces chozes, li doi Apostre queurent au Sepuchre et dient:
Currebant duo simul.⁷²

In der Version aus Tours singen die „Apostel":

Tristes erant a p o s t o l i
de nece sui Domini...⁷³

---

⁶⁶ Ebd., I, 443 f.
⁶⁷ Ebd., I, 428.
⁶⁸ Zum Beispiel Young, I, 376, 382, 386, 403, 406.
⁶⁹ Ebd., I, 413, 441.
⁷⁰ Ebd., I, 441.
⁷¹ Ebd., I, 445 f.
⁷² Ebd., I, 419.
⁷³ Ebd., I, 445.

Gleich darauf – beim Erscheinen Christi – verwandelt sich diese liturgische Funktion in eine quasi-dramatische:

> Discipuli videant eum, et osculentur, et dicant:
> Ecce, Deus noster!...[74]

An anderer Stelle singen die Engel in nicht-dramatischer Weise:

> Cum rex gloriae Christus infernum debellaturus intraret, et c h o r u s a n g e l i c u s ante faciem ejus portas principum tolli praeciperet...[75]

Durch die Einfügung dieser Antiphon entsteht außerdem ein neuer Widerspruch. Gleich darauf ist es nämlich Christus, der singt:

> Tollite portas, principes, vestras, et elevamini portae eternales, et introibit rex glorie.

Es ist symptomatisch für die falsche Perspektive Youngs, daß er einige der oben zitierten "incongruities" einfach als Versehen der Kopisten hinstellt und der liturgischen Eigenart der Texte so nicht gerecht wird. So emendiert er das „celicole" einer Version zu „celicola", da nur ein Engel auftrete![76] Wie die zahlreichen anderen erörterten Beispiele zeigen, ist eine solche „Logisierung" jedoch unangebracht.

Weiter heißt es in der *Visitatio* aus Mont St. Michel:

> Duo fratres in Sepulchro, qui erunt duo Angeli inducti de capis rubeis, dicant:
> M u l i e r e s, quid ploratis?
> M u l i e r e s dicant post:
> Quia tulerunt Dominum m e u m, et n e s c i o ubi posuerunt eum.
> Angeli de Sepulcro dicant:
> Quid queritis viventem...?[77]

Den logischen Widerspruch zwischen „mulieres" und „meum", „nescio" hält Young für einen "scribal error".[78] Daß dies nicht zutrifft, zeigen mehrere andere Versionen:

> D u e M a r i e:
> Ardens est cor m e u m; d e s i d e r o videre Dominum m e u m; quero et non i n v e n i o, ubi posuerunt eum, alleluia.
> Quis revolvet n o b i s lapidem...?[79]

---

[74] Ebd.
[75] Ebd., I, 425.
[76] Ebd., I, 394; ganz ähnlich hat G. Prado einen Text aus Santiago de Compostella „logisiert", indem er „celicole" zu „celicola" emendiert, um den Widerspruch zu dem später erwähnten „angelus" zu tilgen (Donovan, S. 53, A. 12).
[77] Ebd., I, 373.
[78] Ebd., Anm. 1.
[79] Ebd., I, 599; ähnlich: 269, 302.

Der für den Verfasser irrelevante Widerspruch ergab sich aus der teleskopischen Schachtelung[80] mehrerer typgleicher Szenen: In beiden Texten werden Äußerungen der suchenden Maria Magdalena auf die anderen suchenden Marien typologisch übertragen. Der Dialog zwischen den Engeln und Maria Magdalena am Grabe lautet nach Johannes (20, 13):

> Dicunt ei illi: Mulier, quid ploras?
> Dicit eis: Quia tulerunt Dominum meum: et nescio ubi posuerunt eum.

Darauf folgen in beiden Versionen wieder Sätze, die ursprünglich in einer Szene mit den anderen Marien gesprochen wurden: „Quid quaeritis" ... nach Lk. 24, 5 f.; „Quis revolvet...?" nach Mk. 16, 3.

Nur in einem einzigen der komplexen, hoch entwickelten Texte finden sich keine „incongruities" der oben erörterten Art: in einem Fragment aus den *Carmina Burana* des 13. Jahrhunderts. Es ist kein Zufall, daß diese Version nicht – wie die meisten anderen – eine Montage aus verschiedenen liturgischen Stücken darstellt, sondern die Berichte der Evangelien in metrischer Bearbeitung frei gestaltet. Lediglich am Anfang dieses Textes findet sich ein liturgisches Responsorium. Offensichtlich bestimmt aber auch hier die Funktion das zugehörige Denkmuster, das wiederum Quellenwahl und „Technik" beeinflußt. Im Gegensatz zu den obigen Beispielen soll dieser Text nicht mehr liturgische Funktionen erfüllen und eine liturgische Handlung quasi-dramatisch verlebendigen. Hier handelt es sich um ein echtes Spiel, das im Rahmen der heilsgeschichtlichen Fakten relativ selbständig existiert, ohne liturgischen Erfordernissen unterworfen zu sein. Das Fehlen der liturgischen Funktion ermöglicht es dem Verfasser, nichtliturgische Quellen – hier: die Vulgata – heranzuziehen, die er außerdem oft in metrischer Form erweitert und ausschmückt. An die Stelle einer liturgischen Montage ist eine relativ selbständige Komposition getreten, die keine Widersprüche aufweist und nach dramatisch-logischen Gesichtspunkten aufgebaut ist.

Wir stellen abschließend fest, daß – mit wenigen Ausnahmen – von den einfachsten Versionen des *Quem-quaeritis*-Tropus bis zur hoch entwickelten, umfangreichen *Visitatio Sepulchri* die Gestaltung der Texte

---

[80] Es wäre aufschlußreich, T. S. Eliots "telescoping of images" im Zusammenhang mit seinem christlichen Geschichts- und Traditionsbegriff zu untersuchen, der wesentlich durch die Konzeption der Überzeitlichkeit und auch typologische Elemente bestimmt wird.

von einer Denkweise beherrscht wird, die wesentlichen dramatischen Grundvoraussetzungen widerspricht: Sie ist alogisch und achronisch.[81] Das Vorherrschen dieser Konstante läßt sich auf die liturgische Funktion dieser Texte zurückführen: Durch sie werden Quelle (liturgische Texte) und Bearbeitungsweise (liturgische Montage) bestimmt. Später treten andere, nichtliturgische Merkmale hinzu, die den eigentlichen Kern dieser Stücke jedoch nicht betreffen. Selbst die in den Rubriken enthaltenen Hinweise auf ausführlichere „dramatische" Darstellung sind unter diesem Gesichtspunkt zu betrachten: Sie sind keineswegs dramaturgische Regieanweisungen, sondern machen Vorschläge, wie eine liturgische Handlung verlebendigt und erweitert werden kann. Auch fast alle hoch entwickelten *Visitationes Sepulchri* sind nicht selbständige dramatische Aufführungen, sondern quasi-dramatische Veranschaulichung mit unverändert liturgischer Funktion (Ausnahme: s. o.).

Mit Hilfe unserer so gewonnenen Kriterien könnte auch die Unterscheidung zwischen Feiern und Spielen neu begründet werden. Bisher bezeichnete man die Texte als Feiern, die ausdrücklich mit der Liturgie verbunden sind, während Spiele sich durch großen Umfang, verfeinerte Kompositionstechnik und metrische Passagen auszeichnen und profane Elemente enthalten.[82] Bereits Young hat mit Recht darauf hingewiesen, daß alle diese Kriterien für eine strenge Scheidung beider Gruppen nicht präzise genug sind: Die überlieferten Handschriften geben oft über die liturgische Verknüpfung der Texte keine oder ungenaue Auskunft; die Anzahl „literarischer" bzw. profaner Elemente, die eine Feier von einem Spiel trennt, ist nicht verbindlich festzulegen. Aufgrund dieser nicht eindeutigen Merkmale bezeichnet etwa Meyer[83] die Texte aus Origny, Klosterneuburg, Benediktbeuern, Tours, Fleury, Engelberg,

---

[81] Es sei gestattet, hier auf eine überraschende Parallele hinzuweisen, die sich in der altägyptischen Literatur findet. Die liturgischen Texte des Schabako-Steines und des Ramesseum-Papyrus besitzen – wie die hier erörterten – quasi-dramatischen Charakter und sind zum Teil ebenfalls achronisch „montiert". So weist Sethe, *Texte*, S. 17, darauf hin, daß der Text des Schabako-Steines „die einzelnen Szenen, welche zur Darstellung kommen, nicht in streng chronologischer Folge bringt. Er behandelt ja z. B. den Tod des Osiris nach der Thronbesteigung des Horus, die ... erst darauf folgen mußte." – Für solche achronischen Montagen bringt Drioton, *Théâtre II*, ein weiteres Beispiel aus dem Schabako-Text; daraus folgert er richtig, es handle sich nicht um ein Drama (S. 10), sondern – müssen wir ergänzen – um einen liturgischen quasi-dramatischen Text.
[82] Diese Unterscheidung treffen Milchsack, S. 103, 115; Lange, *Programm*, S. 29; Meyer, *Fragmenta Burana*, S. 79, 80 f., 89, 92. Auch in jüngster Zeit wurde versucht, Feiern und Spiele zu unterscheiden: Toschi, S. 669; Franceschini, S. 146; Hartl, *Aufriß*, Sp. 1954; de Boor, *Textgeschichte*, S. 5 f.
[83] *Fragmenta Burana*, S. 80 f., 89.

Einsiedeln, Cividale, Nürnberg und Konstanz als Spiele, während Young[84] nur die vier erstgenannten als *Ludi Paschales* in einer Gruppe zusammenfaßt.

Aus unseren obigen Erörterungen ergab sich jedoch, daß auch die längsten und „literarischsten" Texte nicht von dramaturgischer, sondern liturgischer Denkweise zeugen, die am auffälligsten in zahlreichen "incongruities" sichtbar wurde. Aufgrund dieses Kriteriums müßte man auch drei der vier von Young als *Ludi* bezeichneten Texte als Feiern bezeichnen, da auch in ihnen die Nähe zur Liturgie stärker ist als zum mehr oder weniger unabhängigen Spiel. Erst wenn dramatisch-logisches Denken alle anderen Erfordernisse unterdrückt, so daß tatsächlich die dramatische Absicht im Vordergrund steht, wäre die Bezeichnung Spiel angebracht: In diesem Sinne ist von den sogenannten *Ludi Paschales* nur die Version aus Benediktbeuern ein Spiel.

b) Passionsspiele

Während die Geschehnisse um die Auferstehung Christi bereits seit dem 10. Jahrhundert in überaus zahlreichen Versionen gestaltet wurden, ist die Passion in wenigen Texten erst seit dem 12. Jahrhundert behandelt worden: Der früheste Text stammt aus der Mitte des 12. Jahrhunderts und wurde in Monte Cassino verfaßt.[85] Offensichtlich lag von kirchlicher Seite keine Notwendigkeit vor, die Leidensgeschichte – insbesondere die Kreuzigung – darzustellen, da ja bereits die Messe das Opfer Christi immer wieder realsymbolisch vergegenwärtigte.[86]

So ist es nicht verwunderlich, daß der Kern für die späteren Passionsspiele nicht etwa ein liturgisches Stück – wie der *Quem-quaeritis*-Tropus für die *Visitatio Sepulchri* – wurde. Nach dem heutigen Stand der Forschung gilt es ebenfalls als sicher, daß die Passionsspiele sich nicht – wie man oft annahm[87] – aus dem *planctus Mariae* entwickelt haben. Zu dieser Erkenntnis hat die Entdeckung des Textes aus Monte Cassino

---

[84] I, 411 f.
[85] Vgl. Inguanez, *Dramma;* Sticca, *Note.* Dieses Passionsspiel wurde erst 1936 entdeckt und ist daher leider in keinem der Standardwerke über das mittelalterliche Drama erwähnt. (So wurde es u.a. von Stratman; Craig; Williams, *Drama;* Rossiter; Kolve; Hardison übersehen.) Daher gelten bis heute die beiden Benediktbeurer Passionsspiele des 13. Jahrhunderts zu Unrecht als die frühesten ihrer Art.
[86] Vgl. Young, I, 492. – Jodogne, S. 179.
[87] Wechssler, S. 98; Chambers, *Stage,* II, 39 f.; Young, I, 493 ff.

wesentlich beigetragen. Da in diesem frühesten Passionsspiel die Marienklage eine völlig unbedeutende Rolle spielt und vor diesem Spiel keine *planctus Mariae* entstanden sind, ist die Herleitung der Passionsspiele aus den Marienklagen nicht mehr möglich:

> Avendo ora un testo del dramma, anteriore o almeno contemporaneo al *Planctus*, questo viene a perdere la sua importanza come elemento creativo del dramma. Esso diventa semplicemente uno degli elementi nella formazione del Dramma della Passione e di minore importanza di ... la narrazione della Passione secondo i vangeli ... della Settimana Santa.[88]

Die Passionsspiele sind also weder aus irgendeiner liturgischen Komposition noch aus dem *planctus Mariae* entstanden, sondern haben sich mehr oder weniger direkt aus den Evangelienberichten entwickelt: An vier Tagen der Karwoche wurde die Leidensgeschichte Christi – jeweils nach einem der vier Evangelisten – gesungen.[89] Bereits vor mehr als sechzig Jahren vermutete Young den Ursprung der Passionsspiele in diesen *passiones*:

> The dramatic value of the *passio* was so clearly appreciated that the *passio* itself became the groundwork of the earlier passion-plays... The true passion-plays actually written seem ... to rest firmly upon the *passio*, and to use the planctus only incidentally.[90]

Insgesamt sind uns nur vier lateinische Texte überliefert, in denen die Leidensgeschichte Christi dramatisch dargestellt wird: Neben der bereits erwähnten Version aus Monte Cassino ist eine mit dieser verwandte Fassung aus dem 14. Jahrhundert – das sogenannte Sulmona-Fragment – erhalten; ferner enthalten die *Carmina Burana* aus dem 13. Jahrhundert eine kürzere und eine sehr umfangreiche Version. Trotz aller Unterschiede im Detail haben diese vier Texte Wesentliches gemeinsam: Die Verfasser haben keine oder nur sehr wenige liturgische Kompositionen verwendet; sie folgen mehr oder minder wortgetreu den Evangelienberichten; sie haben keine liturgischen Montagen geschaffen, sondern logisch-widerspruchsfrei[91] aufgebaute Spiele, durch die die Vorgänge der Passion nicht liturgisch verlebendigt, sondern dramatisch dargestellt werden sollen. In allen vier Versionen führt diese Funktion des Textes zum Vorherrschen einer bestimmten Denkweise,

---

[88] Inguanez, *Dramma*, S. 21. – Ähnlich: Sticca, *Planctus*, S. 47.
[89] Vgl. Young, *Passion-Play*; ders., I, 100 f.; Kreps.
[90] Young, *Passion-Play*, S. 350. – Ähnlich: Kretzmann, *Liturgical Element*, S. 89 f.
[91] Lediglich im längeren Text aus Benediktbeuern finden sich zwei "incongruities" (Young, I, 520, V. 36; 524, V. 144), die sich jedoch auf die verderbte Überlieferung zurückführen lassen. (Vgl. Young, I, 536).

die wiederum Quellenwahl und „Technik" beeinflußt: Daher wählten die Verfasser nicht etwa liturgisch-disparate Einzeltexte als Vorlage, sondern die logisch-chronologisch geordneten Evangelienberichte. Alle vier Versionen können als Spiele bezeichnet werden, da das liturgische Element völlig in den Hintergrund getreten ist und die Gestaltung des Textes nicht wesentlich bestimmt.

2. Texte aus der Weihnachtszeit

a) Die *Visitatio Praesepis*

Wie in Kapitel B I gezeigt wurde, war für Entstehung und liturgischen Ort des Weihnachtstropus *Quem quaeritis in praesepe* der Ostertropus *Quem quaeritis in sepulchro* typologisches Vorbild. Der neu entstandene Weihnachtstropus wurde häufig vor dem Introitus *Puer natus est* der dritten Weihnachtsmesse gesungen. An dieser Stelle der Meßliturgie erfährt er nur ganz geringfügige Veränderungen, die keineswegs auf irgendeine „dramatische" Absicht der Verfasser schließen lassen. So findet sich in einem Text des 11. Jahrhunderts der Zusatz:

> Hora est, psallite; jube, Domne, canere eia![92]

Dieser Einschub erfüllt rein liturgische Funktion; er ist bezeichnenderweise – wie so viele andere Details – wörtlich einer Version des Ostertropus *Quem quaeritis in sepulchro* entnommen. So heißt es bereits in der frühen Fassung aus Limoges (10. Jahrhundert):

> Hora est, psallite; iubet dompnus canere; eia, eia dicite![93]

Eine ähnliche, wenn auch im Wortlaut abweichende, liturgische Aufforderung findet sich in einem Troparium des 11./12. Jahrhunderts aus Limoges:

> ... eia dic, dompne, eia![94]

Die folgende Ergänzung hat ebenfalls rein liturgischen Charakter:

> Gloria tibi, Christe, gloria tibi, sancte, gloria tibi, Domine, quia venisti omne genus liberare. Omnes gaudentes dicite:
> Puer natus est.[95]

---

[92] Young, II, 6.
[93] Ebd., I, 211; vgl. Kap. B I dieser Arbeit.
[94] Young, II, 428.
[95] Ebd., II, 7.

Auch die Art der Zuteilung des Textes an die verschiedenen Offizianten macht deutlich, daß in dieser Textgruppe Beschaffenheit und Vortrag des Tropus ausschließlich von liturgischen Gesichtspunkten bestimmt werden. So wird der Tropus in einer Version des 11. Jahrhunderts folgendermaßen aufgeteilt:

> Quem queritis in presepe, pastores, dicite?
>   Respondet scola:
> Salvatorem Christum Dominum.
>   Respondent cantores:
> Infantem pannis involutum, secundum sermonem angelicum.
>   Respondet scola:
> Adest hic parvulus cum Maria matre sua...[96]

Auf den ersten Blick wird hier erkennbar, daß der Verfasser keineswegs an eine logische „Rollenverteilung" gedacht hat. *Scola* und *cantores* singen hier Sätze, die bei sinngemäß-dramaturgischer Verteilung des Textes jeweils der anderen Chorgruppe zukommen müßten („Infantem..." zu *scola*; „Adest hic..." zu *cantores*).[97]

Der Tropus *Quem quaeritis in praesepe* wurde – wiederum dem Vorbild des Ostertropus folgend – in einigen Fällen Bestandteil des *Cursus*: Meist fand er nach dem *Te Deum* der Matutin seinen Platz.[98] Bei der Untersuchung der *Visitationes Sepulchri* hatten wir festgestellt, daß die liturgische, nicht-dramatische Funktion dieser Texte vor allem an ihrer alogischen Inkonsistenz, achronischen Anordnung und dem abrupten Funktionswechsel der teilnehmenden Kleriker sichtbar wurde. Die *Officia Pastorum*, die sich aus dem erörterten Weihnachtstropus entwickeln, sind zwar durch diesen mit den *Visitationes Sepulchri* verwandt, basieren aber dennoch in mancher Hinsicht auf völlig verschiedenen Voraussetzungen. Diese Unterschiede müssen in den folgenden Erörterungen berücksichtigt werden.

Die alogische Inkonsistenz sehr vieler *Visitationes Sepulchri* zeigte sich besonders in der nicht konstanten Zahl der Engel und Marien. Die Verfasser hatten nämlich ohne Rücksicht auf logisch-dramaturgische Erfordernisse mehrere liturgische Stücke kombiniert, die die unterschiedlichen Angaben der verschiedenen Evangelienberichte enthielten. Der Verfasser eines *Officium Pastorum* dagegen geriet *a priori* kaum in Gefahr, solche Inkonsistenzen zu übernehmen: Von dem Besuch der Hirten an der Krippe berichtet nur das Lukas-Evangelium.[99] Widersprüche zwischen den einzelnen Synoptikern sind für diese Episode also irrele-

---

[96] Troparium Mantuanum (Mantua) saec. XI; Young, II, 7.
[97] Weitere Beispiele in Young, II, 6, 6 f.   [98] Vgl. Young, II, 9.   [99] 2, 7–20.

vant. Infolgedessen können durch die Verwendung liturgischer Stücke, die auf diesen einen Bericht zurückgehen, keine „incongruities" der bisher beobachteten Art auftreten.

Ein weiterer theoretischer Grund für das Fehlen von logischen und chronologischen Widersprüchen besteht darin, daß die *Officia Pastorum* im Vergleich zu den *Visitationes Sepulchri* wenig verändert oder erweitert wurden.[100] Eine Erklärung für dieses Phänomen soll später versucht werden. Hier sei nur festgestellt, daß die „Fehlerquelle" bei den *Visitationes Sepulchri* durch die Montage oft sehr vieler liturgischer Stücke von vornherein größer sein muß als bei den *Officia Pastorum*, die nur wenige Kombinationen aufweisen.

Werden nun die Texte selbst untersucht, gelangt man zu einem Ergebnis, das durchaus den obigen theoretischen Überlegungen entspricht. Von den bei Young abgedruckten fünf unterschiedlichen Gruppen eines *Officium Pastorum* weisen drei überhaupt keine Erweiterungen oder wesentliche Veränderungen auf. Lediglich in einigen Texten aus der Diözese Rouen finden sich mehrere Einschübe. In der einfacheren Version aus dem 12. Jahrhundert lauten diese:

> ...unus autem puer in excelso, amictu et alba indutus, in similitudine Angeli nativitatem Domini annuntiantis, hunc versum dicens:
> Nolite timere, ecce enim evangelizo vobis gaudium magnum, quod erit omni populo, quia natus est vobis hodie Salvator mundi in civitate David, et hoc vobis signum: Invenietis infantem pannis involutum et positum in presepio.
> Sint item plures pueri dextra et sinistra parte similiter induti, qui, finita prefata antiphona, incipiant cantando:
> Gloria in excelsis Deo, et in terra pax hominibus bone voluntatis, alleluia, alleluia.
> Hoc iterum finito, Pastores subsequentem antiphonam cantantes, ad locum in qua paratum fuit Presepe accedant:
> Transeamus usque Bethleem, et videamus hoc verbum quod factum est, quod fecit Dominus et ostendit nobis.[101]

Es handelt sich durchweg um traditionelle liturgische Antiphonen, die sich eng an den Bericht der Vulgata (Lk. 2, 10–12; 14–15) anschließen. Die umfangreicheren Texte aus Rouen weisen außerdem noch das Responsorium *Pax in terris nunciatur*[102] und die Hymne *Salve virgo singularis*[103] auf. In keinem der Texte also folgten die Verfasser direkt dem Bericht der Vulgata. Statt dessen verwenden sie liturgische Kompositionen, die ausdrücklich als solche bezeichnet werden.

---

[100] Vgl. Young, II, 20.
[101] Ebd., II, 12 f.   [102] Ebd., II, 14, 16.   [103] Ebd., II, 15, 17.

Während also infolge des unterschiedlichen Quellencharakters die Kriterien der alogischen und achronischen Anordnung für die Beurteilung der *Officia Pastorum* eine geringere Rolle spielen, ist der dritte Gesichtspunkt – Funktionswechsel der beteiligten Kleriker innerhalb eines einzigen Textes – hier von entscheidender Bedeutung: Er findet sich – abgesehen von einer Ausnahme[104] – in sämtlichen Versionen des *Officium Pastorum*. Anfang und Ende des Textes aus Clermont-Ferrand lauten:

> Quo dicto [= *Te Deum*], duo pueri iuxta altare hunc p r o s e l l u m cantent.
> Versus: Quem queritis in presepe, pastores, dicite?
> . . . .
> Quo finito, immediate incipiant ad Missam officium *Dominus dixit ad me*.[105]

Zunächst weist die Bezeichnung „prosellus" darauf hin, daß der Verfasser des Textes lediglich an eine Ausschmückung der liturgischen Feier, nicht aber an ein mehr oder weniger selbständiges Spiel gedacht hat. Die letzte Rubrik läßt deutlich einen abrupten Funktionswechsel der Beteiligten erkennen: Dieselben Kleriker, die vorher den Dialog gesungen haben, beginnen unmittelbar darauf den Meß-Introitus *Dominus dixit ad me*. In dem folgenden Beispiel aus Rouen wird dies noch deutlicher:

> . . . .
> Pastores:
>   Natus est nobis hodie Salvator qui est Christus Dominus in civitate David. Te Deum laudamus.
> Quo finito, i d e m P a s t o r e s incipiant introitum *Dominus dixit ad me*, et regant chorum ad omnem Missam. Finita Missa, incipiat presul versum *Benedictus qui venit in nomine Domini*... Postea incipiat cantor antiphonam *Quem vidistis*, [pastores, dicite? Annuntiate nobis in terris quis apparuit?] et Pastores dicant *Natum vidimus*, usque in finem. Postea incipiat Pastores *Dominus regnavit*, et ad finem regendo chorum ipsi Matutinas perducant...[106]

Hier wird ausdrücklich betont, daß es „ebendieselben Hirten" sind, die – nunmehr als liturgische Offizianten – den Introitus der Messe beginnen. Gleich darauf erfolgt ein nochmaliger Funktionswechsel: Die Hirten antworten dem *cantor* nunmehr *qua* Hirten („Natum vidimus..."). In diesem Augenblick re-präsentieren sie die Hirten des

---

[104] Ebd., II, 12.
[105] Ebd., II, 11.
[106] Ebd., II, 13.

Lukas-Evangeliums. Gleich darauf aber weist die Rubrik ihnen wieder rein liturgisch-„offizielle" Aufgaben zu („... regendo chorum...").[107]

Während hier das *Officium Pastorum* sehr eng mit der unmittelbar folgenden Meßliturgie verbunden ist, kann es auch mit der Matutin verknüpft werden. Dies ist in einer Version des 13. Jahrhunderts aus Padua der Fall:

> Et pulsatis campanis, episcopus in medio choro incipit Matutinum. Et ibi aliquantulum inferius ab altari preparata est quedam ancona, cum Beata Virgine Maria et Filio, ... Et post dictam anconam sunt duo canonici cum duobus pluvialibus, qui vocantur Obstetrices; ante vero dictam anconam ... stant magister scolarum et cantor cum duobus pluvialibus, qui dicuntur Pastores. Et tunc Obstetrices cantant:
> Quem queritis in presepe, pastores, dicite?...[108]

Das *Officium Pastorum* findet hier innerhalb der Matutin statt, ist also auf das engste mit der Liturgie des *Cursus* verknüpft. Außerdem wird auf die Doppelfunktion der Kleriker verwiesen: „... magister scolarum et cantor... qui dicuntur Pastores". Unmittelbar nach dem Dialog des *Officium Pastorum* übernehmen die beiden „Hirten" nämlich wieder die Funktion eines *cantor* bzw. *magister scolarum*:

> Finito cantu Obstetricum, Pastores surgunt et vertunt se versus populum, et incipiunt vitatorium, scilicet Christus natus est nobis. Venite...[109]

Sie setzen nun die Matutin mit dem Invitatorium fort. Gleich darauf aber verlebendigen sie in quasi-dramatischer Weise einen liturgischen Akt:

> et vertunt se ad supradictam anconam, et flexis genibus dicunt *Adoremus*...

Dann führen sie jedoch als Offizianten die Matutin zu Ende:

> Pastores vero stant et regunt chorum et officium conferendo antiphonas et versus et cetera, que dicuntur ordinatim per ordinem...

Diese Beispiele zeigen deutlich, daß die überlieferten *Officia Pastorum* durchweg in sehr enger Verbindung mit der Liturgie der Messe bzw. des *Cursus* stehen. Diese Tatsache und der häufige Funktionswechsel der Beteiligten bestimmen den ausschließlich liturgischen Charakter dieser Texte. Auch hier bedingt die Funktion des Textes die Wahl der Quelle:

---

[107] Ähnliche Beispiele: Ebd., II, 14 ff. – Dieser Funktionswechsel wird von Smits van Waesberghe, S. 28, nicht erkannt, wenn er bemerkt: „Merkwaardig is, dat ook gedurende de Mis de beide herders hun rol blijven vervullen." Die Hirten erfüllen eben n i c h t immer dieselbe „Rolle".
[108] Young, II, 9.
[109] Ebd., II, 10.

Die Verfasser haben liturgische Stücke, nicht aber Vulgata-Passagen verwendet. Angesichts dieser Tatsachen ist es unverständlich, daß Young die erörterten *Officia Pastorum* als "plays" bezeichnet.[110] Es handelt sich nicht um relativ selbständige „Spiele", sondern um quasidramatische Offizien im Dienste der Liturgie.

b) Das *Officium Stellae*

Während nur relativ wenige *Officia Pastorum* überliefert sind, die zudem nicht in nennenswertem Maße weiterentwickelt wurden, haben weitaus mehr Texte die Anbetung Christi durch die drei Weisen aus dem Morgenlande zum Gegenstand. Diese auffällige Tatsache begründet Young folgendermaßen:

> This failure may have resulted from two causes: the relative meagreness and uneventfulness of the Gospel narratives, and the superior dramatic opportunities offered for an Epiphany play of the Magi...[111]

Die hier vorgebrachten Gründe mögen zwar zutreffen, müssen aber durch weitere Gesichtspunkte ergänzt werden. Während Young lediglich formale, dramaturgische Aspekte ohne historische Differenzierung berücksichtigt, sollen im folgenden vor allem Überlegungen zur Heortologie des Mittelalters angestellt werden.

Zunächst ist bemerkenswert, daß das Fest Epiphanias, an dem die Ankunft der Weisen gefeiert wird, älter ist als das Weihnachtsfest, dessen Messe „in aurora" den Besuch der Hirten an der Krippe in Erinnerung ruft. Der älteste erhaltene christlich-liturgische Text überhaupt ist nicht zufällig eine Liturgie des Epiphanienfestes, deren wesentliche Elemente bis ins 3. Jahrhundert zurückweisen.[112] Während Epiphanias bereits im 2. Jahrhundert gefeiert wurde, ist das Weihnachtsfest erst um die Mitte des 4. Jahrhunderts von der römischen Kirche eingeführt und seitdem am 25. Dezember gefeiert worden.[113] Ursprünglich war Epiphanias ein Kollektivfest, das an die Geburt Christi, die Huldigung der Magier, die Taufe Christi und das Wunder zu Kana erinnerte. Durch die spätere Abtrennung des Geburtsfestes und die Verlegung auf den 25. Dezember wurde also gleichsam ein „Ableger" des Epiphanienfestes geschaffen.

---

[110] II, 9–20: *passim.*
[111] II, 20.
[112] Vgl. Usener, S. 189 ff.; Kehrer, I, 23.
[113] Vgl. Cullmann, *Ursprung;* Young, II, 25; Holl.

Im Abendland gebührt Augustinus das Verdienst, die Bedeutung des Epiphanienfestes, insbesondere der Huldigung der Magier, theoretisch begründet zu haben. Während die Hirten an der Krippe nur das jüdische Volk darstellen, huldigt mit der Ankunft der Magier der gesamte Erdkreis dem neugeborenen Gott:

> Et veniunt, non ab una orbis parte, sed sicut Evangelium secundum Lucam loquitur, ab Oriente, et Occidente, ab Aquilone et Meridie. (Luc. 13, 29) ... Sic totus orbis ex partibus quatuor Trinitatis gratia vocatur in fidem.[114]

Diese Überlegungen Augustins wurden u. a. von Leo dem Großen weitergeführt. Auch für ihn sind die Magier Stellvertreter der ganzen Menschheit: „Adorent in tribus magis omnes populi universitatis auctorem."[115] Dieser Gedanke wird so sehr Allgemeingut, daß er auch in den mittelalterlichen Enzyklopädien auftaucht:

> Epiphania Graece, Latine apparitio [sive manifestatio] vocatur. Eo enim die Christus sideris indicio Magis apparuit adorandus. Quod fuit figura primitiae credentium gentium ... Duae sunt autem epiphaniae: prima, in qua natus Christus [et] pastoribus Hebraeorum angelo nuntiante apparuit; secunda, in qua ex gentium populis stella indice praesepis cunabula Magos adoraturos exhibuit.[116]

Für unsere Problemstellung ist es besonders aufschlußreich, daß sich diese Interpretation auch in einem *Officium Stellae* findet. So heißt es in dem Text aus Benediktbeuern:

> Qua finita, Stella appareat. Qua visa, tres Reges a diversis partibus mundi veniant et ammirentur de apparitione talis Stelle ...[117]

Die obigen Ausführungen zeigen, daß das „Fest der Hl. Drei Könige", wie es etwa seit dem 6. Jahrhundert genannt wurde, im Mittelalter eine heortologisch weit größere Bedeutung besaß als etwa heute. Dazu kommt die Tatsache, daß wohl kein biblischer Bericht so oft und umfangreich kommentiert, ergänzt und ausgeschmückt wurde wie der des Matthäus über die Huldigung der Magier.[118] Am Endpunkt dieser meist apokryphen Erweiterungen stehen so ausführliche Legenden wie etwa die des Johannes von Hildesheim aus dem 14. Jahrhundert. Das äußerst starke Interesse nicht nur der Theologen, sondern auch der Laien an

---

[114] Migne, *P.L.*, 38, col. 1036. – Vgl. ferner Molsdorf, S. 30.
[115] Migne, *P.L.*, 54, col. 242.
[116] Isidor, *Etymologiae*, VI, xviii, 6–8. – Weitere Beispiele in Borst, IV, 1893, Anm. 25.
[117] Young, II, 181.
[118] Vgl. Kehrer, *passim*; Young, II, 30.

dieser Episode geht auch aus den zahlreichen Volksbräuchen hervor, die sich z. T. bis heute erhalten haben (Sternsinger etc.).[119]

Demgegenüber hat der Bericht des Lukas von dem Besuch der Hirten an der Krippe weit weniger Beachtung von seiten der mittelalterlichen Exegeten, Kommentatoren und Autoren jeglicher Art gefunden. Auch der eigentliche Krippenkult setzt relativ spät ein und ist wohl vor allem auf den Einfluß des hl. Franziskus – also im 13. Jahrhundert – zurückzuführen.[120]

Es zeigt sich also, daß das Fest der Epiphanie und überhaupt die Hl. Drei Könige im frühen und hohen Mittelalter weitaus größeres Ansehen genossen als in späteren Zeiten. So wird es verständlich, daß der Besuch der Drei Könige mehr Beachtung fand als der der Hirten. Insbesondere die Kleriker, die allein *Officia Pastorum* bzw. *Officium Stellae* verfaßten, waren sich der theologisch-heortologischen Bedeutung dieser beiden *visitationes* bewußt und entschieden sich in der Mehrzahl der Fälle für die Abfassung eines *Officium Stellae*.

Ähnlich wie die *Officia Pastorum* basieren auch die *Officia Stellae* auf nur einem Evangelienbericht.[121] Unstimmigkeiten in den Berichten der drei Synoptiker können also auch hier nicht in Erscheinung treten. Statt dessen spielen die anderen von uns eingeführten Kriterien eine Rolle.

Die Darstellung des Magierbesuchs fand u. a. Eingang in die Messe des Epiphanienfestes am 6. Januar. Ihre Stellung innerhalb der Meßliturgie ist jedoch nicht fixiert, sondern je nach örtlichem Brauch verschieden.

In einem Text aus Limoges wird eine solche *visitatio* zwischen dem Offertorium und der eigentlichen Opferung eingeschoben. Diese Stellung innerhalb der Messe eignete sich besonders, da somit die Opferung der Magier unmittelbar der liturgischen *oblatio sacerdotalis* voranging, in deren Verlauf einige Kleriker Opfergaben (Brot und Wein für das eucharistische Opfer) darbrachten. Während dieser *oblatio* wurden mehr oder weniger ausgedehnte Offertorien gesungen. Das Offertorium für das Fest Epiphanias lautete vielerorts folgendermaßen:

> Reges Tharsis et insulae munera offerent, reges Arabum et Saba dona adducent; et adorabunt eum omnes reges terrae, omnes gentes servient ei ...[122]

---

[119] Vgl. Kehrer, I, 75 ff.; Bächtold-Stäubli, *s. v. Dreikönige*; Meisen.
[120] Vgl. Young, II, 24 f.; 27.
[121] Mt. 2, 1 ff.
[122] Young, II, 33. – Noch heute ist dieser Text im Bereich der römisch-katholischen Kirche allgemein üblich.

So lag es nahe, die *oblatio sacerdotalis* durch eine *oblatio trium regum* zu verlebendigen. Eine solche quasi-dramatische „Szene" hat bereits aus diesen Gründen nicht den selbständigen Charakter, der ein echtes Spiel oder Drama auszeichnet,[123] sondern erfüllt eine der Liturgie untergeordnete Funktion. Daher ist es nicht verwunderlich, wenn die drei beteiligten Kleriker sowohl liturgische als auch darstellende Aufgaben übernehmen. So singen sie gleich zu Beginn eines Textes aus Limoges die folgende *prosula*:

> O quam dignis celebranda dies ista laudibus,
> In qua Christi genitura propalatur gentibus.
> Pax terrenis nunciatur, gloria caelestibus:
> Novi partus signum fulget orientis patria.
> C u r r u n t R e g e s orientis stella s i b i praevia;
> C u r r u n t R e g e s, et adorant Deum ad praesepia.
> T r e s adorant R e g e s unum, triplex est oblatio...[124]

Sie berichten also über sich in der 3. Person Pluralis. Die Kleriker singen hier ein liturgisches Stück ohne Rücksicht auf eventuelle dramaturgische Erfordernisse. Wiederum trifft die Beurteilung Youngs – "dramatic impropriety"[125] – nicht den Kern des Problems. Gleich darauf werden die folgenden Verse der *prosula* zwar unter die drei Kleriker aufgeteilt, der dramatischen "impropriety" wird vom Verfasser jedoch keine Beachtung geschenkt; die drei „Könige" singen von sich weiterhin in der 3. Person Pluralis:

> Primus dicit...:
>   Aurum primo,
> Deinde secundus dicit:
>   Thus secundo,
> Item tertius:
>   Myrrham dante tertio...[126]

Danach werden die Offizianten jedoch wieder zu Darstellern:

> Deinde existentes circa medium chori, unus eorum elevat manum ostendentem Stellam pendentem in filo...[127]

Hier liegt wiederum abrupter Funktionswechsel vor, den wir bereits als wesentliches Merkmal vieler liturgisch bestimmter *Visitationes Sepulchri* usw. bestimmt haben. Daß der Verfasser diesem Stück rein liturgische Aufgaben zugedacht hat, geht auch aus den verwendeten Quellen hervor: Er hat sich ausschließlich liturgischer Kompositionen in unver-

---

[123] Vgl. Szondi, S. 15 ff.
[124] Young, II, 34.
[125] Ebd., II, 36.   [126] Ebd., II, 34 f.   [127] Ebd., II, 35.

änderter Form bedient, ohne sie dramaturgischen Erfordernissen anzupassen. Die Bezeichnung "play"[128] ist auch hier unangebracht.

An einer anderen Stelle der Meßliturgie wird die Huldigung der Magier in einer Version aus Besançon eingeschoben: Sie findet unmittelbar vor der Verlesung des Evangeliums statt. Auch diese Position wurde durch ein liturgisches Stück nahegelegt. So wurde z. B. in Bayeux die Lesung des Evangeliums durch die folgende Antiphon eingeleitet:

> Ab Oriente venerunt Magi ut in Bethlehem adorarent Dominum, et apertis thesauris suis, pretiosa munera obtulerunt: aurum sicut regi magno; thus sicut Deo vero; myrrham sepulture ejus, alleluia.[129]

In dem Text aus Besançon wird nun der Bericht, der in dieser Antiphon und im folgenden Evangelium enthalten ist, quasi-dramatisch dargestellt. Auch in dieser Version wird wieder die zweifache Funktion der teilnehmenden Kleriker erkennbar. Zunächst ziehen sie zur Kanzel und lesen das Evangelium des Tages in folgender Weise:

> Reges simul: Dominus vobiscum.
> Cantores: Et cum spiritu tuo.
> Reges: Sequentia S. Evangelij secundum Matthaeum.
> Cantores: Gloria tibi, Domine.
> 1. Rex: Cum natus esset Iesus in Bethlehem Iudae, in diebus Herodis regis, ecce Magi ab oriente venerunt Ierosolymam, dicentes.
> 2. Rex: Ubi est, qui natus est Rex Iudaeorum?
> 3. Rex: Vidimus enim stellam eius in oriente.
> Cantores: Et venimus adorare eum.
> . . . .
> 1. Rex: Tunc Herodes, clam vocatis Magis, diligenter ab eis didicit tempus stellae quae apparuit eis
> 2. Rex: Et mittens illos in Bethlehem, dixit.
> 3. Rex: Ite et interrogate diligenter de puero...
> Cantores: Ut et ego veniens adorem eum.
> 1. Rex: Qui cum audissent regem, abierunt...[130]

Hier teilen sich also die „Könige" mit den *cantores* in die liturgische Aufgabe, die sonst der Diakon übernimmt. Der „offiziellen" Funktion – Verlesung des Evangeliums vom Tage – sind alle anderen Gesichtspunkte untergeordnet. Dramatisch-logischen Erfordernissen wird keine Beachtung geschenkt: Die „Könige" sprechen mehrmals von sich als „Magi", „eos", „illos" usw.; einer von ihnen spricht Sätze, die an sich dem Herodes zukommen usf. Die *cantores* wiederum übernehmen Sätze

---
[128] Ebd., II, 36.
[129] Ebd., II, 37.
[130] Ebd., II, 39 f.

des Evangeliums, die bei einer sinngemäßen Aufteilung die Drei Könige bzw. Herodes sprechen müßten.

Im weiteren Verlauf dieses Textes geben die drei Kleriker ihre „offizielle" Funktion auf und bringen als Könige ihre Geschenke dar. Bereits dieser plötzliche Funktionswechsel zeigt, daß auch diese Version kein selbständiges Spiel ist, sondern dazu dient, Teile der Meßliturgie zu veranschaulichen. Young wird den Absichten des Verfassers nicht gerecht, wenn er bedauernd feststellt:

> In the case before us the result is not completely satisfying, since both the cantors and the kings are forced to utter passages quite alien to their roles.[131]

In dem Augenblick, da die Kleriker das Evangelium verlesen, spielen sie keine „roles", sondern erfüllen liturgische Aufgaben. Die Sätze, die sie sprechen, sind ihnen nicht als Partnern eines dramatischen Dialogs, sondern aufgrund einer liturgischen Aufteilung an mehrere „Stellvertreter" des Diakons zugewiesen worden.

Die beiden erörterten Texte aus Limoges und Besançon sind die einzigen, in denen die Huldigung der Magier innerhalb der Meßliturgie stattfindet. Diese auffallende Tatsache, durch die sich die Überlieferung der *Officia Stellae* grundsätzlich von der der *Visitationes Sepulchri* und auch der *Officia Pastorum* unterscheidet, soll später eingehend erörtert und für eine weitere Fragestellung nutzbar gemacht werden.

Aus Rouen ist eine Gruppe von Versionen überliefert, die nicht innerhalb der Messe selbst eingeführt wurden, sondern ihr vorangestellt waren. Auch in diesen Versionen wird noch die zweifache Funktion der betreffenden drei Kleriker deutlich, wenngleich dadurch keine "incongruities" mehr entstehen. Zunächst bringen „tres de maiori sede more Regum induti" ihre Geschenke dar und legen sie auf einem Seitenaltar nieder:

> Tunc procidentes Reges ad terram simul salutent Puerum, ita dicentes:
>   Salve, Princeps seculorum.
> Tunc unus a suo famulo aurum accipiat et dicat:
>   Suscipe, Rex, aurum,
> et offerat. Secundus ita dicat et offerat...[132]

Dieses Geschehen – für sich betrachtet – könnte man zunächst nicht mehr als quasi-dramatische Verlebendigung im Dienste der Liturgie, sondern als selbständiges dramatisches Spiel bezeichnen, da die Verbin-

---

[131] Ebd., II, 42.
[132] Ebd., II, 44.

dung zum Offertorium der Messe nicht mehr gegeben ist. Gleich darauf wird jedoch die Huldigung der Drei Könige wieder in die ursprüngliche liturgische Umgebung versetzt, indem Klerus und Volk ebenfalls am gleichen Altare Opfer darbringen:

> Interim fiant oblaciones a clero et populo...[133]

In dieser Version sind also liturgische *oblatio sacerdotalis* bzw. *populi* und quasi-dramatische *oblatio trium regum* eng miteinander verknüpft.

In der sich unmittelbar anschließenden Messe üben die drei Kleriker – im Gegensatz zum Vorangegangenen – liturgische Funktionen aus:

> Ad Missam tres Reges chorum regant, qui *Kyrie fons bonitatis*, *Alleluia*, *Sanctus*, et *Agnus* festive cantent...[134]

Nach dem *Credo* begegnen wir wieder der oben erwähnten eigenartigen Mischung von quasi-dramatischem und liturgischem Vollzug der Opferung:

> Offertorium *Reges Tharsis*. Deinde offerent Reges et omnes qui voluerint...[135]

Zu diesem Zeitpunkt sind die drei Kleriker nicht mehr liturgische Offizianten, sondern opfern als die Drei Könige. Durch den Zusatz „et omnes qui voluerint" jedoch wird die spezielle Opferhandlung der Drei Könige mit der des Volkes verknüpft.

Auch die Versionen dieser Textgruppe aus Rouen können also nicht als "plays" bezeichnet werden, wie Young es durchweg tut. Das so häufig auftretende Phänomen des Funktionswechsels wird von Young nicht erkannt, wenn er schreibt:

> The completion of this action [= Opferung] before the Mass would seem to render unnecessary the participation of the Magi in the oblation at the regular liturgical *offertorium* later; but this additional activity of personages from the play proper in no way mars(!) the dramatic office...[136]

Ähnlich wie die *Visitatio Sepulchri* findet sich auch das *Officium Stellae* sehr oft außerhalb der Meßliturgie. Während der liturgische Ort der meisten *Visitationes Sepulchri* genau fixiert war, bleibt dieser in den Texten der *Officia Stellae* meistens unbestimmt. In einigen wenigen Fällen jedoch sind Hinweise auf die liturgische Position innerhalb der Matutin vorhanden. Drei Texte enthalten am Ende das *Te Deum*, was

---
[133] Ebd.; ähnlich: 438.
[134] Ebd., II, 44; ähnlich: 437 f.
[135] Ebd., II, 45; ähnlich: 438.
[136] Ebd., II, 49 f.

auf eine Stellung zwischen dem 9. Responsorium und dem *Te Deum* der Matutin schließen läßt.[137]

Diese Position wird auch von dem Liturgiker Jean d'Avranches des 11. Jahrhunderts in seinem *Liber de Officiis Ecclesiasticis*[138] zumindest für die Texte aus Rouen bestätigt. Selbst in den wenigen Texten, die überhaupt Hinweise auf die Stellung der *Officia Stellae* innerhalb des *Cursus* enthalten, ist die Zuordnung schwankend. So beginnt ein *Officium Stellae* aus Bilsen „post *Benedicamus*".[139] Die Unbestimmtheit dieser Angabe ist typisch für die unfeste liturgische Stellung der *Officia Stellae*: Das *Benedicamus* wurde im Mittelalter am Ende aller Horen – außer der Matutin! – gesungen.[140] Das *Officium Stellae* aus Bilsen fand also nicht – wie etwa die obigen Versionen – während der Matutin, sondern innerhalb irgendeiner anderen Hore statt.

Betrachten wir nun die Texte der einzelnen *Officia Stellae* genauer, können wir eine überraschende Feststellung treffen: Von ganz wenigen, unbedeutenden Passagen abgesehen, sind die überlieferten Versionen frei von den Widersprüchen, die in den meisten *Visitationes Sepulchri* enthalten waren. Es handelt sich durchweg um logisch aufgebaute Kompositionen, nicht um liturgische Montagen. Die einzelnen Versionen enthalten fast immer einen mehr oder minder großen Anteil neu geschaffener, oft metrisch gebundener Dialoge. Als Quelle wird neben traditionellen liturgischen Stücken die Vulgata verwendet. Bereits aufgrund unserer früher entwickelten Kriterien liegt es also nahe, die Mehrzahl der *Officia Stellae*, sofern sie außerhalb der Meßliturgie verwendet werden, als Spiele zu bezeichnen, die nicht mehr im Dienste der Liturgie stehen.

Darüber hinaus machen weitere, neu hinzutretende Merkmale es unmöglich, die von Young abgedruckten *Officia Stellae* als liturgische Feiern zu bezeichnen.

Auffällig ist die mehr oder weniger wörtliche Übernahme einiger Stellen aus Werken Virgils und Sallusts. So begrüßt in der Mehrzahl der Versionen Herodes die Drei Könige mit folgender Frage:

> Que sit causa vie, qui vos, vel unde venitis?
> Dicite nobis.
> Magi:
> Rex est causa vie; reges sumus ex Arabitis
> Huc venientes.[141]

---

[137] Ebd., II, 51, 62, 89.　　[138] Migne, *P.L.*, 147, col. 43; vgl. Young, II, 48.
[139] Young, II, 75.　　[140] Vgl. Young, II, 81.
[141] Ebd., II, 64; ebenso: 69, 77, 94, 445, 448.

Bereits Young hat auf die Quelle – *Aeneis*, ix, 376 f. – verwiesen:[142]

> State viri; quae causa viae? quive estis in armis?
> Quove tenetis iter?

Virgil genoß zwar – besonders aufgrund seiner 4. Ekloge – im christlichen Mittelalter vor allen übrigen heidnischen Dichtern eine Sonderstellung; und es war zumindest seit der karolingischen „Renaissance" statthaft, Virgilsche Dichtmuster mit christlichem Gehalt zu füllen.[143] Undenkbar aber wäre es gewesen, für eine liturgische Feier Virgilsche Verse zu verwerten, während diese jedoch in einem außer-liturgischen geistlichen Spiel zulässig waren. Es ist geradezu symptomatisch für die Entwicklung der Feier zum Spiel, daß in den betreffenden Versionen des *Officium Stellae* Virgil das Muster für den entscheidenden Dialog abgibt und somit das traditionelle Vorbild des *Quem-quaeritis*-Tropus aufgegeben wird. Unter dem Einfluß dieses Tropus hatte in einem *Officium Stellae* des 12. Jahrhunderts der dem obigen entsprechende Dialog gelautet:

> Herodes ad Magos:
>   Quem queritis, advene?
> Magi:
>   Regem Iudeorum natum querimus.[144]

In zwei weiteren Texten findet sich zusätzlich zu der oben zitierten Übernahme aus Virgil folgende Anlehnung an denselben Dichter:

> Quibus visis, Herodes mittat ad eos Armigerum dicentem:
>   Que rerum novitas, aut que causa subegit vos
>   Ignotas temptare vias? Quo tenditis ergo?
>   Quod genus? Unde domo? Pacemne huc fertis an arma [145]

Diese Stelle knüpft an *Aeneis*, viii, 112–4 an:[146]

> ... ‚iuvenes, quae causa subegit
> Ignotas temptare vias? quo tenditis?' inquit.
> ‚Qui genus? unde domo? pacemne huc fertis, an arma?'

Außerdem verwenden die Autoren einiger Versionen ein Zitat aus Sallusts *De Coniuratione Catilinae*, Kap. xxxi, das sie dem zornigen Herodes in den Mund legen:[147]

---
[142] II, 67.
[143] Vgl. etwa Glunz, *passim*.
[144] Young, II, 60.
[145] Ebd., II, 85; ebenso: 96.
[146] Vgl. Young, II, 90.   [147] Vgl. Young, II, 68.

Sallust:
Tum ille furibundus, ‚Quoniam quidem circumventus', inquit, ‚ab inimicis praeceps agor, incendium meum ruina restinguam.'
Officium Stellae:
Rex: Incendium meum ruina extinguam.[148]

In einem Text aus Montpellier wird versucht, die verschiedenartigen Sprachen der Hl. Drei Könige durch fremdartig klingende Worte anzudeuten:

Alter [rex] in dextera Herodi dicat:
Ase ai ase elo allo abadac crazai nubera satai loamedech amos ebraisim loasetiedet...
Tercius in sinistra Herodi dicat:
O some tholica lama ha osome tholica lama...[149]

Während man bisher diese Worte der Drei Könige für unverständliches Kauderwelsch gehalten hat, steht nunmehr fest, daß es sich um – verderbt wiedergegebenes – Äthiopisch handelt.[149a] Auch ein solcher, bescheidener Versuch realistischer Charakterisierung ist liturgischer Denkweise fremd: Der Liturgiker ist nicht bestrebt, spezielle Phänomene der Realität als solche darzustellen; er macht diese vielmehr zum Ausgangspunkt kultischer, immer wiederkehrender Allgemeinheit.[150] Für ihn ist es wichtig, daß die Hl. Drei Könige die gesamte heidnische Welt symbolisieren (s. o.), nicht aber, daß sie infolgedessen verschiedene Sprachen sprechen müssen. Diese logische Folgerung überläßt er dem spekulativen Theologen, die praktische Nutzanwendung z.B. – wie in unserem Falle – dem Verfasser geistlicher Spiele, der sich nicht mehr in erster Linie von liturgischen, sondern mimetischen Gesichtspunkten leiten läßt.

Ein letzter Punkt möge weiterhin unsere Behauptung stützen, daß fast alle erhaltenen *Officia Stellae* nicht mehr aus liturgischer Absicht entstanden sind. Die Rubriken des Textes aus Bilsen sind nicht – wie sonst üblich – in Prosa, sondern in Hexametern abgefaßt. Damit erlangen die ursprünglich als Hilfen für die teilnehmenden Offizianten konzipierten Hinweise literarische Selbständigkeit. Auch hier tritt der Dienst an der Liturgie in den Hintergrund. So lautet der Anfang dieser Version:

---

[148] Ebd., II, 66; ebenso: 96.
[149] Ebd., II, 70.
[149a] Diese wichtige Feststellung verdanke ich Herrn Prof. Dr. A. Schall (Heidelberg), der demnächst einen Aufsatz über diese – auch kulturhistorisch – höchst bemerkenswerte Stelle veröffentlichen wird.
[150] Vgl. Guiette, S. 198.

> Post *Benedicamus* puerorum splendide cetus
> Ad regem pariter debent protendere gressu,
> Preclara voce necnon istud resonare:...[151]

Der Unterschied zu den *Visitationes Sepulchri*, die ja selbst bis zu den umfangreichsten Versionen fast ausschließlich liturgischen Charakter zeigen, ist auffallend und bedarf einer Erklärung.

Es wurde festgestellt, daß nur zwei Texte überliefert sind, in denen die Huldigung der Magier während der Messe von Epiphanias stattfindet. Die liturgische Stellung dieser *Officia Stellae* war unfest: Sie wurden vor der Opferung oder vor der Lesung des Evangeliums eingeschoben. Auch außerhalb der Meßliturgie sind die Angaben über die liturgische Position – innerhalb des *Cursus* – schwankend; meist fehlt sogar jeglicher Hinweis. Aus diesen Tatsachen kann nur geschlossen werden, daß das *Officium Stellae* von Anfang an nicht fest in der Liturgie der Messe bzw. des Stundengebets verankert war.

Dieser fundamentale Unterschied zur *Visitatio Sepulchri* bzw. zum *Officium Pastorum* läßt sich darauf zurückführen, daß das *Officium Stellae* – im Gegensatz zu jenen – nie einen eigentlichen liturgischen Kern besessen hat, der zugleich seine liturgische Position bestimmt hätte.

Dies bedeutet jedoch andererseits, daß das *Officium Stellae* nie den Erfordernissen und Fesseln der Liturgie in dem Maße unterworfen war wie die *Visitatio Sepulchri* oder das *Officium Pastorum*. In diesem Lichte erscheint es nicht mehr so unerwartet, daß die *Officia Stellae* sich so früh und so häufig zu geistlichen Spielen entwickeln konnten.

c) *Ordo Rachelis*

Der bethlehemitische Kindermord, von dem Matthäus berichtet,[152] hängt zwar aufs engste mit dem Besuch der Magier bei Herodes und an der Krippe zusammen, ist aber nur in einer Version aus Laon Bestandteil eines *Officium Stellae*.

Ausgangspunkt für eine solche Erweiterung war, wie Young nachgewiesen hat,[153] der „Tropus" zu einem Responsorium der Matutin vom Feste der Unschuldigen Kinder (28. Dezember). Eine derartige Tropierung findet sich in einer frühen Handschrift des 11. oder 12. Jahrhunderts aus Limoges; sie lautet:

---

[151] Ebd., II, 75.
[152] 2, 16–18.
[153] II, 123 f.; ders., *Ordo Rachelis*, S. 64 f.

Responsorium:
: Sub altare Dei audivi voces occisorum dicentium. Quare non defendis sanguinem nostrum? Et acceperunt divinum responsum: Adhuc sustinete modicum tempus, donec impleatur numerus fratrum vestrorum. Versus: Vidi sub altare Dei animas sanctorum, propter verbum Domini quod habebant, et clara voce dicebant. Quare non.

Lamentatio Rachelis:
: O dulces filii, quos nunc progenui,
: Olim dicta mater, quod nomen tenui?
: Olim per pignora vocor puerpera,
: Modo sum misera, natorum vidua...

Angelus:
: Noli, Rachel, deflere pignora.
: Cur tristaris, et tundis pectora?
: Noli flere, sed gaude potius,
: cui nati vivunt felicius...[154]

Der „Tropus" hat in diesem Falle die Form eines *planctus* angenommen, in dem Rachel, die Mutter Israels kat'exochen, um die ermordeten Kinder klagt, jedoch von einem Engel getröstet wird. Dieser zweiteilige Aufbau wird bereits durch den Bericht des Evangelisten Matthäus nahegelegt, in dem es heißt:

17. Tunc adimpletum est quod dictum est per Hieremiam prophetam dicentem:
18. Vox in Rama audita est, ploratus et ululatus multus: Rachel plorans filios suos, et noluit consolari, quia non sunt.[155]

Die Basis des späteren *Ordo Rachelis* ist also einerseits die liturgische Komposition *Sub altare Dei*; andererseits ist die Tropierung dieses Responsoriums nicht mehr als Tropus im üblichen Sinne zu bezeichnen: Hier wird lediglich eine nichtliturgische Dichtung – der *planctus* – liturgisch verwendet. Dieser Doppel-Charakter des vorliegenden Textes ist von Young nicht ausreichend gewürdigt worden. Die Tatsache, daß hier liturgische und nichtliturgische Elemente verbunden werden, ist für die Entwicklung des *Ordo Rachelis* wichtig, da eine so kraftvolle, selbständige Gedichtgattung wie der *planctus* seinem Wesen gemäß von der Liturgie unabhängig komponiert und weiterentwickelt wird.

Die wesentlichen Teile des oben zitierten Responsoriums finden sich in der Mehrzahl der überlieferten Versionen (so in den Texten aus Laon und Fleury). Dort werden sie jedoch nicht mehr als liturgische Stücke verwendet, sondern bilden einen Dialog etwa der folgenden Art:

---

[154] Young, II, 109.
[155] 2, 17 f.

> Clamant Pueri dum occiduntur:
> Quare non defendis sanguinem nostrum?
>
> Angelus:
> Adhuc sustinete modicum tempus, donec impleatur numerus fratrum vestrorum.[156]

Der Wortlaut des Responsoriums bleibt unverändert, wird jedoch in einen sinngemäß verteilten Dialog aufgelöst. Während also der ursprünglich liturgische Kern des *Ordo Rachelis* sich als beharrlich erweist, wird der jeweils folgende *Planctus Rachelis* stark verändert und erweitert. Für diesen Dialog zwischen Rachel und Trösterin(nen) haben die Verfasser Teile älterer Sequenzen verwendet, vor allem aber selbständig Neues hinzugefügt. Der – oben beschriebene – von Beginn an dualistische Charakter des *Ordo Rachelis* wird hier erneut sichtbar.

Die Folgen der heterogenen Entstehung des *Ordo Rachelis* zeigen sich jedoch am deutlichsten in der Version aus Fleury.[157] Der Verfasser dieses Textes läßt sich teils von liturgischen Gesichtspunkten leiten, teils vernachlässigt er sie. Das ursprüngliche Responsorium behält er – in Dialogform – bei. Der darauf folgende *planctus* ist durch neue Zusätze erweitert, wird aber von einer liturgischen Komposition – einer Antiphon von Karfreitag – abgeschlossen. Dem eigentlichen *Planctus Rachelis* ist die „interfectio puerorum" vorangestellt, für die Texte der verschiedensten Herkunft verwendet werden: Liturgische Stücke wechseln ab mit Abschnitten aus der Vulgata, neugeschaffenen leoninischen Hexametern und einem Sallust-Zitat. Hier hat der von Anfang an uneinheitliche Entstehungskern dazu geführt, daß zwar mehrere liturgische Stücke verwendet werden, diese aber auch durch Passagen nichtliturgischer Herkunft ergänzt werden können. Mit anderen Worten: Das liturgische Element des Kerns war stark genug, die liturgische Komponente noch längere Zeit wirksam werden zu lassen, aber auch nicht einflußreich genug, um die verselbständigende Wirkung des außer-liturgischen *planctus* aufheben zu können. Dennoch sind all diese disparaten Elemente von dem Verfasser der Version aus Fleury nicht einfach alogisch montiert, sondern nach außer-liturgischen, logisch-dramaturgischen Gesichtspunkten so kombiniert, daß Widersprüche und Unstimmigkeiten vermieden werden.[158] Aufgrund unserer eingeführten Kriterien kann dieser *Ordo Rachelis* – wie der aus Laon – durchaus als geistliches Spiel

---

[156] Young, II, 105; ähnlich: 112.   [157] Ebd., II, 110 ff.
[158] Marshall, *Values*, S. 111, bezeichnet den *Ordo Rachelis* aus Fleury mit einigem Recht als "work of art"; es ist jedoch unzulässig, diesen Text als repräsentativ für das "liturgical drama" darzustellen.

angesehen werden, wenn auch die Auswirkungen des zwiespältigen Entwicklungskerns diese Tatsache nicht leicht erkennen lassen.

Im Gegensatz zu den Versionen aus Fleury und Laon hat der Verfasser des *Ordo Rachelis* aus Freising[159] die meisten und wichtigsten liturgischen Elemente beseitigt. Der ehemals liturgische Kern – das Responsorium *Sub altare Dei* – ist nicht einmal in Dialogform vorhanden. Fast alle Teile dieser Version stellen freie, versifizierte Bearbeitungen oder selbständige Neuschöpfungen dar. Der Text enthält keine Widersprüche, die auf liturgische Montage zurückzuführen sind, wohl aber einige dramaturgische Kompositionsfehler,[160] die jedoch für unsere Fragestellung nicht von Belang sind.

d) Ordo Prophetarum

Ebenfalls noch in die Weihnachtszeit gehören die Texte, in denen die Menschwerdung Christi durch „Propheten" (im weitesten Sinne) angekündigt wird. Die Quellenlage für diese *Ordines Prophetarum* wird von Young folgendermaßen beschrieben:

> The play of the prophets differs from all the other dramatic compositions of Christmas in its origin, for it arises not from tropes, antiphons, responsories, or lyric poems, but from a sermon.[161]

Diese Gruppierung ist unbefriedigend, da sie nicht zwischen liturgischen und außer-liturgischen Quellen unterscheidet. Wir haben bereits mehrfach dargelegt, daß eine Unterscheidung aufgrund solcher Kriterien von größter Wichtigkeit ist.[162]

Auch hier ist von der Tatsache auszugehen, daß der Ursprung des *Ordo Prophetarum* nicht im Kern der Liturgie zu finden ist. Alle vorhandenen Versionen basieren vielmehr auf der Predigt *Contra Judaeos, Paganos, et Arianos Sermo de Symbolo* des 5. oder 6. Jahrhunderts, die lange Zeit fälschlicherweise dem hl. Augustinus zugeschrieben wurde. Erst später wurde diese Predigt als *lectio* in die Liturgie des *Cursus* übernommen. Wie unfest ihre liturgische Position war, möge aus folgender Übersicht hervorgehen. Diese Predigt – oder Teile daraus – wurde als *lectio* der Matutin des Weihnachtsfestes, am 4. Adventssonntag, am Tage vor Weihnachten, am Feste der Beschneidung des Herrn (1. Januar), oder gar an jedem beliebigen Tage der Woche vor Weih-

---

[159] Young, II, 117 ff.   [160] Vgl. Young, II, 121 f.   [161] Ebd., II, 125.
[162] Vgl. besonders das Kapitel über die Passionsspiele (Kap. B II 1 b).

nachten verwendet.[163] Unter Berücksichtigung dieser Tatsachen liegt von vornherein die Vermutung nahe, daß liturgische Gesichtspunkte in den später aus dieser *lectio* entstandenen *Ordines Prophetarum* keine bedeutsame Rolle spielen.

In der Tat verwerteten die Verfasser dieser Texte das Material, das ihnen die Quelle bot, durchweg nicht in liturgischer, sondern in dramatischer Absicht. Keiner der erhaltenen *Ordines Prophetarum* weist liturgische Elemente auf, die etwa der logisch-dramatischen Anordnung des Spieles zuwiderlaufen könnten.

Außerdem finden sich in den Rubriken der einzelnen Texte nur vage und sehr unterschiedliche Hinweise auf eine Verknüpfung mit der Liturgie.

Während der *Ordo Prophetarum* aus Salerno n a c h der ersten Weihnachtsmesse eingeschoben wurde,[164] fand der aus Rouen v o r der Messe des Festes *Circumcisio* am 1. Januar statt.[165] Aus Tours wird von einem *Ordo Prophetarum* berichtet, der in die Matutin des Festes *Circumcisio* Eingang fand.[166] Für die Version aus Laon[167] fehlen jegliche Angaben über den liturgischen Ort des Textes. Auch die liturgische Zuordnung der Fassung aus Limoges ist unsicher: Während die Rubriken nichts über den Tag der Aufführung aussagen, läßt die Angabe in der letzten Rubrik: „Hic incoant *Benedicamus*"[168] vermuten, daß dieser *Ordo Prophetarum* vor dem *Benedicamus* – also zu Ende irgendeiner Hore des *Cursus* – eingefügt wurde.[169]

Diese liturgische Unfestigkeit hat das offensichtliche Bestreben der Verfasser erleichtert, ein Spiel ohne Widersprüche gleich welcher Art zu schaffen. So sind z. B. die zahlreichen – in einer Predigt berechtigten – berichtenden „inquit" der Vorlage beseitigt. Man vergleiche etwa:

SERMO:
> Dic et Moyses, legislator, dux populi Israel, testimonium Christo. Prophetam, inquit, vobis suscitabit Deus de fratribus vestris; omnis anima que non audierit prophetam illum, exterminabitur de populo suo...[170]

ORDO PROPHETARUM:
> Cantor: Legislator, huc propinqua,
> et de Christo prome digna.

---

[163] Vgl. Young, II, 131.
[164] Ebd., II, 133.
[165] Ebd., II, 154, 168 f.
[166] Ebd., II, 153.
[167] Ebd., II, 145–150.
[168] Ebd., II, 142.
[169] Vgl. Young, II, 144.   [170] Ebd., II, 127.

> Responsum: Dabit Deus vobis vatem;
> huic ut mihi aurem date;
> qui non audit hunc audientem
> expellitur sua gente...[171]

Aus dieser Gegenüberstellung geht auch hervor, mit welcher Selbständigkeit der Verfasser dieser Version aus Limoges die Quelle verarbeitet hat. Die nichtliturgische Denkweise des Verfassers kommt auch darin zum Ausdruck, daß er – im Gegensatz zum *sermo* – die ersten sechs Propheten in chronologischer Folge anordnet; an die Stelle der Folge Isaias, Jeremias, Daniel, Moses, Habakuk tritt nunmehr die geordnete Reihe Israel, Moses, Isaias, Jeremias, Daniel, Habakuk. Dieser chronologische Gesichtspunkt ist hier von besonderer Bedeutung, wenn man sich erinnert, daß die Verfasser der meisten liturgischen Feiern – besonders der *Visitationes Sepulchri* – achronisch vorgingen.

e) Das Benediktbeurer Weihnachtsspiel

Als Abschluß unserer Betrachtungen über Feiern und Spiele der Weihnachtszeit soll das fast 600 Verse umfassende Weihnachtsspiel aus der Benediktbeurer Handschrift unter den für unsere Fragestellung relevanten Gesichtspunkten betrachtet werden. In dieser Version sind die Themen aller oben erörterten Einzeltexte vereint, nämlich des *Ordo Prophetarum,* der *Annunciatio,* des *Officium Stellae, Officium Pastorum* und des *Ordo Rachelis.*

Der erste Teil dieses „Weihnachts-Zyklus" entspricht inhaltlich und formal dem *Ordo Prophetarum,* wie er im vorigen Kapitel erörtert wurde. Die pseudo-augustinische Predigt ist in sehr freier Bearbeitung verwendet worden. Zusätzlich hat der Verfasser einige liturgische Stücke eingefügt, deren Verwendung in einem so selbständig komponierten, von der Liturgie unabhängigen Text zunächst überrascht. Wichtig ist vor allem jedoch die Tatsache, daß der Autor diese liturgischen Stücke sinnvoll und widerspruchsfrei in den Text eingefügt hat. Symptomatisch für die Art und Weise, in der traditionelle liturgische Stücke als Bausteine für dieses Spiel verwendet werden, ist die Veränderung der Sequenz *Laetabundus exultet fidelis* des hl. Bernhard. Die ersten Verse dieser Komposition werden sinnvoll zwischen Augustinus und den Propheten aufgeteilt:

---

[171] Ebd., II, 139.

Postea incipiat Augustinus cantare:
> Letabundus exultet fidelis chorus,
> > Alleluia!,

Primum versum; et secundum, Prophete:
> Regem regum intacte profudit thorus,
> > Res miranda,

et cetera.[172]

An dieser Stelle wird der Text der traditionellen Sequenz gewissermaßen aufgebrochen und ein wirkungsvoller, rein dramatischer Funktion dienender Wortwechsel eingeschoben:

> Dicat Archysinagogus cum suis:
> > Res neganda!
>
> Iterum Augustinus cum suis:
> > Res miranda!
>
> Iterum Archysinagogus cum suis:
> > Res neganda!
>
> Hoc fiat pluries...[173]

Dieser durch seine einfache Antithetik besonders effektvolle Wortwechsel kann also beliebig oft wiederholt werden. Nach diesem neuen dramatischen Einsprengsel wird die Original-Sequenz zu Ende geführt.

Der sich anschließenden *Annunciatio*, die sich eng an den Bericht der Vulgata anlehnt, folgt die Huldigung der Hl. Drei Könige. Dieser Teil ist – wie schon der *Ordo Prophetarum* – sehr selbständig gestaltet worden. Der Wortlaut ist von dem der früher betrachteten *Officia Stellae* verschieden. Charakteristisch für die vorliegende Version ist die Verlagerung des Schwerpunktes vom liturgischen Zentrum – der Huldigung an der Krippe, dem Ort der Theophanie – hinweg zu einer umfangreichen wissenschaftlichen Fachdiskussion. Überrascht stellt man fest, daß die eigentliche Anbetung der Gottheit und die Opferung im Dialog überhaupt nicht mehr berücksichtigt werden. In einer Rubrik heißt es lediglich lakonisch:

> Postea Reges vadant ad Presepe, et primo adorent Puerum, et postea offerant ei munera sua...[174]

Auch der Dialog zwischen den Drei Königen und den *obstetrices* ist fortgefallen. Während also das ehemalige theologisch-liturgische Zentrum zur Pantomime absinkt, wird vom Verfasser in ausführlichen

---

[172] Ebd., II, 178.
[173] Ebd., II, 178 f.
[174] Ebd., II, 188.

Dialogen eine astronomische Fachdiskussion zwischen drei Sterndeutern dargeboten. In den Rubriken heißt es ganz präzise:

> Hoc dicat primus semper inspiciendo Stellam, et disputet de illa.[175]
> . . . .
> Dicat tercius monstrando et disputando de Stella.[176]

Auch nach dem Gespräch mit Herodes führen sie ihre Disputation weiter:

> Ab Herode discedant tres Magi paulatim, inspicientes Stellam et disputantes de illa.[177]

Als Probe ihrer wissenschaftlichen Fachgespräche mögen die folgenden Auszüge genügen:

> Cursus ego didici
> et naturas siderum,
> et ipsorum memini
> perscrutari numerum;
> sed cum hanc inspicio,
> ego miror iterum,
> quia non conparuit
> aput quemquam veterum!
>
> Quando luna patitur,
> et sol obscurabitur,
> quem effectum habeat
> Stilbon comes Veneris,
> in quo gradu maxime
> Mars nocivus diceris,
> michi fecit cognitum
> lingua secte veteris.
>
> . . . .
>
> Quando mente vigili
> planetas inspicio,
> mea vim cuiuslibet
> deprehendit ratio
> de Marte, de Venere,
> de Sole, Mercurio,
> de Iovis clementia,
> de Saturni sensio,
> que sit vis cuiuslibet
> in quo domicilio.[178]

Auf dieses *Officium Stellae* folgt die Anbetung der Hirten an der Krippe. Auch hier ist eine Verlagerung des Schwerpunktes zu beobachten. Der theologisch-liturgisch wichtigste Bestandteil eines *Officium*

---

[175] Ebd., II, 181.
[176] Ebd., II, 182.   [177] Ebd., II, 186.   [178] Ebd., II, 181f.

Pastorum war von Anfang an die *Visitatio Praesepis* gewesen, die mit dem traditionellen Tropus *Quem quaeritis in praesepe* verbunden war. Beides ist im Benediktbeurer Weihnachtsspiel fortgefallen. Von der Kernszene an der Krippe ist nur der folgende spärliche Rest in einer Rubrik übriggeblieben:

> Quo cantato, adorent Puerum.[179]

Auch hier hat sich die Aufmerksamkeit des Autors vom heilsgeschichtlich bedeutsamen Zentrum abgewendet. Statt dessen gilt sein ganzes Bemühen zahlreichen Dialogen zwischen den Hirten und einem Engel bzw. Teufel, die dreiviertel des gesamten Textes umfassen. Der Verfasser hat in diesen frei gestalteten Versen nicht ein heilsgeschichtlich apodiktisch feststehendes Faktum behandelt, sondern einen „psychologischen" Konflikt, der – wie auch in der bildenden Kunst des Mittelalters – figural dargestellt wird.[180] Den Hirten wird von dem Engel angeraten, die Krippe aufzusuchen und den neugeborenen Christus anzubeten:

> Pastores, querite
>   natum in presepio,
> et votum solvite
>   matri cum filio;
> nec mora veniat
>   isti consilio,
> sed vos huc dirigat
>   mentis devotio.

Der Teufel dagegen flüstert ihnen ein, dies nicht zu tun, da der Engel lüge:

> Tu ne credas talibus
>   pastorum simplicitas!
> Scias esse frivola,
>   que non probat veritas.
>   Quod sic in presepio
>   sit sepulta deitas,
> nimis est ad oculum
>   reserata falsitas.[181]

Die Hirten sind verwirrt, zweifeln an der Botschaft des Engels und können sich lange Zeit nicht entscheiden, zum Besuch der Krippe aufzubrechen:

---

[179] Ebd., II, 188.
[180] Vgl. z. B. die Darstellung des „Psalmisten zwischen Engel und Teufel" (Rickert, S. 48).
[181] Ebd., II, 186.

> meus simplex animus,
>   mea mens non sobria
> ignorat, que potior
>   sit horum sententia.[182]

Erst als der Engelchor das *Gloria in excelsis Deo* singt, sind die Hirten von der Wahrheit der Botschaft überzeugt.

In diesem Teil des Weihnachtsspieles ist also der psychologische Kampf zwischen Glauben und Zweifel dramatisch dargestellt. Liturgische Elemente sind völlig in den Hintergrund getreten. Das Spiel hat hier eine moralische Funktion übernommen: Es wird gezeigt, welch gefährlichen Angriffen des Bösen die Entscheidung des einzelnen zum Guten ausgesetzt ist.

Das Spiel endet mit einer Darstellung des Kindermordes zu Bethlehem. Der Autor ist auch hier mit größter Freiheit vorgegangen. Der liturgische Kern, das Responsorium *Sub altare Dei*, fehlt ebenso wie seine Tropierung, der *Planctus Rachelis*. An die Stelle der jüdischen Ur-Mutter Rachel sind reale „matres" getreten. Die Klage der tatsächlich betroffenen Mütter hat den nur symbolisch zu verstehenden *Planctus Rachelis* ersetzt. Auch die Rolle der Trösterin(nen), die in allen *Ordines Rachelis* so wichtig war, ist fortgefallen.

Das Benediktbeurer Weihnachtsspiel – in den Rubriken selbst als „ludus" bezeichnet[183] – hat sich in allen seinen Einzelszenen von der Vorherrschaft der Liturgie gelöst und ist echtes, selbständig für sich bestehendes Spiel. Die ehemals liturgischen Kerne sind nicht mehr vorhanden. Die Bedeutung des heilsgeschichtlichen Zentrums wird oft durch moralische, literarische, wissenschaftliche Aspekte verschleiert.

3. Andere neutestamentliche „Themen"

a) Lazarus und die *Conversio Sancti Pauli*

Während die bisher erörterten Feiern und Spiele zentrale Ereignisse der Heilsgeschichte zum Gegenstand hatten, die sich um die Hauptfeste Ostern und Weihnachten gruppieren, nehmen die Geschehnisse um Lazarus und Paulus im großen Rahmen des Erlösungswerks Christi nur eine untergeordnete Stellung ein. Hier geht es nicht mehr in erster Linie um die Person des Erlösers Christus, sondern um Heiligengestalten des

---
[182] Ebd., II, 187.
[183] Ebd., II, 180.

Neuen Testaments, an denen Gott seine Wunder wirkt. Damit ist zugleich die wichtige Tatsache gegeben, daß Darstellungen dieser Episoden von Anfang an weniger starke liturgische Fixierung aufweisen als die bisher betrachteten: Je näher das betreffende Ereignis zum heilsgeschichtlichen Zentrum lag, desto mehr Aufmerksamkeit wurde einer umfangreichen, eindeutig fixierten liturgischen Ausgestaltung gewidmet, die zugleich alle außer-liturgischen, „zentrifugal" wirkenden Textänderungen lange Zeit verhindern konnte. (Auf diesen Gesichtspunkt werden wir in größerem Zusammenhang am Ende dieses Kapitels zurückkommen.)

So sind auch die Darstellungen der Ereignisse um Lazarus und Paulus von Beginn an frei von liturgischen Bindungen. Das Augenmerk der Verfasser richtete sich nicht auf quasi-dramatische Verlebendigung der Liturgie, sondern auf eine relativ unabhängige dramatische Darstellung. Die beiden erhaltenen Texte, in denen die Erweckung des Lazarus behandelt wird, sind durchweg frei von liturgischen Kompositionen.[184] Statt dessen folgen die Autoren dem Wortlaut der Vulgata, den sie in Verse umsetzen und frei erweitern. Es ergeben sich keinerlei kompositorische Widersprüche.

Außerdem wird in dem Text aus Fleury wieder sichtbar, daß in liturgisch freie Versionen Elemente aus anderen Denkbereichen um so leichter eindringen können.[185] Hier sind es theoretische Argumente der Theologie, die das Gespräch der um Lazarus besorgten Schwestern gewissermaßen versachlichen:

> Ut germano reddatur sanitas,
> est oranda summa benignitas
>   nostri Patris.
>
> Ipse solus nostra protectio,
> nostra solus est consolacio,
>   sed nunc abest.
> Abest quidem, sed corporaliter,
> qui ubique potencialiter
>   presens adest.
>
> . . . .
>
> Quamvis eum nil prorsus lateat,
> nostrum talem legatum videat
>   actualem,
> qui imploret eius clemenciam;

---

[184] Abgesehen von einer Sequenz: Ebd., II, 199 f.
[185] Vgl. z. B. oben die Magierszene des Benediktbeurer Weihnachtsspiels (Kap. B II 2 e).

> nobis suam monstret presenciam
> corporalem...[186]

In ähnlicher Weise läßt auch die *Conversio Sancti Pauli* jegliche liturgischen Elemente vermissen. Der Verfasser dieses geistlichen Spiels verwendet als einzige Quelle den Bericht der Apostelgeschichte.[187]

b) Die hl. Maria

Unter den Gestalten des Neuen Testaments nimmt Maria als Mutter Gottes selbstverständlich eine Sonderstellung ein. Dies führte bereits früh dazu, daß zahlreiche Geschehnisse ihres Lebens von der Kirche mit festlicher Liturgie vergegenwärtigt wurden. Für unsere Fragestellung sind diejenigen Marienfeste von besonderer Bedeutung, die in engerem Zusammenhang mit der christlichen Heilsgeschichte stehen. Der Bedeutung Mariä als der Mutter Gottes gemäß kommen hierfür nur die heilsgeschichtlichen Ereignisse in Betracht, die in Verbindung mit der Geburt Christi stehen. Dieser Gesichtspunkt entschied im Mittelalter offenbar mit darüber, ob die Liturgie eines Marienfestes quasi-dramatisch ausgestaltet wurde oder nicht. Es ist nämlich auffallend, daß diejenigen Marienfeste, die außerhalb des weihnachtlichen Bereichs liegen und nicht direkt zu dem zentralen Ereignis der Geburt Christi hinführen, nur in seltenen Fällen quasi-dramatisch ausgeschmückt wurden. Dazu gehören etwa Feste wie Mariä Geburt (8. September), Mariä Heimsuchung (2. Juli) und Mariä Himmelfahrt (15. August). Young sieht diesen Zusammenhang nicht, wenn er schreibt:

> In comparison with the dramatizations of other events in the life of the Virgin Mary, the ceremonies of this kind provided for the feast of the Assumption, on August 15th, were limited in scope, and have left only meagre records. In view of the fact that this feast and its procession were established in Rome as early as the eighth century, and that the legends of the Assumption were widely distributed in the West throughout the Middle Ages, the relative absence of dramatic celebrations is not easily explained.[188]

Für unsere Erklärung dieses Phänomens läßt sich noch eine weitere Tatsache anführen. Das Datum für das Fest Mariä Verkündigung war im Mittelalter nicht eindeutig festgelegt. Die römische Kirche feierte es seit

---

[186] Young, II, 201 f.
[187] 9, 1–27.
[188] II, 255.

früher Zeit (bis heute) am 25. März. In Spanien dagegen wurde das Fest oft am 18. Dezember – in der Adventszeit also – begangen. Andere Kirchen wiederum legten das Fest auf den Mittwoch der Quatembertage im Dezember – also ebenfalls zur Adventszeit.[189] Die erhaltenen quasi-dramatischen Texte beziehen sich jedoch durchweg auf die Adventszeit – nicht auf den 25. März!

Die für uns relevanten Texte behandeln Geschehnisse, die direkt zur Geburt Christi hinführen, in denen also – wie in einer Rubrik gesagt wird – „omnia catholica fundamenta incepta sunt".[190] Hier muß zunächst das Fest Mariä Opferung (21. November) erwähnt werden, das von den Ostkirchen bereits im frühen Mittelalter begangen wurde, im Westen aber erst im 14. Jahrhundert Eingang fand. Die Ereignisse, die den Inhalt des Festes bilden, sind nur apokryph überliefert.[191] Nach diesen Quellen wird Maria im Tempel dargestellt. Als sie das 14. Lebensjahr erreicht hat, wird sie aufgrund eines göttlichen Zeichens dem Joseph als Weib versprochen.

In der uns erhaltenen Version aus Avignon ist dieses Geschehen nicht als unabhängiges Spiel, sondern als der Festliturgie dienende Verlebendigung dargestellt. Die enge Verbindung mit der Meßliturgie geht auch aus der folgenden Rubrik hervor:

> Ante vero scabellum parvum Marie super quo apodiabit se audiendo Missam, erunt tria candelabra..., et super scabellum erit quidam libellus parvulus pulcer, cuius folia Maria revolvet quasi dicendo horas suas... In evvangelio surget Maria et Virgines..., et tenebit se Maria in Missa mature et devote, Gabriele et Raphiele eam instruentibus...[192]

Auch in den Versionen, die Mariä Verkündigung zum Gegenstand haben, ist die liturgische Bindung noch eindeutig erkennbar. Ausgangspunkt war die liturgische Verlesung des Evangeliums[193] während der Messe oder der Matutin. Zunächst wurden dem vorlesenden Diakon Symbole – wie etwa ein Palmzweig – beigegeben, die ihn als Engel Gabriel bezeichnen sollten. Ähnlich wie in einigen Versionen des *Officium Stellae* wurde dann später der Text des Evangeliums zwischen Gabriel und Maria aufgeteilt. Aber auch der Diakon nahm nach wie vor an einem derartig verlebendigten Vortrag des liturgischen Evangeliums teil, indem er die erzählenden Sätze des Evangelienberichtes übernahm:

---

[189] Vgl. Young, II, 245.
[190] Ebd., II, 228.
[191] Tischendorf, *Evangelia*, S. 14–17, 115–119; Young, II, 225.
[192] Young, II, 241.   [193] Lk. 1, 26–38.

> Item cum appropinquarit tempus cantandi dictum ewangelium, diaconus cum subdiacono ... progredientur ad locum in sacrario sibi preparatum, et cantabit ewangelium *Missus est Gabriel,* et etiam cantabunt p a r t e s s u a s Maria et Angelus...[194]

Auf diese Weise sind die einzelnen Teile des Evangeliums nicht mehr „offiziell", sondern sinngemäß auf die einzelnen Sprecher verteilt. Hier machen sich also bereits außer-liturgische Gesichtspunkte geltend, wenn auch die Meßliturgie nach wie vor die Gestaltung des Textes beherrscht. Dieser Doppel-Charakter kommt auch später noch deutlich zum Ausdruck, als das Evangelium bereits aus der Meßliturgie gelöst ist und Zentrum einer selbständigen liturgischen Handlung außerhalb der Kirche wird:

> In festo Annuntiationis Beate Marie Virginis fit processio ad forum cantando responsorium *Gaude Maria Virgo;* versus cum *Gloria Patri* reservatur in foro, et in medio fori fit statium, et in medio chorarii cantant versus cum *Gloria.* Hoc cantato, subito cantatur e v a n g e l i u m c u m l u d o. Quo finito, revertendo ad ecclesiam, cantatur *Te Deum.*[195]

Dasselbe gilt für die folgende Rubrik, die ebenfalls in einer Handschrift aus Cividale enthalten ist:

> ...dyaconus legat evvangelium in tono; et fit representacio Angeli ad Mariam...[196]

Aus diesen Rubriken geht hervor, daß hier nicht selbständige geistliche Spiele vorliegen, sondern Versuche, die Liturgie – hier: das Evangelium vom Tage – zu verlebendigen. Nichts könnte unseren Begriff „quasi-dramatisch" besser verdeutlichen als die beiden oben zitierten Passagen. Aus den Zitaten geht ferner hervor, daß das Kriterium des Aufführungsortes für die Ermittlung der Funktion eines Textes nicht zuverlässig ist: Liturgische Handlungen verlieren nicht bereits dadurch ihre ursprüngliche Funktion, daß sie außerhalb der Kirche vorgenommen werden. Umgekehrt können innerhalb des Kirchengebäudes durchaus selbständige geistliche Spiele aufgeführt werden, die evtl. sogar mit einem ursprünglich liturgischen *Te Deum* abgeschlossen werden.[197] Hier erweist sich erneut die Berechtigung der anfangs erhobenen Forderung, nicht äußere, sondern vor allem innere Kriterien des Textes selbst zu berücksichtigen.

---

[194] Young, II, 481; ähnlich: 248 f.
[195] Ebd., II, 484.
[196] Ebd.
[197] Vgl. z. B. einige der erörterten *Officia Stellae.*

Auch die Liturgie des Festes Mariä Lichtmeß bildete den Ausgangspunkt für quasi-dramatische Handlungen. Datum und Inhalt verknüpfen dieses Fest mit einem der zentralen Heilsgeschehnisse – der Geburt Christi. Es wurde von der römischen Kirche seit dem 7. Jahrhundert am 2. Februar begangen, bildet also gewissermaßen den Abschluß der Weihnachtszeit im weiteren Sinne.[198] Dem Bericht des Lukas folgend,[199] wird an diesem Tage vor allem die Darstellung des Herrn im Tempel gefeiert, die allerdings mit der „Reinigung Mariä" verknüpft ist. Daß dieses Fest in den westlichen Kirchen eher mit der Person Christi als mit Maria verbunden ist, geht noch heute aus der Bezeichnung engl. "Candlemas" bzw. dt. „Lichtmeß" hervor. Diese Namen erinnern an den Brauch, während einer liturgischen Prozession brennende Kerzen in die Kirche zu tragen, um damit die Ankunft des „lumen ad revelationem gentium"[200] zu symbolisieren. Diese keineswegs periphere heortologische Stellung des Festes läßt bereits eine konservative liturgische Beharrlichkeit innerhalb der uns vorliegenden Texte erwarten.

Dieses beharrende Moment wird besonders deutlich, wenn wir zwei Texte betrachten, die beide aus Augsburg stammen, aber durch mindestens drei Jahrhunderte getrennt sind: Sie wurden im 12. bzw. späten 15. Jahrhundert aufgezeichnet. Über diese große Zeitspanne hinweg ist der rein liturgische Charakter der frühen Version bewahrt geblieben. Es werden nach wie vor die gleichen liturgischen Stücke gesungen: *Responsum accepit Symeon* und *Cum inducerent puerum Ihesum*.[201] Lediglich die Rubriken sind ausführlicher geworden und lassen deutliche Züge zur konkreten Verdinglichung erkennen. Während es in der früheren Fassung hieß:

> Et interim unus senior ex presbyteris in vice Sancti Symeonis accipiat plenarium in ulnas, et portet in ecclesiam pro puero Christo...

schreibt die spätere vor:

> Finita hac antiphona, ingreditur in templum, ubi obviam se prebet dignior quidam sacerdos, indutus pluviali, tenens in ulnis suis ante se Imaginem Pueri super pulvinar...[202]

Das Symbol („plenarium" = ‚Evangeliar') ist durch eine plastische Darstellung („Imago Pueri") ersetzt worden. Hier begegnen wir einem

---

[198] Vgl. Cabrol, *Prayer*, S. 160; Young, I, 88.
[199] 2, 22–38.
[200] Lk. 2, 32.
[201] Young, II, 251.
[202] Ebd.

Phänomen, das wir bereits in den Darstellungen des heilsgeschichtlich bedeutsamsten Geschehnisses – den *Visitationes Sepulchri* – beobachten konnten: Der Text des liturgischen Kerns bleibt weitgehend unverändert, während die Rubriken in zunehmendem Maße Hinweise auf weitere quasi-dramatische Verlebendigung geben.

Diese Tatsache wird durch eine Version des 14. Jahrhunderts aus Padua bestätigt. Die quasi-dramatische Darstellung ist nach wie vor Bestandteil einer liturgischen Prozession. Um die bereits in den frühesten Texten vorhandene Antiphon *Responsum accepit Symeon* sind nun jedoch weitere liturgische Kompositionen „montiert" worden. So ist es nicht verwunderlich, daß sich in dem Text u. a. folgende logische Inkonsequenz findet: In den Rubriken ist von „pullis columbarum" die Rede, während es in dem zugehörigen Responsorium kurz darauf heißt:

> Obtulerunt pro eo domino par turturum a u t duos pullos columbarum.[203]

Auch an einer konsequenten „Rollenverteilung" war dem Verfasser nicht gelegen. Die bekannten Worte Simeons:

> ... et tuam ipsius animam pertransibit gladius...[204]

werden nicht von diesem selbst, sondern als Bestandteil einer Antiphon von einem „offiziell" fungierenden Engel gesungen:

> Hoc facto, Angelus qui stat versus chorum incipiat infrascriptam antiphonam:
>> Ecce positus est hic in ruinam et in resurrectionem multorum ... et tuam ipsius animam pertransibit gladius.[205]

In Anbetracht dieser eindeutig liturgischen Funktion des vorliegenden Textes ist Youngs Urteil unverständlich:

> The observance at Padua, then, may be characterized as a genuine play, in the form of an elaborate dumb-show, in which the action is accompanied by the singing of appropriate liturgical pieces.[206]

Diese Bemerkung stellt die Tatsachen auf den Kopf: Der liturgische Text wird durch eine quasi-dramatische Handlung verlebendigt – nicht umgekehrt.

---

[203] Ebd., II, 254.
[204] Lk. 2, 35.
[205] Young, II, 254.
[206] II, 255.

4. Alttestamentliche „Themen"

Die Zahl der überlieferten Spiele, die Geschehnisse des Alten Testaments zum Gegenstand haben, ist äußerst gering: Von dem umfangreichen Material, das die verschiedenen Bücher des Alten Testaments enthalten, sind nur die Ereignisse um Jakob und Esau, Joseph und seine Brüder und den Propheten Daniel verwertet worden. Lediglich vier – zum Teil fragmentarische – Texte sind uns erhalten.

Diese Tatsache läßt sich durch die Bewertung des Alten Testaments innerhalb der christlichen Glaubenslehre erklären, die von der des Neuen Testaments grundsätzlich verschieden ist. Die heilsgeschichtlich relevanten Schriften finden sich für den Theologen zunächst vor allem im Neuen Testament, während das Alte Testament erst durch einen späteren Interpretationsvorgang mit der christlichen Heilsbotschaft verbunden wurde: Die figurale – oder: typologische – Deutung interpretiert die Ereignisse und Personen des Alten Testaments als Vorläufer und Hinweise auf das neutestamentliche Geschehen. Das Alte Testament erfüllt sich im Neuen: „Vetus Testamentum, significat Novum".[207]

Dieser grundsätzliche Unterschied wird besonders in dem Verhältnis zur Liturgie deutlich.[208] Alttestamentliche Ereignisse können naturgemäß nicht als Feste des christlichen Kirchenjahres „rememoriert" werden. Wohl aber werden Schriften des Alten Testaments zur liturgischen Ausgestaltung von Festen herangezogen, die auf Berichten des Neuen Testaments basieren: Sie fanden vor allem als *lectiones* Verwendung. Die Verbindung alttestamentlicher Geschehnisse mit der christlichen Lehre wurde also erst sekundär dadurch hergestellt, daß ihnen – meist aufgrund figuraler Exegese – eine ausschmückende, dienende Funktion zugewiesen wurde.

Diese liturgische und theologische Unselbständigkeit hat sich auch auf die Entstehung und Entwicklung der alttestamentlichen Spiele ausgewirkt. Zunächst verhinderte die oben geschilderte periphere Stellung zum christlichen Heilsgeschehen, daß die Kleriker solche Themen neben neutestamentlichen gleichermaßen berücksichtigten. Wenn jedoch ein geistlicher Autor einen alttestamentlichen Stoff behandelte, dann war *a priori* eine liturgische Funktion des Gesamttextes ausgeschlossen: Mit der selbständigen liturgischen Feier eines alttestamentlichen Ereignisses wäre der christliche Bezugspunkt verlorengegangen. Während also eine

---

[207] Migne, *P.L.*, 175, col. 664. – Vgl. u. a. Auerbach, *Figura*; ders., *Motive*.
[208] Auf dem Gebiet der exegetischen Literatur und auch der Geschichtsschreibung spielt das Alte Testament eine wichtigere Rolle als in der Liturgie.

liturgische Funktion solcher Darstellungen undenkbar ist, kann andererseits ein alttestamentlicher Stoff als christliches geistliches Spiel nicht für sich bestehen, sondern muß notgedrungen aufgrund irgendeiner Allegorese erst die Legitimation zur Selbständigkeit erhalten. Wie vielfältig solche Interpretationsakte sein können und welche unterschiedlichen Funktionen sich daraus für die Spiele ergeben, soll im folgenden gezeigt werden.

a) Jakob und Esau

Der Autor dieses *Ordo de Ysaac et Rebecca et filiis eorum recitandus* folgt dem Bericht der Genesis recht genau, wenngleich er den Wortlaut metrisch umgestaltet. Nach dem oben Gesagten ist das Fehlen liturgischer Kompositionen, die in diesem Falle ja ein alttestamentliches Geschehen ausschmücken würden, durchaus verständlich. Dieser Text ist also nicht mit der Liturgie verbunden, erfüllt aber ebenfalls eine dienende – wenn auch andersartige – Funktion: Dem Zuschauer wird hier anhand der Jakob–Esau–Episode gezeigt, wie er auf christliche Weise ein alttestamentliches Geschehen zu verstehen habe. In ähnlicher Weise wie die frühchristlichen Theologen steht der Verfasser dieses Spiels vor der Aufgabe, Christen nichtjüdischer Herkunft die Bedeutung des Alten Testaments für die christliche Glaubenslehre klarzumachen. Diese Absicht veranlaßte den Autor des Spiels, einen Chor zu verwenden, der jeweils die Handlung durch das Singen von „allegoriae" kommentiert. Welche entscheidende Bedeutung diesen „Allegorien" zukommt, erhellt bereits die Zahl der Verse, die ihnen vom Verfasser zugedacht wurde: Auf sie entfallen 64 von 160 Versen. Das folgende Zitat möge genügen, die Eigenart dieser „Allegorien" erkennen zu lassen:

> Tunc elevatus Ysaac manibus astantium repetensque excreationes et suspiria ut senes ad quosdam de astantibus sibi cantet:
> > Pro Esau properate,
> > ut veniat indicate;
> > nulla restet occasio
> > que vos tardet cum filio.
>
> Abeuntibus missis, pueri allegoriam cantent:
> > Quod natus maior vocatur
> > synagoga designatur,
> > prior pressa sub onere
> > non spiritus sed littere.
> > Maior lege precedentem,

> minor fide subsequentem
> populum notat vocatum
> et in Christo adunatum...[209]

Es handelt sich hier um die oben erwähnte figurale oder typologische Auslegung des Alten Testaments, die im Mittelalter mit dem moralischen und anagogischen Schriftsinn als die *sensus allegorici* zusammengefaßt wurde. Der Autor dieses Spiels folgte bei der Abfassung dieser „allegoriae" den traditionellen Gedankengängen, wie sie von zahlreichen theologischen Schriftstellern und Kompilatoren niedergelegt wurden. So schreibt Richard von St. Victor in seinen *Allegoriae in Vetus Testamentum* (12. Jahrhundert) über die Segnung Jakobs in ganz ähnlicher Weise:

> Nota est historia, quando Jacob Esau benedictione patris supplantavit (Gen. xxvii). Isaac significat Deum, a quo descendit benedictio super caput justi. Rebecca significat matrem gratiam, quae Jacob de paterna benedictione consuluit. Jacob posterior natu, domi remanens, benedictionemque consequens, gentilem designat populum, qui post Israeliticum populum ad cognitionem divinam venit... Esau prior natu, foris venationi deserviens, benedictionem amittens, populum Israel significat qui ad Dei cognitionem venit, qui foris in littera justitiam quaerit, et benedictionem coelestis haereditatis dimittit...[210]

Nun liegt es aber im Wesen dieser Figuraldeutung, daß der *typus* (oder die *figura*) des Alten Testaments erst im *antitypus* des Neuen seine Erfüllung findet. Dieses Wertgefälle kommt u. a. in der häufigen Bezeichnung *umbra* für einen alttestamentlichen *typus* zum Ausdruck. Die Verse, die der Chor in unserem Spiele singt, sind also mehr als ein Kommentar, den man zur Not auch weglassen könnte. Diese „Allegorien" erschließen erst den rechten Sinn dieser alttestamentlichen Episode, indem sie auf deren Erfüllung im Neuen Testament hinweisen. Sie sind nicht Zutat, sondern Wesenskern: Das vorliegende Spiel ist gleichsam dramatisierte (Figural-)Exegese.

b) Joseph und seine Brüder

Die Ereignisse um Joseph und seine Brüder sind in einer Version des 13. Jahrhunderts aus Laon dramatisiert worden. Auch für diese in der Genesis überlieferten Episoden gilt das oben allgemein für alttesta-

---
[209] Young, II, 260.
[210] Migne, *P.L.*, 175, col. 649.

mentliche Szenen Gesagte: Dem speziell- jüdisch-alttestamentlichen Geschehen muß ein allgemein-christlicher Bezugspunkt geschaffen werden. Obwohl Joseph – der von seinen Brüdern Verratene und um einige Silberlinge Verkaufte – sehr häufig als *figura* (oder *typus*) Christi verstanden wurde, hat der Autor der vorliegenden Version keinen Gebrauch von einer solchen Figuraldeutung gemacht. Diese Art der Exegese war jedoch bekanntlich nur eine von mehreren möglichen:

> ... sciendum est quod istius operis non est simplex sensus, immo dici potest *polysemos*, hoc est plurium sensuum; nam primus sensus est qui habetur per literam, alius est qui habetur per significata per literam. Et primus dicitur literalis, secundus vero allegoricus, sive moralis, sive anagogicus ...[211]

Im vorliegenden Falle hat der Verfasser sich der moralischen Auslegung bedient, um die alttestamentlichen Ereignisse für den Christen nutzbar zu machen. Diese Version stellt nämlich – ähnlich wie der *Ludus Danielis* (s. u.) – insofern einen glücklichen Sonderfall unter den mittelalterlichen Spielen der Kirche dar, als der Verfasser die dem Text zugedachte Funktion *expressis verbis* in einer Art Prolog erläutert:

> Letetur hodie chorus fidelium;
> quiescant fabule, crescat silentium.
>
> Sequantur homines Ioseph consilium;
> vitent mulieres nature vitium.
>
> Iam recitabitur gravis invidia,
> quom Ioseph pertulit fratrum nequitia.
>
> Si fratri nocuit fraternum odium,
> fratribus profuit Ioseph dominium ...[212]

Bereits die Worte „invidia" und „odium", die dem moralischen Begriffssystem der Sieben Todsünden entnommen sind, deuten auf die Absicht des Autors hin. Vor allem aber richtet dieser an Männer und Frauen eine direkte Aufforderung zu moralisch verantwortlichem Handeln: „Sequantur ... consilium"; „vitent ... vitium".

Auch dieses Spiel, das keinerlei liturgische Elemente aufweist und dem Wortlaut der Genesis folgt, besteht also nicht zweckfrei für sich: Es ist ein dramatisiertes *exemplum* im Dienste moralischer Belehrung.

---

[211] Dante, *Epistola X*, cap. 7.
[212] Young, II, 267.

c) Daniel

Die Person des Propheten Daniel steht im Mittelpunkt zweier Spiele des 12. Jahrhunderts. Sowohl der *Ludus Danielis* aus Beauvais als die *Historia de Daniel Representanda* des Hilarius folgen dem Bericht des Buches Daniel ziemlich genau. Der hier behandelte Stoff unterscheidet sich von den oben erörterten alttestamentlichen Themen dadurch, daß die Zentralfigur ein Prophet ist. Mit dieser Tatsache ist zugleich die Verbindung zum christlichen Heilsgeschehen gegeben. Für die Autoren dieser beiden Spiele erübrigte es sich, erst einen christlichen Bezugspunkt mit Hilfe verschiedener exegetischer Möglichkeiten aufzusuchen: Dieser ist vielmehr dadurch gegeben, daß Daniel die Geburt Christi prophezeit. Somit lag eine Anknüpfung an den oben erörterten *Ordo Prophetarum* nahe, in dem Daniel diese Rolle ja bereits zugedacht war:

> Lector: Veniat et Daniel sanctus, iuvenis quidem aetate, ... Dic, sancte Daniel, dic de Christo quod nosti.
> Daniel: Cum venerit Sanctus Sanctorum, cessabit unctio vestra.[213]

Die Entwicklung zumindest der Danielsspiele aus dem *Ordo Prophetarum* ist heute wohl kaum mehr bestreitbar.[214] Bereits ein Vergleich des Wortlauts der oben zitierten Prophezeiung mit den entsprechenden Äußerungen in den Spielen macht die Abhängigkeit deutlich:

> *Ludus Danielis* aus Beauvais:
>   Daniel ... prophetabit:
>   Ecce venit s a n c t u s ille, s a n c t o r u m sanctissimus,
>   Quem rex iste iubet coli potens et fortissimus.
>   Cessant phana, cesset regnum, c e s s a b i t et u n c t i o ...[215]

> Danielsspiel des Hilarius:
>   Tunc Daniel prophetabit hoc modo:
>   . . . .
>   Nascetur Dominus cuius inperio
>   c e s s a b i t regimen et regum u n c t i o ...[216]

Auch aus zahlreichen anderen Passagen geht die Tatsache hervor, daß die einzige Aufgabe Daniels darin besteht, auf die bevorstehende Geburt Christi hinzuweisen. Er wird als „propheta Dei",[217] „propheta

---

[213] Ebd., II, 134; ähnlich: 140, 147, 158.
[214] Vgl. Young, II, 304 ff.; dagegen Craig, S. 65.
[215] Young, II, 301.
[216] Ebd., II, 286.
[217] Ebd., II, 293.

sanctus Dei",[218] „vates verus"[219] bezeichnet. Somit ist auch die den Spielen zugedachte Funktion im wesentlichen bestimmt, die in den vier ersten Versen des *Ludus Danielis* folgendermaßen beschrieben wird:

> Ad honorem tui, Christe,
> Danielis ludus iste
> in Belvaco est inventus,
> et invenit hunc iuventus.[220]

Es handelt sich hier also nicht um eine Art historisches Drama, in dem Geschehnisse um eine alttestamentliche Person als solche dargestellt werden. Die historischen Vorgänge werden vielmehr durch die Schaffung eines christlichen Bezugspunktes relativiert und in den Rahmen der christlichen Heilsgeschichte eingeordnet.[221] Dieser durchaus unhistorische Charakter des Spieles, der zugleich die Selbständigkeit eines alttestamentlichen Spieles ausschließt, kommt auch deutlich in dem folgenden Chorstück des *Ludus Danielis* zum Ausdruck:

> Congaudentes celebremus   natalis sollempnia;
> Iam de morte nos redemit   Dei sapientia.
> Homo natus est in carne,   qui creavit omnia,
> Nasciturum quem predixit   prophete facundia.
> Danielis iam cessavit   unctionis copia;
> Cessat regni Judeorum   contumax potentia.
>   In hoc natalitio,
>   Daniel, cum gaudio
>   te laudat hec concio...[222]

Mitten in der bis dahin chronologisch fortschreitenden Handlung taucht hier plötzlich die anachronistische Feststellung des „Conductus Danielis"(!) auf: „Christus ist geboren!" Gleich darauf geht die alttestamentliche Handlung weiter. Am Schluß des Spieles tritt Daniel dann wieder als Prophet auf:

> Ecce venit sanctus ille,   sanctorum sanctissimus...[223]

Unmittelbar darauf folgt die Verkündigung des Engels:

> Nuntium vobis fero de supernis:
> Natus est Christus, Dominator orbis,
>   in Bethleem Iude, sic enim propheta
>   dixerat ante.

---

[218] Ebd., II, 296.
[219] Ebd., II, 281.
[220] Ebd., II, 290.
[221] Vgl. Bulst, S. 86.   [222] Young, II, 297.   [223] Ebd., II, 301.

Aus diesen Zitaten geht hervor, daß durch die Relativierung der historischen Ereignisse und Gestalten es dem Autor möglich geworden ist, mehrere Zeitstufen ohne chronologische Ordnung nebeneinanderzustellen.

Eine solche achronische Reihung läßt sich an mehreren Stellen des *Ludus Danielis* beobachten. So heißt es in dem *Conductus Danielis*:

> . . . .
> Daniel, cum gaudio
> te laudat hec concio.
> . . . .
> Et te Deus observavit   leonum voragine.
> Ergo sit laus Dei verbo   genito de virgine.[224]

Hier wird die Rettung Daniels aus der Löwengrube als bereits geschehen („observavit") bezeichnet, obwohl diese Szene im *Ludus Danielis* erst geraume Zeit später dargestellt wird.

In demselben *conductus* findet sich ein weiteres Beispiel für die Durchbrechung der chronologischen Ordnung. Der Chor bezeichnet die Prophezeiung der Geburt Christi als bereits ausgesprochen:

Homo natus est in carne,   qui creavit omnia,
Nasciturum quem predixit   prophete facundia.[225]

Tatsächlich prophezeit Daniel aber Christi Geburt erst später am Schluß des Spieles.

Im folgenden Zitat ist eine merkwürdige Funktionsmischung der beteiligten Kleriker zu beobachten:

Dum venerit Rex Balthasar, Principes sui cantabunt ante eum hanc prosam:

> Astra tenenti
> cunctipotenti
> turba virilis
> et puerilis
>   concio plaudit.
>
> Nam Danielem
> multa fidelem
> et subiisse
> atque tulisse
>   firmiter audit.[226]

---

[224] Ebd., II, 297 f.   [225] Ebd.   [226] Ebd., II, 290.

Die „principes" des Königs Belsazar preisen nicht etwa ihren Herrscher, sondern danken Gott, daß er Daniel gerettet hat: Die Kleriker, die im weiteren Verlauf des Spieles tatsächlich weltliche Fürsten („principes") darstellen, erfüllen hier eine Art liturgische Funktion. Obwohl sie als „principes" bezeichnet werden – und sicher als solche gekleidet sind – singen sie hier einen Text, der nicht zu Gefolgsleuten Belsazars paßt, sondern zu liturgischen Sprechern, die Zeitgenossen der Zuschauer des Spieles von Beauvais sind. An diesem Beispiel wird besonders deutlich, daß der christliche Zeitbegriff des Mittelalters kein chronologisches Nacheinander fordert, sondern heilsgeschichtlich relevante Ereignisse in die Gegenwart einbezieht.

Achronische Reihung und Funktionsmischung der beteiligten Kleriker hatten wir früher als wesentliches Merkmal für Texte mit liturgischer Funktion erkannt. Offensichtlich ist in dem *Ludus Danielis* durch die Annäherung des ursprünglich peripheren alttestamentlichen Geschehens an ein zentrales Ereignis der Heilsgeschichte – die Geburt Christi – das liturgische Element stärker vertreten als z. B. in den erörterten Spielen um Jakob und Esau bzw. Joseph. Diese Ansicht wird weiterhin dadurch bestätigt, daß im *Ludus Danielis* aus Beauvais die liturgische Hymne *Nuntium vobis fero* verwendet wird, die bereits ein Bestandteil des *Officium Stellae* war, als dieses noch während der Messe als liturgische Feier stattfand.[227]

Diese liturgische Komposition ist zwar auch in dem von Hilarius verfaßten Text enthalten, alle anderen im *Ludus Danielis* vorhandenen liturgischen Merkmale fehlen jedoch. Der Autor dieser Version hat das Material, das ihm das Buch Daniel bot, durchaus chronologisch und widerspruchsfrei angeordnet.[228] Der christliche Bezugspunkt tritt – in logischer Anordnung – nur gegen Ende des Spieles in Erscheinung: Der Prophetie folgt die Erfüllung. Im Gegensatz zu dem *Ludus Danielis* sind verschiedene Zeitstufen nicht nivelliert. Statt dessen tritt der historische Gesichtspunkt mehr in den Vordergrund. Vom Schluß abgesehen ist Daniel in diesem Spiel durchaus alttestamentliche, historische Persönlichkeit. In der Handschrift, die das Spiel überliefert, wird dieses nicht zufällig als „Historia" bezeichnet. Weder der allegorische Schrift-

---

[227] Ebd., II, 35.
[228] Bulst, S. 88, bezeichnet das Danielsspiel des Hilarius irrigerweise als „liturgisches Spiel". Er begründet dies vor allem mit dem Hinweis, daß am Schluß des Spieles das *Te Deum* bzw. *Magnificat* gesungen worden sei. Diese Bezeichnung fußt jedoch auf unzureichenden, äußerlichen Kriterien und ist nicht vom Text her begründet.

sinn (wie in *Jakob und Esau*) noch der moralische (*Joseph*), sondern der *sensus historicus* (oder *litteralis*) tritt hier in Erscheinung.

5. Nikolausspiele

Während die bisher behandelten Feiern und Spiele auf biblischen bzw. apokryphen Quellen basierten, entnehmen die Verfasser der Mirakelspiele den Stoff für ihre dramatischen Bearbeitungen den Legenden, Viten usw., die mit dem Namen des jeweiligen Heiligen verknüpft sind. Auf dieser Tatsache fußt auch die von J. M. Manly[229] formulierte und allgemein akzeptierte Definition eines solchen *miraculum*. Ein solches Spiel ist demnach:

> the dramatization of a legend setting forth the life or martyrdom or miracles of a saint.[230]

Bereits daraus geht hervor, daß die in solchen *miracula* dargestellten Ereignisse keinen direkten Bezug zur christlichen Heilsgeschichte aufweisen können. Sie liegen wesensmäßig außerhalb der christlich-theologischen Zentren von *resurrectio* und *nativitas*. Die Verbindung zum christlichen Glaubenskern wird erst sekundär dadurch hergestellt, daß die Heiligen als *imitatores Christi* angesehen werden, die ihm auf verschiedenste Weise nacheifern – besonders durch Wundertaten und Märtyrertod. Ähnlich wie die alttestamentlichen Gestalten erhalten die Heiligen ihre Bedeutung in der christlichen Theologie durch Beziehung auf Christus. Sie sind in diesem Sinne nicht selbständig, sondern erfüllen die Aufgabe von Mittlern, Fürsprechern bei Gott. Der Heilige ist immer nur *famulus* oder *servus Dei*.

Dadurch wird die Tatsache erklärbar, daß die Zahl der Mirakelspiele im kirchlichen Bereich gering ist. Bezeichnenderweise nimmt ihre Zahl erst zu, als die in der Volkssprache schreibenden Verfasser nicht mehr theologisch geschulte Kleriker sind.

Merkwürdigerweise sind von den hier behandelten Mirakeln in lateinischer Sprache nur einige Nikolausspiele erhalten. Dies ist zunächst auf die außerordentliche Verbreitung des Nikolauskultes – besonders in Frankreich – zurückzuführen.[231] Darüber hinaus hat wohl das Datum des Nikolausfestes – der 6. Dezember – eine wichtige Rolle gespielt:

---

[229] S. 585.
[230] Young, II, 307.
[231] Vgl. Young, II, 308.

Gerade zu dieser Zeit des Kirchenjahres fanden ja sehr viele wichtige quasi-dramatische liturgische Feiern und geistliche Spiele statt. Wenn also ein Fest in diese Zeit fiel, wurde bereits dadurch eine Dramatisierung der mit dem Feste zusammenhängenden Thematik begünstigt.[232]

Die Liturgie des Nikolausfestes enthielt zahlreiche Kompositionen, die auf die Nikolaus-*Vita* zurückgehen. Die Nikolausspiele haben sich dennoch nicht – etwa wie die *Visitationes Sepulchri* – aus den liturgischen Kompositionen des Festes entwickelt. Für eine solche, theoretisch vielleicht denkbare Möglichkeit der Entwicklung finden sich keinerlei Belege in den überlieferten Texten:

> This absence of liturgical connection suggests that the dialogues were prepared for didactic purposes rather than for edification. They are at home in the school, not the sanctuary.[233]

Die Autoren griffen vielmehr direkt auf die verschiedenen Legenden zurück, die oft als *lectiones* im Stundengebet Verwendung fanden und somit zwar liturgisch verwertet werden, jedoch keine liturgischen Kompositionen im eigentlichen Sinne (wie Tropen, Antiphonen etc.) sind. Während die Bearbeiter eines heilsgeschichtlich zentralen Themas wie der *Visitatio Sepulchri* an die überkommene liturgische Fixierung gebunden waren, stand den Verfassern eines theologisch peripheren Mirakelspieles die Wahl der Quelle frei. Damit herrschte auch nicht – wie bei den aus Tropen u. a. entwickelten Spielen – von Anfang an eine liturgische Funktion vor. Mit der freien Quellenwahl wurde zugleich die Zuweisung verschiedener Funktionen möglich. Ferner ist *a priori* zu erwarten, daß das Bauprinzip der liturgischen Montage bei den Nikolausspielen keine nennenswerte Rolle spielen wird.

Sämtliche überlieferten Nikolausspiele sind *miracula* im engeren Sinne: In ihnen werden Wundertaten des hl. Nikolaus dargestellt. Je nach der Eigenart des Stoffes konnte der Autor mit der Dramatisierung der einzelnen Wunder verschiedene Absichten verbinden.

In dem Spiel von den *Tres Filiae* bewahrt der Heilige drei Schwestern vor der Prostitution, indem er den völlig mittellosen Vater reichlich mit Gold beschenkt. Diese Legende[234] ist in zwei dramatischen Bearbeitungen aus Hildesheim und Fleury erhalten. Die Autoren der beiden Versionen folgen zwar im wesentlichen den Angaben der *Vita*, widmen der Darstellung des Wunders selbst jedoch nur geringe Auf-

---

[232] Vgl. oben die Ausführungen zu den Magierspielen (Kap. B II 2 b).
[233] Jones, S. 99; vgl. auch Young, II, 309 f.
[234] Mombritius, II, 297–299.

merksamkeit. Während in der Quelle der hl. Nikolaus dreimal Gold durch das Fenster wirft, wird dies in der Fassung aus Hildesheim nicht einmal erwähnt; in der Version aus Fleury heißt es in den Rubriken jeweils lakonisch: „proiecto auro...".[235] Den Autoren ging es offensichtlich nicht darum, die Macht Gottes bzw. seines *famulus* Nikolaus durch die ausführliche Darstellung eines in Staunen versetzenden Wunders zu demonstrieren. Sie haben vielmehr dem Spiel eine moralische Funktion zugedacht. Die Mehrzahl der Dialoge beschäftigt sich mit den moralischen Aspekten des Stoffes. Nur die älteste Tochter macht den Vorschlag, durch Prostitution Geld zu verdienen; die beiden anderen geben dem Vater „consilia", in denen sie auf das Verwerfliche eines solchen Vorschlags hinweisen:

> Secunda Filia: Noli, pater, noli, carissime,
> doloribus dolores addere,
> ne pro damno velis inducere
> periculum irreparabile,
>   care pater.
>
> Scimus quidem quod fornicantibus
> obstrusus est celorum aditus;
> . . . .
>
> Tertia Filia: Meum quoque, pater, perpetue
> c o n s i l i u m audire sustine
> adque finem breviter collige:
> Deum, pater, time et dilige,
>   care pater.
>
> Nichil enim deesse novimus
> per scripturas Deum timentibus,
> et omnia ministrat omnibus
> omnipotens se diligentibus,
>   care pater.
>
> Neu desperes propter inopiam,
> Deo esse quam scimus placidam;
> Iob respice, pater, penuriam
> et deinde secutam copiam,
>   care pater.[236]

Indem die jüngste Tochter auf Hiob verweist, gibt sie die Nutzanweisung dieses Spiels: Vertraue auf Gott, und er wird der Not das Glück folgen lassen. Gleich nach den „consilia" der Töchter geschieht das

---

[235] Young, II, 317 ff.
[236] Ebd., II, 313; ähnlich die Fleury-Version: 316 ff. – Zur Textgestaltung vgl. Schumann, *Urfassung*.

Wunder, das die Richtigkeit der von den beiden vorgebrachten Argumente bestätigt: Die beiden Spiele sind weniger *miraculum* als dramatisiertes *exemplum*.

In den anderen Nikolausspielen dagegen stehen die Wundertaten des Heiligen im Mittelpunkt der dramatischen Handlung. Die Spiele werden mehrmals ausdrücklich als „miracula" bezeichnet.[237] Während moralische Gesichtspunkte zurücktreten, wird die Mittler-Rolle des Heiligen betont. Der Heilige kann die von dem in Not geratenen Menschen erflehten Wunder nur mit Hilfe Gottes ausführen:

Filius Getronis:

> Nicholae, quem sanctum dicimus,
> si sunt vera que de te credimus,
> tua nobis et nostro filio
> erga Deum prosit oracio!
> . . . .
> Sintque patri nostro perpetue
> Nicholao laudes et gracie,
> cuius erga Deum oracio
> nos adiuvit in hoc negocio.[238]

In den Spielen *Tres Clerici, Iconia Sancti Nicholai* und *Filius Getronis* werden also nicht heilsgeschichtliche Ereignisse dargestellt, sondern Wundertaten eines Heiligen, die erst durch Bezug auf heilsgeschichtliche Tatsachen (Christus) möglich werden.

6. Eschatologische „Themen"

Als Abschluß dieses Kapitels seien noch zwei Spiele erörtert, die eschatologische Themen behandeln: der sogenannte *Sponsus* aus Limoges und der *Ludus de Antichristo* aus Tegernsee. Das Gleichnis von den klugen und törichten Jungfrauen, die den Bräutigam – „Sponsum" – erwarten,[239] wurde an verschiedenen Festtagen liturgisch verwendet: Seine Stellung innerhalb der Liturgie war unfest und seine Verwendung nicht auf ein bestimmtes Kirchenfest beschränkt.[240]

Diese liturgische Unfestigkeit ist nicht überraschend, wenn man berücksichtigt, daß die Parabel von den zehn Jungfrauen mit keinem Ereignis der Heilsgeschichte direkt verknüpft ist und sich so eine vielseitige Verwendung innerhalb der Liturgie anbot. Aus diesem Grunde

---

[237] Ebd., II, 332, Anm. 4; 344, 348.
[239] Mt. 25, 1–13.
[238] Ebd., II, 355 ff.
[240] Vgl. Young, II, 368; Morf, S. 390.

überrascht es nicht, wenn der vorliegende *Sponsus* keinerlei liturgische Bezüge aufweist und in der Komposition nicht auf liturgische Stücke, sondern direkt auf den Text der Vulgata zurückgeht: Eine liturgische Funktion kam für dieses Thema von Anfang an nicht in Frage.[241] Statt dessen hat der Autor dem Spiel eine Aufgabe zugedacht, die auch in der biblischen Quelle vorhanden ist und sich aus dem Wesen der meisten Parabeln ergibt: An die Erzählung des exemplarischen Gleichnisses schließt sich eine Nutzanwendung an – eine Aufforderung zum richtigen Handeln. So beendet auch Christus die Erzählung des Gleichnisses von den zehn Jungfrauen mit der Mahnung:

> Vigilate itaque, quia nescitis diem, neque horam.[242]

Der Autor des dramatischen *Sponsus* hat diese, bereits in der Quelle vorhandenen Züge in freier Bearbeitung weiter verstärkt. In diesem Zusammenhang ist es höchst aufschlußreich, welche Passagen dieses zweisprachigen Spiels in französischer und welche in lateinischer Sprache abgefaßt sind. Um die des Lateins nicht mächtigen Laien ansprechen zu können, hat der Verfasser die wesentlichen Belehrungen, Ermahnungen usw. in der Volkssprache niedergelegt. Während zum Beispiel das „Vigilate!" der Vulgata nur einmal in lateinischer Form aufgenommen wird,[243] hämmert der Verfasser den umstehenden Laien die Mahnung durch den viermal verwendeten, monoton wiederkehrenden Refrain „Gaire noi dormet!" ein. Noch eindrucksvoller muß auf das zuschauende Volk die zehnmal(!) wiederholte Klage der törichten Jungfrauen gewirkt haben:

> Dolentas, chaitivas, trop i avem dormit![244]

Der als Exempel belehrende Charakter dieses Spiels wird durch die Art der vom Autor hinzugefügten Details vollends sichtbar. Der Wortlaut der Vorlage: "Vigilate itaque ...!" war für die Absicht des Autors nicht deutlich genug. Daher läßt er das Spiel in folgender Weise enden:

> Christus: Alet, chaitivas, alet, malaureas!
>   A tot iors mais vos so penas livreas;
>   En efern ora seret meneias!
> Modo accipiant eas Demones, et precipitentur in infernum.[245]

Auf drastische Art wird dem Volke ein abschreckendes Beispiel demonstriert: Wer die Mahnung „Gaire noi dormet!" nicht beachtet und dann

---

[241] Vgl. Thomas, S. 50.   [242] Mt. 25, 13.   [243] Young, II, 362, V. 1.
[244] Ebd., II, 363 f.   [245] Ebd., II, 364.

klagend zugeben muß „trop i avem dormit!", der wird – wie die fünf törichten Jungfrauen – in der Hölle enden. Durch diese eindeutig moralisch-belehrende Funktion des Spieles geht der eschatologische Charakter dieser Parabel verloren: Der Ungehorsam gegen Gott wird nicht beim Jüngsten Gericht, sondern *hic et nunc* bestraft.

Der berühmte *Ludus de Antichristo* ist uns in einer Handschrift des 12. Jahrhunderts aus Tegernsee überliefert. Daß dieses Spiel seinerzeit weit verbreitet war, zeigt u. a. die Übernahme einiger seiner Teile in den sogenannten *Ludus de Rege Aegypti* des 13. Jahrhunderts.[246]

In diesem Spiel wird die Ankunft des Antichrists dargestellt, der zunächst alle Welt – insbesondere alle Herrscher – davon überzeugt, daß er der wahre Christus sei. Dies gelingt ihm vor allem durch gewaltsame Einschüchterung, Geschenke und Wundertaten. Die Ankunft des Antichrists erfolgt aber erst dann, wenn der römische Kaiser seine Krone in Jerusalem niedergelegt hat. Dann wird der Antichrist dreieinhalb Jahre herrschen, schließlich aber von Gott gestürzt werden.

Wenn auch im Neuen Testament eschatologische Prophezeiungen enthalten sind,[247] wurden diesen Berichten über die Antichristen im Mittelalter zahlreiche Details hinzugefügt. Besonders einflußreich wurde der *sermo* des Pseudo-Methodius und später der *Libellus de Antichristo* des Mönchs Adso aus dem 10. Jahrhundert.[248]

Diesem Berichte Adsos folgt der Autor unseres Spieles ziemlich genau, fügt jedoch einige bemerkenswerte Einzelheiten hinzu. Für unsere Fragestellung ist es von besonderem Interesse, daß diese umfangreichen Ergänzungen weder liturgischer noch theologischer Art sind, obwohl man in Anbetracht des Themas eschatologische Spekulationen geradezu erwarten würde. Der Verfasser knüpft z. B. an eine Stelle in Adsos *Libellus* an, wo der Zeitpunkt bestimmt wird, zu dem der Antichrist erscheinen wird:

> Tempus siquidem, quando idem Antichristus veniat vel quando dies incipiat apparere iudicii, Paulus apostolus in epistola ad Thessalonicenses: Rogamus vos per adventum Domini nostri Iesu Christi, manifestat eo loco, ubi ait: quoniam, nisi venerit discessio primum et revelatus fuerit homo peccati et filius perditionis. Scimus enim, quoniam post regnum Grecorum sive etiam post regnum Persarum ... regnum Romanorum cępit, quod fortissimum omnium superiorum regnorum fuit et omnia regna terrarum sub dominatione sua habuit ... Inde ergo dicit Paulus apo-

---

[246] Ebd., II, 463 ff.   [247] Zum Beispiel Mt. 24; Mk. 13.
[248] Vgl. Preuss; Bousset; Young, II, 369 f.

> stolus, Antichristum non antea in mundum esse venturum, nisi venerit discessio primum, id est, nisi prius discesserint omnia regna a Romano imperio, quę pridem subdita erant. Hoc autem tempus nondum venit, quia, licet videamus Romanorum regnum ex maxima parte destructum, tamen, quamdiu reges Francorum duraverint, qui Romanum imperium tenere debent, Romani regni dignitas ex toto non peribit, quia in regibus suis stabit. Quidam vero doctores nostri dicunt, quod unus ex regibus Francorum Romanum imperium ex integro tenebit, qui in novissimo tempore erit. Et ipse erit maximus et omnium regum ultimus...[249]

Bereits bei Adso wird also eine sehr hohe Einschätzung des Römischen Reiches und dessen fränkischer „Nachfolge"-Staaten deutlich. Adso hat diese Überlegungen so ausführlich mitgeteilt, da mit ihrer Hilfe der Anbruch der Endzeit bestimmt werden soll: Die Mitteilung dieser Einzelheiten hat durchaus eine der theologischen Spekulation dienende Funktion.

Diese wird im ersten Teil des Spiels nicht mehr deutlich erkennbar. Statt dessen wird ausführlich dargestellt, wie der deutsche Kaiser seinen Herrschaftsanspruch über die verschiedenen Königreiche geltend macht und durchsetzt:

> Tunc Imperator dirigit Nuntios suos ad singulos Reges, et primo ad Regem Francorum dicens:
> Sicut scripta tradunt   hystoriographorum,
> Totus mundus fuerat   fiscus Romanorum.
> Hoc primorum strenuitas elaboravit,
> Sed posterorum desidia dissipavit.
> Sub his inperii dilapsa est potestas,
> Quam nostrę repetit   potentię maiestas.
> Reges ergo singuli prius instituta
> Nunc Romano solvant inperio tributa.[250]

Der Kaiser bedient sich also historischer, nicht etwa theologischer Argumente, um seine Ansprüche zu begründen. Der französische König lehnt die Tributforderung des Kaisers ab, wird aber in der Schlacht besiegt und muß sich der kaiserlichen Oberherrschaft beugen. In dem sich anschließenden Herrscherlob auf den deutschen Kaiser wird ein wesentliches Merkmal des Spiels deutlich:

> Romani nominis   honorem veneramur,
> Augusto Cesari   servire gloriamur,
> Cuius imperii   virtus est formidanda,
> Honor et gloria   maneant veneranda.
> Omnium rectorem,   te solum profitemur...[251]

---

[249] Young, II, 498 f.   [250] Ebd., II, 373, V. 49–56.
[251] Ebd., II, 374, V. 95–99. – Der Kaiserhymnus *Salve, mundi domine* des Archipoeta

Die Könige von Griechenland und Jerusalem fügen sich kampflos dem Willen des Kaisers. Nachdem der Kaiser noch den König von Babylon besiegt hat, legt er demütig seine Krone im Tempel zu Jerusalem nieder.

In den über hundert Versen dieses ersten Teils wird keine direkte Beziehung zum eschatologischen Thema sichtbar. Der Verfasser hat statt dessen diesem Abschnitt die Funktion zugewiesen, den Herrschaftsanspruch des deutschen Kaisers darzustellen und zu unterstützen. Darüber hinaus wird das deutsche Kaisertum verherrlicht und seine Macht in einem Enkomium besungen. Die hier von dem Autor verfolgte Absicht könnte man als eine „politisch-patriotische" bezeichnen. Diese Ansicht wird durch die folgenden Teile des Spieles gestützt.

Nunmehr tritt zum ersten Male der Antichrist auf. In schneller Folge gewinnt er die Könige von Griechenland und Frankreich für sich. Während der griechische König durch Drohungen eingeschüchtert wird, läßt sich der Herrscher Frankreichs durch Geschenke bestechen. Der frankreichfeindliche Charakter dieser Stelle ist eindeutig erkennbar:

> Iterum Antichristus dirigit Ypocritas ad Regem Francorum cum muneribus dicens:
> Hec munera regi   Francorum offeretis,
> Quem cum suis ad nos   per illa convertetis.
> Hi nostro ritui formam adinvenere,
> Nostro adventui   viam preparavere.
> Horum subtilitas nobis elaboravit
> Tronum conscendere quem virtus occupavit.[252]

Der französischen „subtilitas", die dem Antichrist den Weg geebnet habe, stellt der Autor dann die „vis Teotonicorum" gegenüber:

> Tunc iterum dirigit Ypocritas ad Regem Teotonicorum cantans:
> Excellens est in armis   vis Teotonicorum,
> Sicut testantur experti   robur eorum.
> Regem muneribus   est opus mitigari;
> Est cum Teotonicis   incautum preliari.
> Hi secum pugnantibus   sunt pessima pestis;
> Hos nobis subicite   donis si potestis.[253]

Die Geschenke werden jedoch vom deutschen König (der ja im ersten Teil des Spiels auf seine Kaiserwürde verzichtet hat) in moralischer Entrüstung abgelehnt. Auch in der Schlacht unterliegt der Antichrist

---

stimmt stellenweise wörtlich mit den panegyrischen Passagen des Tegernseer *Ludus de Antichristo* überein; vgl. hierzu Brackmann, S. 13, 15.

[252] Young, II, 380, V. 219–224.
[253] Ebd., V. 227–232.

seinem deutschen Widersacher. Erst durch die Vollführung mehrerer Wundertaten gelingt es dem Antichrist, den deutschen König zu überlisten. Im Dienste des Antichrists stehend – den er nun für Christus hält –, besiegt der deutsche Herrscher das Heer der *Gentilitas* und des Königs von Babylon. Damit hat sich der Antichrist zum Herrn der Welt aufgeschwungen. Aber auch in diesem Teil spielt der deutsche König eine hervorragende, durchaus positiv gezeichnete Rolle, die in der Quelle nicht vorhanden war.

Erst im dritten und letzten Teil des Spiels, das die Herrschaft und den Sturz des Antichrists darstellt, tritt die ursprüngliche theologische Absicht wieder klar zutage, während die oben geschilderten politisch-patriotischen Aspekte nunmehr fehlen.

Mit dem *Ludus de Antichristo* ist jene Grenze erreicht, die das geistliche Spiel der Kirche vom säkularen trennt. Der ursprünglich rein eschatologische Charakter des Themas vom Antichrist wird von nichttheologischen Merkmalen an vielen Stellen des Spiels völlig überdeckt. Besonders der erste Teil ist so sehr von politischen Aspekten erfüllt, daß er den Rahmen eines eschatologischen Spieles sprengt: „Das Politische ist in der Tradition schon angelegt, im Ludus aber ist es nicht allein hervorgekehrt, sondern ... es greift noch über den Rahmen der Tradition hinaus und damit über die tragende heilsgeschichtliche Sinngebung des Spiels." [254]

Auffällig ist der mehrmalige Bezug auf historische – nicht etwa heilsgeschichtliche – Vorgänge. Man könnte fast sagen, daß eschatologische Ereignisse „historisiert" werden. Dieser historische Gesichtspunkt ist so augenfällig, daß einige Einzelheiten des Spieles auf zeitgenössische Ereignisse zurückgeführt werden konnten. Diese Anspielungen beziehen sich auf Geschehnisse um Kaiser Friedrich I. Barbarossa: auf seine Feindschaft zum französischen König (zumindest zu Anfang seiner Herrschaft), die Bedrohung Jerusalems durch die Sarazenen usw. [255]

Dem *Ludus de Antichristo* kommt damit eine ähnliche Schlüsselstellung zu wie im 16. Jahrhundert Bales *King John*: Beide enthalten Elemente sowohl des Historien- als auch des geistlichen Spiels. Im Unterschied zu *King John* hat der *Ludus de Antichristo* jedoch keine säkularen Nachfolger gefunden: Die politisch-historischen Züge treten in den folgenden volkssprachlichen Spielen wieder in den Hintergrund.

---

[254] Kamlah, S. 87.
[255] Vgl. Young, II, 390 ff.

Die Untersuchungen dieses Kapitels haben ergeben, daß bereits mit der Auswahl eines „Themas" für eine quasi-dramatische oder dramatische Bearbeitung die Funktion eines solchen Textes nahegelegt wird. Es zeigte sich, daß diejenigen Geschehnisse, die den beiden zentralen Ereignissen der Heilsgeschichte – *resurrectio* und *nativitas* – am nächsten stehen, am längsten ihren ursprünglich rein liturgischen Charakter bewahrten. Dies ist nur so zu erklären, daß die zentripetale beharrende Wirkung der Liturgie an den heilsgeschichtlich bedeutsamsten Festen am wirksamsten war. In fast keinem dieser Fälle haben sich unabhängige Spiele mit nichtliturgischer Funktion entwickelt. (Dies wurde besonders bei der Betrachtung der *Visitatio Sepulchri* und der *Visitatio Praesepis* deutlich).

Die somit nahegelegte liturgische Funktion solcher Versionen bedingte zugleich die Wahl der Quellen und deren Verarbeitung, die aufgrund eines bestimmten „liturgischen" Denkmusters erfolgte. Die alogischen, achronischen Elemente dieser Denkweise ergaben notwendigerweise Montagen, die vornehmlich aus liturgischen Kompositionen zusammengestellt wurden und mit zahlreichen „incongruities" der verschiedensten Art behaftet waren. Bezeichnenderweise entstanden die der Liturgie am festesten verbundenen quasi-dramatischen Feiern aus Tropen, die sogar noch für die späten volkssprachlichen Spiele einen Kristallisationskern abgaben.

Andere „Themen" dagegen unterlagen infolge ihrer heilsgeschichtlich weniger zentralen oder gar peripheren Stellung in weit geringerem Maße dem Einfluß der Liturgie. Sie nahmen nicht von Tropen ihren Ausgang, sondern von ursprünglich außer-liturgischen Stücken (*sermones* usw.) oder liturgisch unfesten Zeremonien (z. B. das *Officium Stellae*). Infolgedessen konnten in diesen Versionen von Anfang an freiere, von der Liturgie unabhängige Kompositionsprinzipien wirksam werden. Es entstanden unabhängige geistliche Spiele, die aufgrund einer veränderten, nichtliturgischen Denkweise frei von den sonst so häufigen Widersprüchen waren.

Auf diese Weise wird verständlich, warum die heilsgeschichtlich peripheren alttestamentlichen Spiele und die Mirakel durchweg als selbständige geistliche Spiele konzipiert sind. Die Freiheit vom Zwang einer liturgischen Funktion bietet statt dessen Raum für verschiedene Absichten – moralische, politische usw. –, die von den Autoren dieser Spiele verwirklicht werden können. Die einzige Ausnahme von dieser Feststellung ist nur scheinbar: Das Danielsspiel aus Beauvais ist näher zu einem heilsgeschichtlichen Zentrum – der *nativitas* – gerückt worden, so daß der liturgische Einfluß wieder stärker wird.

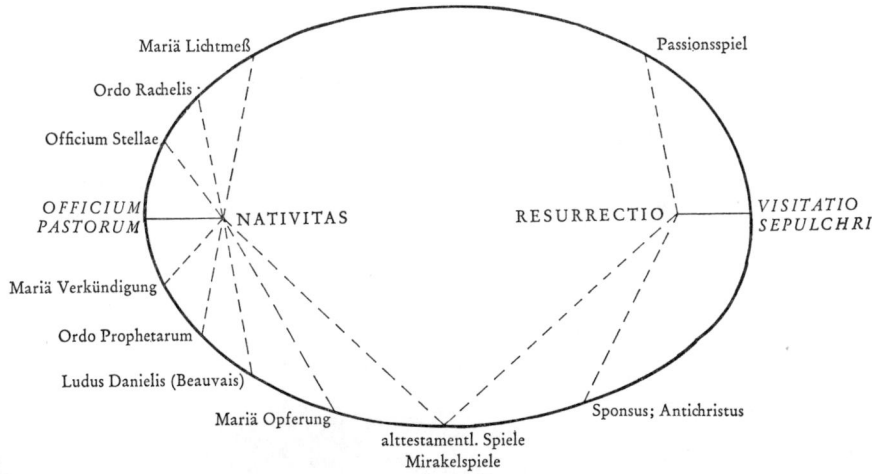

Die hier abgebildete Zeichnung soll die obigen Gedankengänge versuchsweise in einer Übersicht zusammenstellen. Es sei betont, daß nicht etwa jede „Themen"-Gruppe in pedantischem Schematismus eingeordnet werden soll. Die Zeichnung soll vielmehr nur andeuten, wie nah oder fern ein dramatisch dargestelltes „Thema" zu einem der beiden heilsgeschichtlichen Brennpunkte steht. Es wurde die Form einer Ellipse gewählt, um die Zweipoligkeit des christlichen Kirchenjahres anzudeuten.

Die Ergebnisse dieses Kapitels könnten daher auch – stark vereinfachend – so zusammengefaßt werden: Je näher das behandelte „Thema" zu einem der heilsgeschichtlichen Brennpunkte steht, desto stärker zeigt sich die zentripetale, beharrende Wirkung der Liturgie auf Funktion und Bauweise des Textes.

III. KAPITEL

Typologische Übertragung als Konstante

> Time present and time past
> Are both perhaps present in time future,
> And time future contained in time past.
> (T S. Eliot, *Burnt Norton*)

Im vorhergehenden Kapitel wurde u. a. dargestellt, welche Faktoren die Erweiterung liturgischer Tropen usw. zu quasi-dramatischen Feiern und geistlichen Spielen beeinflußt haben. Sehr oft lagen in den Texten Widersprüche vor, die sich als Folge einer alogischen und achronischen Denkweise der Verfasser einstellten. In diesem Kapitel soll untersucht werden, auf welche Weise typologische Übertragungen den Charakter der überlieferten Feiern und Spiele bestimmen. Wir hatten bereits in Kapitel B I nachgewiesen, daß der Tropus *Quem quaeritis in sepulchro* aufgrund typologischer Denkweise entstanden ist.

Das hier folgende Kapitel setzt jedoch nicht nur die Untersuchungen jenes Kapitels fort, sondern steht mit der in Kapitel B II behandelten Fragestellung in engem Zusammenhang: Auch die typologische Denkweise ist in gewissem Sinne alogisch und achronisch. Es gehört zu ihrem Wesen, daß sie die historischen oder kausalen Bezüge, in denen ein Ereignis ruht, aufgibt. Durch achronisches Vorgehen wird dieses ursprünglich einmalige Ereignis in überzeitliche Zusammenhänge gebracht, die nicht aufgrund autonomer logischer Denkprozesse, sondern einer speziellen Logik, eben der Typo-Logik, verstehbar sind. Auerbach hat auf die tiefgreifenden Folgen einer solchen speziellen Logik hingewiesen:

> Diese Geschichtskonzeption ist von einer großartigen Einheitlichkeit, aber sie war dem klassisch-antiken Wesen völlig fremd, sie zerstörte es bis in die Struktur seiner Sprache hinein ..., die mit ihren klugen, fein abgestuften Konjunktionen, mit ihren reichen syntaktischen Ordnungsinstrumenten, mit dem sorgfältig ausgearbeiteten System der Zeitbestimmungen ganz überflüssig wurde, wenn es auf irdische Ort-, Zeit- und Kausalbeziehung gar nicht mehr ankam; wenn ein vertikaler Zusammenhang, von allem Geschehen nach oben aufsteigend, in Gott konvergierend, allein bedeutend wurde.[1]

Ein Beispiel möge den wesenhaften Unterschied zwischen allgemein gültiger säkularer Logik und spezieller Typo-Logik veranschaulichen. Jes. 50, 6 lautet:

---
[1] *Mimesis*, S. 78.

> Corpus meum dedi percutientibus,
> Et genas meas vellentibus;
> Faciem meam non averti ab increpantibus
> Et conspuentibus in me.

Dieser Vers wird in präfigurativer Deutung auf die Passion Christi bezogen, d. h.: Zukünftiges wird als vergangen dargestellt. Die Kategorie der grammatisch-logisch fixierten Zeitfolge wird hier nicht beachtet, sondern *ad absurdum* geführt: Das grammatische Tempus der Vergangenheit drückt Zukünftiges aus. Tertullian weist in diesem Zusammenhang darauf hin, daß es bei Gott keine *differentia temporis* gebe.[2]

Infolge dieser engen Beziehung zwischen alogischer, achronischer und typologischer Denkweise ergibt sich die Frage, ob in den Texten, die viele „incongruities" der erörterten Art enthalten, auch viele typologische Übertragungen stattfinden. Oder anders ausgedrückt: Begünstigt die liturgische Funktion eines Textes das Eindringen typologischer Übertragungen, oder erweisen sich solche Übernahmen als unabhängige Konstante? Ferner wäre zu untersuchen, ob diese Übertragungen die in Kapitel B II analysierten Funktionen der Texte unterstützen oder eventuell zusätzlich neue schaffen.

1. Typologische Übertragungen in Visitations-Szenen

Es wurde in Kapitel B I bereits dargelegt, wie eng der Bezug zwischen *Visitatio Sepulchri* und *Visitatio Praesepis* ist. Bei beiden handelt es sich im Grunde um einen szenischen Ur-Typ: Die Gottheit wird an heiliger Stätte – Grab oder Krippe – aufgesucht. Diese Typengleichheit ermöglichte die Übertragung des Tropus *Quem quaeritis in sepulchro* auf das weihnachtliche Gegenstück. In den nun zu betrachtenden quasi-dramatischen oder dramatischen Texten wird besonders eine enge Verbindung zwischen dem Besuch der drei Marien am Grabe und der Drei Könige an der Krippe sichtbar.

So werden die Drei Könige von einem hell leuchtenden Stern zur Krippe nach Bethlehem geführt. Matthäus berichtet:

> ...et ecce stella, quam viderant in oriente, antecedebat eos, usque dum veniens staret supra, ubi erat puer.[3]

---

[2] *Adv. Marc. 3, 5* (Migne, *P.L.*, 2, col. 326); vgl. Auerbach, *Figura*, S. 459 f.
[3] 2, 9.

Die Verfasser fast aller *Officia Stellae* haben dieses Detail übernommen und oft den zugehörigen Text beträchtlich erweitert. So heißt es in einer Version aus Rouen:

> Dum autem processio navem ecclesie intrare ceperit, corona ante crucem pendens in modum Stelle accendatur, et Magi, Stellam ostendentes, ad Ymaginem Sancte Marie super Altare Crucis prius positam cantantes pergant:
> Ecce stella in oriente ...
> Hoc finito, duo de maiori sede cum dalmaticis, ex utraque altaris parte stantes, suaviter respondeant:
> Qui sunt hij qui, stella duce, nos adeuntes inaudita ferunt? ...[4]

Der „Stern" hängt also über dem Altar, der als Krippe angesehen wird: Auf ihm befinden sich Figuren Mariä und Christi.

In einer *Visitatio Sepulchri* aus Soissons, die mit einer liturgischen *Elevatio* kombiniert ist, wird ein ganz ähnlicher „Stern" erwähnt. Nach der eigentlichen *visitatio* begeben sich die teilnehmenden Kleriker zum Hauptaltar. Zu diesem Allerheiligsten werden die „presbyteri", die vorher die Marien dargestellt haben, von einem Stern geführt:

> Presbyteri nempe predicti, acceptis thuribus, conducant illud semper incensantes, unus a dexteris et alius a sinistris, stella predicta semper duce.[5]

Ähnlich wie der Stern die Magier zur Krippe geleitet, führt er hier die Kleriker zum Altar: Der Stern geleitet jeden Teilnehmer an einer *visitatio* – jeden Gottsucher – zum Ort der Gottheit.

An diesem Ort angelangt, beten die Drei Könige den Neugeborenen an. Die wichtigsten und symbolträchtigsten Gegenstände dieser Szene sind die Gefäße, in denen die Drei Könige ihre Geschenke darbringen. Indem sie Gold, Weihrauch und Myrrhe opfern, huldigen sie nach patristischer Auffassung Christus als König, Gott und Mensch. Bereits Irenäus von Lyon schreibt im 2. Jahrhundert n. Chr.:

> Myrrham quidem, quod ipse erat, qui pro mortali humano genere moreretur et sepeliretur; aurum vero, quoniam Rex, cujus regni finis non est; thus vero, quoniam Deus, qui et notus in Judaea factus est, et manifestus eis qui non quaerebant eum.[6]

Diese Gaben werden in vielen Versionen des *Officium Stellae* auf dem Altar niedergelegt, der ja symbolisch auch als Krippe betrachtet wurde (s. o.):

---

[4] Young, II, 44.   [5] Ebd., I, 305.   [6] Migne, *P.G.*, 7, col. 870f.

> Cum autem venerint ante altare maius, offerant super altare ...⁷

Unter dem Einfluß dieser Huldigungs- und Opferungs-Szene wurden dann einige Fassungen der *Visitatio Sepulchri* umgestaltet. In den Berichten der Synoptiker werden Gefäße, in denen die drei bzw. zwei Marien die Spezereien tragen, nicht erwähnt. Es heißt dort lediglich:

> Et cum transisset sabbatum, Maria Magdalene, et Maria Iacobi, et Salome emerunt aromata ut venientes ungerent Iesum.⁸
> Una autem sabbati valde diluculo venerunt ad monumentum, portantes quae paraverant aromata.⁹

Aus den Zitaten geht die ursprüngliche Absicht der Marien deutlich hervor: Sie sind gekommen, um Christus zu salben. In einer *Visitatio Sepulchri* des 14. Jahrhunderts aus Besançon ist dieser Beweggrund nicht mehr erkennbar:

> Et Mulieres statim cantant:
> Alleluia, surrexit Dominus, hodie resurrexit leo fortis, Christus, filius Dei,
> usque ad maius altare, et **super altare offerunt fialas suas genu flexo**.¹⁰

An die Stelle der Salbungsabsicht ist die Huldigung – durch den Kniefall – und die Opferung der Gaben getreten, wie sie in vielen *Officia Stellae* üblich waren und im Bericht des Matthäus über den Besuch der Magier beschrieben werden:

> Et intrantes domum, invenerunt puerum cum Maria matre eius, et **procidentes** adoraverunt eum: et apertis thesauris suis **obtulerunt ei munera**, aurum, thus, et myrrham.¹¹

Die Übernahme der Huldigung und Opferung aus dem *Officium Stellae* in eine *Visitatio Sepulchri* wurde durch folgende typologische Überlegungen ermöglicht: Die Magier suchen wie die drei Marien die Gottheit auf; die Frauen führen eine der drei Gaben – die Myrrhe (Spezereien) – mit sich. Was lag näher, als dem Gottmenschen durch das Opfern von Myrrhe zu huldigen?

Diese Übertragung wird nicht nur aus den Rubriken, sondern auch den gesprochenen oder gesungenen Texten ersichtlich. In einigen Versionen ist der ursprüngliche Verwendungszweck der Spezereien noch eindeutig erkennbar:

---

[7] Young, II, 40.   [8] Mk. 16, 1.   [9] Lk. 24, 1.
[10] Young, I, 290; ähnlich: 221, 265 f., 614.
[11] 2, 11.

> Postea accedant ante altare, et ibi dicant alium versum:
> Sed eamus unguentum emere,
> ut hoc corpus possimus ungere,
> quod numquam vermes possint commedere...¹²

In einer Reihe anderer Fassungen wird jedoch neben der ursprünglichen Salbungs- auch die Opferungs- und Huldigungsabsicht deutlich:

> Finito responsorio, tres Marie cantantes antiphonam:
> Aromata precio quaerimus;
> Christi corpus ungere volumus.
> Holocausta sunt odorifera
> sepulturae Christi memoria,
> procedant ad Ungentarium pro accipiendis aromaticis ungentis. Qua finita, Ungentarius cantans antiphonam:
> Dabo vobis ungenta optima,
> Salvatoris ungere vulnera,
> sepulturae ejus ad memoriam,
> et nomini ejus ad gloriam...¹³

Hier ist ausdrücklich von Opfergaben („holocausta") die Rede; sie sollen Gott zu Ehren („nomini ejus ad gloriam") dargebracht werden. Ähnlich wie die Myrrhe des einen Magiers auf Christi Tod vorweist, „erinnern" hier die Spezereien an seinen Tod: Sie sind nicht mehr nur Gegenstand, sondern Symbol.

Die vielfältigen Übertragungen der oben geschilderten Art stellen eine typologische Verbindung zwischen zwei verschiedenen Formen einer *visitatio* her. Es handelt sich hier nicht etwa um eine relativ willkürliche Übernahme einzelner Motive: Die obigen Übertragungen werden erst durch die Wesensgleichheit der beiden hier erörterten Szenen möglich. Sie finden sich in Texten mit eindeutig liturgischer Funktion, die durch die typologischen Übernahmen nicht in Frage gestellt, sondern bereichert und nuanciert wird: Die betreffenden Versionen der *Visitatio Sepulchri* erhalten nun zusätzlich den Charakter von Huldigungs- und Opferszenen, mit denen die Gottsuche wirkungsvoll abgeschlossen wird. Außerdem wird durch die Übertragbarkeit einzelner heilsgeschichtlicher Details deren Einmaligkeit aufgehoben und die Zugehörigkeit zu einem Typ verdeutlicht. Die Schaffung solcher Typen wiederum erleichtert dem gläubigen Zuschauer die Erkenntnis, daß die christliche Heilswahrheit auf wenige Grundtatsachen und Ur-Erlebnisse zurückführbar ist. Die Einheitlichkeit der von Gott gelenkten Geschichte wird leichter erkennbar.

---

[12] Young, I, 285; ähnlich: 332, 348, 394, 439, 441, 679.
[13] Ebd., I, 405; ähnlich: 403, 423, 435, 673, 675, 676.

Die Salbung Christi, die einen wichtigen Bestandteil der *Visitatio Sepulchri* und indirekt auch des *Officium Stellae* bildet, steht auch im Mittelpunkt der Geschehnisse um Maria Magdalena in Bethanien. Im Bericht des Evangelisten Matthäus heißt es über diese Ereignisse:

> 6. Cum autem Iesus esset in Bethania in domo Simonis leprosi,
> 7. accessit ad eum mulier habens alabastrum unguenti pretiosi, et effudit super caput ipsius recumbentis.[14]

Hier wird also lapidar festgestellt, daß die Frau bereits im Besitz der kostbaren Salbe sei. Im Magdalenenspiel, das einen Teil des größeren Benediktbeurer Passionsspiels bildet, wird ergänzend dargestellt, wie Maria Magdalena sich diese Salbe verschafft. Es wird eine jener Krämerszenen eingeschoben, wie sie sich häufig innerhalb einer größeren *Visitatio Sepulchri* finden.[15] Ein Textvergleich zeigt, daß die betreffende Szene im Magdalenenspiel fast wörtlich aus den *Visitationes Sepulchri* übernommen worden ist:

Ludus Resurrectionis (Benediktbeuern):
Item Marie:
> Dic tu nobis, mercator iuvenis,
> hoc ungentum si tu vendideris,
> dic pretium, pro quanto dederis.
> Heu, quantus est dolor noster!

. . . .

Uxor Apotecarii levet pixidem et cantet:
> Hoc ungentum si vultis emere,
> auri talentum michi tradite;
> aliter nusquam portabitis.
> Vere quantus sit dolor vester![16]

Magdalenenspiel (Teil des Passionsspiels aus Benediktbeuern):
Maria veniat ad Mercatorem:
> Dic tu nobis, mercator iuvenis,
> hoc ungentum si tu vendideris,
> dic precium, pro quanto dederis.
> Heu! quantus est noster dolor!

Mercator respondeat:
> Hoc ungentum si multum cupitis,
> unum auri talentum dabitis;
> aliter nusquam portabitis.
> Obtimum est.[17]

---

[14] 26, 6–7.
[15] Z. B. im *Ordo Paschalis* aus Klosterneuburg, im *Ludus Resurrectionis* aus Benediktbeuern oder im „Ludus Paschalis" aus Origny und aus Tours.
[16] Young, I, 435 f., V. 88–99.   [17] Ebd., I, 522 f., V. 108–115.

Auch hier wurden bestimmte Details aus einer Szene in eine andere gleichen Typs übertragen: In beiden Szenen wird die Gottheit – von den drei Marien bzw. Magdalena – aufgesucht, in beiden Fällen handelt es sich um eine *visitatio*. Die Übertragung der Krämerszene in das Magdalenenspiel wurde vollends dadurch nahegelegt, daß die Salbung der eigentliche Beweggrund für die drei Marien bzw. Magdalena ist, Christus aufzusuchen. Außerdem wird bereits im Bericht der Vulgata deutlich, daß die Salbung Christi durch Maria Magdalena in enger Beziehung zur Salbungsabsicht der drei Marien steht:

  6. Iesus autem dixit: ...
  8. Quod habuit haec, fecit: praevenit unguere corpus meum in s e p u l t u -
     r a m.[18]
10. Sciens autem Iesus, ait: ...
12. Mittens enim haec unguentum hoc in corpus meum, a d s e p e l i e n d u m
     me fecit.[19]

Christus selbst deutet die Salbung durch Maria Magdalena als eine Art Präfiguration der Salbung durch die drei Marien nach seinem Tode.

Mit dieser einen Übertragung hat sich der Autor der vorliegenden Version jedoch nicht begnügt. Der Salbungsszene in Bethanien hat er einige Szenen aus dem Leben der sündigen Magdalena vorangestellt, die nicht auf biblischen Berichten beruhen. Hierfür bot sich ihm als einziger Anknüpfungspunkt in den kanonischen Schriften die Bezeichnung der Magdalena als „peccatrix".[20] Den Mittelpunkt auch dieses Teils bildet wiederum eine Krämerszene, in der Maria Magdalena kostbare Salben kauft:

Maria Magdalena cantet:
  . . . .
  Nil curans de ceteris corpus procurabo,
  Variis coloribus illud perornabo.
Modo vadat M a r i a c u m P u e l l i s ad Mercatorem cantando:
  Michi confer, venditor, species emendas
  Pro multa pecunia tibi iam reddenda,
  Si quid habes insuper odoramentorum;
  Nam volo perungere corpus hoc decorum.
Mercator cantet:
  Ecce merces optime! prospice nitorem!
  Hee tibi conveniunt ad vultus decorem.
  Hee sunt odorifere; quas si conprobaris,
  Corporis flagrantiam omnem superabis.

---

[18] Mk. 14, 6, 8.
[19] Mt. 26, 10, 12.
[20] Lk. 7, 37, 39.

Maria Magdalena:
> Chramer, gip die varwe mier,
> diu min wengel roete,
> da mit ich di iungen man
> an ir danch der minnenliebe noete...[21]

Auch dieser Dialog zwischen Maria Magdalena und dem Krämer ist dem bekannten Muster aus den *Visitationes Sepulchri* nachgebildet. In diesem Falle sind die Kaufmotive Magdalenas jedoch völlig anders geartet: Nicht den Leib Christi, sondern ihren eigenen Körper will sie salben, um das Gefallen der Männer zu erregen. Es handelt sich hier um eine Salbungsszene mit umgekehrtem Vorzeichen; man könnte sie als Anti-Szene zu den oben erörterten bezeichnen. Damit begegnen wir zum ersten Male einem Phänomen, das in den späteren volkssprachlichen Spielen häufiger zu beobachten sein wird: Ein Detail oder eine ganze Szene wird zwar übertragen, zugleich aber aus dem ursprünglichen Zusammenhang gelöst; das Spiel wird somit seiner ursprünglichen Funktion beraubt.

Die typologische Übertragung des Salbenkaufs aus der *Visitatio Sepulchri* läßt sich auch in der mittelalterlichen Malerei beobachten. Auf der hier wiedergegebenen Miniatur des 11. Jahrhunderts (Abb. 7) begeben sich die drei Marien mit den Salbenbüchsen zum Grabe Christi.

In einem Frühdruck des Passionsspiels von Jean Michel findet sich die hier wiedergegebene Illustration jener Szene, die auch in dem Benediktbeurer Passionsspiel enthalten ist: Maria Magdalena verschafft sich kostbare Spezereien, um ihren Körper zu salben (Abb. 8). Während die Zahl der Frauen in der Benediktbeurer Version noch unbestimmt ist („Maria cum Puellis", s. o.), treten im Passionsspiel Jean Michels – und auf der zugehörigen Illustration – 3 Frauen auf: Die Triade ist aus der *Visitatio Sepulchri* in jene typgleiche Anti-Szene übertragen worden, in der Maria Magdalena die Salbenbüchse in Händen hält.

Kehren wir zum großen Benediktbeurer Passionsspiel zurück. Es besitzt – wie im vorherigen Kapitel gezeigt wurde – keinerlei liturgische Funktion. Das erörterte Magdalenenspiel bildet innerhalb des Passionsspiels eine relativ selbständige Einheit. Aufgrund der Länge des Magdalenenspiels – es umfaßt über ein Drittel des gesamten Passionsspiels – und einiger Widersprüche besteht durchaus die Möglichkeit, daß es ursprünglich ein selbständiges Spiel darstellte und erst später in das Passionsspiel übernommen wurde.[22] Das Magdalenenspiel kann also mit Recht als selbständige Einheit betrachtet werden. Der Verfasser hat diesem Spiel

---

[21] Young, I, 520 f., V. 48–61.   [22] Vgl. vor allem Meyer, *Fragmenta Burana*, S. 65.

Abb. 7. Die drei Marien am Grabe (Perikopenbuch Heinrich II.)

Abb. 8. Maria Magdalena und ihre Mägde (Miniatur aus einem Frühdruck der *Passion* des Jean Michel)

eindeutig eine moralische Funktion zugedacht. Im folgenden soll gezeigt werden, in welcher Weise die zweimalige typologische Übertragung der Krämerszene die Funktion des ganzen Spieles unterstützt.

Im ersten Teil wird Maria Magdalena als Sünderin dargestellt, deren ganzes Sinnen auf die diesseitige Welt gerichtet ist:

> Maria Magdalena cantet:
> Mundi delectatio dulcis est et grata;
> Eius conversatio suavis et ornata.
> Mundi sunt delicie, quibus estuare
> Volo, nec lasciviam eius devitare.
> Pro mundano gaudio vitam terminabo;
> Bonis temporalibus ego militabo...[23]

Von Anfang an bedient sich der Autor moralischer Kategorien, um Maria Magdalena zu charakterisieren: Er spricht von „lascivia", „mundanum gaudium" usw. Die sich anschließende Krämerszene unterstreicht wirkungsvoll die moralische Absicht des Autors, der hier zeigt, aus welch sündigem Beweggrund Magdalena die Salben kauft:

> Maria Magdalena:
> Chramer, gip die varwe mier,
>   diu min wengel roete,
> da mit ich di iungen man
>   an ir danch der minnenliebe noete.
> Item:
> Seht mich an,
> iungen man.
> Lat mich eu gevallen.[24]

Die „varwe" soll ihr die Verführung der Männer erleichtern. Bald darauf wird jedoch die Bekehrung der Magdalena durch einen mahnenden Engel eingeleitet – eine Szene, die sich später oft in den Moralitäten findet:

> Postea [Maria] vadat dormitum, et Angelus cantet:
> O Maria Magdalena,   nova tibi nuntio:
> Symonis hospicio   hic sedens convivatur
> Iesus ille Nazarenus,
> gratia virtute plenus,
> qui relaxat peccata populi.
> Hunc turbe confitentur   salvatorem seculi.[25]

Hier stoßen wir auf eine weitere typologische Übernahme. Die Worte des Engels an die schlafende Magdalena sind der Botschaft jenes Engels nachgebildet, der nachts den Hirten auf dem Felde verkündet:

---

[23] Young, I, 520, V. 42–47.   [24] Ebd., I, 521, V. 58–64.   [25] Ebd., V. 76–81.

> Nolite timere: ecce enim evangelizo vobis gaudium magnum...[26]

Wie die Hirten auf dem Felde und die drei Marien am Grabe zur *visitatio* von Engeln aufgefordert werden, so wird hier Magdalena von dem Engel ermahnt, zum Heil ihrer Seele Christus im Hause Simons aufzusuchen. Auch diese Übertragung unterstützt die moralische Funktion des Spieles und leitet die Bekehrung der Sünderin ein: Sie wird ausdrücklich darauf hingewiesen, daß Christus ihre Sünden vergeben kann. Aber erst nachdem der Engel seine „Frohe Botschaft" dreimal verkündet hat, bereut Magdalena ihr bisheriges sündiges Leben:

> Heu! vita preterita, vita plena malis;
> Fluxus turpitudinis, fons exsicialis.
> Heu! quid agam misera, plena peccatorum,
> Que polluta polleo sorde viciorum.[27]

Wiederum besteht die Rede zu einem großen Teil aus Worten, die dem moralischen Begriffssystem des Mittelalters entnommen sind: „malum", „turpitudo", „peccatum", „vitium". Die folgenden Worte des Engels könnte man als Motto des ganzen Spiels bezeichnen:

> Dico tibi: gaudium est angelis Dei super una peccatrice penitentiam agente.[28]

In der sich anschließenden zweiten Krämerszene zeigt dann der Autor den Zuschauern, zu welch frommem Zweck nunmehr die Spezereien von Maria Magdalena verwandt werden. Wie die vorangehende Anti-Szene dient auch diese Szene der moralischen Funktion des Spiels: Der Wandel in Marias Gesinnung, ihre Bekehrung und Reue sind an ihrem Verhalten in den beiden Kaufszenen ablesbar.

Die obigen Untersuchungen ergaben, daß die Krämerszenen (sowie die Verkündigung des Engels) eine *visitatio* einleiten. Im Gegensatz zu den *Visitationes Sepulchri* bereiten diese typologischen Übertragungen keine Huldigungs- oder Opferszenen vor, sondern dienen vor allem der moralischen Funktion des Spiels.

Abschließend sei noch ein Beispiel für typologische Übertragungen innerhalb von Salbungs-Szenen angeführt, das zeigt, wie dieses Verfahren auch geringfügige Details erfaßt: In diesem Falle ist nicht ein größerer Baustein des Spiels – wie etwa eine ganze Szene – betroffen, sondern nur der Teil eines Dialogs. In der Krämerszene des „Ludus Paschalis" aus Tours (13. Jahrhundert) treten ungewöhnlicherweise zwei Kaufleute auf. Diese Szene ist bisher als organische Einheit betrachtet worden. So bemerkt Young:

---

[26] Lk. 2, 10.   [27] Young, I, 522, V. 98–101.   [28] Ebd., V. 102 f.

The play is original, however, in presenting two merchants, the first of whom, addressed as *mercator juvenis* (l. 41), may perhaps be regarded as the apprentice in the shop.²⁹

Die Vermutung, der „mercator iuvenis" sei der „Gehilfe" des zweiten Händlers, ist jedoch irrig; mit ihrer Hilfe kann die Einheit der Szene nicht bewiesen werden: Fast alle Dialoge zwischen den drei Marien und diesem ersten, „jungen" Händler sind traditionell; sie finden sich auch in den Krämerszenen der Texte aus Ripoll, Origny und Benediktbeuern. Der einfacheren Übersicht wegen seien die entsprechenden Dialoge gegenübergestellt:

Tours:

Tunc Marie interrogent Mercatorem:
    Dic nobis, tu mercator iuvenis,
    hoc unguentum si tu vendideris,
    dic precium quod tibi dederimus.
    Heu!
. . . .

Mercator:
    Hoc unguentum, si multum cupitis,
    unum auri talentum dabitis,
    non aliter unquam portabitis...
Alius Mercator dicat eis:...³⁰

Benediktbeuern:

Item Marie:
    Dic tu nobis, mercator iuvenis,
    hoc ungentum si tu vendideris,
    dic precium, pro quanto dederis.
    Heu, quantus est dolor noster!
. . . .

Uxor Apotecarii... cantet:
    Hoc ungentum si vultis emere,
    auri talentum michi tradite;
    aliter nusquam portabitis...
Et sic ement aromata.³¹

Aus einem Vergleich der Texte wird ersichtlich, daß diese Krämerszene eine in sich abgeschlossene Einheit bildet; dies wird besonders durch die letzte Rubrik des Benediktbeurer Textes deutlich: Der Kauf wird getätigt. In der Fassung aus Tours schließt sich jedoch zusätzlich ein weiteres

---
²⁹ Ebd., I, 447. – Zur Textgeschichte dieser Szene vgl. de Boor, *Salbenkauf.*
³⁰ Ebd., I, 440, V. 41 ff.
³¹ Ebd., I, 435 f., V. 88 ff.

Gespräch zwischen den Marien und einem anderen Krämer an. Dieser Dialog ist eine originale Neuschöpfung des Verfassers und läßt sich auf keine bekannten Vorbilder zurückführen. Offenbar wollte der Autor sich nicht mit dem traditionellen Dialog der Krämerszene begnügen; einem im Mittelalter häufigen Traditionszwang folgend, beließ er die bekannte Szene jedoch im Text. Dieser ließ er dann eine neue folgen, die nach seinen eigenen Vorstellungen gearbeitet war. Aus gewissen Überschneidungen beider Szenen ergibt sich eindeutig, daß die zweite als selbständige Einheit, nicht als Erweiterung der ersten konzipiert ist. Diese neue Szene unterscheidet sich in den Einzelheiten des Dialogs so sehr von der traditionellen, daß ihr Wortlaut hier wiedergegeben sei:

> Alius Mercator dicat eis:
>   Quid queri[ti]s?
> Marie simul respondeant:
>   Aromata venimus emere,
>   o pigmentare, si habes
>   illud quod nobis necesse est.
> Respondeat Mercator:
>   Dicite, quid vultis?
> Marie simul respondeant:
>   Balsamum, thus et m i r r a m,
>   silaloe et a l o e s.
> Respondeat Mercator:
>   Ecce, iam ante vobis sunt omnia;
>   dicite, quantum vultis emere?
> Marie simul respondent:
>   Quasi c e n t u m l i b r a s satis habemus;
>   dic nobis quantum denos, domine?
> Respondet Mercator:
>   Mille solidos potestis habere.
> Marie simul respondent:
>   Libenter, domine.
> Tunc Marie dent munera, et accipiant unguentum, et pergant ad Sepulcrum.[32]

Diese Szene ist vom Verfasser mit einem Realismus gestaltet worden, der sich in dieser Konsequenz sonst in keiner anderen vergleichbaren Fassung dieser Zeit findet, sondern erst später in den volkssprachlichen Spielen zu beobachten ist. Der Wortlaut des Dialogs ist völlig säkularisiert; jegliche Hinweise auf die Absicht der Marien, Christus zu salben, fehlen. Während in der traditionellen Fassung der Händler noch von Salben für den „corpus Domini sacratum" spricht (s. o.), fragt der Krä-

---

[32] Ebd., I, 440 f., V. 53–65.

mer in der neuen Version sachlich, geschäftsmäßig nach dem Begehren der Marien. Sein „Quid queri[ti]s?" läßt in völlig veränderter Umgebung das „Quem queritis in sepulchro?" der *Visitatio Sepulchri* anklingen. Der weitere Verlauf der Szene gleicht dem einer geschäftlichen Transaktion. Die logische Anordnung und sachliche Präzision der Fragen überraschen: „Quid vultis?" – „Quantum vultis?" – „Quantum denos?" – Am Schluß der Szene zahlen die Marien und nehmen die Ware in Empfang.

Trotz aller Originalität lassen sich einige Elemente dieser Szene auf eine Quelle zurückführen. Die präzisen Angaben der Marien über Zusammensetzung und Menge der Spezereien sind wörtlich dem Bericht des Johannes über die Salbung Jesu durch Nikodemus entnommen:

> Venit autem et Nicodemus, qui venerat ad Iesum nocte primum, ferens mixturam myrrhae et aloes, quasi libras centum.[33]

Auch hier handelt es sich nicht um die willkürliche Übernahme eines beliebigen Motivs: Erst die Typgleichheit der Nikodemus- und der Marien-Szene – Aufsuchen und Salbung Christi – legitimiert eine Übertragung in die vorliegende Szene. Hier dienen die auf solche Weise neugewonnenen Details der realistischen Funktion, die der Autor der Szene zugedacht hat.

Daher wirkt diese Krämerszene fast als Fremdkörper in einem Text, der noch zahlreiche liturgische Bindungen – und daraus resultierende Widersprüche – aufweist.[34] Diese Diskrepanz der einzelnen Teile wird etwas gemildert, wenn wir berücksichtigen, wo die Szenen dieses „Ludus Paschalis" dargestellt wurden. Die beiden Krämerszenen spielen sich „ante hostium ecclesie" ab,[35] d. h. am Eingang der Kirche – vom Altar oder *Sepulchrum* also weit entfernt.[36] An diesem Ort konnte am ehesten der liturgische Bezug aufgegeben werden und das Weltliche – im wörtlichen Sinne – „Einlaß finden". Am Ende der Krämerszene bewegen sich die drei Marien von der Peripherie des Gotteshauses weg zur heiligen Stätte: „Pergant ad Sepulchrum".[37] In den folgenden Szenen, die sich im Zentrum der Kirche abspielen, begegnen wir wieder liturgischen Bezügen und Widersprüchen, von denen in Kapitel B II die Rede war. Die „topographischen" Angaben dieser Rubriken bestätigen auch in bezug auf den Ort des Geschehens die Richtigkeit unserer früher aufge-

---

[33] 19, 39.   [34] Vgl. Kap. B II.   [35] Young, I, 439.
[36] Diese Rubrik besagt vielleicht sogar, daß diese Szenen außerhalb der Kirche stattfanden; vgl. dazu Young, I, 449 f.
[37] Young, I, 441.

stellten These: Zentrale heilsgeschichtliche Szenen bewahren länger ihren liturgischen Charakter als periphere.

Im folgenden Abschnitt soll gezeigt werden, wie der wichtige Bestandteil einer Szene sogar in mehrere Visitations-Typen übertragen werden kann. In diesem Fall bilden liturgische Zeremonien den Ausgangspunkt, die gewöhnlich als *Depositio* und *Elevatio* bezeichnet werden. Die *Depositio* sollte an die Grablegung Christi erinnern: Am Karfreitag wurde eine Hostie oder ein Kreuz in Tücher gewickelt, zu einem *Sepulchrum* getragen und dort „begraben". In dem frühesten überlieferten Text einer *Depositio* – enthalten in der Benediktinerregel *Regularis Concordia* des 10. Jahrhunderts – wird diese Zeremonie folgendermaßen beschrieben:

> ... Sit autem in una parte altaris, qua vacuum fuerit, quedam assimilatio Sepulchri, velamenque quoddam in gyro tensum quod, dum Sancta Crux adorata fuerit, deponatur hoc ordine. Veniant diaconi qui prius portaverunt eam, et involvant eam sindone in loco ubi adorata est. Tunc reportent eam canentes antiphonas..., donec veniant ad locum monumenti; depositaque Cruce, ac si Domini Nostri Ihesu Christi Corpore sepulto, dicant antiphonam... In eodem loco Sancta Crux cum omni reverentia custodiatur usque Dominice noctem Resurrectionis...[38]

In einer entsprechenden Zeremonie – der *Elevatio* – wurde auch die Auferstehung Christi symbolisch vergegenwärtigt: Vor der Matutin des Ostermorgens wurde Hostie oder Kreuz aus den Tüchern gewickelt, dem *Sepulchrum* entnommen und an geeigneter Stelle aufgestellt. In einer *Elevatio* des 13. Jahrhunderts aus Trier heißt es:

> In die sancto Pasce mane ante pulsationem Matutini, revertatur processio ad Sepulcrum sicut processit ad sepeliendum. Et sacerdos, flexis genibus, dicat orationes, et aspergat aqua benedicta Crucem, et thurificabit; et, ablato velamine, dicat versum *Surrexit Dominus vere*, levando Crucem. Et cantor immediate incipiat antiphonam *Christus resurgens*... Deinde egrediatur processio relicto sudario in monumento, et pulsetur ad Matutinum.[39]

Das *sudarium* bleibt also im *Sepulchrum* und wird in der etwas später stattfindenden *Visitatio Sepulchri* verwendet. Die *Visitatio Sepulchri* derselben Handschrift aus Trier lautet:

> ... tres domini egrediantur...; dentur eis tria thuribula cum incensu; et vadant visitare Sepulcrum. Cum autem pervenerint ad Sepulcrum, invenire debent duos sacerdotes indutos dalmaticis in Sepulcro, unum ad caput et alium ad pedes, qui dicant venientibus:

---

[38] Ebd., I, 133.   [39] Ebd., I, 143.

> Quem queritis in sepulcro...?
>
> Respondere debent:
>
> > Ihesum Nazarenum...
>
> Deinde dicere debent intus sedentes:
>
> > Non est hic, surrexit...
> > Venite et videte locum ubi positus erat Dominus...
>
> Deinde accedant dicti tres, et **sudarium recipiant**...
> ...chorus cantet:
>
> > Dic nobis, Maria, quid vidisti in via?
>
> ...respondeat iterum unus ex tribus:
>
> > Sepulcrum Christi viventis, et gloriam vidi resurgentis.
>
> Secundus:
>
> > Angelicos testes, sudarium et vestes.
>
> Cum dicitur hoc verbum *sudarium,* **elevent omnes tres sudarium**...[40]

Die drei Marien nehmen also das Tuch [von den Engeln] in Empfang[41] und zeigen es den Umstehenden als Beweis für die Auferstehung Christi. Da die Marien – zusammen mit den Engeln – in den einfacheren Versionen der *Visitatio Sepulchri* die einzigen teilnehmenden Personen sind, ergibt sich fast zwangsläufig, daß sie es sind, die die Tücher zeigen.

Dies ändert sich erst, als mit zunehmender Erweiterung der *Visitationes Sepulchri* auch die Apostel Petrus und Johannes in das Geschehen am Grabe Christi einbezogen werden. Nunmehr sind es die beiden Apostel, die die Tücher zum Beweise der Auferstehung Christi den Umstehenden zeigen. In einer Version des 13. Jahrhunderts ist deutlich eine Übergangsphase erkennbar, in der sowohl die Marien als auch die Apostel die Tücher vorweisen.[42] Die Autoren fast aller anderen *Visitationes Sepulchri* aber, in denen die Apostel auftreten, übertragen diesen beiden die Aufgabe, die Tücher hochzuhalten. So heißt es in einer Version aus Krakau:

> Post hec duo currant ad Monumentum, choro canente antiphonam...
> Deinde **sudario accepto**, revertantur ad chorum, et **ostendendo sudarium** cantent hanc antiphonam:
>
> > Cernitis, o socij, ecce lintheamina et sudarium, et corpus non est in sepulchro inventum.
>
> Deinde chorus cantet antiphonam:
>
> > Surrexit Dominus de sepulchro, qui pro nobis pependit in ligno, alleluia.[43]

---

[40] Ebd., I, 280 f.
[41] Vgl. die entsprechende Rubrik einer anderen Version: „Deinde Caelicolae levantes velamen Sepulchro superpositum **dant eis** [= den Marien] sudarium." (Young, I, 255).
[42] Young, I, 313.   [43] Ebd., I, 317.

Die Antiphon *Cernitis, o socii*, die während des Zeigens gesungen wird, findet sich ebenfalls in fast allen betreffenden Texten. Verfolgen wir den Ursprung dieser Antiphon, so entdecken wir den typologischen Hintergrund, der die oben beschriebene Übertragung ermöglicht hat. Da nur in den Evangelien des Johannes und des Lukas von im Grabe gefundenen Tüchern die Rede ist, kommen nur ihre Berichte als Quelle in Frage. Johannes berichtet:

> 3. Exiit ergo Petrus, et ille alius discipulus, et venerunt ad monumentum.
> 4. Currebant autem duo simul, et ille alius discipulus praecucurrit citius Petro, et venit primus ad monumentum.
> 5. Et cum se inclinasset, videt posita linteamina, non tamen introivit.
> 6. Venit ergo Simon Petrus sequens eum, et introivit in monumentum, et videt linteamina posita,
> 7. et sudarium, quod fuerat super caput eius, non cum linteaminibus positum, sed separatim involutum in unum locum.[44]

Bei Lukas heißt es lediglich:

> Petrus autem surgens cucurrit ad monumentum: et procumbens videt linteamina sola posita...[45]

Ursprünglich sind es also Apostel, die die Tücher finden. Infolge der Typgleichheit der Szenen – beide Male: *Visitatio Sepulchri* – ist das Vorweisen des Grablinnens schon früh (aus den bereits dargelegten naheliegenden Gründen) den drei Marien übertragen worden. Später fand jedoch wieder eine Rück-Übertragung an die beiden Apostel statt. Den Anstoß zu diesem ungewöhnlichen Vorgehen wird wohl die Antiphon *Cernitis, o socii* gegeben haben: Der ausdrückliche Hinweis auf „lintheamina" und „sudarium" legte die Rückkehr zur ursprünglichen Aufgabenteilung nahe. Diese Annahme wird durch die Tatsache bestätigt, daß diese Antiphon nur sehr selten von den Marien gesungen wird, wenn diese das Grablinnen zeigen.[46] Aus diesen Gründen ist die folgende Bemerkung Youngs nur mit Einschränkung zutreffend:

> As an utterance for the Marys when they exhibit the grave-cloths nothing could be more suitable than the speech beginning *Cernitis, o socii*.[47]

Die Grabtücher der *Visitatio Sepulchri* wurden auch typologisches Vorbild für bestimmte Einzelheiten vieler *Officia Pastorum* und *Officia Stellae*. In dem *Officium Pastorum* des 13. Jahrhunderts aus Padua heißt es:

---

[44] 20, 3–7.   [45] 24, 12.
[46] Young, I, 268, 311, 601.   [47] I, 268.

> Episcopus in medio choro incipit Matutinum. Et ibi aliquantulum inferius ab altari preparata est quedam ancona, cum Beata Virgine Maria et Filio, nitido pallio cooperta, per quam Presepium Domini presentatur. Et post dictam anconam sunt duo canonici ... qui vocantur Obstetrices; ante vero dictam anconam ... stant magister scolarum et cantor ... qui dicuntur Pastores. Et tunc Obstetrices cantant:
> Quem queritis ...?
> Respondent Pastores:
> Salvatorem Christum Dominum ...
> Respondent Obstetrices discooperiendo anconam, flexis genibus:
> Adest hic parvulus cum Maria matre sua ...; et nunc euntes dicite quia natus est.[48]

Um die hier vorliegende Übertragung zu erkennen, braucht man sich lediglich an eine der vielen *Visitationes Sepulchri* zu erinnern, in denen die Rubrik folgende oder ähnliche Angaben enthält:

> Et [Angeli] statim surgentes in Sepulchrum, exeuntes Sepulchrum discooperiant in parte illa ubi exeunt, et habentes cooperimentum Sepulchri in manibus cantent:
> Venite et videte locum ubi positus erat Dominus ...[49]

Der typologische Bezug ist offensichtlich: Bereits in Kapitel B I war gezeigt worden, daß der österliche Tropus *Quem quaeritis in sepulchro* als Vorbild für das weihnachtliche *Quem quaeritis in praesepe* diente, daß *Sepulchrum* wie *Praesepe* die sich entsprechenden heiligen Orte der *Visitatio Sepulchri* und *Visitatio Praesepis* darstellten, daß den drei Marien die Hirten als Gottsucher entsprachen. Nunmehr können wir den Gesamtumfang der typologischen Übertragung zwischen diesen beiden *visitationes* erkennen. In fast wörtlicher Übereinstimmung wird die Ver- und Enthüllung des *Sepulchrum* auf die Krippe übertragen. Diese Handlung nehmen in den *Visitationes Sepulchri* die Engel, in der *Visitatio Praesepis* die *obstetrices* (die Hebammen) vor. Sie dient in beiden Fällen dem Nachweis der fundamentalen christlichen Heilswahrheiten: Christus ist erstanden – Christus ist geboren; in der Sprache der Engel bzw. *obstetrices*: „Non est hic, surrexit sicut praedixerat" bzw. „Adest hic parvulus cum matre sua".

In einigen anderen Fällen ist dieser typologische Bezug nicht so deutlich erkennbar, da die Beschreibung in den Rubriken unabhängiger formuliert wird und außerdem auf eine andere Anordnung der Tücher hinweist. Die betreffende Passage lautet in einem *Officium Pastorum* des 14. Jahrhunderts aus Rouen:

---

[48] Ebd., II, 9 f.   [49] Ebd., I, 257; ähnlich: 249, 255, 258 u. v. a.

> . . . .
> Duo presbyteri dalmaticati de maiori sede, quasi Obstetrices qui ad Presepe fuerint, dicant:
> Quem queritis,
> usque *dicite*. Pastores respondeant:
> Salvatorem Christum,
> usque *angelicum*. Item Obstetrices c o r t i n a m a p e r i e n t e s P u e r u m d e m o n s t r e n t, dicentes:
> Adest hic parvulus...[50]

In diesem Beispiel öffnen die *obstetrices* eine Art Vorhang und liefern den Beweis – „demonstrent" – für die Geburt Christi.

Diese Handlung ist auch in einige *Officia Stellae* übernommen worden. Dort heißt es entsprechend:

> [Obstetrices] suaviter respondeant:
> Qui sunt hij qui, stella duce, nos adeuntes inaudita ferunt?
> Magi respondeant:
> Nos sumus, quos cernitis...
> Tunc duo dalmaticati [= obstetrices] a p e r i e n t e s c o r t i n a m dicant:
> Ecce puer adest q u e m q u a e r i t i s ; iam properate adorare, quia ipse est redemptio mundi.[51]

Es erübrigt sich, nochmals die Typgleichheit der Anbetung Christi durch die Hirten bzw. die Magier zu begründen. Bezeichnend für den *visitatio*-Charakter dieses *Officium Stellae* ist die Übernahme des „quem quaeritis", das sich auch in vielen anderen Versionen findet.[52] In der vorliegenden Version erfüllen die *obstetrices* die gleiche Funktion wie vorher die Engel oder Hirten: Sie beweisen den Gottsuchern, daß das wunderbare Geschehen – hier die Geburt Gottes – Wirklichkeit geworden ist. So heißt es deutlich in einer anderen Fassung:

> O s t e n d e n t i b u s i l l i s I m a g i n e m dicant:
> Ecce puer adest quem queritis...[53]

Young übersieht diese Zusammenhänge und berücksichtigt unzulässigerweise nur säkular-dramaturgische Gesichtspunkte, wenn er die Übernahme der *obstetrices* in die *Officia Stellae* folgendermaßen begründet:

> It seems clear, then, that the appearance of *obstetrices* in the *Officium Stellae* of Rouen, unsupported by Scriptural or patristic tradition, arises from demands of stagecraft. Speakers being needed for a conversation with the Magi at the manger, the writer adopted for this role the midwives from the tradition of Christmas.[54]

---

[50] Ebd., II, 14 f.; ähnlich: 17, 429.   [51] Ebd., II, 44.
[52] Ebd., II, 50, 51, 54, 55, 440, 441, 444 u. a.   [53] Ebd., II, 51.   [54] Ebd., II, 47.

Auch in den folgenden Untersuchungen wird aufgrund der Übertragungen erkennbar, daß *Visitatio Sepulchri, Officium Pastorum* und *Officium Stellae* als Ausprägungen eines Szenen-Typs aufgefaßt wurden. In viele *Visitationes Sepulchri* wurde die Ostersequenz *Victimae paschali* aufgenommen. Der in ihr enthaltene Dialog wurde häufig in folgender oder ähnlicher Weise aufgeteilt:

> Cantor ... cantat ad Mulieres:
> Dic nobis, Maria, quid vidisti in via?
> Prima Mulier respondet sola:
> Sepulcrum Christi viventis, et gloriam vidi resurgentis.
> Secunda Mulier:
> Angelicos testes, sudarium et vestes.
> Tertia Mulier:
> Surrexit Christus, spes nostra; precedit suos in Galileam.
> Cantor ad chorum:
> Credendum est magis soli Marie veraci quam Iudeorum turbe fallaci...[55]

Dieser Teil der Sequenz findet sich in leicht abgewandelter Form in einer Weihnachts-Antiphon wieder:

> Quem vidistis, pastores, dicite?
> Adnuntiate nobis in terris quis apparuit?
> Natum vidimus in choro angelorum Salvatorem Do[minum, alleluia, alleluia.][56]

Diese Antiphon wird in den *Laudes* des Weihnachtsfestes dialogisch aufgeteilt:

> Finita Missa, sacerdos vel episcopus qui Missam cantaverit vertat se ad Pastores et dicat hanc antiphonam usque ad *Natum*:
> Quem vidistis, pastores, dicite? Annunciate nobis in terris quid apparuit?
> Pastores respondeant:
> Natum vidimus et choros angelorum collaudantes Dominum, alleluia, alleluia.[57]

Sowohl in der *Visitatio Sepulchri* als in der quasi-dramatischen Gestaltung der *Laudes* – einer Art Epilog zum eigentlichen *Officium Pastorum* – erfüllt der Dialog die gleiche Funktion. Als deren Motto könnte ein Satz des Textes selbst gelten: „Annunciate nobis in terris quid apparuit". In beiden Fällen fragen die Priester stellvertretend für die Menschheit nach der Heilsgewißheit. Diese wird ihnen von den Augenzeugen – den Marien bzw. den Hirten – gegeben: „Wir haben mit eige-

---

[55] Ebd., I, 276 f.
[56] Hartker, S. 50; Young, II, 20.
[57] Young, II, 18; ähnlich: 15, 21 f.

nen Augen den Auferstandenen/Neugeborenen gesehen." So ist es nicht verwunderlich, wenn die Bezeugung des Heilsgeschehens in eine typgleiche Szene übernommen wird.

Der erste Teil dieses Dialogs – die Frage – ist wiederum in eine andere Visitations-Szene – das *Officium Stellae* – übertragen worden. In dem *Officium Stellae* aus Fleury, das auch ein *Officium Pastorum* enthält, entspinnt sich ein Dialog zwischen den von der Krippe zurückkehrenden Hirten und den dorthin eilenden Magiern:

> Magi:
>   Quem vidistis, [pastores, dicite?]
> Pastores:
>   Secundum quod dictum est nobis ab angelo de puero isto, invenimus infantem pannis involutum et positum in presepio in medio duum animalium.[58]

Hier sind es die der Geburt Christi noch ungewissen Magier, die die Hirten um eine Bezeugung bitten. Die Antwort der Augenzeugen entspricht zwar inhaltlich dem zweiten Teil der erwähnten Antiphon, hat aber sonst nichts mit ihr gemeinsam. Dieser von den Hirten gesprochene Satz findet sich auch in einer Version aus Laon: Hier sprechen ihn die Magier, nachdem der Engel sie vor einer Rückkehr zu Herodes gewarnt hat:

> Angelus:
>   Impleta sunt omnia que prophetice dicta sunt. Ite, viam redeuntes aliam, ne delatores tanti regis puniendi eritis.
> Magi redeuntes cantant:
>   Secundum quod dictum est nobis ab angelo de puero isto, invenimus infantem pannis involutum et positum in presepio in medio duum animalium.[59]

Diese Übertragung erscheint zunächst unverständlich; Young hält sie für eine Ungeschicklichkeit des Verfassers:

> This utterance – appropriate only to the shepherds, and here assigned to the Magi somewhat ineptly – may possibly be a remnant of a scene of the *pastores*, incompletely eliminated at Laon.[60]

Für die Vermutung, es handle sich hier um Reste eines *Officium Pastorum*, bringt Young keinerlei Beweise. Außerdem ist die vorliegende Übertragung keineswegs so "inept", wie es bei oberflächlicher Betrachtung zunächst scheinen mag. Die Schwierigkeit liegt darin, daß der Verfasser den ursprünglichen Wortlaut dieses Satzes beibehalten, den Sinn

---

[58] Ebd., II, 88. [59] Ebd., II, 105. [60] II, 107.

aber den neuen typologischen Bezügen angepaßt hat. Wenn die Hirten von der Verkündigung des Engels sprechen, ist natürlich die von Lukas berichtete Szene gemeint:

> 10. Et dixit illis angelus: Nolite timere: ecce enim evangelizo vobis gaudium magnum, quod erit omni populo:
> 11. quia natus est vobis hodie Salvator, qui est Christus Dominus, in civitate David.
> 12. Et hoc vobis signum: Invenietis infantem pannis involutum, et positum in praesepio.[61]

In der Magierszene dagegen ist der Satz auf den Engel zu beziehen, der die Magier in der vorhergehenden Rede gewarnt hat. Und zwar schließt das „quod dictum" an die „prophetice dicta" des Engels an. Tatsächlich enthält der Satz der Magier eine Prophezeiung: die des Habakuk, daß der neugeborene Christus „in medio duum animalium" liegen werde.[62] Unsere Deutung wird durch das folgende Zitat gestützt. In dem *Officium Stellae* aus Rouen heißt die betreffende Stelle:

> Angelus desuper stans cantet:
>   Impleta sunt omnia que prophetice dicta sunt. Ite, viam remeantes aliam, nec delatores tanti regis puniendi eritis.
> Quo expleto, Magi aliunde redeuntes cantent:
>   O magnum misterium, et admirabile sacramentum, ut **animalia viderent Dominum natum jacentem in praesepio**!
>   ... Domine, audivi auditum tuum et timui; consideravi opera tua, et expavi, in **medio duorum animalium**.[63]

Hier bezieht sich das Responsorium der Magier unmißverständlich auf die Prophezeiung des Habakuk. Die von der Krippe zurückkehrenden Magier bezeugen also – wie die Hirten in der entsprechenden Szene des *Officium Pastorum* –: „Die Prophezeiungen, von denen der Engel eben zu uns sprach, haben sich wirklich erfüllt."

Daß die vielfältigen Übertragungen der Antiphon *Quem vidistis pastores* keine Einzelfälle darstellen, zeigt das Beispiel der ihr verwandten Antiphon *Pastores dicite*; diese wurde ebenfalls während der Weihnachts-*Laudes* gesungen und lautet:

> Pastores, dicite, quidnam vidistis, et adnuntiate Christi nativitatem.
> Infantem vidimus pannis involutum, et choros angelorum laudantes Salvatorem.[64]

---

[61] 2, 10–12.
[62] Diese während des ganzen Mittelalters immer wieder zitierte Prophezeiung beruht auf einer Fehlübersetzung von Hab. 3, 2 in der Septuaginta. In der Vulgata heißt es richtig: „Domine, opus tuum, in medio annorum vivifica illud; in medio annorum notum facies..."
[63] Young, II, 71 f.   [64] Hartker, S. 51; Young, II, 21.

Sie stimmt formal und inhaltlich mit der Antiphon *Quem vidistis pastores* überein und weicht im Wortlaut nur unwesentlich von ihr ab. Wie jene gehört sie zum Typ der Bezeugung, der sich an das Vorbild des *Dic nobis Maria* aus der Sequenz *Victimae paschali* anlehnt. Das ähnliche Schicksal der beiden verwandten Antiphonen beweist erneut, daß die beobachteten Übertragungen keine zufälligen Motivübernahmen sind, sondern aufgrund eines typologischen Denkmusters erfolgen. Die Antiphon *Pastores dicite* wurde – ähnlich wie *Quem vidistis pastores* – innerhalb der *Laudes* dialogisch aufgeteilt, wie das folgende Beispiel zeigt:

. . . .
> Vadunt pueri retro altare ... et illi qui chorum servant venientes ante altare dicant antiphonam:
> Pastores, dicite, quidnam vidistis, et annunciate Christi nativitatem.
> Et pueri stantes retro altare dicant:
> Infantem vidimus pannis involutum, et choros angelorum laudantes Salvatorem.[65]

Während in diesem Text der Dialog von liturgischen Offizianten gesprochen wird, stellt im *Ordo Rachelis* aus Freising der Chor die Frage, auf die die Hirten antworten:

. . . .
> Chorus dicat:
> Pastores, dicite quidnam vidistis?
> Respondeant Pastores:
> Infantem vidimus pannis involutum.[66]

Wie bei der verwandten Antiphon *Quem vidistis pastores* erhalten die Gläubigen durch die Antwort der Augenzeugen Gewißheit über die Geburt des Erlösers.

Dieser Dialog wird aus der Hirtenszene in sehr viele *Officia Stellae* übertragen. In diesen Versionen begegnen die von der Krippe zurückkehrenden Hirten den Magiern, die sich erst auf dem Wege dorthin befinden. Wiederum werden die Augenzeugen nach dem Heilsgeschehen befragt. So heißt es in der betreffenden Szene des Benediktbeurer Weihnachtsspiels:

> Deinde revertantur Pastores ad officia sua, quibus occurrant tres Magi dicentes:
> Pastores, dicite quidnam vidistis, et annuntiate Christi nativitatem?
> Respondeant Pastores:
> Infantem vidimus pannis involutum et choros angelorum laudantes salvatorem.[67]

---

[65] Young, II, 22.   [66] Ebd., II, 118.
[67] Ebd., II, 188; ähnlich: 61, 65, 71, 79, 96, 449.

Die beiden letzten Beispiele zeigen, daß typologische Übertragungen nicht nur in Texten mit liturgischer Bindung und Funktion stattfinden, sondern auch in geistlichen Spielen, die von der Liturgie unabhängig sind: In Kapitel B II war dargelegt worden, daß der *Ordo Rachelis* und das Benediktbeurer Weihnachtsspiel, denen die letzten Beispiele entnommen sind, selbständige dramatische Texte sind. Es wird allmählich deutlich, daß die typologische Denkweise eine Konstante ist, deren Wirkungen sowohl in Feiern als auch Spielen sichtbar werden.

Im vorigen Kapitel wurde festgestellt, daß die beiden uns erhaltenen Danielsspiele mit dem weihnachtlichen Geschehen eng verbunden sind: Daniel ist der Prophet, der die Geburt Christi weissagt. Ebenfalls wurde auf den Zusammenhang mit dem *Ordo Prophetarum* hingewiesen. Im folgenden soll untersucht werden, in welcher Weise die Danielsspiele mit dem *Officium Stellae* verknüpft sind. Im Mittelpunkt unserer Betrachtungen steht zunächst die Person des Königs Herodes. Sein Auftritt geht im *Ordo Stellae* aus Bilsen folgendermaßen vor sich:

Post *Benedicamus* puerorum splendide cetus
Ad regem pariter debent protendere gressu,
Preclara voce necnon istud resonare:
   Eia dicamus! Regias hic fert dies annua laudes;
   Hoc lux ista dedit quod mens sperare nequivit:
   Attulit et vere votorum gaudia mille,
   Et regnum regi, pacem quoque reddidit orbi,
   Nobis divicias, decus, odas, faesta, choreas.
   Eia dicamus!
   Hunc regnare decet et regni sceptra tenere:
   Regis nomen amat, nomen quia moribus ornat.
Chorus, ascendente Rege:
   Super solium David, et super regnum ejus sedebit in aeternum, alleluia.[68]

Die mit „Eia dicamus" beginnenden Verse stellen eine Art Tropus zu dem vorangegangenen *Benedicamus* dar, während *Super solium David* eine Antiphon des zweiten Adventssonntags ist.[69] Daß diese ursprünglich auf Christus bezogenen Stücke hier für den Einzug des Herodes verwendet werden, erscheint Young "difficult enough to understand".[70] Dieses Unverständnis ist jedoch nicht auf die Dunkelheit des Textes zurückzuführen, sondern beruht vielmehr auf der Unkenntnis typologischer Arbeitsweise: Die Texte beziehen sich nicht mehr auf Christus, sondern auf dessen Gegen-Typ Herodes, der sich anmaßt, Herrscher der Welt zu sein: „Rex est qui totum regnando possidet orbem."[71] Als Präfiguration

---

[68] Ebd., II, 75; ebenso: 111.   [69] Hartker, S. 24.   [70] II, 98.   [71] Ebd., II, 76.

dieses Anti-Christen kamen für den Verfasser vor allem die Gegenspieler Gottes im Alten Testament in Frage. Aufgrund der engen Verbindung des weihnachtlichen Festkreises mit den Danielsspielen liegt es nahe, das typologische Muster in diesen Texten zu suchen. Den Auftritt Belsazars (in der Vulgata: Balthasar) gestaltet Hilarius in seinem Danielsspiel folgendermaßen:

> In primis cum venerit Baltasar cum ponpa sua, sederitque in trono suo, cantabunt Milites coram eo hanc prosam:
> Resonent unanimes cum plausu populari
> Et decantent principis potenciam preclari!
> Cuius sceptrum maxime debemus venerari;
> Nam late diffunditur in terris et in mari...[72]

Belsazar ist der Gegen-Typ Gottes kat'exochen; seine Soldaten bezeichnen ihn als Gott:

> Tu patri simillimus
> et rex regum maximus,
> heres strenuissimus,
> deus es, ut credimus.[73]

Wie Christus ist Belsazar ‚König der Könige'. Aus dem Vergleich wird deutlich, daß der Verfasser des *Ordo Stellae* aus Bilsen Herodes wie Belsazar auftreten läßt; zu diesem Zwecke verwendet er Stücke, die sich ursprünglich auf Christus beziehen, hier aber typologisch auf Herodes übertragen werden. Daß Belsazar als Vorbild diente, geht noch aus weiteren Übereinstimmungen hervor. Herodes wird in vielen *Officia Stellae* mit folgenden Worten begrüßt:

> Vivas eternus Rex![74]
> Vive, Rex, in eternum![75]
> Vivat Rex in eternum![76]
> Rex, in eternum vive![77]

Diese Begrüßungsformel wird im *Ludus Danielis* aus Beauvais auf Belsazar und Darius – einen weiteren Gegen-Typ Gottes – angewandt:

> Rex, in eternum vive![78]

Diese Begrüßung entspricht genau der biblischen Überlieferung:

> Regina autem... domum convivii ingressa est, et... ait:
> „Rex, in aeternum vive![79]

---

[72] Ebd., II, 276 f.   [73] Ebd., II, 278.
[74] Ebd., II, 76.   [75] Ebd., II, 64, 94.
[76] Ebd., II, 85, 103.   [77] Ebd., II, 111.
[78] Ebd., II, 291, 292, 293, 294, 297, 298, 300.   [79] Dan. 5, 10; 6, 6, 21.

Außerdem wird Nebukadnezar auf diese Weise begrüßt.[80] Bereits durch dieses Beispiel wird erkennbar, daß als Vorbild für Herodes nicht nur eine einzige Person gedient hat. Dies wird vollends klar, wenn die folgende Passage aus dem Bilsener *Ordo Stellae* berücksichtigt wird:

> Tunc [Magi] monstrant dona que portant Omnipotenti.
> Primus:
>   Auro regem.
> Secundus:
>   Ture sacerdotem.
> Tercius:
>   Mirra mortalem.
> Rex, his auditis, iubet hos in carcere trudi.[81]

Herodes läßt die Magier also ins Gefängnis werfen und sie ihrer kostbaren Gefäße berauben. (Letzteres geht aus dem folgenden Zitat hervor.) Einer seiner Berater empfiehlt Herodes jedoch, die Magier wieder freizulassen und ihnen ihre Geschenke zurückzugeben:

> Armiger:
>   Audi que facias, Rex, audi pauca set apta.
>   Eois des dona Magis nec mitte morari,
>   Ut noviter nato, quem querunt regem, reperto,
>   Rex, per te redeant, ut et ipse scias quod adorent.
> Tunc tribus Rex dona remittit.[82]

Für diese ungewöhnliche Szene findet sich in den überlieferten Danielsspielen eine Entsprechung, die allerdings nicht dramatisch gestaltet ist, sondern über den Vorgang berichtet. In diesen Texten wird immer wieder darauf hingewiesen, daß die von Belsazar mißbrauchten heiligen Gefäße von dessen Vater Nebukadnezar geraubt und die Juden in die babylonische Gefangenschaft geführt worden sind:

> Cuius pater potuit de hoste gloriari,
> Vasa de dominico diripiens altari;
> Qui percussit gladio Ierusalem letali,
> Et adduxit miseros cum ponpa triumphali.[83]

Die Soldaten, die die Gefäße für Belsazar herbeibringen, singen:

> Ut sit in memoria,
> paterna victoria,
> videas presencia
> Ierusalem spolia![84]

---

[80] Dan. 3, 9.   [81] Young, II, 77.
[82] Ebd., II, 78.   [83] Ebd., II, 277, V. 5–8.   [84] Ebd., V. 27–30.

Ähnlich heißt es im *Ludus Danielis* aus Beauvais:

> Pater eius destruens Iudeorum templa
> Magna fecit, et hic regnat eius per exempla.
> Pater eius s p o l i a v i t regnum Iudeorum;
> Hic exaltat sua festa decore v a s o r u m.[85]

Der Raub der Gefäße und die Gefangenschaft der Juden werden also typologisch von Nebukadnezar auf Herodes übertragen: Beide rauben die für Gott bestimmten Gefäße und führen die Auserwählten – Israel bzw. die Magier als „primitiae gentium" (s. o.) – in Gefangenschaft. Mit der Person des Herodes werden also verschiedene Vorbilder in Verbindung gebracht: Belsazar, Nebukadnezar, Darius. Dieses Verfahren könnte man – nach einem Begriff T. S. Eliots – als "telescoping" bezeichnen: In einer Person werden Attribute verschiedener Herkunft ineinandergeschachtelt. Ein solches "telescoping" hat die Funktion, die historische, zeitliche Isolierung des Einzelgeschehens und der Einzelperson aufzuheben und zu zeigen, daß bestimmte für den göttlichen Heilsplan wesentliche Faktoren überall und jederzeit wirken: Herodes ist keine einmalige geschichtliche Gestalt, sondern nur eine von vielen Ausprägungen des Gegenspielers Gottes. Auf diesen ewigen Kampf zwischen Babel und Jerusalem wird im *Ludus Danielis* ausdrücklich hingewiesen:

> Ridens plaudit Babylon, Iherusalem plorat;
> Hec orbatur, hec triumphans Balthasar adorat.[86]

Daß der Raub der Gefäße auf Herodes übertragen wurde, lag auch aus folgendem Grund nahe: Die Gefäße, die die Magier mit sich führten, waren nach mittelalterlicher Auffassung dieselben Gefäße, die aus dem Tempel zu Jerusalem geraubt worden waren. So sagt Johannes von Hildesheim in seiner Legende von den Hl. Drei Königen:

> Die Könige hatten viele kostbare Gaben und reichen Schmuck bei sich. Diese Schätze waren durch König Alexander von Makedonien nach Chaldäa, Indien und Persien gekommen; die Königin von Saba hatte sie später in den Tempel Salomos gebracht, und nach der Zerstörung Jerusalems waren die kostbaren Geräte aus dem Königsschloß und dem Tempel von den Chaldäern und Persern geraubt worden. Die Könige brachten nun dieses alte Gold und Silber, diese Gemmen und Perlen und kostbaren Steine aus ihrem Lande nach B e t h l e h e m ; alles wollten sie dem Herrn s c h e n k e n.[87]

---

[85] Ebd., II, 291, V. 44–47; ähnlich: 294, V. 151 ff.
[86] Ebd., II, 291, V. 56 f.
[87] S. 39.

Nicht zufällig heißt etwa seit dem 6. Jahrhundert[88] einer der Drei Könige Balthasar: Dies war der chaldäische Name, den Daniel in Babylon erhalten hatte.[89] Wie Daniel-Balthasar als „princeps magorum"[90] den König Belsazar zur Rückgabe der Gefäße bewogen hatte,[91] so werden sie jetzt von Balthasar und den anderen „magi" nach Jerusalem bzw. Bethlehem zurückgebracht.

Die vielfältigen Beziehungen zwischen den *Officia Stellae* und den Danielsspielen sind jedoch wechselseitig. So sind in den *Ludus Danielis* aus Beauvais typologisch relevante Einzelheiten des *Officium Stellae* übernommen worden. Belsazars heilsgeschichtliche Funktion als Gegen-Typ Christi kommt darin zum Ausdruck, daß er – in einer Anti-Szene – als Gott verehrt wird und ihm zum Zeichen der Huldigung die Gefäße als Geschenke dargebracht werden: Er wird Gegenstand einer *visitatio*. Die folgenden Zitate mögen dies zeigen:

> Tunc Regina veniens adorabit Regem dicens:
> Rex, in eternum vive!...[92]
>
> Satrape vasa deferentes cantabunt hanc prosam ad laudem Regis:
> . . . .
> Hec sunt vasa regia quibus spoliatur
> Iherusalem et regalis Babylon ditatur.
> Presentemus Balthasar ista regi nostro,
> Qui sic suos perornavit purpura et ostro.
> Iste potens, iste fortis, iste gloriosus,
> Iste probus, curialis, decens et formosus.
> Iubilemus regi tanto vocibus canoris;
> Resonemus omnes una laudibus sonoris.
> Ridens plaudit Babylon, Iherusalem plorat;
> Hec orbatur, hec triumphans Balthasar adorat.
> Omnes ergo exultemus tante potestati,
> Offerentes regis vasa sue maiestati.[93]

Daß wir mit dieser Deutung den Text nicht überinterpretieren, beweist das im folgenden zitierte Beispiel. Aus diesem mittelalterlichen Text geht der typologische Interpretationswille des Verfassers eindeutig hervor. Johannes von Hildesheim schreibt in seiner Legende von den Hl. Drei Königen:

> Es geschah, daß König Ezechias schwer erkrankte, und Isaias sagte ihm in Gottes Namen, daß sein Tod bevorstehe. Da wandte sich der König zur Wand und weinte, nicht, weil er den Tod fürchtete, sondern weil er keinen

---

[88] Kehrer, I, 71; vgl. auch Berger.
[89] Vgl. Dan. 1, 7 und *passim*.   [90] Dan. 5, 11.
[91] Vgl. die beiden Danielsspiele (Young, II, 281, 295).
[92] Young, II, 293, V. 99.   [93] Ebd., II, 291, V. 48–59.

Sohn besaß und die Prophezeiung Abrahams, Davids, Bileams und Isaias an ihm unerfüllt blieb. Da erbarmte sich Gott und schenkte ihm noch fünfzehn Lebensjahre. Zur Bestätigung erbat sich Ezechias ein Zeichen von Gott: er möge die Sonne zurück zu ihrem Aufgang wandern lassen. Der Herr erfüllte seine Bitte, und die Sonne tat das Unmögliche und wandte sich zurück nach Osten. Die sternkundigen Chaldäer beobachteten diese ungewohnte Erscheinung, und als sie erfuhren, dies Zeichen sei um des Königs Ezechias willen geschehen, s a n d t e n s i e i h m k o s t b a r e G e s c h e n k e u n d w o l l t e n i h n a n b e t e n. Das mißverstand Ezechias in seines Herzens Einfalt, nicht Gott gab er die Ehre, sondern wurde hochmütig. Erzürnt ließ Gott ihm durch Isaias sagen, alle Schätze, die er so stolz den Chaldäern gewiesen habe, würden dereinst geraubt und nach Babylon verschleppt werden.

Ezechias war zwar König von Juda geworden, und Gott hatte um seinetwillen ein solch großes Wunder an der Sonne getan, doch e r w a r n i c h t d e r M a n n, d e r a u s I s r a e l a u f s t e i g e n s o l l t e, w i e B i l e a m g e s a g t h a t t e.[94]

Auch Ezechias wird als Gegen-Typ Christi aufgefaßt: Auf ihn trifft die Prophezeiung des Bileam noch nicht zu. Auch er ist Ziel einer *visitatio*: Die Chaldäer beschenken ihn und beten ihn an. Ursprünglich ist von einer Anbetung in der biblischen Quelle nicht die Rede.[95] Erst durch einen späteren Interpretationsakt wird die Beziehung zur Anbetung Christi durch die Drei Könige hergestellt. Aus dem unabhängigen alttestamentlichen Geschehen wird eine Anti-Szene zum *Officium Stellae*: Die Weisen aus Babylon halten den Rücklauf der Sonne fälschlich für den prophezeiten Stern und Ezechias für den lange erwarteten König der Juden; sie besuchen ihn und huldigen ihm durch Geschenke. Damit dieser Interpretationswille deutlich genug hervortritt, greift auch Johannes von Hildesheim zum Mittel der typologischen Übertragung: Die Szene am Hofe des Ezechias – Anbetung, Geschenke usw. – wird nach dem Vorbild der Anbetung Christi umgestaltet.[95a]

2. Typologische Übertragungen in Theophanie-Szenen

Bereits in Kapitel B I wurde gezeigt, daß die Kernszenen der lateinischen Feiern sich in *visitationes* und Theophanien unterscheiden lassen, die sich jedoch häufig zu einer Szene ergänzen. Nachdem oben die Relevanz

---

[94] S. 11 f.
[95] Is. 38 f.; 2. Paral. 32, 31.
[95a] Diese typologische Übertragung läßt sich auch ikonographisch nachweisen. So nähern sich in einer Miniatur des Pariser Psalters dem König Ezechias d r e i Männer mit Geschenken. (Buchthal, plate XXVII, fig. 83).

der typologischen Übertragung für die *visitationes* dargestellt wurde, werden im folgenden Theophanie-Szenen auf solche Übernahmen untersucht.

Die Evangelisten berichten, daß Christus nach seiner Auferstehung sowohl den Marien als auch den Jüngern erschienen sei. Ihre jeweiligen Berichte sind jedoch nicht vollständig, sondern müssen anhand der anderen ergänzt werden. So erwähnt Matthäus nur, daß Christus den Marien erschienen sei:

> 9. Et ecce Iesus occurrit illis, dicens: Havete. Illae autem accesserunt, et tenuerunt pedes eius, et adoraverunt eum.
> 10. Tunc ait illis Iesus: Nolite timere: ite, nuntiate fratribus meis ut eant in Galilaeam, ibi me videbunt.[96]

Andererseits berichtet nur Johannes ausführlich[97] darüber, wie Christus der Maria Magdalena erscheint:

> 14. Haec cum dixisset, conversa est retrorsum, et videt Iesum stantem: et non sciebat quia Iesus est.
> 15. Dicit ei Iesus: Mulier, quid ploras? quem quaeris? Illa existimans quia hortulanus esset, dicit ei: Domine, si tu sustulisti eum, dicito mihi ubi posuisti eum; et ego eum tollam.
> 16. Dicit ei Iesus: Maria. Conversa illa, dicit ei: Rabboni (quod dicitur Magister).
> 17. Dicit ei Iesus: Noli me tangere, nondum enim ascendi ad Patrem meum: vade autem ad fratres meos, et dic eis: Ascendo ad Patrem meum, et Patrem vestrum, et Deum meum, et Deum vestrum.[98]

Diese Erscheinungsszenen bilden den Abschluß vieler *Visitationes Sepulchri*. Entsprechend den Evangelienberichten bleiben in fast allen Versionen die beiden oben zitierten Erscheinungen voneinander getrennt: Meist wird nur die sogenannte *Hortulanus*-Szene – in der Christus der Maria Magdalena erscheint – dargestellt. In einigen Fassungen finden sich allerdings beide Szenen. Ähnlich wie in einer Evangelienharmonie werden die Berichte der Evangelisten Matthäus und Johannes zu einem Text vervollständigt; die einzelnen Berichte bleiben selbst unverändert. Als Beispiel möge der Schluß folgender *Visitatio Sepulchri* aus Rouen dienen:

> Marie osculentur locum; postea exeant de Sepulchro. Interim quidam sacerdos canonicus in persona Domini ... obvians eis in s i n i s t r o cornu altaris dicat:

---

[96] 28, 9–10.
[97] Markus (16, 9) schreibt lediglich: „Surgens autem mane, prima sabbati, apparuit primo Mariae Magdalenae..."
[98] 20, 14–17.

> Mulier, quid ploras? Quem queris?
> Medius Mulierum dicat:
> > Domine, si tu sustulisti eum...
> Sacerdos crucem illi ostendens dicat:
> > Maria!
> Quod cum audierit, pedibus eius citissime sese offerat, et alta voce dicat:
> > Rabboni!
> Sacerdos innuens manu dicat:
> > Noli me tangere...
> Hoc finito, sacerdos in d e x t r o cornu altaris i t e r u m a p p a r e a t, et i l l i s t r a n s e u n t i b u s ante altare dicat:
> > A v e t e, nolite timere; ite, nuntiate...⁹⁹

Die beiden Erscheinungen sind in dieser Version deutlich voneinander getrennt: Zunächst erscheint Christus der Magdalena an der linken Seite des Altars und spricht nur mit ihr. Dann erscheint er allen drei Marien auf der rechten Seite des Altars und redet sie – der Bibel gemäß – im Plural an.

Für unsere Fragestellung ist jedoch eine andere Version aus Rouen wichtiger, die der oben zitierten sehr ähnlich ist, in einem wesentlichen Punkt aber von ihr abweicht. Die Theophanie-Szenen dieser Fassung lauten:

> Hoc dicto, Marie exeant de Sepulchro. Post appareat Dominus in s i n i s t r o cornu altaris, dulci voce i l l i s dicens:
> > Mulier, quid ploras? Quem queris?
> Tunc converse ad eum dica*nt*:
> > Domine, si sustulisti eum, dicito michi, et ego eum tollam.
> Hic ostendat crucem et dicat:
> > Maria!
> Que, ut audieri*nt*, cito se offera*nt* pedibus eius clamando:
> > Raboni!
> Ipse vero retro trahens dicat i l l i s hoc:
> > Noli me tangere...
> Iterum Dominus altaris appareat dicens:
> > A v e t e, nolite timere...¹⁰⁰

Zunächst fällt die alogische Anordnung des Textes auf, wie wir sie in Kapitel B II so häufig beobachtet haben: In den Rubriken ist stets von mehreren Marien die Rede, während in den Dialogen nur die 1. und 2. Person Singular berücksichtigt werden. Hierzu bemerkt Young lediglich in deskriptiver Weise:

> The rubrics direct, inappropriately, that in the dialogue with Christ all the Marys take part in unison.¹⁰¹

---

⁹⁹ Young, I, 371.   ¹⁰⁰ Ebd., I, 660.   ¹⁰¹ I, 372, Anm. 3.

Hier genügt es nicht, den vorgefundenen Widerspruch zu beschreiben. Wie in ähnlichen Fällen (s. Kap. B II) sollte auch in diesem Beispiel eine Erklärung der "incongruity" gesucht werden, zumal Versehen oder Ungeschicklichkeit des Verfassers nicht vorliegen kann: Der Plural in den Rubriken kommt nicht etwa gelegentlich vor, sondern wird konsequent – ingesamt siebenmal – verwendet. Die alogische Anordnung des Textes ist hier nicht – im Gegensatz zu den meisten in Kapitel B II behandelten Beispielen – die Folge einer Montage mehrerer liturgischer Stücke zu einer „Einheit": Der Verfasser hält sich im Wortlaut genau an die Vulgata. Die "incongruity" dieser Version läßt sich nur darauf zurückführen, daß der Autor die beiden Erscheinungsszenen ineinandergeschachtelt hat. Hier handelt es sich um eine ähnliche Art des "telescoping", wie wir sie für die Person des Herodes festgestellt haben. Die Übernahme der Marien in die *Hortulanus*-Szene ist aufgrund der Typgleichheit der Szenen leicht verständlich: In beiden Fällen erscheint Christus einer oder mehreren Frauen, die sein Grab aufgesucht hatten. Die Schwierigkeit für das richtige Verständnis dieser Szene liegt darin begründet, daß der Verfasser nicht den autoritativen Bibeltext ändern wollte, so daß der Dialog der *Hortulanus*-Szene erhalten blieb. In den Rubriken dagegen läßt er alle drei Marien an der Theophanie teilnehmen. Logische Konsistenz des Textes war für ihn offensichtlich nicht von großer Bedeutung: Entscheidend ist hier die spezielle Logik – die Typo-Logik –, die die Schachtelung beider Szenen ermöglicht und verständlich macht. Nach dieser Schachtelszene läßt der Autor (gemäß der Tradition von Rouen) eine zweite Szene folgen, in der Christus – getreu nach dem Bericht des Matthäus – den drei Marien erscheint.

Die *Hortulanus*-Szene wurde auch noch mit einer anderen Theophanie kombiniert: mit der sogenannten *Peregrinus*-Szene, in der Christus zwei Jüngern auf dem Wege nach Emmaus erscheint. In einer Version des 12. Jahrhunderts aus Sizilien ist die *Hortulanus*-Szene zwischen zwei Theophanien eingeschoben: Sie folgt unmittelbar auf den eigentlichen *Peregrinus* und findet sich vor der Szene, in der Christus den Aposteln in Jerusalem erscheint. Aus dieser Umgebung geht bereits die Funktion des Einschubs hervor: Die Auferstehung Christi, die ja durch die verschiedenen Erscheinungen demonstriert wird, soll durch weitere Augenzeugen bestätigt werden. Diese typologische Verwandtschaft der beiden Theophanien in *Hortulanus* bzw. *Peregrinus* bringt eine bemerkenswerte Textänderung mit sich: Den Schluß der *Hortulanus*-Szene bildet – wie in vielen *Visitationes Sepulchri* – die dialogisch aufgeteilte Sequenz *Victimae paschali*. Während in vielen *Visitationes Sepulchri* die Apostel Petrus und Johannes die Frage stellen: „Dic nobis, Maria, quid vidisti in via?", sind es hier die beiden Jünger Lukas und Kleophas aus der *Peregrinus*-Szene:

> Item supradicti duo Discipuli dicent hos versus in invicem:
> > Victime paschali laudes . . .
>
> Postea redeat Maria ad illos duos Discipulos, dicatque:
> > Surrexit Dominus (tribus vicibus) . . .
>
> Et illi duo Discipuli dicant:
> > Dic nobis, Maria, quid vidisti in via?
>
> Maria dicat hec:
> > Sepulchrum Christi viventis,
> > et gloriam vidi resurgentis . . .[102]

Durch die Einbeziehung der *Hortulanus*-Szene überhaupt und insbesondere die typologische Übertragung von Teilen des Dialogs auf Lukas und Kleophas ergeben sich logische, vor allem chronologische Schwierigkeiten. Daß die *Hortulanus*-Szene auf den *Peregrinus* folgt, entspricht nicht der biblischen Chronologie. Ein logischer Widerspruch ergibt sich ferner aus dem Auftreten von Lukas und Kleophas in dieser Szene. Es ist unwahrscheinlich, daß diese beiden, die vorher Christus selbst gesehen haben, nur aufgrund der Auskünfte Magdalenas von der Auferstehung Christi überzeugt sind, wie sie behaupten:

> Credendum est magis soli Marie veraci,
> quam Iudeorum turbo fallaci . . .[103]

Magdalena führt ihnen gegenüber lediglich die „angelicos testes, sudarium et vestes" sozusagen als „Indizien" an, obwohl auch sie vorher Christus gesehen hat. Offensichtlich war für den Verfasser nicht das Bedürfnis nach logischer und chronologischer Konsistenz relevant. Ihm war vielmehr daran gelegen, durch typologische Übernahmen und Kombinationen die demonstrative Funktion des Textes zu betonen. Wir begegnen damit einem Phänomen, das uns Heutige erstaunen mag: Ein Autor tritt einen Beweis an, ohne logische Kategorien zu berücksichtigen. Statt dessen verfährt er nach einer speziellen Logik, die oft – wie im vorliegenden Falle – der allgemeinen Logik widerspricht.

Die gleiche Version des *Peregrinus* aus Sizilien enthält eine weitere Kombination von Theophanie-Szenen, die sich auch noch in anderen Fassungen findet.[104] Für unsere Problemstellung ist das Geschehen in Emmaus selbst wichtig. Darüber berichtet der Evangelist Lukas:

---

[102] Ebd., I, 479.
[103] Ebd.
[104] Ebd., I, 454, 460.

29. ... Et [Christus] intravit cum illis.
30. Et factum est, dum recumberet cum illis, accepit panem, et benedixit, ac fregit, et porrigebat illis.
31. Et aperti sunt oculi eorum, et cognoverunt eum: et ipse evanuit ex oculis eorum.
32. Et dixerunt ad invicem: Nonne cor nostrum ardens erat in nobis dum loqueretur in via, et aperiret nobis Scripturas? [105]

Im vorliegenden *Peregrinus* ist dieser Bericht in charakteristischer Weise verwertet worden:

> Chorus:
> Et intravit cum illis, et factum est dum recumberet cum eis, accepit panem, benedixit, ac fregit, et porrigebat illis; et cognoverunt illum in fractione panis; et ipse evanuit ab oculis eorum, alleluia.
> Et ita tenendo in medio eorum Peregrinum, veniant usque ad mensam, ac ibi sit panis et vinum, et discumbant, et frangat panem, eisque det, ac post ab oculis eorum evanescat. Tunc duo Discipuli:
> Nonne cor nostrum ...
> Tunc veniat Ihesus iterum et his duobus Discipulis appareat dicatque:
> Pax vobis. Ego sum. Nolite timere. Videte manus meas et pedes meos, quia ego ipse sum. Palpate et videte quia spiritus carnem et ossa non habet sicut me videtis habere, alleluia, alleluia. [106]

Zunächst fällt in der vom Chor gesungenen Antiphon eine wichtige Ergänzung auf: „In fractione panis", das in Lk. 24, 35 erst am Schluß des Berichtes steht, ist hier[107] vorweggenommen. Dem Verfasser erschien es wichtig, das „Beweismittel" für die Identität des „peregrinus" bereits hier einzuführen. Diese Umstellung war notwendig, da der eigentlich hier zu erwartende Satz: „Et aperti sunt oculi eorum, et cognoverunt eum"[108] nichts darüber aussagt, an welchen Merkmalen die Jünger Christus erkannten. Eine solche Umstellung war um so naheliegender, als dadurch der Wortlaut des autoritativen Bibeltextes nicht verändert wurde.

Mit diesem „Beweismittel" begnügt sich der Verfasser jedoch nicht: Entgegen dem Bericht der Bibel läßt er Christus den Jüngern nochmals erscheinen. In den Schlußworten Christi wird die demonstrierende Funktion dieser Erweiterung deutlich: „Videte manus meas et pedes meos ... Palpate et videte ..." Diese zweite Theophanie ist keine Erfindung des Verfassers, sondern eine typologische Übertragung aus einer anderen Erscheinungsszene, von der Lukas berichtet und die sich auch

---

[105] 24, 29–32.
[107] Ähnlich: Ebd., I, 460.
[106] Young, I, 478.
[108] Lk. 24, 31.

in einigen Versionen des *Peregrinus* als unabhängige Szene findet.[109] Im Lukas-Evangelium heißt es:

> 36. Dum haec [Apostoli] autem loquuntur, Iesus stetit in medio eorum, et dicit eis: Pax vobis: ego sum, nolite timere...
> 39. Videte manus meas, et pedes, quia ipse ego sum; palpate et videte, quia spiritus carnem et ossa non habet, sicut me videtis habere.
> 40. Et cum hoc dixisset, ostendit eis manus et pedes.[110]

Wiederum erfüllt also eine typologische Übertragung eine demonstrierende Funktion. Auch diese eindeutigen Zusammenhänge werden von Young nicht erkannt; er vermerkt lediglich:

> This re-appearance the playwright seems to have transferred from Jerusalem to Emmaus.[111]

In einigen anderen Versionen des *Peregrinus* wird die Gastmahls-Szene selbst auffallend erweitert; in den Rubriken finden sich genaue Angaben über den Hergang dieses Mahles. Im Bericht des Lukas heißt es lapidar:

> Et factum est, dum recumberet cum illis, accepit panem, et benedixit, ac fregit, et porrigebat illis.[112]

In einer *Peregrinus*-Version aus Fleury dagegen wird diese Szene folgendermaßen dargestellt:

> His dictis, eant sessum in sedibus ad hoc preparatis, et afferatur eis aqua ad lavandum manus suas, deinde mensa bene parata, super quam sit positus **panis inscissus**, et tres **nebule**, et **calix cum vino**. Accipiens autem panem Peregrinus, elevatum in altum dextra benedicat, frangatque singulis partibus cantando:
> Pacem relinquo vobis; pacem meam do vobis.
> Deinde det uni eorum **calicem** et dicat:
> Isti sunt sermones quos dicebam vobis, cum essem vobiscum, alleluia, alleluia. Sicut dilexit me Pater, et ego dilexi vos; manete in dilectione mea.
> His dictis, illis manducantibus de **nebulis**, ipse latenter discedat, quasi illis nescientibus...[113]

Auch diese Erweiterung ist vom Autor nicht frei erfunden, sondern offensichtlich einem anderen Abendmahl nachgebildet: der *Cena* – dem letzten Abendmahl, das Christus mit seinen Jüngern feiert. Dieses geht nach dem Bericht der Synoptiker folgendermaßen vor sich:

---

[109] Zum Beispiel Young, I, 464, 469, 473.
[110] 24, 36–40.   [111] I, 455.
[112] 24, 30.   [113] Young, I, 472.

> 20. Vespere autem facto, discumbebat cum duodecim discipulis...
> 26. Cenantibus autem eis, accepit Iesus p a n e m , et benedixit, ac fregit, deditque discipulis suis, et ait: Accipite, et comedite: hoc est corpus meum.
> 27. Et accipiens calicem gratias egit: et dedit illis, dicens: Bibite ex hoc omnes...[114]

Entsprechend dem Bericht der Vulgata wird auch das Letzte Abendmahl im Kleinen Benediktbeurer Passionsspiel dargestellt:

> Et ista hora accipiat Dominus panem, frangat, benedicat, et dicat:
>   Accipite et comedite, hoc est corpus meum.
> Similiter et calicem...[115]

Die Übereinstimmung zwischen dem Mahl in Emmaus und der *Cena* ist auffällig: Christus segnet zuerst das Brot, bricht es und gibt es seinen Jüngern. Währenddessen singt er – in der Version des *Peregrinus* – einen Satz, der dem Bericht des Johannes über die *Cena* entnommen ist:

> Pacem relinquo vobis, pacem meam do vobis...[116]

Während er dann den Jüngern den Kelch reicht, spricht er zwei Sätze, die wiederum ursprünglich zu den Abschiedsreden Jesu beim Letzten Abendmahl gehören; dort spricht Jesus die Worte:

> Haec locutus sum vobis apud vos manens.[117]
> Sicut dilexit me Pater, et ego dilexi vos. Manete in dilectione mea.[118]

Anschließend essen Christus und die beiden Jünger von den drei Oblaten („nebulis"), die auf dem Tisch bereitliegen.

Bevor wir eine Deutung dieser Übertragung versuchen, seien noch weitere, ähnliche Beispiele aus anderen *Peregrini* angeführt. In der Rubrik wird die Herkunft der Erweiterungen aus der *Cena* besonders deutlich:

> Et ita, tenendo in medio eorum Peregrinum, veniant usque ad a l t a r e ; ac ibi sit parata mensa cum pane et vino; et discumbant; et frangat panem eisque det; ac postea ab oculis eorum evanescat...[119]

Hier ist das Mahl – Brot und Wein – auf dem Altar selbst bereitet; „mensa" heißt in diesem Zusammenhang wohl ‚Altartisch'.

Schließlich heißt es in einer Version aus Saintes:

> Modo sedent et dividit Dominus h o s t i a m inter illos...[120]

---

[114] Mt. 26, 20–27; Markus und Lukas ähnlich.
[115] Young, I, 514 f.   [116] 14, 27.
[117] Joh. 14, 25.   [118] Joh. 15, 9.
[119] Young, I, 460.   [120] Ebd., I, 454.

Christus verteilt hier also eine Hostie an die Jünger.

All diese Beispiele zeigen, daß das Abendmahl in Emmaus als typgleich mit der *Cena* in Jerusalem angesehen wurde. In diesem Falle war eine typologische Angleichung auch aus theologischen Gründen naheliegend: Das Abendmahl – die Feier der Eucharistie – ist nach katholischer Lehre nicht nur Erinnerung an das Kreuzesopfer Christi, sondern Vergegenwärtigung. Mit anderen Worten: Die Abendmahlsfeier ist die einzige Szene im Neuen Testament, die nicht erst durch einen typologischen Interpretationsakt ihre historische Fixierung verliert und überzeitliche Bedeutung gewinnt, sondern bereits aufgrund der Sakramentsauffassung zeitlose *re-praesentatio* ist. Sie ist sozusagen von Natur aus für typologische Übertragungen gut geeignet.

Die Funktion dieser Übertragung in den *Peregrinus* ist – wie schon mehrfach in anderem Zusammenhang beobachtet wurde – die Demonstration, daß der „peregrinus" kein anderer als Christus ist. Durch die Angleichung der Emmausszene an das Letzte Abendmahl wird jedem Umstehenden sofort deutlich: Dieser „peregrinus" ist derselbe, der auch das Letzte Abendmahl in Jerusalem feierte. Durch diese Übertragung wird genau das szenisch dargestellt – besser: vergegenwärtigt –, was bereits Lukas als „Beweismittel" für die Identität Christi mit dem „peregrinus" angibt: „cognoverunt eum in fractione panis".[121]

Nachdem Christus seinen Jüngern zum letzten Mal erschienen ist und sie belehrt hat, fährt er in den Himmel auf: Die Himmelfahrt bildet den Abschluß dieser letzten Theophanie. Diese Geschehnisse, über die im ersten Kapitel der Apostelgeschichte berichtet wird, werden in mehreren uns erhaltenen Versionen quasi-dramatisch vergegenwärtigt. Wie in mehrere *Peregrini* dringen auch in einige Fassungen der *Ascensio* Elemente ein, die ursprünglich der *Cena* zugehören. Der größte Teil der Abschiedsreden Christi vor seiner Himmelfahrt ist seinen Reden vor der Passion entnommen. Diese Übertragungen fanden bereits innerhalb der Liturgie statt und werden nun in der quasi-dramatischen Darstellung sichtbar. Die im folgenden zitierten Reden Christi sind durchweg liturgische Antiphonen, die auf den Abschiedsreden Jesu bei der *Cena* basieren. Die wichtigsten Reden aus der *Ascensio* von Moosburg seien hier mit ihrer Quelle wiedergegeben:

> Pater, manifestavi [nomen tuum hominibus quos dedisti mihi];[122] (fast wörtlich aus Joh. 17, 6).
> [Nunc autem pro eis rogo, non pro mundo, quia ad te vado, alleluia];[123]

---

[121] 24, 35.   [122] Young, I, 485.   [123] Ebd.

(aus Joh. 17, 9: Ego pro eis rogo; non pro mundo rogo ...).
Exivi a Patre et veni in mundum ...;[124] (wörtlich aus Joh. 16, 28).

In diesen Fällen handelt es sich aber keineswegs nur um eine Übertragung von Motiven: Den Übernahmen liegt vielmehr eine typologische Überlegung zu Grunde. Diese ist aus fast allen erhaltenen Versionen der *Ascensio* zu erschließen. So heißt es am Schluß einer *Ascensio* aus Ingolstadt:

> Posthaec Jmago Christi funi alligata lente trahata sursum, inque foramen praedictum recipiatur. Quod ubi factum fuerit, particulae hostiarum ... deiiciantur, per quod admonentur fideles: Christum, licet in propria specie humana in coelum abierit, manere tamen adhuc nobiscum in specie aliena, videlicet in Sacramento Eucharistiae sub Hostiis consecratis ...[125]

Im gleichen Sinne schreibt der Verfasser der Moosburger *Ascensio*:

> Sed postquam ymago Salvatoris tabulatum intraverit, tunc magne hostie ... mittuntur deorsum... Per hostias intelligitur presencia Corporis Christi, quod nobiscum est sub specie panis usque in consumacionem seculi.[126]

Aus diesen Rubriken geht hervor, daß am Ende der *Ascensio* eine Abbildung Christi in die Höhe gezogen wurde. Nachdem diese den Blicken der Gläubigen entschwunden war, wurden Hostien hinabgeworfen. Durch die Deutung, die die Autoren selbst dieser Zeremonie beigeben, wird der typologische Bezug zwischen *Cena* und *Ascensio* offenbar: In beiden Fällen nimmt Christus Abschied von den Jüngern, bevor er durch die Passion bzw. Himmelfahrt physisch von ihnen getrennt wird. Doch wird durch die Einsetzung der Eucharistie bzw. das Hinabwerfen der Hostien die immerwährende „presencia Corporis Christi" gewährleistet. Die typologischen Übertragungen von Elementen der *Cena* in die *Ascensio* haben die Funktion, die Gläubigen – ähnlich wie die Jünger beim Letzten Abendmahl – nicht mit Trauer über den Abschied Christi, sondern mit Freude über dessen ewige Gegenwart im Altarssakrament zu erfüllen.

Lange Zeit später, als diese Bezüge nicht mehr verstanden werden und man die Realpräsenz Christi im Altarssakrament leugnet, schreibt der Reformator Thomas Naogeorgus (Kirchmayer) mißbilligend über „papistische" Bräuche am Feste Christi Himmelfahrt:

> Post haec deijcitur panis, quem barbara turba
> Nuncupat oblatas, cui saepe admixta papyrus
> Imponit pueris. Fiunt magno omnia risu ...[127]

---

[124] Ebd., I, 486. [125] Ebd., I, 695.
[126] Ebd., I, 488. [127] *Regnum Papisticum*, V. 244–246 (Young, II, 531).

3. Übertragungen außerhalb von *visitationes* und Theophanie-Szenen

Als Abschluß dieses Kapitels seien noch die Übertragungen erwähnt, die sich in zwei Nikolaus-Mirakeln finden. Damit wird die Darstellung von Ereignissen untersucht, die – im Gegensatz zu den bisherigen Beispielen – keinen direkten Bezug zur Heilsgeschichte haben, wie sie im Neuen Testament aufgezeichnet ist.

In dem Mirakel *Filius Getronis* aus Fleury wird dargestellt, wie Deodatus – Sohn christlicher Eltern – von heidnischen Eroberern verschleppt, schließlich aber durch Eingreifen des hl. Nikolaus seinen Eltern wieder zugeführt wird. Für unsere Fragestellung ist die Klage der Mutter Eufrosina um den verlorenen Sohn von besonderem Interesse. Die Legende, die dem Verfasser als Vorlage diente, berichtet nur kurz über diese Klage:

> Euphrosina vero et cethron coeperunt filium quaerere. Et cum non invenissent, sciderunt vestimenta sua et capillos coeperunt evellere, et facies suas percutientes atque lachrymantes, mater dicebat: Heu, heu, mihi, unice fili mi, quid miserae matri, fili, de te accidit![128]

Der Rest ihrer Rede besteht aus Bitten an den hl. Nikolaus, ihren Sohn zurückzuführen. Diese Klage ist im Mirakelspiel aus Fleury in auffallender Weise erweitert worden. Bemerkenswert ist vor allem das Auftreten von „consolatrices", für die sich in der Quelle keinerlei Anhaltspunkte ergeben. Der Aufbau dieser Szene – Klage der Mutter im Wechsel mit Trostreden der „consolatrices" – ist dem des *planctus* aus den *Ordines Rachelis* angeglichen, der bereits in Kapitel B II 2 c erörtert wurde. Wie der folgende Vergleich zeigt, hat dieser *planctus* dem Verfasser des Mirakelspiels nicht nur als Vorbild für den Aufbau des Dialogs, sondern auch für den Wortlaut einzelner Redeteile gedient:

> 1. Klage der Eufrosina:
>
>   a) Quo peccato merui p e r d e r e
>   n a t u m meum, et ultra v i v e r e ?
>   . . . .
>   b) Consolatrices... dicant:
>   Quid te iuvat hec desolacio?
>   N o l i f l e r e pro tuo filio.
>   S u m m i P a t r i s exora F i l i u m,
>   qui conferat ei consilium.

---

[128] Mombritius, II, 308; Young, II, 493.

c) Eufrosina...:

. . . .

nunc es nobis causa tristicie
quibus eras causa leticie!

. . . .

Anxiatus est in me spiritus.
Cur moratur meus interitus?
Cum te, fili, non possum cernere,
mallem mori quam diu vivere.[129]

2. *Planctus Rachelis:*

a) ...cum possim vivere,
Cum natos coram me video perdere.

. . . .

b) Angelus:

. . . .

Cur tristaris, et tundis pectora?
Noli flere, sed gaude potius...
Summi Patris eterni filius,...
qui vos facit eterne vivere.[130]

c) Rachel:

In dolorem est conversum
quod habebam gaudium.[131]
Anxiatus est in me spiritus meus.[132]
Cur autem natis   patimur superesse necatis?
Saltim morte pari   nobis licet hos comitari.[133]

Um die Bestimmung des hier vorliegenden Typs zu erleichtern, sei auf eine andere Übertragung aus dem *Planctus Rachelis* hingewiesen: Die Tröstungsszene wurde in den *Planctus Mariae* – einen Bestandteil des Passionsspiels – übernommen. Diese Übertragung wurde durch die völlige Typgleichheit beider Szenen ermöglicht: Sie konnte aufgrund typologischer Überlegungen erfolgen. In beiden Fällen trauert die Mutter (Rachel/Maria) um ihren toten bzw. sterbenden Sohn (*Innocentes*/ Christus) und wird von Umstehenden (*Consolatrices*/Johannes) getröstet. Die getöteten Söhne erfüllen im Rahmen des göttlichen Erlösungswerkes jeweils auf ihre Art wichtige Funktionen, die sich komplementär ergänzen: Die Unschuldigen Kinder sterben für Christus, damit dieser für die Menschheit sterben kann.

---

[129] Young, II, 353 f., V. 43 ff.
[130] Ebd., II, 109.   [131] Ebd., II, 106.
[132] Ebd., II, 113.   [133] Ebd., II, 120.

Eine solche völlige Übereinstimmung der Typen liegt im *Filius Getronis* nicht vor. Zwar klagt auch hier die Mutter um ihren Sohn, doch ist dessen Entführung für die Heilsgeschichte irrelevant und nur für seine Eltern ein Unglück. Erst aufgrund der typologischen Übertragung wird dieser sozusagen „private" Vorfall zu einem Geschehen von allgemeiner Wichtigkeit: Der einzelne Fall wird zum allgemeingültigen *exemplum*. Man könnte vereinfachend sagen, daß hier trotz der typologischen Wirkung und Funktion die eigentlich typologische Basis – im Gegensatz zu den bisherigen Beispielen – nicht mehr ganz gegeben ist. Wenn diese völlig fehlt und der Autor sich darauf beschränkt, Stoffliches willkürlich in eine „passende" neue Umgebung zu verpflanzen, so handelt es sich nicht mehr um eine typologische Übertragung, sondern um die Übernahme eines Motivs. Diese wichtige Unterscheidung soll anhand des folgenden, letzten Beispiels erläutert werden.

In einem anderen Nikolaus-Mirakel, dem Spiel von den *Tres Filiae*, wird dargestellt, wie die drei Töchter eines völlig verarmten Vaters durch Eingreifen des Heiligen vor der Prostitution bewahrt und mit einer Mitgift bedacht werden. Die erhaltenen Fassungen aus Fleury und Hildesheim beginnen wieder mit einer Art *planctus*, für den die Quelle keinen Anhaltspunkt gibt. Er folgt im Aufbau dem bekannten Muster: Die klagende Person wird von anderen getröstet. Mehrmals wird ausdrücklich festgestellt, daß es sich um eine Klage handelt: „plangens se Pater ad Filias";[134] der Vater bezeichnet die Töchter als „solamen mee miserie".[135] Die erste Rede des Vaters lautet:

> In lamentum et merorem versa est leticia
> quam prebebat olim nobis rerum habundancia.
> O rerum inopia!
> Heu! heu! perierunt huius vite gaudia.
> Forma, genus, morum splendor, iuventutis gloria,
> cumprobatur nichil esse, dum desit pecunia.
> O rerum inopia!
> Heu! heu! perierunt huius vite gaudia.[136]

Man erinnere sich etwa an den Vers „In dolorem est conversum quod habebat gaudium" aus dem *Planctus Rachelis*.[137] Hier wird jedoch nicht der Tod Unschuldiger, sondern die „inopia rerum" betrauert. Auch die Reden der Töchter entsprechen denen der „consolatrices" in der Tröstungsszene des *Ordo Rachelis*:

---

[134] Ebd., II, 318, 319.   [135] Ebd., II, 317.
[136] Ebd., II, 316.   [137] Ebd., II, 106.

Care pater, lugere desine,
nec nos lugens lugendum promove...[138]

Noli, pater, noli, carissime,
doloribus dolores addere...[139]

Mit letzterem Satz vergleiche man das folgende Ztiat aus dem *Planctus Rachelis*:

Noli, virgo Rachel, noli dulcissima mater,
Pro nece parvorum fletus retinere dolorum.[140]

Aber auch diese Trostworte der Töchter knüpfen inhaltlich nicht an den *Planctus Rachelis* direkt an: Die erste Tochter „tröstet" den Vater, indem sie ihm die Prostitution als Einnahmequelle vorschlägt. Die zweite Tochter lehnt diesen Vorschlag ab und richtet – entsprechend der Funktion dieses Mirakelspiels[141] – moralische Trostworte an den Vater.

An diesem Beispiel wird deutlich, daß es sich hier nicht um typologische Übertragungen – auch nicht etwa in Anti-Szenen – handelt, sondern um die Übernahme eines Motivs: das der Tröstung. Zwischen dem Vorbild – dem *Planctus Rachelis* – und dem neugeschaffenen Dialog fehlt jegliche typologische Beziehung.

---

[138] Ebd., II, 317, V. 30 f.
[139] Ebd., II, 318, V. 78 f.
[140] Ebd., II, 112; ähnlich: 106.
[141] Vgl. Kap. B II 5.

C.
DIE ENGLISCHEN
FRONLEICHNAMSZYKLEN

I. KAPITEL

Entstehung und Wesen
der englischen Fronleichnamszyklen

> Tantum ergo sacramentum
> Veneremur cernui;
> Et antiquum documentum
> Novo cedat ritui;
> Praestet fides supplementum
> Sensuum defectui.
> *(Aus der Liturgie des
> Fronleichnamsfestes)*

> And that Bread that I you geve,
> Your wicked lyfe to amend,
> becomes my flesh through your beleife,
> & doth release your sinful band.
> *(Chester Plays)*

1. Der Zusammenhang mit dem Fronleichnamsfest[1]

Im ersten Teil unserer Untersuchung wurden mehrfach Texte analysiert, die nicht nur einzelne Szenen – wie *Visitatio Sepulchri, Hortulanus* usw. – umfaßten, sondern eine Folge thematisch zusammengehörender Szenen darstellten. So sind etwa in dem *Ordo Paschalis* aus Klosterneuburg (13. Jahrhundert) Bestellung der Grabwächter des Pilatus, Salbenkauf der Marien, *Visitatio Sepulchri*, Apostellauf, *Hortulanus* und Christi Höllenfahrt zu einem Textganzen kombiniert. Seit dem 12. Jahrhundert werden Geschehnisse aus der Passion Christi zusammenfassend dargestellt[2] und später mit den Auferstehungsszenen vereinigt.

Ähnliches gilt für die Themen der weihnachtlichen Zeit. Nachdem bereits früh *Officium Pastorum, Officium Stellae* und *Ordo Rachelis* kombiniert wurden,[3] wird diese Entwicklung in dem Weihnachtsspiel aus Benediktbeuern[4] zu ihrem vorläufigen Höhepunkt geführt: *Ordo Prophetarum*, Mariä Verkündigung, der Besuch Mariä bei Elisabeth,

---

[1] Vgl. hierzu die Vorarbeit des Verfassers: Stemmler, *Entstehung*.
[2] Z. B. in den Passionsspielen aus Montecassino (12. Jahrhundert) und Benediktbeuern (13. Jahrhundert).
[3] Z. B. im Text aus Freising (11. Jahrhundert; Young, II, 92 ff.).
[4] Young, II, 172 ff.

Officium Pastorum, Officium Stellae, Ordo Rachelis und die Flucht nach Ägypten werden zu einem insgesamt 575 Verse umfassenden Spiel vereinigt. Diese Tendenz zur Zyklenbildung ist für die Entwicklung des mittelalterlichen Dramas charakteristisch:

> We know that from the earliest times of the religious drama two tendencies were at work. One of these was a tendency towards amplification, and the other a tendency towards the combination of smaller units into larger ones. Both of these tendencies are characteristic of the medieval mind, a mind that was actuated by reason and dominated by logic, that dwelt on particulars and for its satisfaction demanded completeness.[5]

Trotz dieser Kombination zu größeren Einheiten bleibt der heortologische Bezug fast immer gewahrt: Passions- und Auferstehungsszenen werden in der österlichen, Christi-Geburts-Szenen in der weihnachtlichen Zeit gespielt.

In der sogenannten Übergangsphase, als die religiösen Spiele sich mehr und mehr aus dem Bannkreis der Kirche entfernen und in den Volkssprachen verfaßt werden, macht sich die geschilderte Tendenz zur Zyklenbildung noch stärker bemerkbar. Zusätzlich zu den bereits seit langem in liturgischen, quasi-dramatischen Texten vorhandenen Themen werden nun die Erschaffung des Menschen, Kains Brudermord, das Jüngste Gericht u. a. in die Spiele einbezogen. So enthält der *Ordo Adae* (Ende des 12. Jahrhunderts) den Sündenfall, Kains Brudermord und einen *Ordo Prophetarum*. Wahrscheinlich gehörten diese drei Szenen des nur fragmentarisch überlieferten Textes zu einem Passionsspiel.

Von einem vollständigen, stark erweiterten Passionsspiel berichtet Julian von Cividale:

> De representatione ludi Christi. Anno Domini MCCXCVIII, die VII exeunte majo, videlicet in die Pentecostes, et in aliis duobus sequentibus diebus, facta fuit representatio ludi Christi, videlicet passionis, resurrectionis, ascensionis, adventus Spiritus Sancti et adventus Christi ad judicium in curia domini patriarche Austrie Civitatis honorifice et laudabiliter per Clerum civitatensem.[6]

Hieraus geht hervor, daß dieser „Ludus Christi" zu Pfingsten aufgeführt wurde. Die früheren heortologischen Bindungen sind aufgegeben: Die Auferstehung Christi wird am Pfingstfest dargestellt. Mit anderen Worten: Als das geistliche Spiel noch eng mit der Liturgie verbunden war, war damit auch der heortologische Bezug – das „Datum" der Auf-

---

[5] Craig, S. 93.
[6] Muratori, S. 28.

führung – gegeben. Zyklische Spiele vom Ausmaß des 1298 in Cividale aufgeführten waren *a priori* nicht möglich, solange die Beziehungen zur Liturgie eng blieben. Erst mit zunehmender Entfernung vom liturgischen Bereich konnten sich auch die heortologischen Bindungen lockern: Der Weg war frei für Kombinationen von Szenen aus mehreren Abschnitten des Kirchenjahres. Diese wichtige Beziehung zwischen Zyklenbildung und Heortologie wird weder von Chambers noch von Craig berücksichtigt.[7]

Ein weiterer Eintrag in derselben *Cronaca Friuliana* des Julian von Cividale berichtet von einem Spiel, das noch mehr Szenen umfaßt als das im Jahre 1298 aufgeführte:

> De representatione passionis Christi et ludi Dei, ut ita dicam. Anno Domini MCCCIV, facta fuit per clerum sive per capitulum civitatense representatio, sive facte fuerunt representationes infrascripte: inprimis de creatione primorum parentum, deinde de annunciatione beate Virginis, de partu et aliis multis, et de passione et resurrectione, ascensione et adventu Spiritus Sancti, et de Antichristo et aliis multis, et demum de adventu Christi ad judicium. Et predicta facta fuerunt solemniter in curia domini patriarche in festo Pentecostes cum aliis duobus diebus sequentibus...[8]

Das frühere Spiel ist also im Verlauf von sechs Jahren um folgende Szenen erweitert worden: Erschaffung des Menschen, Christi-Geburts-Zyklus, Antichristus. In der Chronik wird dieses erweiterte Spiel eindeutig als Passionsspiel bezeichnet. Die Spiele in Cividale stellen zwar ein sehr weit fortgeschrittenes Stadium der Zyklenbildung dar, es ist jedoch unberechtigt, sie gewissermaßen als unmittelbare Vorläufer der späteren Fronleichnamsspiele zu bezeichnen, da sie mit jenen das Wesentliche bereits gemein hätten. So behauptet schon Chambers:

> Any further development could now be merely episodic. The text could be amplified at the fancy of the individual writer, or upon the suggestion of the great epic narratives, such as the *Cursor Mundi*...[9]

Noch eindeutiger nimmt Craig dazu Stellung:

> The play recorded from Cividale certainly belongs to the European tradition, and, coming as it does from the beginning of the fourteenth century, it may have been the earliest, or one of the earliest, complete cycles, and the pattern of the play may have passed with comparative rapidity from Italy to France and from France to England...
> This records a complete play of what subsequently became the Corpus Christi pattern.[10]

---

[7] Chambers, *Stage*, II, 86 und *passim*; Craig, S. 94.   [8] Muratori, S. 33 f.
[9] II, 78.   [10] S. 100 f.

Das 1304 in Cividale aufgeführte Spiel stellt jedoch keineswegs schon ein vollständiges Fronleichnamsspiel dar, wie es uns später vor allem in England begegnet. Im Gegensatz zu den Fronleichnamszyklen enthält das Spiel aus Cividale keine Darstellung des Sündenfalles; außerdem fehlen alttestamentliche Szenen. Gegen diese Feststellung kann auch nicht geltend gemacht werden, in „de creatione primorum parentum" sei der Sündenfall eingeschlossen.[11] Zunächst ist es unwahrscheinlich, daß der sehr detailliert aufzählende Chronist gerade diese wichtige Szene nicht ausdrücklich erwähnt haben soll. Auslassungen kennzeichnet er durch die Wendung „et aliis". Ein solcher Vermerk fehlt jedoch nach „de creatione primorum parentum": Es folgt vielmehr unmittelbar „d e i n d e de annunciatione...".

Zum anderen wird in allen erhaltenen dramatischen Texten der Sündenfall – wenn vorhanden – *expressis verbis* nach der Erschaffung des Menschen erwähnt. So heißt es in einer Chronik aus Regensburg:

> Anno Domini 1194 celebratus est in Ratispona ordo creacionis angelorum et ruina Luciferi et suorum, et creacionis hominis et c a s u s ...[12]

Da die Szene des Sündenfalls im Cividale-Zyklus offenbar fehlt, ist es nicht gerechtfertigt, diesen Zyklus als frühestes Fronleichnamsspiel zu bezeichnen: Fall und Erlösung des Menschen sind die beiden Wesenskerne des Fronleichnamsspiels (s. u.). Craig definiert selbst:

> ... the plays ... may be said to portray the entire plan of salvation ... It is the same great and familiar story of the fall and redemption of man as that which we have in epics, sermons ...[13]

Auch die Tatsache, daß die Spiele in Cividale zu Pfingsten aufgeführt wurden, macht eine direkte Verbindung mit den Fronleichnamsspielen unwahrscheinlich.

Die Behauptung Craigs, die Cividale-Spiele hätten als Vorbild für die englischen Fronleichnamszyklen gedient,[14] ist bereits aufgrund dieser Überlegungen eine unbeweisbare Hypothese, die auf der oberflächlichen, materiellen Ähnlichkeit der verglichenen Zyklen beruht.[15]

---

[11] So behauptet Meyer, *Fragmenta Burana*, S. 75 – ohne seine These beweisen zu können –: „Unter ‚repraesentatio de creatione primorum parentum' ist hier der Sündenfall und wahrscheinlich der ihm vorangehende Fall der Engel zu verstehen."
[12] Young, II, 542.   [13] S. 133 f.
[14] S. 100; bereits oben zitiert. – Auch D'Ancona, I, 94, lehnt einen Einfluß der Spiele von Cividale auf spätere Zyklen ab.
[15] Im übrigen sind Craigs Daten und Übersetzung z. T. falsch: Die beiden Eintragungen der Chronik beziehen sich auf die Jahre 1298 bzw. 1304 (nicht: 1303); Civitas Austriae (= Cividale) übersetzt Craig mit „Austria" (S. 101), Civitatensis (= von Cividale) mit ‚städtisch' (ebd.)!

An einem weiteren Beispiel wird deutlich, wie vorschnell Craig angebliche Vorläufer der Fronleichnamsspiele für seine Theorie heranzieht. In den sogenannten *Gesta Alberti Livoniensis Episcopi* (1. Hälfte des 13. Jahrhunderts) findet sich folgende Beschreibung einer dramatischen Aufführung:

> Eadem hyeme factus est ludus prophetarum ordinatissimus in media Riga, ut fidei christiane rudimenta gentilitas fide etiam disceret oculata. Cuius ludi materia tam neophitis, quam paganis, qui aderant, per interpretem diligentissime exponebatur. Ubi autem armati Gedeonis cum Philisteis pugnabant, pagani, timentes occidi, fugere ceperunt, sed caute sunt revocati...[16]

Dieser Bericht wird von Craig in sinnentstellender Weise wiedergegeben: „Eadem hyeme" übersetzt er fälschlich mit "in the same summer",[17] was sich seiner Theorie gut einfügen würde. Er will nicht wahrhaben, daß es sich um einen „ludus prophetarum" handelt, der in stark erweiterter Form („ordinatissimus") wie die anderen *Processus Prophetarum* zur Weihnachtszeit aufgeführt wurde.[18] Das Spiel ist keineswegs "a dramatization of man's fall and redemption", wie Craig behauptet:[19] Der thematische Umfang dieses Spiels wird in den *Gesta* genau begrenzt. Das Spiel zu Riga enthielt vor allem die Darstellung von Kriegen, in denen die Guten über die Bösen siegen: David über Goliath, Gideon über die Philister usw. Auch der Grund für diese Auswahl wird in den *Gesta* angegeben, bezeichnenderweise aber von Craig nicht zitiert:

> ... quia nimirum per bella plurima, que sequuntur, convertenda erat gentilitas, et per doctrinam Veteris ac Novi Testamenti erat instruenda, qualiter ad verum pacificum et ad vitam perveniat eternam.[20]

Es wird also bewußt nur ein kleiner Ausschnitt aus den vielen möglichen biblischen Themen geboten, um die Heiden – an die sich das Spiel vornehmlich richtet – bekehren zu können: Die Auswahl der Szenen wurde durch die Missionsabsicht bestimmt.[21] Die erst viel später entstehenden

---

[16] Arbusow, S. 44.
[17] S. 100; weitere Ungenauigkeiten Craigs: Das Spiel wurde 1205/1206, nicht 1226 aufgeführt; der Titel der betreffenden Quelle lautet: *Gesta Alberti Livoniensis Episcopi* – nicht: *„Gesta Livoniensis Episcopi"*.
[18] Vgl. Young, II, 125 ff. – Herrn Dr. O. A. Webermann (Göttingen) verdanke ich die genaue Angabe und Übersetzung des Titels von O. Silds Aufsatz, der mir nicht zugänglich war. Nach Mitteilung von Herrn Dr. Webermann hat Sild als Aufführungstag Epiphanias 1206 ermittelt.
[19] S. 100.   [20] Arbusow, S. 44.   [21] Vgl. Mackensen, S. 11; Gnegel, S. 74.

Fronleichnamszyklen folgen – wie noch gezeigt werden soll – anderen Prinzipien.

Aus diesem kurzen Überblick ergibt sich, daß sich schon im 13. Jahrhundert Hinweise auf zyklische Aufschwellungen finden, andererseits aber vor der Verbindung des Fronleichnamsfestes mit dramatischen Aufführungen keine echten Vorläufer „kosmischer Zyklen" erkennbar sind. Craigs Vermutung, das Spiel von Cividale habe als Muster für die englischen Fronleichnamsspiele gedient, ist – wie wir sahen – unbeweisbare Hypothese. Auch Chambers[22] sieht nur die stoffliche Ähnlichkeit der erörterten „Vorläufer" mit den eigentlichen Fronleichnamsspielen, nicht aber die vorhandenen Wesensunterschiede.

Wenn in den englischen Fronleichnamszyklen zum Beispiel der Sündenfall, der im Spiel von Cividale fehlt, hinzugefügt wird, so ist diese Erweiterung nicht "merely episodic",[23] sondern von entscheidender Bedeutung. Erst jetzt wird die g a n z e Heilsgeschichte dargestellt. Bis zum Anfang des 14. Jahrhunderts ließen die Verfasser der religiösen Spiele sich offenbar von den Zufälligkeiten episodischer Aufschwellung leiten. Erst mit dem Auftreten der Fronleichnamsspiele wird die „kosmische", die ganze Heilsgeschichte und Schöpfung umfassende Konzeption verwirklicht. Im Grunde ist man erst jetzt berechtigt, von Zyklen zu sprechen: Erst jetzt ist der Kreis geschlossen, in dem die Erlösung des Menschen beschlossen ist.

Obwohl Craig in den Spielen von Cividale direkte Vorläufer der englischen Fronleichnamsspiele erblickt, findet auch er keinerlei Anzeichen dafür, daß in England vor der allgemeinen Einführung des Fronleichnamsfestes kosmische Zyklen entstanden sind:

> There is no evidence that the plays in England had been combined into all-inclusive cycles before the early part of the fourteenth century.[24]

An anderer Stelle betont er den Zusammenhang zwischen der Einführung des Fronleichnamsfestes und der Zyklenbildung in England:

> In general, however, what seems to have been done after the establishment of the feast of Corpus Christi in northern England was to transfer to Corpus Christi day and to arrange in extensive cyclic form plays of already considerable cyclic development.[25]

Da das Fronleichnamsfest etwa seit 1320 in England allgemein gefeiert wurde,[26] sind ungefähr von diesem Zeitpunkt ab Fronleichnamszyklen

---

[22] II, 78.   [23] Chambers, *Stage*, ebd.   [24] S. 131.   [25] S. 132.
[26] In der Chronik des Klosters St. Peter in Gloucester heißt es:
„Anno Domini Millesimo trecentesimo decimo octavo i n c o e p i t festivitas de

auf der britischen Insel zu erwarten. Die frühesten Belege für die Aufführung englischer Zyklen (York: 1376, Beverley: 1377 usw.) stammen zwar aus der zweiten Hälfte des 14. Jahrhunderts, bezeichnen jedoch sicher nicht die jeweiligen Erstaufführungen. Wichtig ist in diesem Zusammenhang die Neudatierung der *Chester Plays,* die wohl um 1350 entstanden – zu der Zeit also, als in Chester die ersten Fronleichnamsprozessionen stattfanden.[27] Aus dem Zusammenhang zwischen Fronleichnamsfest und kosmischen Spielzyklen ergibt sich die Frage, wie es zu dieser Verbindung von Fronleichnamsfest und kosmischem Spiel kam.

Die Aufführung von Spielzyklen am Fronleichnamsfest wird in der Forschung meist dadurch „erklärt", daß man auf die für Aufführungen im Freien günstige Jahreszeit verweist:

> For the production of a lengthy play out of doors before huge crowds, a requirement of capital importance was the good weather of late spring and early summer. Since such a composition treated a wide variety of subjects, and was therefore more or less appropriate to a considerable number of separate feast-days, the choice of any one day, or group of days, was increasingly a matter of indifference, and might fall upon any great ecclesiastical festival which would naturally bring together large numbers of people.[28]

Diese „Erklärung" bedient sich lediglich oberflächlicher Argumente, während sie die hier vor allem wichtigen theologischen Aspekte von Fest und Zyklus außer acht läßt. Um eine befriedigende Antwort auf die hier gestellte Frage geben zu können, muß theologische Bedeutung und Liturgie des Fronleichnamsfestes untersucht werden. Damit lautet die Frage nunmehr: Enthält die Liturgie dieses Festes Elemente, die die Aufführung eines umfassenden Spielzyklus gerade an diesem Tage nahelegten?

Craig äußert sich zu diesem zentralen Problem zunächst ziemlich unbestimmt:

> The liturgy of Corpus Christi day ... has nothing in it that would suggest an ocular and corporeal representation of the whole story of man's fall

---

Corpore Christi generaliter celebrari per totam ecclesiam anglicanam." (Craig, S. 128). – Vgl. hierzu Matern, S. 92; Browe, *Ausbreitung,* S. 134.
[27] Vgl. Stemmler, *Datierung.*
[28] Young, II, 424 f. – Ähnlich: Chambers, *Stage,* II, 94 f.; Daiches, S. 211; Rossiter, S. 62; Williams, *Drama,* S. 53. – Lediglich Wickham, *Drama,* versucht – wie Verf. – die Entstehung der Fronleichnamszyklen mit Hilfe theologischer Überlegungen zu erklären. Sein Aufsatz ist jedoch eher methodologisches Programm als detaillierte Beweisführung.

> and redemption. There is no doubt, of course, that the presentation [of that whole story] was appropriate...[29]

Mit dieser vagen Vermutung ist nichts erklärt, sondern nur die Banalität umschrieben, daß eine Verbindung von Fronleichnamsfest und kosmischem Zyklus nicht unpassend sei. Seine folgende Bemerkung trägt ebensowenig zur Lösung des Problems bei:

> The fact that in large parts of England ... the people hit upon the connexion of that procession with the mystery plays ... must be regarded as a more or less accidental thing and a happy accident.[30]

Während Craig hier den ‚Zufall' walten läßt, weist er wenig später auf einen möglichen Einfluß der Liturgie des Fronleichnamsfestes hin:

> There is ... nothing deliberately prescriptive of the great cosmic theme of man's fall and redemption in the bull of Pope Urban IV, in the order of the Council of Vienne, or in the confirmation of the decree in the Canon Law; but there is something implicit to that end in the service of Corpus Christi day itself... Indeed, the plays as well as the service of the day may be said to portray the entire plan of salvation, culminating in Christ's sacrifice and always conscious of the types of Christ among the patriarchs.[31]

Diese unbewiesene Vermutung Craigs ist – im Gegensatz zu seinen vorher zitierten Äußerungen – ein wertvoller Diskussionsbeitrag. Im Verlauf unserer Untersuchungen wird sich herausstellen, ob diese Hypothese beweisbar ist.

Die oben gestellte Frage macht es erforderlich, die Liturgie des Fronleichnamsfestes und seine theologische Bedeutung in den Mittelpunkt unserer Betrachtungen zu stellen. Daraus ergibt sich ferner, daß die Verehrung der Eucharistie im Mittelalter – deren Höhepunkt die Einführung des Fronleichnamsfestes bildet – berücksichtigt werden muß.

In der Bulle *Transiturus* des Jahres 1264 verkündete Papst Urban IV. die Einsetzung des Fronleichnamsfestes. Bereits dieser relativ kurze Text widerlegt Craigs Behauptung, die Bulle enthalte "nothing deliberately prescriptive of the great cosmic theme of man's fall and redemption". Papst Urban IV. schreibt u. a.:

> Hoc est memoriale dulcissimum, memoriale salvificum, in quo gratam Redemptionis nostrae recensemus memoriam, in quo a malo retrahimur, et in bono confortamur... Dedit [Christus] igitur nobis se in pabulum, ut quia per mortem homo corruerat, et per cibum ipse relevatur ad vitam. **Cecidit homo per cibum ligni mortiferum, relevatus est homo per cibum ligni vitalis. In illo pependit esca mortis, in**

---

[29] S. 128.   [30] S. 129.   [31] S. 133 f.

> isto pependit vitae alimentum. Illius esus meruit laesionem, istius gustus intulit sanitatem. Gustus sauciavit, et gustus sanavit. Vide, quia unde vulnus est ortum, prodiit et medela; et unde mors subiit, exinde vita evenit. De illo siquidem gustu dicitur: Quacumque die comederis, morte morieris; de isto vero loquitur, Si quis comederit ex hoc pane, vivet in aeternum. Hic est cibus qui lene reficit, vere nutrit, summeque impinguat, non corpus, sed cor, non carnem, sed escam, non ventrem, sed mentem...[32]

Aus diesen Worten Urbans IV. geht hervor, daß die Einsetzung des neuen Festes im umfassenden Rahmen des Erlösungswerkes gesehen wird. Es wird ausführlich dargestellt, wie die eucharistische Speise die tödlichen Folgen aufhebt, die der Genuß jener verbotenen Speise im Paradies ausgelöst hat. In immer wieder neuen Formulierungen werden Sündenfall und Genuß der verbotenen Frucht der Erlösungstat Christi und dem Genuß der heilbringenden Speise gegenübergestellt. Das große Thema von Fall und Erlösung des Menschen ist also bereits in der päpstlichen Einsetzungsbulle deutlich erkennbar.

In ähnlicher Weise setzt Thomas von Aquin Sündenfall und Erlösungsspeise in Beziehung:

> Homo enim cedit a vita beata per cibum corporalem a Deo vetitum et ab homine usurpatum diabolo suggerente; et ideo conveniens existit, ut similia similibus, et contraria contrariis curarentur: quod scilicet homo reduceretur ad vitam a qua ciderat per cibum similiter corporalem a Deo praestitum, et ab homine sumptum, ipso Dei filio ministrante et imperante...[33]

In einer Predigt zum Fronleichnamsfest äußert der Aquinate den gleichen Gedanken:

> ...ut in esca agni immaculati et incontaminati Jesu Christi assequantur remedium qui per esum ligni vetiti morbum incurrerant et amiserant immarcescibilem aeternae gloriae coronam...[34]

Durch diese theologische Wesensbestimmung der Eucharistie ist das Fronleichnamsfest mit dem Anfang (Sündenfall) und der Mitte (Erlösungstat Christi) der Heilsgeschichte verbunden. Die Eucharistie steht aber auch mit dem Endpunkt der Heilsgeschichte – der Parusie Gottes – theologisch in enger Beziehung.[35] Diese zentrale heilsgeschichtliche Stel-

---
[32] S. 120–122.
[33] De *sacramento Eucharistiae*, cap. 6 (Fretté, XXVIII, 247).
[34] *Sermo de Festo Corporis Christi* (Fretté, XXXII, 680). – Die Gegenüberstellung „arbor vetitus – arbor salutis" findet sich in zahlreichen theologischen Abhandlungen des Mittelalters, z.B. in Schriften des Petrus Damianus, Guitmard von Aversa, Gerhoh von Reichersberg u. a. (vgl. hierzu Lubac, Exkurs G, S. 368 f.).
[35] Zur Dreiteilung der christlichen Heilsgeschichte vgl. Cullmann, *Zeit*, S. 64 f.

lung der Eucharistie – zwischen Sündenfall und Parusie – hat auch Thomas von Aquin mehrfach betont. In seinen Abhandlungen über die Eucharistie kommt er immer wieder auf die zukünftige Wirkung der eucharistischen Speise zu sprechen:

> [Hoc sacramentum] tertiam significationem habet respectu f u t u r i, inquantum scilicet hoc sacramentum est praefigurativum fruitionis Dei, quae erit in patria, et secundum hoc dicitur ‚viaticum', quia hic praebet nobis viam illuc perveniendi.[36]
>
> Et ideo placuit Deo per talem cibum corporalem reducere hominem ad spiritualem, pristinam et primariam puritatem, et f i n a l e m sanctitatem.[37]

Der Aquinate hat diese theologischen Überlegungen in der von ihm selbst verfaßten Liturgie des Fronleichnamsfestes berücksichtigt. So heißt es im Stundengebet der *Laudes*:

> Ad Magnificat.
> Antiphon: O sacrum convivium! in quo Christus sumitur, recolitur memoria passionis ejus, mens impletur gratia, et f u t u r a e g l o r i a e nobis pignus datur.[38]

Noch deutlicher wird der eschatologische Bezug in der *Postcommunio* der Messe vom Feste Fronleichnam:

> Fac nos, quaesumus, Domine, divinitatis tuae sempiterna fruitione repleri, quam pretiosi corporis et sanguinis tui temporalis perceptio p r a e f i g u r a t...[39]

Der Bezug des Altarssakraments auf die drei Äonen der Heilsgeschichte – Anfang, Mitte, Ende – findet in den kosmischen Zyklen der Fronleichnamsspiele seine Entsprechung: In der ursprünglichen Form eines jeden Fronleichnamszyklus werden Sündenfall, Einsetzung der Eucharistie (bzw. Passion Christi), Jüngstes Gericht dargestellt.

Als Zwischenergebnis kann bereits hier festgehalten werden: Das Gerüst der englischen Fronleichnamszyklen – *Fall of Man, Last Supper* (*Passion*), *Last Judgment* – hat sich nicht mehr oder wenig zufällig als Endergebnis einer langen evolutionären Entwicklung gebildet. Als das Fronleichnamsfest eingeführt war, lag es nahe, die bereits vorhandenen dramatischen Teilstücke mit den neu zu schreibenden, bisher noch fehlenden Einzelspielen zu einem Drama der ganzen Heilsgeschichte zu-

---

[36] *Summa Theologica*, III, q. 73, art. 4 (Deutsche Thomas-Ausgabe, XXX, 15).
[37] *De sacramento Eucharistiae*, cap. 6; Fretté, XXVIII, 247.
[38] Fretté, XXIX, 341.
[39] Ebd., 343.

sammenzufassen, das in seiner alles umfassenden Konzeption der theologischen Bedeutung der Eucharistie entsprach.

Nach welchen Gesichtspunkten wurden jedoch die übrigen Einzelspiele der Fronleichnamszyklen ausgewählt? Um diese Frage beantworten zu können, müssen wir uns die überragende Stellung der Eucharistie unter den kirchlichen Sakramenten vergegenwärtigen. Wenn Papst Pius XII. in unserer Zeit feststellt: „Christianae religionis caput ac veluti centrum Sanctissimae Eucharistiae Mysterium est",[40] unterscheidet er sich darin kaum von dem Aquinaten, der in seiner *Summa Theologica* schreibt:

> Eucharistia vero est quasi „consummatio" spiritualis vitae, et „omnium sacramentorum finis"...[41]

Dieses Sakrament stellt das größte aller christlichen Mysterien dar:

> ...in hoc sacramento totum mysterium nostrae salutis comprehenditur, ideo prae caeteris sacramentis cum majori solemnitate agitur.[42]

Wiederum wirkt sich die Feststellung des dogmatischen Theologen in der Liturgie aus. In einer Antiphon aus der Vesper des Fronleichnamsfestes wird die Sonderstellung des eucharistischen Mysteriums betont:

> Miserator et misericors Dominus escam dedit timentibus se in memoriam suorum mirabilium.[43]

Diese Antiphon ist Vers 4 f. des 110. Psalms nachgebildet, in dem die kosmische Allmacht Gottes gepriesen wird:

> 2. Magna opera Domini,
> Exquisita in omnes voluntates eius.
> 3. Confessio et magnificentia opus eius;
> Et iustitia eius manet in saeculum saeculi.
> 4. Memoriam fecit mirabilium suorum,
> Misericors et miserator Dominus.
> 5. Escam dedit timentibus se.
> Memor erit in saeculum testamenti sui.

Die meisten mittelalterlichen Theologen, die sich über das Altarssakrament äußern, verwenden in ihren Abhandlungen diese Psalmverse.[44]

---

[40] Enzyklika *Mediator Dei*, S. 547.
[41] q. 73, art. 3 (Deutsche Thomas-Ausgabe, XXX, 11). – Thomas zitiert hier Dionysius, *Eccl. Hier.*, cap. 3 (Migne, *P.G.*, 3, col. 425).
[42] *Summa Theologica*, q. 83, art. 4 (Deutsche Thomas-Ausgabe, XXX, 347).
[43] Fretté, XXIX, 335.
[44] Vgl. hierzu Taylor, *Structure*, S. 178 f.

Mit Hilfe dieses Psalmistenwortes von der „memoria mirabilium suorum" bringen die Theologen die wichtigsten „mirabilia" der Hl. Schrift mit dem eucharistischen Mysterium in Verbindung. Zunächst gilt dies natürlich für die wichtigsten Geschehnisse der neutestamentlichen Heilsgeschichte. So schreibt Thomas von Aquin:

> Sed in hoc [sub illa parva hostia contineri totum corpus Christi] facit Deus memoriam suorum mirabilium, quae prius fecit de seipso et in seipso. Primo in nativitate sua, quando exivit per portam clausam, ea semper clausa manente... Idem miraculum facit in sua resurrectione, quia resurrexit, et exivit de monumento omnino existente clauso. Idem etiam miraculum fuit, quando pluries ad discipulos januis clausis introivit...[45]

> In hoc [sub esse sacramentali est verum corpus Christi gloriosum] igitur fecit bis Deus memoriam mirabilium suorum similium praecedentium in Scriptura... Christus adhuc existens mortalis secundum corpus, ostendit se in monte in habitu glorioso, Petro, Jacobo et Joanni, et tamen corpus suum nondum erat glorificatum, sed gloriosum. Item quando jam post resurrectionem suam corpus suum erat veraciter gloriosum, nunquam amplius habitum gloriae dimissurum, nihilominus peregrinis euntibus in Emaus se ostendit sub habitu peregrini, et Magdalenae sub habitu hortulani.[46]

Das größte aller Mysterien – die Eucharistie – schließt also die „miracula" ein, die mit der Person Christi verbunden sind: Geburt, Verklärung, Auferstehung, Erscheinungen (*Hortulanus*, Emmaus, Jerusalem).

Damit begnügen sich die Theologen jedoch nicht. Sie stellen die Eucharistie in einen allumfassenden kosmischen Rahmen, der das gesamte Wunder der Schöpfung umspannt. Wiederum sei aus der Schrift *De Sacramento Eucharistiae* des Aquinaten zitiert:

> In praeparatione et in dispositione et ordinatione istius benedicti panis, scilicet Sacramenti Eucharistiae, Deus tot et tanta mirabilia inclusit, quod in ipso videtur quasi omnium mirabilium quae ab initio mundi fecit memoriam renovasse...[47]

> Et in hoc [= in transsubstantiatione] fecit Deus memoriam suorum mirabilium: quia sicut in principio creavit Deus coelum et terram et omnia quae in eis sunt solo verbo suo ... et sicut fecit de omnibus et singulis creaturis ab initio creatis ... sic facit Deus in Eucharistiae sacramento.[48]

---

[45] *De sacramento Eucharistiae*, cap. 3 (Fretté, XXVIII, 244).
[46] Ebd., S. 245.
[47] Ebd., S. 242.
[48] Ebd., S. 244.

Dieser kosmische Bezug wird nicht nur in der Liturgie des Fronleichnamsfestes, sondern bereits in der Meßliturgie, die an allen Tagen gilt, deutlich. Bis heute betet die Kirche im Kanon der Messe:

> Per quem [Christum] haec omnia, Domine, semper bona creas, sanctificas, vivificas, benedicis, et praestas nobis...[49]

Durch dieses Gebet wird die ganze Schöpfung („haec omnia") in das eucharistische Opfer einbezogen.[50] In einer englischen „Anleitung zum Messehören" aus dem 14. Jahrhundert wird dieses Kanongebet für die Laien paraphrasiert und verdeutlicht:

> þis w o r l d þat turnes mony wayes,
> make gode til us in alle oure dayes;
> þo w e d e r s grete & unstable,
> lord, make gode & sesonable;
> þo f r o y t e s of þo erthe make plentevus...[51]

Die zentrale Bedeutung dieses kosmischen Bezuges wird auch dadurch sichtbar, daß er bis heute lebendig geblieben ist. Daher sei abschließend noch ein zeitgenössischer Theologe zitiert:

> Dadurch, daß sie [die Kirche] dem Menschen als dem Mikrokosmos von Christus her das Heil vermittelt, zieht sie auch den außermenschlichen Kosmos in das Christusmysterium hinein. Sie tut dies vornehmlich durch das Sakrament... Durch die Sakramente kommt nun die Kirche in lebendigen Kontakt mit dem Kosmos, denn als echtes, von Christus eingesetztes Kultsymbol ist das Sakrament nicht bloß ein äußeres Zeichen, das stellvertretend etwas anzeigt..., sondern ein Zeichen, welches das Bezeichnete bewirkt und enthält... Durch das Wasser, das Öl, das Brot und den Wein wird die gesamte Dingwelt in das Heilswerk Christi und seiner Kirche einbezogen, vom Bann des Dämonischen erlöst und für Gott geweiht...[52]
> Indem die Kirche ihr sakramentales Heilswerk vollbringt, ereignet sich auch die consecratio mundi, wird der Kosmos... erneuert.[53]

Als Ergebnis halten wir fest, daß die Eucharistie als Meßopfer (seit dem 12. Jahrhundert) und als Gegenstand besonderer Verehrung am Fronleichnamsfest (seit 1264) von Theologen und Liturgikern in einen umfassenden kosmischen Bezug gestellt wird. Als zentrales Mysterium der

---

[49] Young, I, 38.
[50] Vgl. den Kommentar zum Meß-Kanon in der Deutschen Thomas-Ausgabe, XXX, 575; ferner Thalhofer, II, 147, 250. – An dieser Stelle der Messe wurden während des Mittelalters Naturalien gesegnet (vgl. Jungmann, II, 323 f.).
[51] *Lay Folks Mass Book*, S. 36, V. 388–392.
[52] Warnach, S. 199–201.
[53] Ebd., S. 204.

Kirche schließt die Eucharistie alle göttlichen Wunder ein: von der Erschaffung der Welt bis zu Geburt, Auferstehung und Theophanie Christi. Was lag näher, als am Fronleichnamsfest diesen kosmischen Bezug durch die Aufführung eines allumfassenden Spielzyklus darzustellen? Dieser Zyklus enthielt u. a. dieselben „mirabilia", die mit der Eucharistie in Verbindung gebracht wurden. Die nunmehr zyklische Gestaltung der geistlichen Spiele wurde dadurch erleichtert, daß die Texte für die meisten Einzelspiele bereits vorhanden waren.[54]

2. Geschichte als Liturgie

Nachdem der Zusammenhang zwischen Fronleichnamsspielen und Fronleichnamsliturgie bzw. der theologischen Bedeutung der Eucharistie erörtert worden ist, soll nun dargestellt werden, welche Rolle die „kosmische Liturgie" in den Fronleichnamszyklen spielt. Es handelt sich bei diesen Betrachtungen um eine zusammenfassende Synthese der bereits gefundenen Einzelergebnisse. Vor allem soll die theologische Bedeutung der Fronleichnamsspiele gewürdigt werden.

Es ist das Verdienst des sehr einflußreichen[55] Rupert von Deutz, bereits zur Zeit der Frühscholastik die Eucharistie in einen großen kosmischen Zusammenhang gestellt zu haben. Geiselmann stellt fest, daß Rupert

> ... die Eucharistie in eine großartige heilsgeschichtliche Perspektive rückt. Er konstruiert die Eucharistie von der Idee der *descensio* des Logos aus. Von da aus besehen ist ihm die Eucharistie mit ihren beiden Sakramentsrealitäten Leib und Blut ... die Form der *descensio* des Logos ..., und zwar hat sie in der Eucharistie ihren Höhepunkt erreicht.[56]

Nach der Auffassung Ruperts ist der Mensch von Anfang an zum Liturgen bestimmt, d. h. als Priester Gott zu huldigen. In dieser Weise deutet er Lev. 4, 3, der lautet:

---

[54] Vgl. Teil B. – Zur Auswahl der einzelnen alt- und neutestamentlichen Spiele vgl. Kolve, Kap. 4 („Corpus Christi Form: Principles of Selection"), S. 57–100. – Michael, *Prozessionsspiele*, bezeichnet in unzulässiger Verallgemeinerung alle Einzelspiele der Fronleichnamszyklen als „Erweiterungen ... des Prophetenspiels" (S. 31).

[55] Seine Werke sind in 215 Hss. überliefert; aus England sind 4 Hss. erhalten: 1 aus St. Albans (12. Jh.), 1 aus Canterbury (13. Jh.), 2 aus Lincoln (13. und 14. Jh.). (Vgl. dazu Haacke, *Überlieferung*, S. 427.)

[56] S. 6 f. – Zur Eucharistielehre Ruperts vgl. Haacke, *Eucharistielehre*.

> Si sacerdos, qui est unctus, peccaverit, delinquere faciens populum, offeret pro peccato suo vitulum inmaculatum Domino ...

In seiner Exegese zu dieser Textstelle schreibt Rupert:

> Quis igitur iste est sacerdos ... nisi primus homo Adam, qui cum deberet esse sacerdos, et jugi sacrificio laudis honorificare Dominum, ad hoc enim super jumenta et bestias terrae eruditus, id est ad imaginem et similitudinem Dei factus est, et in paradiso positus benedictione Creatoris in filiis suis augendus ut eidem Creatori gratias ageret, et sacrificium laudis offerret; cum, inquam, hoc facere deberet, peccavit, et omnes posteritatis suae populum delinquere fecit? Nam in illo omnes peccavimus, et omnes in illo juste mortui sumus, dicit ergo: „Offeret pro peccato suo vitulum immaculatum Domino ..."

> Hoc ita factum est. Adam non idem in persona, sed idem in natura, Adam, inquam, novus Deus et homo Christus Jesus, obtulit pro peccato suo vitulum immaculatum ... Quem vitulum obtulit immaculatum? Semetipsum, corpus suum immaculatum ... de genere patriarcharum antiquorum sine omni macula peccati conceptum et natum ...[57]

Die ureigenste Funktion Adams war es, Gott durch Dankesopfer zu ehren. Dieser liturgischen Aufgabe ist er jedoch untreu geworden, indem er Gott die geschuldete Ehre verweigert, ja sogar diese Ehre für sich selbst beansprucht. Kahles kommentiert diesen Abschnitt folgendermaßen:

> ... die Tat Adams ... ist eine symbolisch-kultische Handlung, da der Mensch in der sichtbaren Speise des verbotenen Baumes eine unsichtbare Wirklichkeit glaubte, die ihm das Gottsein vermitteln würde. Im symbolischen, rituellen Akt des Ausstreckens der Hände nach dieser Speise wollte er das Gottsein erhalten. Das ist allerdings im tiefsten Sinne des Wortes ein pseudo-kultischer Akt, in allem das gerade Gegenteil eines kultischen Aktes wahrer Gottesanbetung. Es war der erste Götzendienst, Satansdienst statt Gottesdienst.[58]

Auch in den englischen Fronleichnamszyklen wird deutlich, daß der Sündenfall nicht nur unter moralischen, sondern auch kultisch-liturgischen Gesichtspunkten gesehen wurde. Da sich in den *York Plays* die meisten Belege für eine solche Haltung finden, werden wir uns im folgenden fast immer auf Zitate aus diesem Zyklus beschränken.

Vor dem Sündenfall werden in den *York Plays* Erschaffung und Fall der Engel dargestellt. Auch die Engel sollen vor allem eine liturgische Funktion erfüllen und Gott preisen:

---
[57] *In Lev. 1, 14* (Migne, P.L., 167, col. 757).
[58] S. 48.

DEUS:

. . . .
in þe whilke blys I byde at be here
Nyen ordres of aungels full clere,
In lovyng ay lastande at lowte me.

Tunc cantant angeli: Te deum laudamus...[59]

Charakteristisch für den Wesensunterschied zwischen Fronleichnamsspielen und den früheren liturgischen quasi-dramatischen Feiern ist die Verwendung des *Te Deum* an dieser Stelle. Wie in Teil B bereits erwähnt, war in vielen Texten der Tropus *Quem quaeritis* Bestandteil des *Cursus* und zwischen dem letzten Responsorium und dem *Te Deum* der Matutin eingeschoben. Liturgische Stellung und Funktion des *Te Deum* waren hier genau fixiert und begrenzt. Diese Hymne drückte die Freude der Gläubigen über die Auferstehung Christi aus. Nach Ansicht mittelalterlicher Kommentatoren wurde die *Visitatio Sepulchri* sogar wegen dieser Hymne ans Ende der Matutin verlegt, da das *Te Deum* symbolisch den Augenblick der Auferstehung Christi bezeichnete.[60] In den *York Plays* ist diese Hymne von liturgischen Fesseln befreit. Nicht mehr nur die Auferstehung Christi wird bejubelt. Die Engel stimmen eine Lobpreisung des Schöpfers an; der kosmische Bezug dieser Hymne wird wieder sichtbar:

Te Deum laudamus; te Dominum confitemur.
Te aeternum Patrem omnis terra veneratur.
Tibi omnes Angeli: tibi coeli, et universae Potestates,
Tibi Cherubim et Seraphim, incessabili voce proclamant:
Sanctus, Sanctus, Sanctus, Dominus Deus Sabaoth.
Pleni sunt coeli et terra majestatis gloriae tuae.

. . . .
Te per orbem terrarum sancta confitetur Ecclesia..[61]

Nach dem *Te Deum* preisen die Engel die Allmacht des Schöpfers. Immer wieder ist von ihrer liturgischen Funktion – "worship" – die Rede:

ANGELUS CHERABYN:

. . . .
To-whyls we are stabyll in thoughte
In þe worschipp of hym þat us wroghte
Of dere never thar us more dowte us.

. . . .

---

[59] S. 2, V. 22–24; vgl. auch die sehr starke Betonung dieses liturgischen Elements in *Ludus Coventriae*, S. 17, V. 32 ff.
[60] Vgl. Young, I, 231.
[61] Ebd., I, 63.

Abb. 9. Sturz der Engel (Caedmon-Handschrift)

> ANGELUS SERAPHYN:
> With all þe wytt at we welde we wyrschip þi wyll,
> þu gloryus god þat es grunde of all grace,
> Ay with stedefaste steven lat us stande styll...⁶²

Nur Luzifer und seine Scharen verweigern Gott die liturgische Ehre. Seine Hoffart besteht eben darin, daß er die Gott geschuldete Anbetung für sich selbst beansprucht:

> Abowne ȝhit sall I be beeldand,
> On heghte in þe hyeste of hewuen.
> Ther sall I set my selfe, full semely to seyghte,
> To ressayve my reverence thorowe righte o renowne,
> I sall be lyke unto hym þat es hyeste on heghte...⁶³

In dem *Ludus Coventriae* knien die "angeli mali" sogar vor ihm nieder, nachdem er für sich liturgische Anbetung gefordert hat:

> LUCIFERE:
> To whos wurchipe synge ȝe þis songe?
> To wurchip god or reverens me?
> But ȝe me wurchipe, ȝe do me wronge,
> Ffor I am þe wurthyest þat evyr may be.
> . . . .
> ANGELI MALI:
> Goddys myth we for-sake
> and for more wurthy we þe take:
> þè to wurchep honowre we make
> and ffalle down at þi ffete.⁶⁴

Auf der hier wiedergegebenen Miniatur (Abb. 9) ist im oberen Teil zu erkennen, wie Luzifer, der verlangend auf Gottes Thron zeigt, liturgische Verehrung zuteil wird: Die abtrünnigen Engel bringen ihm Krone und Palmzweige als Zeichen seiner Herrschaft dar – Insignien also, die allein Gott zustehen. Diese Anmaßung führt (im unteren Teil des Bildes) zum Sturz der Engel durch Gott. Nach dem Fall der Engel entschließt sich Gott, den Menschen zu erschaffen, damit dieser die Stelle der gefallenen Engel als Liturge einnehme. Die Betonung dieses liturgischen Aspektes in den *York Plays* ist auffallend:

> DEUS:
> So passande of power tham thoght þam,⁶⁵
> Thai wolde noght me worschip þat wroghte þam,

---

⁶² *York Plays*, S. 3 f., V. 62 ff., 73 ff.; ähnlich: *Ludus Coventriae*, S. 18, V. 44 ff.
⁶³ *York Plays*, S. 4, V. 87–91.   ⁶⁴ S. 17, V. 40–43; S. 18, V. 62–65.
⁶⁵ "þam" bezieht sich auf die gefallenen Engel.

> For-þi sall my wreth ever go with þam.
> Ande all that me w y r s c h i p p e sall wone here, i-wys,
> For-thi more forthe of my warke wyrke nowe I will:
> . . . .
> Mankynde of moulde will I make...⁶⁶

Im dritten *pageant* – der Erschaffung Adams und Evas – äußert Gott wiederum die Absicht, den Menschen als seinen Liturgen zu erschaffen:

> DEUS:
> This werke is wrought nowe at my wille,
> But yitte can I here no beste see
> That accordes by kyndly skylle,
> And for my werke myghte w o r s h i p p e m e.
> . . . .
> A skylfull beeste þan will y make,
> Aftir my shappe and my liknesse,
> The whilke shalle w i r s h i p p e to me take...⁶⁷

Als Adam und Eva erschaffen sind, gebietet ihnen Gott, seinem liturgischen Gebot zu gehorchen; Adam und Eva versprechen Gehorsam:

> ADAM:
> And also saie us two un-tille,
> Whatte we schalle do and where to dwelle?
>
> DEUS:
> For this skille made y you þis daye,
> My name to w o r s c h i p p e ay where.
> . . . .
> EVE:
> Hym for to love we schal not lette,
> And w o r s h i p p e hym with mighte and mayne.⁶⁸

Der Sündenfall der ersten Menschen im fünften *pageant* wird in ähnlicher Terminologie wie der Sturz der Engel dargestellt. Wie Luzifer erliegen Adam und Eva der Versuchung, die Gott zustehende liturgische Ehrung für sich selbst zu beanspruchen:

> EVA:
> Why what-kynne thyng art þou,
> þat telles þis tale to me?
>
> SATANAS:
> A worme þat wotith wele how
> þat yhe may w i r s h i p p e d be.

---

⁶⁶ S. 6, V. 134–141.   ⁶⁷ S. 14 f., V. 13–24.   ⁶⁸ S. 16, V. 63–66; S. 17, V. 83 f.

> EVA:
> What wirshippe shulde we wynne ther-by?
> . . . .
> SATANAS:
> Nay, certis it is no wathe,
> Ete it safely ye maye.
> For perille rygth þer none in lyes,
> But worshippe and a grete wynnynge...[69]

Das „eritis sicut dii" der Genesis[70] wird mit einem charakteristischen Akzent versehen. Wie Luzifer erscheint auch Eva ein ganz bestimmtes Attribut des Gottseins besonders verlockend: angebetet zu werden. Gerade die Vernachlässigung des liturgischen Dankes wirft auch Rupert von Deutz Adam und Eva vor; dem obigen Zitat sei noch das folgende angefügt:

> Hic tandem animadvertendum est quam pertinaciter homo primus, homo terrenus, a Creatoris laude mutus perstitit, quam obstinatis labiis ab omni gratiarum actione abstinuit, et ingratum Domino Deo silentium dedit...[71]

Nach dem Sündenfall wendet sich Gott jedoch nicht vom Menschen ab, sondern will ihn ins Paradies zurückrufen. Dies geschieht, wie bereits das erste Zitat aus Rupert von Deutz[72] zeigte, durch das Kreuzesopfer Christi. Die Zeit, die zwischen dem Sündenfall und dem Opfer Christi vergeht, ist eine Zeit der Vorbereitung auf diese Tat. Es ergibt sich von selbst, daß jenes einmalige Opfer nur durch ähnliche Opfer vorgedeutet werden kann. Mit anderen Worten: Der Mensch des Alten Bundes versucht, durch liturgische Opferhandlungen die Gnade Gottes wiederzuerlangen, die durch das wider-liturgische Handeln Adams und Evas verlorengegangen war. In der Sprache Ruperts von Deutz heißt dies:

> Cum primum nemo sit, qui dubitet, sanctos omnes ab origine mundi expectasse hunc Redemptorem generis humani, nec aliter eos potuisse Paradiso restitui, nisi venisset prius hic Agnus tollere peccata mundi...[73]

In den *York Plays* wird ein Engel zu Kain und Abel gesendet, der sie an ihre liturgische Opferpflicht erinnert:

---

[69] S. 24, V. 52–56, 65–68.
[70] 3, 5.
[71] *In Gen. 2* (Migne, P.L., 167, col. 286).
[72] *In Lev. 1, 14* (Migne, P.L., 167, col. 757).
[73] *In Joan. 6* (Migne, P.L., 169, col. 467 f.).

> The tente to tyne he askis, nomore,
> Of alle þe goodes he haves you sent, ...
> To offyr loke þat ye be yore ...⁷⁴

Während Kain nur widerwillig opfert, vollzieht Abel die liturgische Handlung in demütigem Geiste:

> ABELL:
> Gramercy! god of thy goodness,
> that me on molde has marked þi man,
> I worshippe þe with worthynes,
> with alle þe comforte þat I can.⁷⁵

Abel ist – wie Christus – Priester, der ein Gott wohlgefälliges Opfer bringt. In diesem Sinne kommentiert auch Rupert von Deutz den biblischen Bericht über Kain und Abel:

> Ut autem tota similitudo perficiatur, pius sacerdos Abel post illud sacrificium justitiae, foras a maligno fratre evocatus, occiditur: quia videlicet illa sacratissimae coenae vespera Sacerdos idemque sacrificium Dominus Deus noster Jesus Christus, suis manibus oblatus, et in odorem suavitatis acceptus, ab impio discipulo traditus, ab illo Judaeorum populo, secundum carnem fratre suo, comprehenditur, et foras extra portam civitatis eductus crucifigitur.⁷⁶

Nach Abel treten dann in einer langen Reihe die Liturgen des Alten Bundes auf. In den Fronleichnamszyklen sind dies: Noah, Melchisedek, Abraham und – undeutlich erkennbar – Moses.

Bei Rupert von Deutz und vielen anderen Theologen – wie auch in den englischen Fronleichnamsspielen – erscheint die Geschichte nach dem Sündenfall als eine Zeit der Vorbereitung auf das eucharistische Opfer:

> Der Gang der Geschichte wird ... von einem grundlegenden Gesetz beherrscht: der Dreifaltige Gott muß durch eine Opfertat verherrlicht werden, die in allem das Gegenteil jener Untat ist, durch die der erste Mensch die Ehre Gottes schändete.⁷⁷

Durch das eucharistische Opfer wird die ursprüngliche Weltordnung wiederhergestellt, die durch die wider-liturgische Empörung der Stammeltern gestört worden war.

Die eucharistische Feier erneuert zugleich auch den ganzen Kosmos.⁷⁸

---

⁷⁴ S. 36, V. 27–30.
⁷⁵ Ebd., V. 34–37.
⁷⁶ *In Gen. 1*, 6 (Migne, *P.L.*, 167, col. 330).
⁷⁷ Kahles, S. 69.
⁷⁸ Vgl. Warnach, S. 171 f.; Kahles, S. 73.

Adam und Eva hatten im Sündenfall die Schöpfung geschändet, als sie eine Frucht der Erde mißbrauchten. Die Erde war durch den Fluch Gottes verdammt:

> 17. [Deus] ad Adam vero dixit: Quia audisti vocem uxoris tuae, et comedisti de ligno, ex quo praeceperam tibi ne comederes, maledicta terra in opere tuo: in laboribus comedes eam cunctis diebus vitae tuae.
> 18. Spinas et tribulos germinabit tibi, et comedes herbas terrae.[79]

Dieser Fluch wird im *Jeu d'Adam* auf wirkungsvolle Weise dargestellt, indem das Unkraut vom Teufel ausgesät wird:

> Tunc Adam [habebit] fossorium et Eva rastrum, et incipie[n]t colere terram et seminabunt in ea triticum... Interim veniet diabolus et plantabit in cultura eorum spinas et tribulos...[80]

Durch das Opfer Christi wird die verfluchte Erde wieder heilig. Christus ist das „Weizenkorn",[81] durch das die Erde geweiht wird:

> O granum frumenti nostrae spei residuum, nostrae inopiae solatium, de terra tua, quam benedixisti, Domine feliciter exortum. Etenim secundum naturam quam de terra sumpsit virginea, recte grano frumenti se assimilavit is qui de coelo venit Filius Dei...[82]

Durch die eucharistische Feier werden die Erwählten aller Zeiten als Glieder des mystischen Leibes Christi mit Christus als Haupt verbunden. Die Eucharistie heiligt den ganzen Kosmos und die ganze Menschheit:

> Magnum hoc sacramentum est. Caro Christi, quae ante passionem solius erat caro Verbi Dei, per passionem ita crevit, adeo dilatata est, ita mundum universum implevit, ut omnes electos, qui fuerunt ab initio mundi, vel futuri sunt usque ad ultimum electum in fine saeculi, nova conspersione hujus sacramenti, in unam Ecclesiam faciat Deum et homines aeternaliter copulari.
> Caro illa unum erat granum frumenti, quod antequam cadens in terram mortuum fuisset, nunc postquam mortuum est, crescit in altari, fructificat in manibus et corporibus nostris, et ascendente magno et divite domino messis, terram fructiferam, in qua crevit, secum vehit in horrea coeli (Joan. XV).[83]

---

[79] Gen. 3, 17 f.
[80] S. 27, Z. 103–109.
[81] Vgl. Joh. 12, 24 f.:
> 24. Amen, amen dico vobis nisi granum frumenti cadens in terram, mortuum fuerit,
> 25. ipsum solum manet: si autem mortuum fuerit, multum fructum adfert...

[82] Rupert von Deutz, *In Joan. 10* (Migne, *P.L.*, 169, col. 660).
[83] Ders., *In Joan. 15* (Migne, *P.L.*, 170, col. 43).

Erst auf dem Hintergrund dieser synthetischen Betrachtung wird der kosmische Charakter des eucharistischen Fronleichnamsfestes *in toto* sichtbar und verständlich. Die einzelnen Hinweise auf diesen Charakter, die wir verstreut in der Bulle Urbans IV., im *Officium* des Aquinaten für das Fronleichnamsfest usw. vorgefunden haben, fügen sich nun zusammen. Zugleich wird der kosmische Rahmen, in den die Fronleichnamszyklen eingebettet sind, in seiner vollen Bedeutung erkennbar.

3. Der Prozessionscharakter der englischen Fronleichnamszyklen

Die vorhergehenden Ausführungen haben den engen Zusammenhang zwischen Fronleichnamsspielen und Fronleichnamsfest dargelegt. Da dieses Fest sich spätestens im 14. Jahrhundert über den ganzen Bereich der römischen Kirche verbreitet hatte und andererseits an fast allen kulturellen Zentren Europas religiöse Spiele entstanden waren, müßte man erwarten, daß diese Einzelspiele an zahlreichen Orten zu Fronleichnamszyklen zusammengeschlossen worden wären. Dies ist jedoch nicht der Fall. Auf dem Kontinent entstanden zwar auch Fronleichnamsspiele. Diese wurden jedoch an Zahl und Bedeutung von den Passions-Zyklen weit übertroffen. Besonders in Frankreich stehen die Passionsspiele (bzw. später die Mirakelspiele) im Vordergrund: Passionsspiele sind u. a. aus Nevers, St. Maur, Vienne, Troyes, Valenciennes, Arras, Semur, Angers überliefert. Auch die umfangreichen späten Zyklen – etwa des Arnoul Greban oder Jean Michel – sind Passionsspiele. Alle diese Passionsspiele wurden stationär auf einer Simultanbühne aufgeführt.[84]

Ähnliches gilt für den deutschen Sprachraum, wo Passionsspiele u. a. aus St. Gallen, Wien, Alsfeld, Frankfurt, Heidelberg erhalten sind. Allerdings erlangten die Fronleichnamsspiele in Deutschland eine größere Bedeutung als in Frankreich. So sind zumindest die Zyklen aus Innsbruck und Künzelsau als Fronleichnamsspiele zu bezeichnen.[85] Das

---

[84] Vgl. Frank, S. 165; Cohen, *Mise-en-scène*, S. 68.
[85] Das sogenannte „Fronleichnamsspiel" aus Eger ist in Wirklichkeit ein stationär aufgeführtes Passionsspiel (vgl. hierzu Sengpiel, S. 60 f., und Brooks, *Processional Drama*, S. 167 f.). Auch die Annahme, die in dem Prager Synodalbeschluß des Jahres 1366 erwähnten „ludi theatrales" seien geistliche Fronleichnamsspiele, hat sich als irrig erwiesen: Brooks, *Processional Drama*, S. 167, weist nach, daß es sich eher um "worldly music, song, and plays, probably of itinerant minstrels" handelt. Alle anderen sogenannten „Fronleichnamsspiele" in Deutschland sind in Wirklichkeit pantomimische *transitus figurarum*, die zuweilen durch gereimte Er-

Innsbrucker Fronleichnamsspiel wurde mit Sicherheit,[86] das aus Künzelsau[87] wahrscheinlich stationär aufgeführt. Auf jeden Fall trifft Michaels Urteil zu: „In Deutschland sind Prozessionsspiele die Ausnahme".[88]

Die niederländischen *wagenspel* haben meist nichts mit Fronleichnamsspielen gemein, sondern sind pantomimische Umzüge – „vertoch" mit „stomme personagien" –, die aus den verschiedensten Anlässen veranstaltet wurden.[89]

Im mittelalterlichen Spanien sind prozessional aufgeführte Fronleichnamszyklen unbekannt. Während des 14. und 15. Jahrhunderts wurden lediglich *tableaux vivants* oder pantomimische Darstellungen in prozessionaler Weise veranstaltet: Zahlreiche biblische Figuren wurden auf *entremeses* oder *roques* genannten Wagen durch die Stadt gefahren.[90]

Für England ergibt sich ein völlig anderes Bild: Kein Text eines Passionsspiels ist uns erhalten. Aus einigen Dokumenten geht jedoch hervor, daß zumindest in New Romney, Aberdeen, Leicester und London Passionsspiele aufgeführt wurden[91]. Dagegen sind – meist prozessionale – Aufführungen von Fronleichnamsspielen u. a. in folgenden Städten sicher bezeugt:[92] Newcastle-upon-Tyne, Kendal, Preston, York, Beverley, Wakefield, Chester, Lincoln, Norwich, Ipswich, Worcester, Coventry, Canterbury. In etwa ebenso vielen Städten wurden Fronleichnamsspiele mit Wahrscheinlichkeit aufgeführt. Die Texte von vier Fronleichnamszyklen sind uns vollständig überliefert: Alle vier Zyklen sind ursprünglich prozessional aufgeführt worden.[93]

---

klärungen kommentiert wurden, so z. B. in Zerbst, Biberach, Freiburg, Frankfurt a. M. u. a. (vgl. hierzu Brooks, *Processional Drama*, S. 144 ff.).
[86] Vgl. Brooks, *Processional Drama*, S. 167. – Vgl. aber Michael, *Prozessionsspiele*, S. 33 und 41.
[87] In bezug auf die Aufführungsweise des Künzelsauer Fronleichnamsspiels werden unterschiedliche Ansichten vertreten. Während Creizenach, S. 233, Mansholt, S. 8 f., und Michael, *Prozessionsspiele*, S. 34, eine prozessionale Spielweise annehmen, haben sich Sengpiel, S. 97 ff.; Müller, *Stil*, S. 99 f.; Schumann, *Einleitung*, für eine stationäre Aufführung ausgesprochen.
[88] Rezension von A. Dörrer, *Tiroler Umgangsspiele*, in *ZfdA*, 89 (1959), 83.
[89] Vgl. Stecher, S. 142.
[90] Vgl. Crawford, S. 4; Parker, *Notes*, S. 172 ff.; Pfandl, S. 118 f.
[91] Craig, S. 142 f. – Besonders in Südengland waren Passionsspiele verbreitet (vgl. Craig, S. 152 f.).
[92] Ebd., S. 140; Chambers, *Stage*, II, Appendix W.
[93] Während die Zyklen aus Chester und York bis zuletzt prozessional aufgeführt wurden, ist der *Ludus Coventriae* in späterer Zeit stationär gespielt worden. Jedoch läßt auch diese – uns allein erhaltene – späte Bearbeitung deutliche Spuren

Wir können also feststellen, daß in England vornehmlich prozessional aufgeführte Fronleichnamszyklen gespielt wurden,[94] während auf dem Kontinent stationär aufgeführte Passionsspiele überwogen. Diese – von vielen Forschern nicht klar erkannte – Tatsache ist bisher nicht erklärt worden. Da wir nicht der Ansicht sind, ein solch tiefgreifender Unterschied habe sich zufällig herausgebildet, wird im folgenden eine Erklärung dieses Phänomens versucht.

Die meisten englischen Fronleichnamszyklen wurden ursprünglich in folgender, prozessionaler Weise aufgeführt: Die einzelnen Zünfte stellten jeweils einen eigenen Bühnenwagen – *pageant* genannt –, auf dem eines oder mehrere Spiele des Zyklus dargestellt wurden. Jeder Wagen machte an mehreren „Stationen" in der Stadt halt, so daß vor den Zuschauern an mehreren Schauplätzen ein Spiel nach dem anderen aufgeführt wurde. In einer leider späten – z. T. ungenauen, im wesentlichen aber richtigen – Aufzeichnung wird diese Aufführungspraxis von einem gewissen David Rogers folgendermaßen beschrieben:

> früherer prozessionaler Aufführung erkennen (vgl. hierzu Loomis, S. 245 f.; Swenson, S. 71; Cameron). – Ob der Wakefield-Zyklus in späterer Zeit stationär gespielt wurde, ist zweifelhaft. Rose, S. 26 ff., nimmt aufgrund (z. T. fragwürdiger) *internal evidence* eine feste Bühne für diesen Zyklus an (ähnlich: Stevens, S. 193 f.). Er vernachlässigt jedoch ein wichtiges Argument für eine prozessionale Aufführungsweise, das Cawley, S. xxv, drei Jahre vorher beigebracht hatte. In den *Wakefield Burgess Court Rolls* finden sich für das Jahr 1556 u. a. folgende Eintragungen:
>> Itm a payne is sett that everye crafte and occupacion doo bringe furthe theire **p a g y a u n t s** of Corpus Christi daye as hathe bene heretofore used...
>> Itm a payne is sett that everye player be redy in his **p a g y a u n t** at setled tyme before 5 of ye clocke in ye mornynge...
>> Itm a payne is sett yt ye players **p l a y e   w h e r e   s e t l e d   a n d   n o   w h e r e   e l s**...
>
> (Cawley, S. 124).
> Diese Eintragungen beziehen sich eindeutig auf einzelne *pageants*, die an verschiedenen *stations* auf Bühnenwagen gespielt wurden. – Auch Weimann, *Platea*, S. 332 f.; *Shakespeare*, S. 123, spricht sich gegen die Theorien von Rose und Stevens aus: Nach seiner Ansicht wurde der Wakefield-Zyklus auch in später Zeit auf fahrbaren *pageant-carts* gespielt, deren Spielfläche durch Plattform-Karren vergrößert wurde.

[94] Rose, S. 30, behauptet dagegen:
> Performance by pageants in procession is the exception rather than the rule, as the stationary presentation of plays at Louth, Reading, Bassingbourne, Chelmsford, Shrewsbury, Cornwall, Aberdeen, and Edinburgh prove.

Diese von Rose einseitig ausgewählten Ortsnamen beziehen sich – mit Ausnahme der Passionsspiele von Cornwall und Aberdeen – auf Einzelspiele, die zudem häufig überhaupt nicht am Fronleichnamsfest aufgeführt wurden. Rose läßt die überwiegend prozessionalen Fronleichnamszyklen außer acht, vermittelt also ein falsches Bild von der Häufigkeit stationärer Aufführungen.

And when they had done with one cariage in one place, they wheeled the same from one streete to another: first from the Abbaye gate to the pentise, then to the watergate streete, then to the bridge streete, throughe the lanes, and so to the estgate streete. And thus they came from one streete to an other keapinge a direct order in every streete; for before the firste cariage was gone, the seconde came, and so the thirde, and so orderly till the laste was donne, all in order, without any stayeinge in place; for, worde beinge broughte how every place was neere done, they came, and made no place to tarye, till the last was played.[95]

Die Erklärung für diese merkwürdige Art der Aufführung ist naheliegend. Nach der Einführung des Fronleichnamsfestes war die Prozession, die an diesem Tage stattfand, bald zum wichtigsten Ereignis des Festes geworden. In ihr wurde die Eucharistie, deren Einsetzung an diesem Tage besonders gefeiert wurde, von einer Station zur anderen getragen, begleitet von Klerikern, Vertretern der Gilden und Zünfte und zahlreichen Laien. An diesen Stationen waren Altäre errichtet, vor denen die Prozession haltmachte und Gebete verrichtete. Als nach der Einführung des Fronleichnamsfestes die kosmischen Spielzyklen entstanden, hätte man durchweg die stationäre Spielweise beibehalten können, wie sie seit den Anfängen der quasi-dramatischen Feiern üblich war. In der Mehrzahl der Fälle entschied man sich jedoch für die oben beschriebene neue Aufführungspraxis: Da Entstehung und Zusammensetzung der Fronleichnamszyklen aufs engste mit dem Fronleichnamsfest zusammenhingen, lag es nahe, auch das zentrale Ereignis des Festes – die Prozession – mit den Spielen in Verbindung zu bringen. Die prozessionale Spielweise wurde der Fronleichnamsprozession nachgebildet. An den Laien, die der Prozession oder den Spielen zuschauten, zog in prozessionaler Folge das gleiche kosmische Geschehen vorüber:

> Each scene was repeated at several 'stations' in different parts of the city, pageant succeeding pageant in regular order, with the general effect of a vast procession slowly unrolling itself along the streets.[96]

Die eucharistische Gegenwart Christi wurde durch die Prozession in kultischer Form, durch die Spiele in dramatischer Weise manifestiert. Ähnlich wie am Beginn der *Visitatio Sepulchri* die österliche Liturgie steht, beeinflußt die Liturgie des Fronleichnamsfestes die Fronleichnamsspiele. Im Gegensatz zu dem früheren Vorgang handelt es sich bei den Fronleichnamszyklen jedoch nicht um eine völlig neue Schöpfung, sondern um eine Neu-Ordnung meistenteils traditionellen Materials. Die Fronleichnamsspiele entstanden nicht direkt aus der Fronleich-

---

[95] *Digby Plays*, S. xix.   [96] Chambers, *Stage*, II, 133.

nams-Liturgie, sondern wurden nach deren kosmischem Vorbild umgruppiert und zusammengefaßt. Darüber hinaus diente die Fronleichnamsprozession als Muster für eine prozessionale Aufführungspraxis der Spiele.[97]

Die Übernahme dieser prozessionalen „Technik" bot sich auch aus dem Grunde an, weil in der Liturgie der Fronleichnamsprozession die gleichen eucharistisch-kosmischen Elemente enthalten waren wie in der Fest-Liturgie und den Spielen selbst.[98]

---

[97] Obwohl der Zusammenhang zwischen Fronleichnamsprozession und prozessionaler Spielweise offensichtlich ist, wurde er in jüngster Zeit bestritten. So äußert Schlauch, S. 318, die Vermutung, die prozessionale Spielweise lasse sich auf nichtchristliche Umzüge zurückführen:
> In creating their processional plays, writers of the time may at certain points have drawn upon festival games and rituals of folklore, such as springtime celebrations of nature's resurrection which antedate the Christian religion in England ...

Heidnische Umzüge und christliche Prozessionen weisen naturgemäß Gemeinsamkeiten auf, es ist jedoch abwegig, die naheliegende Beziehung zwischen christlichem Spiel und christlicher Prozession zu übersehen und statt dessen auf heidnische Bräuche zu verweisen.

Wickham, *English Stages*, I, 122 ff., lehnt ebenfalls eine Beeinflussung der prozessionalen Aufführungsweise durch die Fronleichnamsprozession ab; statt dessen leitet er die prozessionale Spielweise von der *civic pageantry, royal entries* u. ä. her. Gegen eine solche Annahme sprechen gewichtige Gründe: Warum entstanden gerade in London, wo die meisten *royal entries* stattfanden, keine prozessional aufgeführten Fronleichnamszyklen? Vor 1486 fand in der englischen Provinz, aus der zahlreiche prozessionale Fronleichnamszyklen stammen, kein einziger *royal entry* statt! (Vgl. Wickham, *English Stages*, I, 348 f.) Außerdem ist der Einfluß einer religiösen Prozession, die ursprünglich meist am gleichen Tag stattfand, auf religiöse Spiele naheliegender als der eines weltlichen Umzugs. Auch die Gründe, die Wickham, *English Stages*, I, 168, für die Einführung der prozessionalen Spielweise angibt, lassen den wichtigsten – den theologischen – Bereich außer acht; Wickham betrachtet die Fronleichnamszyklen lediglich als organisatorisches, verkehrstechnisches und finanzielles Problem:
> The factors which could most easily have suggested perambulatory presentation are, first, a marked reduction of expense in the provision of an auditorium, secondly, the prevention of traffic congestion of the sort which a single large stage and auditorium erected in a central thoroughfare could easily engender and, thirdly, organizational convenience where many, already self-contained, groups of people are each contributing a separate part of the whole.

Ob die Fronleichnamszyklen ursprünglich während der Prozession aufgeführt wurden, erscheint fraglich. Bereits die Länge der Zyklen macht eine solche Annahme unwahrscheinlich (vgl. Craig, S. 135 f.; Pierson, S. 160). Vor allem aber finden sich keine Belege für solch eine Verbindung (vgl. Pierson und Blair). Wohl sind in späterer Zeit Bühnenwagen oder Darsteller biblischer Personen aus den Spielen in der Prozession anzutreffen (vgl. Chambers, *Stage*, II, 160 f.). An anderen Orten enthielten die Prozessionen eine Art *dumb-show* (vgl. Chambers, *Stage*, ebd.; Craig, S. 136 f.).

[98] Noch heute werden während der Fronleichnamsprozession mehrere Hymnen

Obwohl das Fronleichnamsfest und die zugehörige Prozession während des 14. Jahrhunderts im ganzen Bereich der römischen Kirche eingeführt wurden, sind die Fronleichnamszyklen in diesem Gebiet sehr unterschiedlich verbreitet. Insbesondere die prozessional auf Wagen dargestellten Spiele finden sich fast ausschließlich in England (s. o.).

Da Fronleichnamsfest und -prozession die Entstehung und Beschaffenheit der Fronleichnamszyklen maßgeblich beeinflußt haben, kann die unterschiedliche Entwicklung der Fronleichnamsspiele nur so erklärt werden, daß trotz der allgemeinen Verbreitung des Fronleichnamsfestes und der -prozession örtliche Besonderheiten wirksam geworden sind. In bezug auf die Situation in England – die uns hier vor allem beschäftigt – würde dies bedeuten: Die überragende Stellung der Fronleichnamszyklen und deren meist prozessionale Aufführung fordern eine Erklärung heraus, die eine eventuelle englische Sonderentwicklung eucharistischer Kultformen berücksichtigen müßte. Genauer: Läßt sich in England eine Tradition nachweisen, die in besonderem Maße und seit früher Zeit theophorische Elemente enthält, die im übrigen Europa erst mit der allgemeinen Einführung der Fronleichnamsprozession stärker in Erscheinung treten? Kann insbesondere der „theophorische" Charakter der meisten englischen Fronleichnamszyklen – der u. a. durch die prozessionale Aufführung entsteht – auf solch eine alte kultische, im Klerus und Volk fest verwurzelte Tradition zurückgeführt werden?

Die Fronleichnamsprozession ist nicht *ex nihilo* entstanden, sondern hat in sich Elemente früherer Prozessionen, Umgänge usw. vereinigt.[99] Zu den Prozessionen, die am stärksten auf die spätere Fronleichnamsprozession eingewirkt haben, gehört vor allem jene, die am Beginn der Karwoche – dem Palmsonntag – stattfand. Durch sie wird an den Einzug Christi in Jerusalem erinnert. Die Palmsonntagsprozession ist bereits aus dem Grunde für die Entwicklung der Fronleichnamsprozession wichtig, weil sie mit jener den freudigen, triumphalen Charakter gemein hat. Dieses wesentliche Merkmal fehlt bei den anderen theophorischen Prozessionen, die bereits vor Einführung der Fronleichnamsprozession bestanden: z. B. der Gründonnerstagsprozession, den Versehgängen usw. Der freudige Charakter der Palmsonntagsprozession kommt noch in den *Chester Plays* zum Ausdruck:

---

aus dem *Officium de Festo Corporis Christi* des Aquinaten gesungen: *Pange lingua, Sacris solemniis, Verbum supernum prodiens.*
[99] Vgl. Matern; Browe, *Entstehung*; Ter Reegen; *LTK, s. v. Fronleichnamsprozession.*

SECUNDUS PUER:
Make we mirth all that we may,
pleasant to that lordes pay.
hosanna, I redd by my fay,
to sing that we fonde.[100]

In dieser Beziehung ist die Palmsonntagsprozession der Fronleichnamsprozession wesensähnlich. Daß das Fronleichnamsfest ein Tag der Freude und des Triumphes ist, hat Urban IV. schon in seiner Einsetzungsbulle ausdrücklich festgestellt:

> ... ut ... turbae fidelium propter hoc ad Ecclesias affectuosae concurrant, et tam Clerici, quam Populi gaudentes in cantica laudum surgant. Tunc enim, omnium corda, et vota, ora, et labia hymnos persolvant laetitiae salutaris.[101]

Palmsonntagsprozessionen fanden bereits im 4. Jahrhundert in Jerusalem statt.[102] Seit dem 7. Jahrhundert wurden Prozessionen am Palmsonntag auch im Bereich der römischen Kirche üblich. Bereits früh versuchte man, die Gegenwart Christi durch ein in der Prozession mitgeführtes Symbol anzudeuten. Für diesen Zweck verwendete man zunächst entweder ein Kreuz oder ein Exemplar der Bibel. Später wurden – vor allem in Deutschland – diese Symbole durch mehr oder weniger realistische Abbildungen ersetzt: Es wurden auf Räder montierte Holzplastiken – sogenannte Palmesel – mitgeführt, die Christus auf einem Esel sitzend darstellen.[103]

In England fand die Prozession früh Eingang.[104] Ähnlich wie auf dem Kontinent werden Bibel oder Kreuz als Symbol Christi verwendet worden sein. Erst während des 11. Jahrhunderts wird in die englische Palmsonntagsprozession eine Neuerung eingeführt: Die Person Christi wird nicht mehr nur symbolisch (durch Kreuz und Bibel) bzw. konkret erinnernd (Palmesel) dargestellt, sondern durch das Mitführen der Eucharistie tatsächlich vergegenwärtigt. Dadurch erhält die Palmsonntagsprozession – wie später die Fronleichnamsprozession – einen theophorischen Charakter. In beiden Prozessionen wird die Gottheit „aus der Abgeschlossenheit des Heiligtums – aus der latenten Heiligkeit – in Berührung mit der Welt gebracht". Beide Prozessionen bringen „die Gottheit selbst ‚in Bewegung' ... zur Weltanwesenheit".[105]

---

[100] II, 257, V. 205–208.
[101] S. 122.
[102] Vgl. Duchesne, S. 490 ff.; Young, I, 86.
[103] Vgl. Matern, S. 44; Santi, S. 170 f.; Stückelberg; Wiepen; Young, I, 91 ff.
[104] Bridgett, S. 267 f.
[105] *RGG*, s. v. Prozession.

Der erste Beleg für eine solche theophorische Palmsonntagsprozession findet sich in den *Decreta pro ordine Sancti Benedicti,* die Erzbischof Lanfranc für das Kathedralkloster von Canterbury verfaßte.[106] Lanfranc beschreibt den Verlauf der Prozession folgendermaßen:

> Praecedant famuli cum vexillis, sequatur conversus ferens situlam cum aqua benedicta; alii duo portantes duas cruces, item duo cum duobus candelabris, accensis desuper cereis; alii duo ferentes duo thuribula igne et thure referta... Hos sequantur duo subdiaconi portantes duos textus evangeliorum, post quos laici monachi, deinde infantes cum magistris; post quos caeteri fratres praecedentes abbatem, qui ultimus procedit, duo et duo sicut sunt priores...
> Cantore autem incipiente antiphonam *Occurrunt turbae* exeant duo sacerdotes albis induti qui portent feretrum, quod parum ante diem ab eisdem sacerdotibus illuc esse debet delatum, in quo et corpus Christi esse debet reconditum. Ad quod feretrum praecedant statim qui vexilla portant, et cruces, et caetera quae superius dicta sunt. Et stantibus iis qui feretrum portant, stabunt et ipsi a dextera et a sinistra ipsius feretri ordinate sicut venerunt. Pueri vero accedentes stabunt versis vultibus ad ipsas reliquias... Finita antiphona *Occurrunt turbae,* incipiant pueri... *Osanna filio David,* flectentes genua et in principio et in fine antiphonae... Quam antiphonam chorus repetat et similiter genua flectat...
> Taliter his peractis abbate vel cantore incipiente antiphonam *Ave rex noster* transeant portitores feretri per medium stationis praecedentibus his qui vexilla portant et caeteris superius dictis portitoribus... Quibus transeuntibus flectant genua, non simul omnes, sed singuli hinc et inde, sicut feretrum transibit ante eos...
> Cum venerint ad portas civitatis stationem faciant separatis ad invicem prout locus patietur utrisque lateribus. Feretrum vero ante introitum portarum sic ponatur super mensam pallio coopertam, ut praedicti portitores ex utroque latere stantes habeant ad feretrum in medio eorum positum versas facies suas. Locus vero super introitum portarum honeste debet esse paratus cortinis et dorsalibus. Taliter ordinata statione, canant pueri de loco apto... *Gloria laus*...
> Ingrediente civitatem processione duo maiora signa pulsentur... Sic ordinata processio veniens usque ante portas monasterii faciat stationem... Deponatur iterum feretrum super mensam pallio coopertam... Et ingressi æcclesiam faciant iterum stationem per omnia similem ante crucifixum prius detectum ... et intrent chorum sonantibus ad missam signis. Missam celebrent, palmas et frondes in manibus habeant...[107]

In dieser Prozession werden zwar noch das bisher übliche Kreuz und Evangelienbuch mitgeführt, im Mittelpunkt steht jedoch das *corpus Christi,* das vor Beginn der Prozession in einen Schrein („feretrum") gelegt worden ist. Ähnlich wie später in der Fronleichnamsprozession

---

[106] Vgl. Robinson, *Lanfranc.*
[107] Knowles, *Decreta,* S. 23–25.

gehen Fahnenträger usw. der Eucharistie voraus, wird der Leib Christi durch Kniefall geehrt, auf einer „mensa" (bereits ein Altar?) ausgestellt, während die Prozession an einer „Station" anhält.

Lanfrancs Angaben zeigen, daß bereits im 11. Jahrhundert theophorische Palmsonntagsprozessionen in England stattfinden, die die spätere Fronleichnamsprozession in wesentlichen Elementen vorbereiten. Der Zeitpunkt dieser Neuerung ist symptomatisch: In der zweiten Hälfte des 11. Jahrhunderts machen sich die ersten Anzeichen für eine eucharistische Wiedergeburt bemerkbar. Unter anderem zwangen die Irrlehren Berengars von Tours (gest. 1088), der die Transsubstantiation leugnete, die Kirche zu einer intensiven theologischen Beschäftigung mit dem Altarssakrament.[108] Außerdem sah sich die Kirche genötigt, den Gläubigen das Geheimnis der Transsubstantiation zu veranschaulichen.

Einer der wichtigsten Gegner Berengars war Lanfranc, der als Prior des Benediktinerklosters Bec in der Normandie u. a. ein *De corpore et sanguine Domini adversus Berengarium Turonensem liber* verfaßt hatte.[109] Derselbe Lanfranc gab aber auch, wie oben gezeigt wurde, der Palmsonntagsprozession einen theophorisch-eucharistischen Charakter. Lanfranc kommt also das Verdienst zu, die Verehrung der Eucharistie theoretisch und praktisch gefördert zu haben. Daß die Palmsonntagsprozession in besonderem Maße für eine eucharistische „De-monstration" geeignet war, ergibt sich bereits aus ihrer geschichtlichen Entwicklung:

> Zumal bei der Prozession am Palmsonntag, die schon lange auf eine möglichst getreue Wiedergabe des Einzuges Christi in Jerusalem und dabei auf eine möglichst lebensnahe Darstellung des Herrn selber hinzielte, drängte sich nach der Herausforderung Berengars der Gedanke geradezu auf, den Triumph des in der Eucharistie gegenwärtigen Königs nun öffentlich vor aller Welt zu bekunden. Auch bot der Palmsonntag mit seiner volkstümlichen Prozession zur Verwirklichung dieser Idee wie auch zur Genugtuung der Gläubigen den idealen Rahmen.[110]

Die theophorische Palmsonntagsprozession fand in England weite Verbreitung.[111] Über den Brauch in St. Albans während des 12. Jahrhunderts berichtet z. B. Matthaeus Parisiensis:

> Nec praetereundum ... quod idem Abbas Simon [1166–83] unum vas mirificum, per modum scrinii compositum ... contulit fabricatum. Et ...

---

[108] Vgl. Matern, S. 5.
[109] Migne, *P.L.*, 150, col. 407–442. – Vgl. Macdonald, S. 41–55.
[110] Matern, S. 43, Anm. 16. – Vgl. Knowles, *Order*, S. 545.
[111] Wichtig ist die Tatsache, daß sich mindestens 11 englische Klöster und Kathedralen nach Lanfrancs *Decreta* richteten (Knowles, *Order*, S. 123 f.).

> constituit ut in Dominica Palmarum Corpus Dominicum in ipso scrinio veneranter reponeretur, et ab aliquo fratrum ... usque ad papilionem in Coemeterio, de pretiosissimis palliis compositum, ... et tunc in Capitulum deportaretur... Et eodem modo, sequente processione, ad ecclesiam venerantissime reportaretur; ut videant fideles quanto honore dignum sit sacrosanctum Corpus Dominicum...[112]

Aus Winchester ist die Prozession für das 12./13. Jahrhundert belegt.[113] Im sogenannten *Consuetudinarium Sancti Osmundi* aus Salisbury ist die eucharistische Palmsonntagsprozession ebenfalls vorgeschrieben:

> Deinde fiat benediccio florum vel frondium, et, dum distribuantur rami benedicti, preparetur feretrum cum reliquiis in quo corpus domini in pixide dependeat, et ad locum stacionis a duobus clericis ... deferatur.[114]

Dieser Beleg ist besonders wichtig, da das *Consuetudinarium* von Salisbury vor allem während des 13. Jahrhunderts sehr einflußreich war. So stellt Papst Gregor IX. im Jahre 1228 fest, dieses Zeremoniell sei in den meisten englischen Kirchen üblich.[115]

Weitere Belege für diese Prozession liegen aus den Diözesen York und Hereford vor.[116] In einigen dieser liturgischen Quellen wird ausdrücklich auf die Beeinflussung der Fronleichnamsprozession durch die Palmsonntagsprozession hingewiesen. So heißt es in Prozessions-Ordnungen aus York und Rouen, bestimmte Elemente der Fronleichnamsprozession seien die gleichen wie die aus der Liturgie von Palmsonntag: „modo quo dictum est Dominica in Ramis".[117]

Noch in einer späten Prozessions-Ordnung aus Rouen ist erkennbar, wie eine wichtige Einzelheit aus der Prozession des Palmsonntags in die des Fronleichnamsfestes übernommen wurde. Während das *corpus Christi* der Fronleichnamsprozession meist in einer *pyxis* oder Monstranz von nur einem Kleriker getragen wird,[118] ist dieser Brauch in der vorliegenden Prozessions-Ordnung folgendermaßen umgestaltet worden:

---

112 *Vitae Abbatum Monasterii S. Albani;* inkorporiert in *Gesta Abbatum Monasterii S. Albani, a Thoma Walsingham compilata,* S. 191 f.
113 Young, I 92.
114 Frere, I, 60; vgl. Matern, S. 43, und Young, I, 93.
115 Legg, S. v.
116 Vgl. Bridgett, S. 269; Matern, S. 44; Bishop, S. 278. – Bishop, S. 293, bezeichnet die weite Verbreitung dieser eucharistischen Prozession zu Recht als "a symptom of the increasing prominence given ... to the public worship of the Blessed Sacrament".
117 Tolhurst, S. 344 f.; vgl. Ter Reegen, S. 3.
118 Vgl. Ter Reegen, S. 21 f.

> ... et portetur feretrum, in quo sit corpus Christi, honorifice a duobus sacerdotibus indutis casulis albis ... .[119]

Wie in den meisten Palmsonntagsprozessionen wird hier also der ‚Schrein' („feretrum"), in dem sich das *corpus Christi* befindet, während der Fronleichnamsprozession von zwei Klerikern getragen. Als Vergleich diene die entsprechende Vorschrift derselben Prozessions-Ordnung für die Palmsonntagsprozession:

> ... deferatur corpus Domini ad locum destinatum in feretro a duobus sacerdotibus ... in albis.[120]

Bereits in Lanfrancs *Decreta* lautete die Vorschrift für die Prozession am Palmsonntag:

> ... exeant duo sacerdotes, albis induti, qui portent feretrum ..., in quo et corpus Christi esse debet reconditum ... .[121]

Es ergibt sich also eindeutig, daß die eucharistische Palmsonntagsprozession in allen wichtigen englischen Diözesen zumindest während des 13. und 14. Jahrhunderts üblich war. Seit der Einführung der Fronleichnamsprozession verlor die Palmsonntagsprozession allmählich wieder ihren theophorischen Charakter: Das *corpus Christi* wurde nunmehr in der eucharistischen Prozession kat'exochen – der Fronleichnamsprozession – mitgeführt.[122]

Für unsere Fragestellung ist die geographische Verbreitung der eucharistischen Palmsonntagsprozession wichtig. Young schreibt: "This was a common custom in England and France."[123] Genauer müßte es heißen: in England und der Normandie. Denn nur aus diesen Gebieten sind vor dem 14. Jahrhundert Belege für eine theophorische Palmsonntagsprozession vorhanden.[124] Unter Berücksichtigung der damaligen politischen Verhältnisse läßt sich dieser Quellenbefund in folgender Weise deuten: Nach der Eroberung Englands durch den Normannen Wilhelm (1066) gehörte die Normandie bis zum Anfang des 13. Jahrhunderts zum englischen Reich. Die wichtigsten Kirchenämter wurden

---

[119] Migne, *P.L.*, 147, col. 123.
[120] Ebd., col. 117.
[121] Knowles, *Decreta*, S. 24.
[122] Vgl. Matern, S. 43 f. – In der englischen Gemeinde Melford (Suffolk) wurde jedoch die Eucharistie noch während des 16. Jahrhunderts in der Palmsonntagsprozession mitgeführt (vgl. Bridgett, S. 270).
[123] I, 92.
[124] Vgl. Browe, *Entstehung*, S. 108; Santi, S. 165; Matern, S. 42. – Young, I, 92, Anm. 1, behauptet, die Prozession sei auch aus "Rome" überliefert; er verwechselt hier Rome mit Rouen(!).

nach der normannischen Eroberung mit Klerikern besetzt, die früher in der Normandie gewirkt hatten. So erhielt auch Lanfranc, Prior des normannischen Klosters Bec, die Erzdiözese Canterbury. Hier führte er die eucharistische Palmsonntagsprozession ein, deren Ritus er vielleicht selbst entworfen hat.[125] Für die Annahme, daß er als erster der Palmsonntagsprozession einen theophorischen Charakter verlieh, spricht u. a. sein Vorwort zu den erwähnten *Decreta*, in denen er auf einige von ihm eingeführte liturgische Neuerungen hinweist:

> Mittimus vobis nostri ordinis consuetudines scriptas, quas excerpsimus ex consuetudinibus eorum cenobiorum, quae nostro tempore maioris auctoritatis sunt in ordine monachorum. Addidimus quoque perpauca et **mutavimus nonnulla et maxime in celebrandis quibusdam festis excellentius in nostra æcclesia** oportere ea agi censentes propter primatem sedem.[126]

Die theophorische Palmsonntagsprozession hat sich dann in ganz England eingebürgert, während sie in der Normandie auf Lanfrancs Kloster Bec, die Klöster Lire und St. Ouen und die Kathedrale von Rouen beschränkt blieb:[127]

> The custom became common in England, and the Palm Sunday procession ... served as a model for the late procession on Corpus Christi day.[128]

Die obigen Untersuchungen ergeben, daß sich nur in England (abgesehen von einigen normannischen Orten) seit dem 11. Jahrhundert eine eucharistische Palmsonntagsprozession nachweisen läßt, die aufgrund ihrer weiten Verbreitung als wichtigster Vorläufer der englischen Fronleichnamsprozession anzusehen ist. Durch diese lange liturgische Tradition war England greadezu prädestiniert, vornehmlich Fronleichnamszyklen in prozessional-„theophorischer" Weise aufzuführen: Theophorische Prozessionen waren Klerus und Laien seit Jahrhunderten vertraut und legten die prozessionale Aufführung eines eucharistischen Spielzyklus nahe.

---

[125] Vgl. Matern, S. 43; Graham; Dickson, S. XXXI.
[126] Knowles, *Decreta*, S. 3.
[127] Vgl. Browe, *Entstehung*, S. 108. – Für die Annahme, daß diese Neuerung nicht etwa in Rouen entstand, sondern von Lanfranc – wahrscheinlich zuerst in Bec – eingeführt wurde, spricht folgende Tatsache: In dem von Jean d'Avranches für Rouen verfaßten *Consuetudinarium*, das geraume Zeit **vor** den *Decreta* Lanfrancs entstand, fehlt der theophorische Charakter der Palmsonntagsprozession noch völlig (vgl. den Text in Migne, *P.L.*, 147, col. 48). – Vgl. hierzu Dickson, S. XLV.
[128] Knowles, *Decreta*, S. 152. – Vgl. ders., *Order*, S. 545.

4. Die neue Form der λειτουργία

Die folgenden Untersuchungen sollen darlegen, daß Fronleichnamsprozession und prozessional aufgeführte Fronleichnamszyklen nicht zufällig ähnliche Merkmale aufweisen: Prozession und Spiele sind wesensähnliche Ausprägungen des gleichen frömmigkeitsgeschichtlichen Phänomens, das seit dem 14. Jahrhundert in seinem ganzen Ausmaß erkennbar wird.

Mit der allgemeinen Einführung der Fronleichnamsprozession wird eine frömmigkeitsgeschichtliche Entwicklung abgeschlossen, die bereits lange Zeit vorher begonnen hatte. Die immer stärkere theologische Beachtung der Eucharistie hatte seit dem Ende des 12. Jahrhunderts auch die eucharistische Liturgie und Volksfrömmigkeit angeregt. Während bis zum 12. Jahrhundert die Eucharistie „im Bewußtsein des Volkes das *mysterium tremendum* schlechthin war, das in geheimnisvoller Verhüllung und im schlecht verstandenen Latein der Messe" sich verbarg,[129] läßt die Kirche nunmehr den Arkan-Charakter des Altarssakraments immer mehr in den Hintergrund treten. Aus der allmählichen dogmatischen Fixierung der Transsubstantiationslehre zieht sie auch liturgische Konsequenzen: Ende des 12. Jahrhunderts wird die Große Elevation während der Wandlung eingeführt. Dadurch wird den Gläubigen Gelegenheit gegeben, den Leib Christi anzubeten.[130] Zugleich kommt die Kirche damit einem Bedürfnis der Volksfrömmigkeit entgegen, das sich immer stärker bemerkbar macht:

> Ein menschliches Ergreifen des Heiligen, das „Schauen" wird zu einem wichtigen Moment der Andacht... Schaugefäße: Ostensorien, Monstranzen treten als neue kirchliche Geräte auf. Auch des eucharistischen Christus will man durch Schauen teilhaft werden... Die mit dem 12. Jahrhundert aufkommende Elevation bei der heiligen Wandlung dient dem gleichen Zweck: der „Schau".[131]

Diese neue Art der Frömmigkeit bestimmt auch die folgenden Jahrhunderte:

> Dans la période qui va du XIIe au XVe siècle, un sentiment nouveau transforma assez profondément le culte traditionnel de l'Eucharistie... Les fidèles ne cherchèrent plus seulement à communier au Corps et au Sang de Jésus-Christ, ils voulurent en outre voir, contempler l'Hostie.[132]

---

[129] Matern, S. 4.
[130] Vgl. Neunheuser, S. 37.
[131] Herwegen, S. 18. – Vgl. Mayer, S. 255 f.
[132] Dumoutet, S. 16. – Vgl. Huizinga, S. 285.

In England war die Elevation zumindest seit der Synode von Oxford (1222) üblich.[133] Auf der Synode von Exeter (1287) wird das Anschauen der Hostie ausdrücklich als Grund für die Elevation angegeben:

> Hostia autem levetur in altum ut a circumstantibus valeat intueri, per hoc enim fidelium devotio excitatur et fidei meritum suscipiat incrementum.[134]

Das Anschauen der konsekrierten Hostie wurde bald zur „volkstümlichsten Frömmigkeitsübung des Mittelalters".[135] Die Gläubigen wurden durch Glockenläuten auf die Elevation aufmerksam gemacht, So heißt es in dem für englische Laien verfaßten *Lay Folks Mass Book*:

> A litel belle men oyse to ryng.
> þen shal þou do reverence
> to ihesu crist awen presence,
> þat may lese alle baleful bandes;
> knelande holde up bothe þi handes,
> And so þo levacioun þou be-halde,
> for þat is he þat iudas salde,
> and sithen was scourged & don on rode,
> . . . .
> þat same es he þou lokes opone.
> þis is þo trouthe of holy kirk,
> who trowes noght þis mone sitt ful myrk;
> for-þi I rede with gode entent
> þat þou biholde þis sacrament.[136]

Schließlich erreicht die „eucharistische Schau" am Ende des 13. Jahrhunderts ihren vollkommensten Ausdruck in der Fronleichnamsprozession. Nunmehr wird der Leib Christi nicht nur am heiligen Ort des Altars gezeigt oder in einer theophorischen Prozession mitgeführt, die an bestimmte heilsgeschichtliche Ereignisse und Orte geknüpft ist:[137] Die Fronleichnamsprozession bringt Gott in die Welt. Der Erscheinungsort des Göttlichen ist nicht mehr auf das *fanum* beschränkt, sondern wird auf das *pro-fanum* ausgedehnt.

Genau dies ereignet sich aber auch bei der Aufführung eines Fron-

---

[133] Dumoutet, S. 45. [134] Ebd., S. 50, Anm. 2.
[135] Matern, S. 12.   [136] S. 38, V. 401–417.
[137] Trotz wesenhafter Ähnlichkeiten der Palmsonntagsprozession mit der Fronleichnamsprozession unterscheiden sich beide in dieser Hinsicht: Die theophorische Palmsonntagsprozession bringt Gott zwar in die Welt, immer bleibt jedoch die Beziehung zum Einzug in Jerusalem gegenwärtig. Durch die Fronleichnamsprozession wird aber nicht nur ein Welt-Ausschnitt, sondern die ganze Welt „begangen".

leichnamszyklus. Die liturgischen Feiern und geistlichen Spiele in lateinischer Sprache waren an den heiligen Ort gebunden: *Visitatio Sepulchri, Visitatio Praesepis* usw. fanden innerhalb der Kirche am Altare statt. Im Laufe der Entwicklung von religiöser Feier zum Spiel wurden die Darstellungen immer welt-offener. Es wurde vor der Kirche, in deren Nähe und schließlich außerhalb ihres Bereichs – auf einem öffentlichen Platz oder Markt – gespielt. Bis zu diesem Zeitpunkt ist das religiöse Spiel stationär: an einen Ort der Welt gebunden. Erst die prozessional aufgeführten Fronleichnamszyklen bringen die auf den einzelnen *pageants* dargestellte Heilsgeschichte in Bewegung: Die Spiele werden – entsprechend ihrem kosmischen Gehalt – in der Welt aufgeführt. In „theophorischer" Weise wird die Schau der göttlichen Heilsgeschichte den Zuschauern nahegebracht. In früheren Jahrhunderten mußten sich die Gläubigen an den heiligen Ort – in die Kirche – begeben, um einen Teil der Heilsgeschichte schauen zu können; nunmehr kommt die gesamte Heilsgeschichte zu ihnen: in das *pro-fanum*. Durch diese Veränderung des Ortes haben selbst die zentralen Ereignisse der Heilsgeschichte ihren ursprünglichen Mysterien-Charakter verloren: Die Auferstehung Christi wird nicht mehr am heiligen Ort vergegenwärtigt, sondern in der Welt pro-fan dargestellt. Der ehrfürchtige Schauder vor dem Mysterium an heiliger Stätte ist einem Erstaunen über die *miracula* gewichen.

Noch in anderer Hinsicht weisen Fronleichnamsprozession und prozessionaler Fronleichnamszyklus wesenhafte Gemeinsamkeiten auf. Ein wichtiges Merkmal der Fronleichnamsprozession ist die aktive Beteiligung der Laien am kultischen Geschehen: Die Gläubigen werden zu Liturgen, tragen den Baldachin, unter dem die Eucharistie mitgeführt wird, organisieren sich zu *Corpus-Christi*-Gilden, deren Mitglieder zur Teilnahme und aktiven Mitwirkung an der Fronleichnamsprozession verpflichtet sind usw.[138] Auf dem Konzil von Vienne (1311), das sich vor allem um die tatsächliche Begehung des bereits von Urban IV. eingeführten Fronleichnamsfestes bemühte, wird die aktive Beteiligung der Laien an der Fronleichnamsprozession in de-monstrativer Weise vorgeführt: Der Baldachin wird von den Königen Frankreichs, Englands, Navarras und Aragóns getragen.[139] Gegen Ende des Mittelalters sind die Laien in noch stärkerem Maße an der Durchführung der Fronleichnamsprozession beteiligt:

---

[138] Vgl. Brooks, *Processional Drama*, S. 141; Ter Reegen, S. 23; Craig, S. 129.
[139] Vgl. Corblet, II, 380; Matern, S. 106. – Vgl. dagegen Müller, *Konzil;* er bezeichnet die erwähnte Prozession in Vienne als legendär (S. 647).

> In het algemeen was het houden van deze [sacramentsprocessie] ... meer een zaak van de stad dan van de kerk. Zeker de geestelijkheid had bij zang en gebed de leiding en een der voornameren droeg het H. Sacrament, maar het stadsbestuur regelde de verplichting van de poorters om er aan deel te nemen, vaardigde daartoe ordinanties uit en paste ze toe.[140]

Die aktive Beteiligung der Laien am kultischen Geschehen tritt in der Fronleichnamsprozession besonders deutlich zutage, ist jedoch erst als Endstufe einer liturgiegeschichtlichen Entwicklung ganz verständlich. Bis ins 9. Jahrhundert waren an den wichtigsten Kultbräuchen der österlichen Zeit[141] die Laien in aktiver Weise beteiligt:

> Le «peuple», moines et laïques, occupe dans cette liturgie la même place importante que celle qu'il tenait jadis, avant la christianisation, dans les cultes païens des Anciens ou les épisodes de l'Ancien Testament. La participation «active» de la communauté des fidèles était l'un des principaux traits de cette liturgie ....[142]

Die folgenden Beispiele mögen genügen, um diese Feststellung zu belegen:

> 1. Palmsonntagsprozession:
> Sequitur benedictio palmarum sive frondium: *Omnipotens Deus Christe*. His finitis, dantur a custodibus palmae, accipienteque p o p u l o ramos arborum, olivarum, sive florum, inchoatur antiphona *Pueri Hebraeorum* ... Insuper etiam l a i c o r u m schola cum vexillis atque fanonibus a longe praeeunte. Exeunte enim clero seu p o p u l o ab ecclesia, inchoatur antiphona *Cum appropinquaret Dominus* ... His finitis, ante atrium ecclesiae loco competenti subsistit schola ..., et clerus seu p o p u l u s expectant in loco atrii ... Et tunc prosternit o m n i s p l e b s hinc inde frondes seu flores d e c a n t a n t e s a n t i p h o n a m *Osanna filio David*, usque ad altare ...[143]
>
> 2. Die Fußwaschung (*Mandatum*) am Gründonnerstag:
> Post expletionem Missae, descendat pontifex in sacrarium mandans presbyteris quos voluerit. Cum autem venerint canonici claustrum, sint ibi parati 6 0 p a u p e r e s, ut abluantur eorum pedes; et detur unicuique denarius, et panis, et metrum vini ... Tunc distribuat episcopus vel de-

---

[140] Post, S. 394; zitiert nach Ter Reegen, S. 8.
[141] Die folgenden Betrachtungen beschränken sich auf diesen Teil des Kirchenjahres, da am Fronleichnamsfest die Einsetzung der Eucharistie, die Gründonnerstag erfolgte, gefeiert wird. (Bereits Urban IV. begründet in seiner Bulle *Transiturus* die „Verlegung" des eucharistischen Komplexes vom Gründonnerstag der Karwoche auf das neue Fronleichnamsfest).
[142] Heitz, S. 176.
[143] Young, I, 91. Ähnliche Beispiele: Ebd., I, 95; Heitz, S. 79, 190.

> canus singulis dicens *Accipite, et sumite in commemoratione Dominicae Coenae.* Et sic coenent cum sobrietate, bibentes etiam sobrie, et cantantes honeste. Hymnus *Tellus ac aethera jubilent,* et cetera...[144]

3. Die *Adoratio Crucis* am Karfreitag:
> Quando Crux adorata fuerit a clero et populo, elevet eam sacerdos alte, et incipiat cantor hanc antiphonam:
> > *Super omnia ligna cedrorum, tu sola excelsior, in qua vita mundi pependit...*
>
> Quo viso, clerus et populus genuflectant, et chorus finiat antiphonam. Qua cantata, Crux parvula in commemoratione sanguinis et aque deflentis de latere Redemptoris aqua et vino lavetur, de quo commemorationem sacram clerus bibat et populus, et ad opus infirmorum reservetur.[145]

An all diesen kultischen Gebräuchen sind die Laien in aktiver Weise beteiligt. Seit der zweiten Hälfte des 9. Jahrhunderts treten jedoch neue liturgische Zeremonien immer mehr in den Vordergrund, an denen die Laien – wenn überhaupt – nur passiv teilnehmen:

> A la participation liturgique d'autrefois ... se substitue peu à peu une liturgie pratiquée «par délégation». La seconde moitié du IXe siècle nous apporte les premières séquences dramatiques. En dépit de leur intensité liturgique, on ne doit pas oublier que ce qui jadis fut liturgie activée par tous, est en passe de devenir – par étapes – *spectacle* liturgique. Lentement on évolue vers une liturgie «passive». L'acteur d'antan devient spectateur, la représentation liturgique échoit à quelques-uns, plus spécialement préparés à cette tâche.[146]

Während Palmsonntagsprozession und *Adoratio Crucis* – typische Beispiele einer „aktiven" Liturgie – sich bis ins 4. Jahrhundert zurückverfolgen lassen,[147] sind die nunmehr wichtig werdenden Zeremonien weit jüngeren Datums: Die *Depositio* am Karfreitag, die an die Grablegung Christi erinnern soll, ist erst seit dem 10. Jahrhundert überliefert.[148] An die Auferstehung Christi erinnert die *Elevatio* des Ostersonntags. Auch dieser Brauch ist erst seit dem 10. Jahrhundert überliefert.[149]

Entsprechend dem Wesen der Ereignisse, an die durch diese neuen liturgischen Bräuche erinnert wird, sind die Laien von der Teilnahme überhaupt oft ausgeschlossen: *A priori* erfordert eine Zeremonie, die an die Grablegung oder Auferstehung Christi erinnert, nur wenige Kleri-

---

[144] Young, I, 98 f.
[145] Ebd., I, 135. Ähnliche Beispiele: Ebd., I, 87, 120; Heitz, S. 79.
[146] Heitz, S. 176.
[147] Vgl. Young, I, 86 ff.
[148] Vgl. Young, I, 121.
[149] Vgl. Young, I, 122.

ker als aktive Teilnehmer. Der Ausschluß der Laien wurde von den mittelalterlichen Liturgikern folgendermaßen begründet:

> In Festo Gloriosissimae Resurrectionis Domini Nostri Iesu Christi. Priusquam pulsetur ad Matutinum, clausis ianuis templi, succustos aperit Sepulchrum, et apertum relinquit. Corpus Domini, quod in Sepulchro positum fuit, reponit in monstrantiam... Sicut enim certum est Christum, antequam Mulieres et Discipuli ad Sepulchrum venirent, resurrexisse, ita convenit hanc caeremoniam peragi priusquam populus in templum conveniat.[150]

Der Autor eines anderen liturgischen Textes verweist auf die Notwendigkeit, aber auch Schwierigkeit, die Laien von der Teilnahme an der *Elevatio* auszuschließen:

> In ipsa sancta nocte ante pulsacionem clam surgitur, sintque parata thuribula cum thure et mirra... Et excludantur layci, si commode fieri potest, nam nobiscum viri et mulieres in ecclesia sacras vigilias observant; et veniente tempore Matutinarum, clerici eos sine scandalo repellere nequeunt propter antiquam consuetudinem vigilandi...[151]

Wenn die Laien an der *Depositio* oder *Elevatio* teilnehmen durften, erfüllten sie meist keinerlei aktive liturgische Funktion, sondern waren passive Zuschauer, die über heilsgeschichtliche Vorgänge belehrt werden sollten. Bereits im frühesten erhaltenen Text einer *Depositio* aus der *Regularis Concordia* (10. Jahrhundert) schreibt der Verfasser Aethelwold:

> Nam quia ea die depositionem Corporis Salvatoris nostri celebramus, usum quorundam religiosorum imitabilem ad fidem indocti vulgi ac neofitorum corroborandam equiparando sequi, si ita cui visum fuerit vel sibi taliter placuerit hoc modo decrevimus.[152]

Die passive Teilnahme des „indoctus vulgus" an der *Depositio* erscheint um so auffälliger, als die Laien an der *Adoratio* aus demselben Manuskript aktiv beteiligt sind:

> Nam salutata ab abbate vel omnibus Cruce, redeat ipse abbas ad sedem suam usque dum omnis clerus ac populus hoc idem faciat.[153]

Als dritte neue liturgische Handlung innerhalb der österlichen Zeit ist seit dem 10. Jahrhundert die *Visitatio Sepulchri* nachweisbar, die ebenfalls in der *Regularis Concordia* zum ersten Mal überliefert ist. Wie in der *Depositio* und *Elevatio* sind die Laien von jeglicher aktiv liturgi-

---

[150] Ebd., I, 124.   [151] Ebd., I, 141; ähnlich: 555.
[152] Ebd., I, 133. [153] Ebd., I, 120.

schen Teilnahme am kultischen Geschehen ausgeschlossen. Die aktive liturgische Funktion fällt ausschließlich einigen wenigen Klerikern zu: Sie allein verfügen über die notwendigen speziellen Kenntnisse und Fähigkeiten, die von den aktiven Teilnehmern an einer liturgisch sehr differenzierten *Visitatio Sepulchri* gefordert werden. So steht am Anfang des geistlichen Spiels eine strenge hierarchische Scheidung der Beteiligten in liturgisch aktive Kleriker und passive Laien: Die liturgische Hierarchie spiegelt zugleich das soziologische Gefüge wider.[154]

Im Gegensatz zu dieser «liturgie passive» fordern die Prozessionen, Umgänge usw., die später in die Fronleichnamsprozession einmünden, eine aktive Teilnahme der Laien. Zu diesen Vorläufern gehört insbesondere die ausführlich erörterte Palmsonntagsprozession. Die Fronleichnamsprozession ist also lediglich das letzte – und eindrucksvollste – von vielen Beispielen für eine „aktive" Liturgie.

Die prozessional aufgeführten Fronleichnamszyklen weisen – wie die eng mit ihnen zusammenhängende Fronleichnamsprozession – die Merkmale einer «liturgie active» auf: Die religiösen Spiele werden fast ausschließlich von Laien aufgeführt. Wie in der Prozession des gleichen Tages werden die Laien zu „Liturgen". Aus dieser Tatsache wird ersichtlich, welch lange Entwicklung das religiöse Spiel durchlaufen hat. Während anfangs ausschließlich Kleriker als Liturgen aktiv tätig wurden, ist in den Fronleichnamszyklen diese Funktion völlig auf die Laien übergegangen. Nunmehr sind es Laien, die für den λαός „liturgisch" tätig werden. Ähnlich wie die griechischen Choregen der Antike leisten die mittelalterlichen Zünfte einen Dienst für die Allgemeinheit – λειτουργία –, indem sie für die Aufführung der Zyklen sorgen. Diesen Dienst für die Allgemeinheit leisten die Bürger zu Ehren Gottes:[155] Im Sinne Ruperts von Deutz sind sie Liturgen Gottes geworden.

Die Erörterung eines weiteren Gesichtspunktes soll die Wesensverwandtschaft von Fronleichnamsprozession und prozessionalen Fronleichnamszyklen noch deutlicher zeigen. Es wurde dargelegt, wie bei der Fronleichnamsprozession und den Fronleichnamszyklen die Stätte der Handlung nicht mehr ein Ausschnitt aus dem profanen Raum ist, son-

---

[154] Zu soziologischen Aspekten der Liturgie vgl. Le Bras. – Die einzelnen liturgischen Funktionen (bzw. später: „Rollen") wurden häufig entsprechend der Rangstufe der teilnehmenden Kleriker verteilt: So wurden Könige und Apostel von den ranghöchsten Klerikern dargestellt, während etwa die Jünger von Emmaus durch Kanoniker „de secunda sede" verkörpert wurden (vgl. Cohen, *Mise-en-scène*, S. 36 f.).

[155] Daß daneben auch das Repräsentationsbedürfnis des immer mehr erstarkenden Bürgertums eine Rolle spielt, ist selbstverständlich.

dern daß die Welt zur heiligen Stätte wird. Mit dem heiligen Raum ist aber die heilige Zeit eng verknüpft:

> Der heilige Raum und die heilige Zeit haben religiös die gleiche Struktur, indem sie Ausschnitte aus dem profanen Raum und der profanen Zeit sind.[156]

Es ist charakteristisch für diesen engen Bezug, daß sowohl lat. *templum* als *tempus* etymologisch zu griech. τέμνειν ‚schneiden' gehören.

Die Fronleichnamsprozession findet nicht nur außerhalb des *fanum* statt, sondern hat sich auch von ihrer ursprünglichen heortologischen Bindung befreit: Sie findet nicht am Gründonnerstag statt, obwohl eine solche heortologische Fixierung vom Thema her angebracht erscheinen würde. Urban IV. hat ganz bewußt das Fronleichnamsfest aus dem österlichen Festkreis – der heiligen Zeit – gelöst: Dieses Fest soll nicht zur heiligen Zeit der Osterwoche an die Einsetzung des Altarssakraments erinnern, sondern die Realpräsenz der Eucharistie ohne örtliche und zeitliche Beschränkung dokumentieren. Der kosmische Charakter des Fronleichnamsfestes und der -prozession zeigt sich auch darin, daß dieses Fest außerhalb der in den Festkreisen geheiligten Zeit stattfindet, d. h. in einer profanen Zeit, die erst durch das eucharistische Fest heilig wird.

Ein wesentliches Merkmal der Fronleichnamsprozession ist die liturgische Freiheit, mit der sie behandelt wurde. So beschloß die Synode von Sens:

> Circa vero processionem sollemnem quae dicta quinta feria fit a clero et populo in delatione dicti sacramenti his diebus, cum quodammodo divina inspiratione introducta videatur, **nihil quoad praesens iniungimus, devotioni cleri et populi relinquentes**.[157]

Für die liturgische und heortologische Unfestigkeit dieser Prozession zeugt auch die Tatsache, daß sie – im Gegensatz zum Fronleichnamsfest – von keinem Papst offiziell eingeführt worden ist. Weder Urban IV., Clemens V. noch Johannes XXII. haben die Fronleichnamsprozession vorgeschrieben.[158] Lediglich Martin V. gewährt im Jahre 1429 hundert Tage Ablaß auf die Teilnahme an der Prozession, setzt also deren Begehung voraus, ohne aber irgendeine offizielle Einführung zu erwähnen.[159] Die liturgische und heortologische Unfestigkeit ermöglicht sogar die Verlegung der Fronleichnamsprozession auf einen ande-

---

[156] *RGG*, s. v. *Heilige Zeiten*.
[157] Browe, *Textus*, S. 40.
[158] Vgl. hierzu Browe, *Entstehung*, S. 111 f.; Matern, S. 91.
[159] Vgl. Matern, S. 91.

ren Tag. So fand die Prozession in York während des 15. Jahrhunderts zeitweise erst nach dem Fronleichnamsfest statt.[160]

Im Gegensatz zur Fronleichnamsprozession waren kultische Handlungen wie *Adoratio Crucis, Depositio, Elevatio* und *Visitatio Sepulchri* heortologisch und liturgisch fixiert: Sie fanden am Karfreitag bzw. Ostersonntag statt. Insbesondere war die *Visitatio Sepulchri* Bestandteil des Stundengebets: Sie wurde in die Matutin des Ostersonntags eingefügt. Damit ist zugleich festgestellt, daß das religiöse Spiel, das sich ja aus der *Visitatio Sepulchri* entwickelte, in seinen Vorformen zunächst an eine genau bestimmte heilige – liturgische – Zeit gebunden war.[161] In den englischen Fronleichnamszyklen ist die ursprüngliche heortologisch-liturgische Bindung der einzelnen Szenen völlig verlorengegangen: Am Fronleichnamsfest werden weihnachtliche, österliche und andere Szenen aufgeführt. Relevant sind nicht mehr einzelne, heortologisch genau fixierte Zeiten, die Ausschnitte aus der profanen Zeit sind: Nunmehr werden alle heortologischen Zeitpunkte, alle Ausschnitte aus der profanen Zeit, zu einer Einheit zusammengefaßt.

---

[160] Vgl. Davies, *Extracts*, S. 245; Chambers, *Stage*, II, 161.
[161] Ähnliches gilt für *Visitatio Praesepis, Officium Stellae* usw.

II. KAPITEL

Alte und neue liturgische Elemente in den englischen Fronleichnamszyklen

> What seeke ye, women, what seeke ye here,
> with weping and with unlyking cheare?
> Jesus, that to you was deare,
> is Risen, leeve you me!
>
> *(Chester Plays)*

In Teil B wurde ausführlich dargelegt, wie sich um liturgische Kompositionen – vor allem Tropen – quasi-dramatische Feiern ankristallisierten, die später zu mehr oder weniger selbständigen Spielen entwickelt wurden. Ferner wurde gezeigt, daß einige liturgische Stücke zwar nicht als Kristallisationskern dienten, wohl aber feste Bestandteile der liturgischen Feiern bzw. geistlichen Spiele wurden.

Die folgenden Überlegungen sollen die Frage beantworten, ob bzw. in welcher Form diese traditionellen liturgischen Kompositionen in den englischen Fronleichnamsspielen noch enthalten sind. Die Untersuchung muß sich notgedrungen auf solche Szenen beschränken, in denen liturgische Stücke der erwähnten Art von Anfang an relevant waren. Dies sind: *Visitatio Sepulchri, Officium Pastorum, Officium Stellae, Ordo Rachelis*.

Eine solche Untersuchung erscheint aus folgenden Gründen notwendig: In der Forschung wird allgemein angenommen, daß sich einige der liturgischen Kompositionen, die Bestandteile der liturgischen Feiern und geistlichen Spiele waren, bis in die englischen Fronleichnamszyklen erhalten haben. Kretzmann begnügt sich damit, die Gemeinsamkeiten zwischen liturgischen Texten und den englischen Zyklen festzustellen. So bemerkt er zu den Osterspielen:

> In the Chester cycle, the Resurrection is based, to a great extent, upon the liturgical model...[1]
> The liturgical element persisted...[2]

Auch Cady und Marshall[3] beschränken sich darauf, stoffliche Übereinstimmungen zwischen liturgischen Quellen und englischen Zyklen nachzuweisen. Im folgenden soll jedoch insbesondere die bisher vernachläs-

---

[1] *Liturgical Element*, S. 148.
[2] Ebd., S. 155.
[3] *Tradition*.

sigte Frage beantwortet werden, in welcher Form eventuell noch vorhandene liturgische Stücke in den englischen Zyklen erscheinen.

Zugleich kann aufgrund einer detaillierten Untersuchung zu der jüngst von Kolve vorgetragenen These Stellung genommen werden, daß in die englischen Zyklen keine Kompositionen aus den lateinischen Feiern und Spielen übernommen worden seien. Kolve behauptet u. a.:

> Since Latin drama preceded drama in the vernacular, it is usually assumed that the one engendered the other, and that the Corpus Christi cycles ... must be traceable to the Latin drama of the Church. This is, I think, largely untrue.[4]

Außerdem soll untersucht werden, ob aus der Liturgie des Fronleichnamsfestes einzelne Kompositionen in die Fronleichnamsspiele übernommen wurden. Eine solche Vermutung liegt nahe, da Fronleichnamsfest und -prozession die englischen Fronleichnamszyklen in vielfacher Hinsicht beeinflußt haben.[5]

1. Traditionelle liturgische Kompositionen in den Fronleichnamszyklen

a) Die *Visitatio Sepulchri*

Die meisten quasi-dramatischen *Visitationes Sepulchri* in lateinischer Sprache enthielten als wichtigste Bestandteile die folgenden liturgischen Kompositionen:

α) Als die drei Marien zum Grabe aufbrechen, singen sie eine Art *processionale:*

> Iam, iam, ecce, iam properemus ad tumulum,
> unguentes dilecti corpus sanctissimum.[6]

oder:

> Sed eamus et ad eius properemus tumulum,
> et unguento liniamus corpus sacratissimum.[7]

β) Vor dem Grabe angekommen, singen sie:

> Quis revolvet nobis ab hostio lapidem quem tegere sanctum cernimus sepulchrum?[8]

---

[4] S. 34. [5] Vgl. Kap. C I. [6] Young, I, 348, 382, 441 u. ö.
[7] Ebd., I, 413 u. ö. [8] Ebd., I, 403.

γ) Es schließen sich Frage und Antwort des Tropus *Quem quaeritis in sepulchro* an.

δ) In den weiter entwickelten Formen der *Visitatio Sepulchri* folgt u. a. die Sequenz *Victimae paschali*, die zwischen Maria Magdalena und den Aposteln aufgeteilt wird.

Eine solche Anordnung ist in dem einzigen erhaltenen Text der Übergangsphase – den *Shrewsbury Fragments* – noch deutlich erkennbar. In dieser Version folgen auf die Klage der drei Marien u. a. das *processionale Iam, iam, ecce, iam properemus*, die Frage *Quis revolvet* und vermutlich auch *Quem quaeritis in sepulchro*.[9]

Diese zweisprachige, in Shrewsbury aufgefundene, aber in York aufgeführte Version zeigt, daß liturgische Kompositionen auch dann noch den Kern einer *Visitatio Sepulchri* bilden, als die liturgische Verbindung mit dem Stundengebet bereits verlorengegangen ist: Die liturgischen Quellen haben die liturgische Funktion des Textes überdauert.

Die *Visitatio Sepulchri* der *York Plays* bildet einen Teil des 38. *pageant*, in dem vor allem die Bestellung der Grabwache, die Auferstehung Christi usw. dargestellt werden. Obwohl dieser Text lange Zeit nach den *Shrewsbury Fragments* entstand, ist der beiden Fassungen gemeinsame Aufbau deutlich erkennbar: Auf die Klagen der drei Marien folgen (ebenfalls in englischer Sprache) ein *processionale*, das *Quis revolvet* und *Quem quaeritis*. Auf den ersten Blick scheint sich also im Lauf der Zeit nicht viel verändert zu haben. So ist das lateinische *processionale* der *Shrewsbury Fragments* fast wörtlich ins Englische übersetzt worden:

> I. MARIA:
> Sen he is dede, my sisteres dere,
> Wende we will on mylde manere
> With oure a-noyntementis faire & clere
> þat we have broght
> To noynte his wondis on sides sere,
> þat Jewes hym wroght.[10]

Bei Betrachtung der folgenden Verse treten jedoch wesentliche Unterschiede zutage. In den lateinischen Versionen steht die Frage *Quis revolvet* innerhalb des Gesamt-Textes völlig isoliert: Sie wird weder begründet noch beantwortet. Als Beispiel genüge die entsprechende Passage des hoch entwickelten „Ludus Paschalis" aus Origny:

---

[9] Ebd., II, 514 ff.   [10] S. 407, V. 211–216.

> En le fin de ceste antevene doivent estre les trois Maries a luis du Sepucre, et dire:
>> Quis revolvet nobis ab hostio lapidem quem tegere sanctum cernimus sepulcrum?
>
> Ci doivent estre li Angle apparrilliet au Sepuchre, li uns au chief, li autres as pies ...; et doivent chanter en seant:
>> O vos Cristicole, quem queritis esse dolentes?
>> Unguentisques sacris ungere quem cupitis?
>
> Les iij Maries dient:
>> Querimus, o superi cives, Ihesum crucifixum;
>> Dicite quis nobis sustulit hunc miseris.[11]

In den *York Plays* ist die betreffende Stelle in charakteristischer Weise erweitert worden. Sie lautet:

> II. Maria:
>
> . . . .
> And who schall nowe here of us thre
>> remove þe stone?
>
> III. Maria:
> þat do we noght but we wer moo,
> For it is huge and hevy also.
>
> I. Maria:
> Sisteris! a ȝonge child as we goo
>> Makand mornyng,
> I see it sitte wher we wende to,
>> In white clothyng.
>
> II. Maria:
> Sisters, sertis, it is noght to hide,
> þe hevy stone is putte beside![12]

Im Gegensatz zu den lateinischen *Visitationes Sepulchri* wird hier von der dritten Maria begründet, warum die Entfernung des Steines überhaupt erwähnt wird und Anlaß für die (bittende) Frage *Quis revolvet* gibt: Der Stein ist ‚groß und schwer' und kann daher von den Frauen nicht weggewälzt werden.

Der Wortlaut des lateinischen *Quis revolvet* wird in der englischen Fassung also beibehalten, erhält jedoch durch die Antwort der dritten Maria einen anderen Charakter. In den lateinischen *Visitationes Sepulchri* wurde das *Quis revolvet* als liturgische Komposition verwendet; die Tatsache, daß diese Komposition in Form einer Frage verfaßt war, hatte keine Relevanz: Kein Autor einer lateinischen *Visitatio Sepulchri* machte den Versuch, auf diese Frage eine Antwort folgen zu lassen. Erst

---

[11] Young, I, 416, V. 82–86. [12] S. 408, V. 221–230.

als die liturgische Funktion der *Visitatio Sepulchri* verlorengeht, wird auch die Komposition *Quis revolvet* aus ihrer liturgischen Isolierung erlöst: Nunmehr wird sie als echte Frage aufgefaßt, die beantwortet werden kann und soll.

Nachdem die dritte Maria festgestellt hat, daß sie den schweren Stein nicht ohne fremde Hilfe wegwälzen können, wird der Dialog von der ersten Maria weitergeführt. Sie erblickt einen weißgekleideten Jüngling, der — wie man zunächst ergänzen möchte — ihnen helfen könnte, den Stein wegzuwälzen. Doch die zweite Maria weist darauf hin, daß die Arbeit bereits getan sei: Der Stein ist — zu ergänzen: von dem Jüngling[13] — beiseite gerollt worden. An die Stelle eines einzelnen liturgischen Stückes ist also ein Dialog getreten, in dem das Problem der Entfernung des Steines von allen drei Beteiligten logisch angegangen wird.

Es ist symptomatisch für die weite Entfernung dieser *Visitatio Sepulchri* von der Liturgie, daß die erörterten Erweiterungen nicht auf liturgische Texte, sondern die Vulgata zurückgehen: Wir hatten in Teil B nachgewiesen, daß eine liturgische Funktion den Rückgriff auf liturgische Quellen erfordert. Erst als die *Visitatio Sepulchri* sich aus einer liturgischen Feier zu einem geistlichen Spiel entwickelt hat, können die Quellen mit größerer Freiheit ausgewählt werden. Der Autor unserer Szene aus den *York Plays* folgt fast wörtlich dem Bericht des Evangelisten Markus:[14]

V. 224:	Mk. 16, 4 b:
For it is huge and hevy ...	Erat quippe magnus valde.
V. 225/227 f.:	Mk. 16, 5:
... a ʒonge child ...	... viderunt iuvenem sedentem
I see it sitte ...	... coopertum stola candida.
In white clothyng.	
V. 230:	Mk. 16, 4 a:
þe hevy stone is putte beside!	... vident revolutum lapidem.

Der Vergleich zeigt, daß auch der biblische Bericht den Anforderungen des Autors nicht genügte: Dieser hat die Sätze des Evangelienberichtes so umgestaltet, daß der logische Zusammenhang noch deutlicher erkennbar wird. Vor allem schließt sich im englischen Text die Erwähnung der Größe des Steins sinnvoll an die vorhergehende Frage "And who schall now ... remove þe stone?" an, während in der Vulgata der Satz „Erat

---

[13] Vgl. Mt. 28, 2.   [14] 16, 4 ff.

quippe magnus valde" von der Frage „Quis revolvet...?" durch den Satz „Et respicientes vident revolutum lapidem" getrennt ist.

Auch der *Quem-quaeritis*-Dialog ist im englischen Text aus seiner liturgischen Isolierung gelöst. Er wird durch die unmittelbar vorangehende Rede der dritten Maria eingeleitet:

> Sertis! for thyng þat may be-tyde
> Nere will we wende,
> To l a y t e þ a t l u f f e l y and with hym bide,
> þat was oure ffrende.[15]

Bereits hier wird die Absicht geäußert, ‚Christus zu suchen' ("to layte þat luffely"). Der sich anschließende Dialog zwischen Engel und Marien folgt zunächst getreu dem traditionellen Wortlaut:

> ANGELUS:
> ʒe m o u r n a n d w o m e n in youre þought,
> H e r e i n þ i s p l a c e w h o m e h a v e ʒ e s o u g h t?
>
> I. MARIA:
> J e s u, þ a t t o d e d e i s b r o u g h t,
> Oure lorde so free.[16]

Dieser Dialog ist die wörtliche Übersetzung einer erweiterten Form des traditionellen Tropus *Quem quaeritis*:

> Quem quaeritis, o tremule mulieres, in hoc tumulo plorantes? Ihesum Nazarenum crucifixum querimus.[17]

Die folgende Rede des Engels zeigt jedoch, in welch charakteristischer Weise der Autor liturgische und biblische Texte verschmolzen hat:

>   Women, certayne here is he noght,
> 240   Come nere and see.
>   He is noght here, þe soth to saie,
>   þe place is voide þat he in laye,
>   þe sudary here se ʒe may
>   Was on hym laide.
> 245 He is resen and wente his way,
>   As he ʒou saide.
>
>   Even as he saide so done has hee,
>   He is resen thurgh grete poostee,
>   He schall be foune in Galile
> 250   In flesshe and fell.
>   To his discipilis nowe wende ʒe
>   and þus þame tell.[18]

---

[15] S. 408, V. 231–234.   [16] Ebd., V. 235–238.
[17] Zum Beispiel Young, I, 353.   [18] S. 409, V. 239–252.

Vers 239 entspricht wörtlich dem „Non est hic" der lateinischen *Visitationes Sepulchri*. In den folgenden Versen hält sich der Autor jedoch weder an die traditionelle Text-Abfolge der *Visitatio Sepulchri* noch an den Wortlaut der Vulgata. In fast allen lateinischen Fassungen folgt auf das „Non est hic" gleich der wichtigste Teil der Antwort des Engels: „...surrexit sicut praedixerat". Auch in der Vulgata wird die Auferstehung Christi bereits am Anfang der Rede apodiktisch festgestellt:

> Non est hic: surrexit enim, sicut dixit.[19]
> Surrexit, non est hic.[20]
> Non est hic, sed surrexit.[21]

Im englischen Text ist die Auferstehung Christi nicht weniger wichtig: Der Engel erwähnt sie sogar zweimal. Sie wird jedoch nicht am Anfang, sondern in der Mitte und am Ende der Rede festgestellt: An die Stelle einer Verkündigung der Heilstatsache durch den ἄγγελος – den Boten Gottes – ist die logische De-monstration getreten. Bevor die Auferstehung erwähnt wird, fordert der Engel die Marien auf, sich vom Augenschein zu überzeugen.[22] Er stellt ausdrücklich fest, daß der Ort, wo Christus gelegen, „voide" sei.[23] Der Autor begnügt sich also nicht mit dem traditionellen Wortlaut der *Visitatio Sepulchri* oder der Vulgata, in denen es heißt:

> [Venite et videte] locum ubi positus erat Dominus.

Die Verse 243 f. sind eine Übersetzung der Antiphon „Cernitis, o socii, ecce lintheamina et sudarium...", die eigens für die liturgische *Visitatio Sepulchri* komponiert worden war.[24] Das Linnen, in das der Leichnam Christi gewickelt war, schließt die Beweiskette in der Rede des Engels. Erst jetzt wird die Schlußfolgerung gezogen: Christus ist auferstanden.[25] Die fundamentale Wichtigkeit dieses Faktums wird durch die anaphorische Wiederholung: "He is resen"[26] betont.

Zusammenfassend läßt sich feststellen: In der *Visitatio Sepulchri* der *York Plays* (bzw. der fast gleichlautenden Szene der *Towneley Plays*) zeigt sich eine Kompositionsweise, die nicht nur um einen logischen Szenen-Aufbau bemüht ist, wie wir ihn vereinzelt schon in einigen lateinischen Spielen beobachten konnten, die ein heilsgeschichtlich peripheres Thema zum Gegenstand hatten. Der Autor hat vielmehr die noch weitergehende Absicht verfolgt, die in der Bibel fehlenden Glieder

[19] Mt. 28, 6. [20] Mk. 16, 6.
[21] Lk. 24, 6. [22] V. 240.
[23] V. 242. [24] Vgl. Young, I, 268, 309.
[25] V. 245. [26] V. 248.

der Kausalkette zu ergänzen: Man könnte von einer ätiologischen Arbeitsweise sprechen. Im Gegensatz zu den alogischen Montagen der liturgischen *Visitationes Sepulchri* entstehen nunmehr ätiologisch erweiterte Kompositionen. Paradoxerweise werden nunmehr aus disparatem Quellenmaterial zu einer Einheit verschmolzene Szenen angefertigt, während vorher aus einheitlich liturgischer Quelle unorganisch „montierte" Texte entstanden waren.[27]

Der Aufbau der *Visitatio Sepulchri* in den *Chester Plays* ähnelt dem der traditionellen lateinischen Versionen. Wie in den *York Plays* folgen auf die Klagen der drei Marien *Quis revolvet* und *Quem quaeritis*. Obwohl die Verbindung mit der Tradition deutlich ist, lassen sich auch hier wichtige Veränderungen erkennen. Die Frage „Quis revolvet...?" ist im englischen Text fast wörtlich erhalten:

MARIA MAGDALENA:
Suster, which of us echone   Quis revolvet nobis...
shall remove this great Stonne   lapidem
that lyeth my sweet Lord uppon?   quem tegere...cernimus
for move it I ne may.[28]   sepulchrum?

Ähnlich wie in den *York Plays* hat der Autor jedoch einige Details ergänzt, die durch seine ätiologische Absicht erforderlich wurden: Maria Magdalena stellt fest, daß der Stein ‚groß' sei. Vor allem aber wird die gestellte Frage begründet: "For move it I ne may." Danach weist – wie im Zyklus aus York – eine andere Maria darauf hin, daß die Arbeit bereits getan sei:

        Sister, maystrye is it none,
        it semes to me as he were gone,
        for on the Sepulcre sitteth one,
340   and the Stonne away.[29]

Wiederum hat der Autor der englischen Fassung als Quelle für seine Ergänzung die Vulgata benutzt. Die Verse 339 f. folgen ziemlich wörtlich dem Bericht des Evangelisten Matthäus:

[Angelus enim Domini descendit de caelo:] et accedens revolvit lapidem, et sedebat super eum.[30]

Wie in den *York Plays* ist also aus einer isolierten liturgischen Komposition ein logisch entwickelter und ätiologisch ergänzter Gedankengang geworden. Obwohl dieser mit Vers 340 abgeschlossen ist, folgt im Text

---

[27] Vgl. Kap. B II 1 a.   [28] II, 343, V. 333–336.
[29] Ebd., V. 337–340.   [30] 28, 2.

der *Chester Plays* noch eine Strophe, die sich auf das gleiche Geschehen bezieht:

> MARIA SOLOME:
> Two Children ther I see sittinge,
> all of whyte is ther Clothinge,
> And the Stonne besyde lyinge;
> goe we neare and see! [31]

Maria Salome erwähnt – im Gegensatz zu Maria Jacobi (V. 339) – zwei Engel. Ihre Rede ist nicht dem Bericht des Matthäus entnommen, sondern stellt eine Kombination aus Mk. 16, 5 und Lk. 24, 4 dar:

> Et introeuntes in monumento viderunt iuvenem sedentem in dextris, coopertum stola candida...
> ...ecce duo viri steterunt secus illas in veste fulgenti.

Aus der Berücksichtigung mehrerer Evangelienberichte ergibt sich hier jene zahlenmäßige Inkonsistenz, die wir häufig in den lateinischen *Visitationes Sepulchri* beobachten konnten. Während in jenen liturgischen Texten eine solche "incongruity" offensichtlich als irrelevant betrachtet wurde, sind solche Widersprüche in den englischen Spielen äußerst selten und wurden von den Autoren nach Möglichkeit vermieden. Daß trotzdem ein solcher Widerspruch in dem englischen Text vorhanden ist, kann leicht aus der Entstehungsweise der Fronleichnamszyklen erklärt werden: Der uns erhaltene Text der Zyklen gibt eine sehr späte Entwicklungsstufe wieder, die die Spuren vieler früherer Bearbeitungen und Ergänzungen erkennen läßt. Während mehrerer Jahrhunderte wurde der Text immer wieder von verschiedenen Autoren verändert. Aus diesem Grunde ist es erklärlich, wenn in den spät überlieferten Texten Nähte sichtbar werden oder gar – wie im vorliegenden Falle – Widersprüche auftreten. Bereits aus der Tatsache, daß die Rede der Maria Salome im wesentlichen nochmals das bereits von Maria Jacobi Gesagte wiederholt, geht hervor, daß hier zwei verschiedene Bearbeitungsstufen nebeneinanderstehen: Es handelt sich um ein Versehen des Bearbeiters und nicht – wie in den liturgischen *Visitationes Sepulchri* – um ein grundsätzliches Desinteresse an logischer Konsistenz. In diesem Falle ist die Zahl der Engel offensichtlich erst später auf zwei erhöht worden, ohne daß der spätere Bearbeiter den irreführenden Hinweis auf nur einen Engel beseitigt hat.

Die Arbeitsweise verschiedener Autoren an einem Text wird auch anhand des folgenden Beispiels deutlich. Die *Visitationes Sepulchri* in

---

[31] II, 344, V. 341–344.

den *York Plays* und den *Towneley Plays* unterscheiden sich im wesentlichen nur durch die Zahl der auftretenden Engel. Während im Text der *York Plays* der Bericht des Markus berücksichtigt wird (s.o.), hat der Bearbeiter der *Towneley Plays* die Anzahl der Engel später auf zwei erhöht:

> York: I. MARIA:
> Sisteris! a ʒonge child as we goo
>   Makang mornyng,
> I see it sitte wher we wende to,
>   In white clothyng.[32]

> Towneley: MARIA MAGDALENE:
> Systers, we thar no farther go
>   Ne make mowrnyng;
> I see two syt where we weynd to,
>   In whyte clothyng.[33]

In diesem Falle sind die beiden unterschiedlichen Schichten nur noch durch den Textvergleich der *York Plays* und *Towneley Plays* erkennbar, während im oben zitierten Beispiel aus dem Chester-Zyklus beide Bearbeitungsstufen nebeneinander in einem Text erhalten geblieben sind und somit widersprüchliche Angaben über die Zahl der Engel gemacht werden.

Auf die Rede der Maria Salome folgt in den *Chester Plays* eine Strophe, die inhaltlich dem Wortlaut des traditionellen Tropus *Quem quaeritis in sepulchro* entspricht:

> ANGELUS PRIMUS:
> What seeke ye, women, what seeke ye here,
>   with weping and with unlyking cheare?
> Iesus, that to you was deare,
>   is Risen, leeve you me![34]

In formaler Hinsicht unterscheidet sich diese Passage wesentlich von den traditionellen *Visitationes Sepulchri*: Die dialogische Struktur des *Quem-quaeritis*-Tropus, die bereits früh von den Verfassern der *Visitationes Sepulchri* erkannt und nutzbar gemacht worden war, ist im Chester-Zyklus völlig verlorengegangen. Mit zunehmender zeitlicher Entfernung von den liturgischen *Visitationes Sepulchri* wurden die in jenen enthaltenen liturgischen Kompositionen mit immer größerer Freiheit behandelt. Während in den *York Plays* und *Towneley Plays* das traditionelle Kernstück einer jeden *Visitatio Sepulchri* – der Tropus

---

[32] S. 408, V. 225–228. [33] S. 317, V. 372–375. [34] II, 344, V. 345–348.

Quem quaeritis – fast wörtlich erhalten blieb, ist die Entwicklung im Chester-Zyklus bereits weiter fortgeschritten und läßt auf eine spätere Bearbeitungsstufe dieser betreffenden Passage schließen.

Durch diese formale Veränderung wird deutlich, daß dem Bearbeiter dieser Szene des Chester-Zyklus nicht daran gelegen war, den Dialog-Charakter des *Quem-quaeritis*-Tropus aufrechtzuerhalten. Offensichtlich haben ihn bei dieser Umgestaltung logisch-dramaturgische Gesichtspunkte geleitet: Aus den vorhergehenden Reden der drei Marien geht eindeutig hervor, daß diese Christi Leichnam salben wollen und sich zu diesem Zwecke an das Grab begeben.[35] Am Grabe angekommen, richtet sich ihr ganzes Interesse darauf, wie der Stein wegzuschaffen sei, der auf dem Grabe des "sweet Lord" liegt.[36] Schließlich äußert Maria Iacobi die Befürchtung: "It semes to me as he were gone."[37] Nicht nur aus den Reden der drei Marien, sondern auch aus den durch die folgende Rubrik vorgeschriebenen Bewegungen und Gesten geht hervor, daß die Frauen Christus suchen:

Tunc ibunt et in Sepulcrum circumspicient.[38]

Spätestens an dieser Stelle des Spiels hat auch der naivste und schwerfälligste Zuschauer verstanden, wen die drei Marien im Grabe suchen. Auch die Engel, die während der ganzen Zeit am Grabe Christi gesessen haben, wissen selbstverständlich, wen die drei Marien suchen.

Unter Berücksichtigung dieser Gesichtspunkte bestand keinerlei dramaturgische Notwendigkeit für den Verfasser, den traditionellen Dialog am Grabe beizubehalten: In seiner Bearbeitung tritt an die Stelle von Frage und Antwort eine rhetorische Frage, die vom „fragenden" Engel selbst beantwortet wird: "What seeke ye...? Iesus... is risen!"

Paradoxerweise hat der Autor dieser Szene den Tropus *Quem quaeritis in sepulchro* aus dem gleichen Grunde eliminiert, der den Liturgiker einst bewog, einen solchen Tropus zu schreiben: Beide waren sich bewußt, daß dieser Tropus im Grunde „überflüssig" war. Während der Liturgiker jedoch die liturgische Feier durch diese nicht notwendige Zutat ausschmücken wollte, betrachtete der englische Autor diese traditionelle Komposition aus dramaturgischen Gründen als überflüssig. In dem Maße, wie sich der englische Bearbeiter von den liturgischen Texten entfernt, nähert er sich wieder dem ursprünglichen Wortlaut der Bibel: In keinem der synoptischen Berichte ist ein Dialog zwischen

---

[35] V. 331 f.   [36] V. 333 ff.
[37] V. 338.   [38] II, 344.

Engel und Marien erwähnt; wie in den *Chester Plays* informiert der wissende Bote Gottes die Marien über die Auferstehung Gottes:

> 5. ... Scio enim quod Iesum, qui crucifixus est, quaeritis:
> 6. Non est hic: surrexit...[39]
>
> 6. ... Iesum quaeritis Nazarenum, crucifixum; surrexit...[40]

Auch die sich anschließenden Reden der Engel in der Version der *Chester Plays*[41] zeigen den zunehmenden Einfluß des Bibeltextes bzw. von Evangelienharmonien usw.: Die traditionellen liturgischen Kompositionen der *Visitatio Sepulchri* sind nicht mehr erkennbar.

In der *Visitatio Sepulchri* des *Ludus Coventriae* finden sich keinerlei Spuren der traditionellen Kompositionen mehr. Als eine Art *processionale* dient nicht mehr die englische Entsprechung des *Iam, iam, ecce, iam properemus* oder *Sed eamus*. Statt dessen werden für diesen Zweck die folgenden, völlig frei gestalteten Verse verwendet:

> MARIA MAGDALENE:
> Now go we stylle
> with good wyll,
> þer he is leyd.
> He deyd on crowch,
> we wolde hym towch,
> as we han seyd.[42]

Auch von den Stücken *Quis revolvet* und *Quem quaeritis* sind keinerlei Reste erhalten. Während in den *Chester Plays* zumindest noch inhaltlich an den *Quem-quaeritis*-Tropus angeknüpft wurde, ist im *Ludus Coventriae* auch diese letzte schwache Verbindung mit der liturgischen Tradition der *Visitatio Sepulchri* geschwunden. Nachdem die drei Marien das Grab leer vorgefunden haben, verkündet ihnen ein Engel die Auferstehung Christi. Die betreffenden Verse beziehen sich an keiner Stelle auf das *Sepulchrum* – den ursprünglichen Ort und Mittelpunkt der *Visitatio Sepulchri*: Durch die Aufgabe jeglicher Verbindungen mit der liturgischen Tradition ist auch das kultische Zentrum – das Grab – an die Peripherie des Geschehens gerückt worden. In der Rede des Engels werden die Marien aufgefordert, Christus in Galiläa zu ‚suchen'.[43] Der Autor hat also den Teil der synoptischen Berichte, der sich auf das Grab bezieht, nicht verwertet. Entgegen aller Tradition beginnt der Engel seine Rede gleich mit der Aufforderung an die Marien, sich vom Grabe ‚fortzubewegen':

---

[39] Mt. 28, 5–6.   [40] Mk. 16, 6.   [41] V. 349 ff.
[42] S. 328, V. 33–38.   [43] S. 329, V. 70.

> Wendyth fforth, ȝe women thre
> In-to þe strete of Galyle:
> ȝour savyour þer xul ȝe se,
> > walkynge in þe waye.
> ȝour ffleschly lorde now hath lyff,
> þat deyd on tre with strook and stryff.
> Wende fforth, þou wepynge wyff,
> > and seke hym, I þe saye.
> Now goth fforth ffast, all thre,
> to his dyscyplys ffayr and fre,
> and to petyr þe trewth telle ȝe . . .[44]

Zusammenfassend kann festgestellt werden, daß die *Visitationes Sepulchri* innerhalb der englischen Spielzyklen durchaus unterschiedliche Entwicklungsstufen darstellen: In den *York Plays* und *Towneley Plays* finden sich noch zahlreiche Elemente traditioneller liturgischer Kompositionen, die von den Autoren in ätiologischer Weise verarbeitet worden sind. In der entsprechenden Szene des Chester-Zyklus sind die traditionellen Einzelstücke bereits selbständig entwickelt, lassen aber noch ihre liturgische Herkunft erkennen. Die Bearbeiter des *Ludus Coventriae* dagegen haben vollends mit der Tradition der *Visitatio Sepulchri* gebrochen: Es sind keinerlei liturgische Bezüge mehr erkennbar, der heilige Ort des Grabes ist nicht mehr beherrschender Mittelpunkt. Hier zeigen sich am deutlichsten die zentrifugalen Tendenzen, die seit der Loslösung der *Visitatio Sepulchri* aus dem österlichen Kultgeschehen immer stärker geworden sind.

EXKURS: Die *Visitatio Sepulchri* in den sogenannten "Digby Plays" (Ms. Bodl. E Mus. 160).

Dieser wichtige Text soll im Rahmen eines Exkurses erörtert werden, da er – im Gegensatz zu den bereits behandelten *Visitationes Sepulchri* – nicht Bestandteil eines größeren Zyklus gewesen ist. Das Spiel, in dem sich diese *Visitatio Sepulchri* findet, besteht aus zwei Teilen – Grablegung und Auferstehung Christi – und ist in einer Handschrift des 15. Jahrhunderts überliefert.

Die vorliegende *Visitatio Sepulchri* ist in traditioneller Weise aufgebaut. Nach einem ausgedehnten *planctus* zweier Marien folgen eine Art *processionale* und das Kernstück: der *Quem-quaeritis*-Dialog. Das *processionale* ist eine fast wörtliche Übersetzung des traditionellen lateinischen Stückes *Iam, iam, ecce, iam properemus*:

---

[44] Ebd., V. 63–73.

MAWDLEYN:
. . . .
But go we to the Monyment wher his sepulcre is,
To anoynte his body there.⁴⁵

Diese Verse bilden jedoch nicht – wie in den lateinischen *Visitationes Sepulchri* – ein isoliertes Einzelstück, sondern leiten eine ganze Szene ein, die man als „Aufbruch zum Grabe" bezeichnen könnte:

SECUND MARYE:
Sister, I com for that sam Intent;
Ther is nothinge can me better content;
To go, I have no fere.

MAWDLEYN:
Then, gude sister, lat us goo devowtlee.

SECUNDE MARYE:
Abide! yonder commes Marye Iacobee;
I trow, with us sho will goo.

THRIDE MARYE commys in:
O gude sisters, how is it with ȝowe?

MAWDLEYN:
A, dere sister! never soo evill os nowe!

THRID MARYE:
Gud mawdleyn, say not ȝoo!
This is the third day, ȝe remember well.

MAWDLEYN:
Ye; bot of my master & lorde, I her not tell,
Therefore I can not cease.
We were goynge to the Monyment
Wher-os lyeth that swete Innocent.
Loo, here, Oyntmentes of swetnese!

THRID MARYE:
Gude sisters, on yow shall I wayte.

SECUNDE MARYE:
Then let us tak þe way furth strayte.⁴⁶

Die Zeit, während der die drei Marien zum Grabe gehen, wird nicht mehr durch das Singen einer liturgischen Komposition lediglich überbrückt: Der Gang zum Grabe wird im wörtlichen Sinne in Szene gesetzt. Von besonderem dramaturgischen Geschick zeugt die Art, in der

---

⁴⁵ S. 204, V. 964 f.
⁴⁶ S. 204 f., V. 966–983.

die dritte Maria in das Geschehen einbezogen wird: Sie tritt erst auf, als die beiden anderen bereits auf dem Wege zum Grab sind. Dadurch wird das an sich ereignisarme Hinbewegen zum Grabe dramaturgisch belebt und zugleich ein retardierendes Moment eingefügt, das Spannung erzeugt.

Diese szenische Erweiterung ist in keiner Weise heilsgeschichtlich oder theologisch begründet. Dem Autor ist nur daran gelegen, den Gang zum Grab dramaturgisch möglichst wirkungsvoll zu gestalten: Eine ehemals liturgische Komposition ist hier in eine Szene eingeschmolzen, die aus rein dramaturgischer Absicht entstanden ist.

Wie das *Iam, iam, ecce, iam properemus* ist auch der *Quem-quaeritis*-Dialog fast wörtlich erhalten:

> THE ANGELL spekes:
> Whom seke ye, women sanctifiede?
>
> THREE MARYES to-gider sais:
> Iesus of nazareth crucified,
> The redemer of mankind!
>
> ANGELL:
> He es resyne! he is not here! [47]

Diese Verse, die letztlich auf die Berichte der Synoptiker zurückgehen, werden durch einen zusätzlichen Dialog ergänzt, der auf dem Johannes-Evangelium[48] basiert:

> ANGELL:
> . . . .
> Mulier, quid ploras // Woman, why wepis þou soo?
>
> MAWDLEN:
> For myn harte is full of sorow & woo.
> My lorde, þat was the kinge of blisse,
> Is takyn away; I wat not wher he is.[49]

Auch diese Kombination ist durchaus traditionell und findet sich bereits in einigen lateinischen *Visitationes Sepulchri*.[50]

In der sich anschließenden Rede des Engels wird ausführlich auf die Bedeutung der Auferstehung Christi hingewiesen. Der Schluß dieser Rede zeigt wiederum, daß viele traditionelle Elemente der lateinischen *Visitatio Sepulchri* lange Zeit erhalten blieben, jedoch in charakteristischer Weise umfunktioniert worden sind. Die Rede des Engels endet mit folgenden Worten:

---

[47] S. 205, V. 1001–1004.   [48] 20, 13–14.
[49] S. 205, V. 1007–1010.   [50] Zum Beispiel Young, I, 371 ff.

> Com hidder, & behold with your Eye
> The place where þe body did lye!
> Be Ioyeos now of mynd!
> Loo! here is the cloth droppid blud,
> 1030 Which was put on hym takyn of þe rud,
> Ose your-self did see.
> For a remembrance, tak it yee,
> And hy yow fast to Galilee;
> For ther, apper shall hee.[51]

In den ersten Versen ist deutlich das traditionelle *Venite et videte* erkennbar. Nach dieser Aufforderung an die drei Marien, sich vom Augenschein zu überzeugen, müßte man eigentlich erwarten, daß im folgenden das Grablinnen als Beweis-Stück für die Auferstehung Christi verwendet wird: In allen lateinischen *Visitationes Sepulchri* erfüllt das Grabtuch solch eine de-monstrative Funktion.[52] Diese ist jedoch im vorliegenden Text kaum noch erkennbar. Der Wortlaut des liturgischen Stückes *Cernitis, o socii, ecce lintheamina et sudarium* wird zwar noch beibehalten, aber in neuem Sinne verwendet: Das Tuch ist kein Beweis-Stück mehr, sondern ein ‚Erinnerungs'-Stück.[53] Es dient nicht mehr dem Zweck, das heilsgeschichtliche Ereignis der Auferstehung zu be-weisen, sondern ist reliquienhafter Gegenstand einer stark emotional gefärbten Verehrung. Das Tuch wird zum Ausgangspunkt einer andachtsbildartigen Szene. Maria Magdalena betrachtet das Tuch, das sie in ihren Händen hält, und wird dadurch zu einem *planctus* veranlaßt, in dem sie sich an die Passion Christi erinnert:

> O! what myn harte is hevy & lothe,
> When I beholde this piteose clothe
> Which in my hande is here;
> This cloth with blude þat is so stayned,
> Of a maydens child so sor constraynid,
> On Cross when he was done!
> O rygore unright! O crueltee!
> O wikkit wylfullnese! O perversitee!
> O hartes harde os stone,
> to Put to deth a lamb so meke!
> Well may the teres ron down your cheke!
> Well may your hertes relent,
> Myndinge the payn my lord & master felte!
> O! in my body my herte now dothe melte!
> To dy, I were content![54]

---

[51] S. 206, V. 1026–1034.
[53] V. 1032: "remembrance".
[52] Vgl. Kap. B III.
[54] S. 206 f., V. 1038–1052.

Noch ein letztes Beispiel aus diesem Osterspiel möge die Art der Rezeption traditioneller liturgischer Elemente in die volkssprachlichen Spiele zeigen. Wie zahlreiche lateinische *Visitationes Sepulchri* wird auch das vorliegende Spiel durch die Ostersequenz *Victimae paschali* abgeschlossen. Die einzelnen Verse dieser Komposition sind folgendermaßen unter die drei Marien und drei Apostel verteilt:

> Victimae paschali laudes immolent Christiani.
> Tunc hee tres cantant idem, id est: Victime paschali, totum usque ad:
> Dic nobis ...
> Tunc occurent eis apostoli ... cantantes hoc, scilicet:
> Dic nobis maria. quid vidisti in via?
> respondent mulieres cantantes:
> Sepulcrum Christi viventis,
> et cetera usque ad: Credendum est. Apostoli respondentes cantant:
> Credendum est magis soli marie veraci, quam iudeorum turbe fallaci.
> Mulieres iterum cantant:
> Scimus Christum surrexisse vere ...[55]

In diesem späten Text ist also nicht nur der lateinische Wortlaut der Sequenz erhalten, sondern auch die alogische, liturgische Verteilung der Verse auf die einzelnen Teilnehmer: Obwohl nur eine Maria gefragt wird, antworten alle drei; obwohl drei Marien antworten, singen die Apostel von nur einer Maria.

In Kap. B II 1 a war gezeigt worden, wie häufig solche Widersprüche in liturgischen *Visitationes Sepulchri* auftreten. Trotz der gänzlich unliturgischen Funktion des "Digby"-Textes ist in ihm die liturgische Vers-Aufteilung konserviert. Der Verfasser dieses Spiels hat diese traditionelle Passage unverändert übernommen, war sich offenbar aber ihrer dramaturgischen Inkonsistenz bewußt: Der sich anschließende Dialog zwischen Marien und Aposteln, in dem der Inhalt der Sequenz *Victimae paschali* sehr frei paraphrasiert wird, ist widerspruchsfrei nach dramaturgischen Gesichtspunkten an die Teilnehmer verteilt:

> PETRUS dicit post cantum:
> How is it now, marye? Can ye tell
> Any newes which may lik us well?
>   Blithe is youre Countenaunce.
>
> MAWDLEYN:
> Peter, in youre mynde be fast & stabill;
> I can shew youe tydinges most comfortabill;
>   Trust it of assurance!

---
[55] S. 223.

PETERE:
Gude marye, of hym I wold knawlege have.

MAWDLEYN:
Peter! our master is resyn from his grave![56]

Während der Autor Wortlaut und Verteilung der lateinischen Sequenz nicht zu verändern wagte, hat er in der englischen Paraphrasierung den Text nach neuen, dramaturgischen Gesichtspunkten umgestaltet.

b) Die *Visitatio Praesepis*

Den Kern der lateinischen *Visitatio Praesepis* bildete der Tropus *Quem quaeritis in praesepe,* der zwischen Hirten und *obstetrices* aufgeteilt wurde.

In der einzigen erhaltenen Version aus der Übergangsphase, die in den *Shrewsbury Fragments* enthalten ist, findet sich der *Quem-quaeritis*-Dialog noch in lateinischer Sprache.[57] Auch das traditionelle *processionale Transeamus*, das die Hirten auf dem Wege zur Krippe singen, ist im lateinischen Wortlaut erhalten.[58] Diese zweisprachige *Visitatio Praesepis* wurde in York aufgeführt und diente später den Bearbeitern des entsprechenden *pageant* im Yorker Fronleichnamszyklus als Vorlage. In der *Visitatio Praesepis* dieses Zyklus finden sich jedoch keinerlei Spuren der erwähnten liturgischen Kompositionen. Insbesondere der Kern des liturgischen *Officium Pastorum* – der Introitus-Tropus *Quem quaeritis in praesepe* – ist eliminiert: Sobald die Hirten an der Krippe angelangt sind, beten sie Jesus an. In allen lateinischen Versionen war dieser *adoratio* stets der traditionelle Dialog mit den *obstetrices* vorausgegangen.

Auch in den Hirtenspielen der Zyklen aus Wakefield, Chester und Coventry sowie dem sogenannten *Ludus Coventriae* finden sich keine Reste der traditionellen liturgischen Kompositionen.[59] Anstelle des traditionellen *Transeamus* werden nunmehr englische Lieder als *processionale* verwendet. In den Rubriken der *York Plays* und *Chester Plays* wird der Charakter dieser *songs* nur allgemein bestimmt:

---

[56] S. 224, V. 1557–1564.
[57] Young, II, 516.
[58] Ebd., II, 515.
[59] Dunn, *Principle,* behauptet, in den *Nativity plays* der Zyklen "one can see rather more clearly than any place else in the cycle the remains of the Latin liturgical dramas" (S. 117). Diese Ansicht ist nachweislich falsch.

II. Pastor:
3a! þou sais soth, go we for-thy
    hym to honnour.
And make myrthe and melody,
    with sange to seke our savyour.

Et tunc cantant.⁶⁰

Secundus Pastor:
. . . .
sing we now, I red us, shrill
a mery song us to solace.

Gartius:
Nowe sing on! let us see!
    some songe I will assaie,
All men singes after me,
    for musique of me learne you may.

Tunc omnes pastores cum aliis adiuvantibus cantabunt
hilare carmen.⁶¹

Der Text eines solchen volkstümlichen Liedes ist uns im Hirtenspiel aus Coventry überliefert. Als die Hirten sich der Krippe nähern, singen sie:

> As I out rode this enderes night,
> Of thre ioli sheppardes I saw a sight,
> And all a-bowte there fold a star shone bright;
>   They sange terli terlow;
>   So mereli the sheppards ther pipes can blow.⁶²

Dieses *carol* ist eine selbständige Komposition und gehörte ursprünglich nicht zum Text des Hirtenspiels, das in einem Manuskript aus dem Jahre 1534 überliefert ist. Die oben zitierte Strophe ist Teil eines offensichtlich weit verbreiteten *carol*: Es ist in drei Handschriften überliefert und kursierte bereits während des 15. Jahrhunderts in England.⁶³ Der Verfasser des Hirtenspiels aus Coventry stand vor dem gleichen Problem wie die Autoren der lateinischen *Visitationes Praesepis* einige Jahrhunderte zuvor: Der Zeitraum, während dessen sich die Hirten vom Feld nach Bethlehem begeben, mußte durch eine Komposition überbrückt werden. Während die Liturgiker für diesen Zweck eine liturgische Komposition verwendeten (*Transeamus* u. a.), übernahm der Verfasser des Hirtenspiels die Strophe eines volkstümlichen *carol* in den Text. Durch die Einfügung dieses *carol* entstand jedoch eine dra-

---

[60] *York Plays*, S. 121, V. 82–85.
[61] *Chester Plays*, I, 151, V. 453–458.
[62] S. 31, *song I*.
[63] Vgl. Greene, S. 50 und 366 f.

maturgische „incongruity": Die Hirten singen von sich selbst zunächst in der 1. Person Singular, dann in der 3. Person Plural; schließlich bezeichnen sie sich selbst als "sheppards".[64]

Hier tritt also dasselbe Phänomen zutage, das wir in den lateinischen Versionen häufig beobachten konnten: In beiden Fällen entstehen durch die Einfügung neuer Kompositionen Widersprüche im Text, die von den Autoren nicht beseitigt wurden. Wie die Verfasser der lateinischen, quasi-dramatischen Texte vor allem aus ehrfürchtiger, fast religiöser Scheu vor einer Veränderung der traditionellen liturgischen Kompositionen zurückschreckten, hat der Autor des vorliegenden Hirtenspiels das *carol* aus ähnlichen Gründen unverändert belassen: Er wollte – und konnte – ein den Zuschauern bekanntes, volkstümliches Lied nicht grundlegend verändern. Das *carol* sollte als solches erkennbar bleiben.

Während also an die Stelle eines liturgischen *processionale* ein volkstümliches *carol* tritt, hat der traditionelle Dialog an der Krippe keinerlei volkssprachliche Entsprechung gefunden. Dies trifft für alle uns erhaltenen Spielzyklen zu: Trotz wesensähnlicher Herkunft, Verwendung und Entwicklung haben die Tropen *Quem quaeritis in sepulchro* und *Quem quaeritis in praesepe* sehr unterschiedlich in den volkssprachlichen Zyklen nachgewirkt. Da dieses Phänomen nicht als ein Ergebnis von Zufällen betrachtet werden kann, soll im folgenden eine Erklärung versucht werden.

Durch die Anrede „Christicolae" bzw. „caelicolae" sind die potentiellen Gesprächspartner im Tropus *Quem quaeritis in sepulchro* von Anfang an genau bestimmt: Die Marien werden in dem später aus dem Tropus entwickelten Dialog von Engeln gefragt. Diese Begegnung von Marien und Engeln entspricht durchaus den Berichten der Synoptiker.

Solch eine genaue Bestimmung von Fragenden und Antwortenden ist im Falle des Tropus *Quem quaeritis in praesepe* nicht gegeben. Lediglich diejenigen, die Gott aufsuchen, sind eindeutig benannt:

> Quem quaeritis in praesepe, p a s t o r e s, dicite?

Die Fragenden werden jedoch nicht bezeichnet:

> Salvatorem Christum Dominum, infantem pannis involutum, secundum sermonem angelicum.

Über sie läßt sich aus den Evangelienberichten nichts ermitteln: Während der Dialog zwischen Engeln und Marien in der Vulgata zumindest

---

[64] Diese "incongruity" ist weder von Beuscher, S. 40 f., 78 ff., noch von Collins, S. 618 f., oder Ingram, S. 67, bemerkt worden.

sinngemäß angedeutet ist, fehlen im Lukas-Evangelium jegliche Angaben über einen Dialog zwischen den Hirten und anderen Personen. Der Evangelist stellt lediglich mit wenigen Worten fest:

> Et venerunt festinantes, et invenerunt Mariam et Joseph et infantem positum in praesepio.[65]

Der Tropus *Quem quaeritis in praesepe* wird also in keiner Weise durch den kanonischen Bibeltext nahegelegt. Infolgedessen ist er auch nie so eng mit dem eigentlichen Heilsgeschehen verbunden wie sein typologisches Vorbild: der Tropus *Quem quaeritis in sepulchro*. Aufgrund der typologischen Verwandtschaft beider Kompositionen wäre es möglich, daß auch die Hirten – wie die Marien – von Engeln gefragt werden. Für diese Annahme, die u. a. von Böhme vertreten worden ist, finden sich in den erhaltenen Versionen jedoch keine eindeutigen Hinweise.[66] In einigen Texten ist statt dessen ausdrücklich von „obstetrices" die Rede,[67] während die Rubriken anderer Versionen unbestimmt von „clerici", „pueri" sprechen. Auch in den letzteren Fällen handelt es sich aber eher um die sonst ausdrücklich benannten *obstetrices* als um Engel. Gegen die Vermutung, daß es sich in diesen Texten um Engel handeln könne, spricht bereits die angegebene Zahl der betreffenden Kleriker: Die Angaben der Rubriken machen ohne Ausnahme zwei Kleriker erforderlich. Wenn es sich hier um Engel handeln würde, wäre die Ausschließlichkeit, mit der diese Zahl immer wiederkehrt, unverständlich: Die Zahl der Engel in der *Visitatio Sepulchri* – dem typologischen Vorbild der *Visitatio Praesepis* – schwankte stets zwischen eins und zwei.[68]

Das beständige Verweisen auf zwei Kleriker deutet vielmehr darauf hin, daß die „clerici" als *obstetrices* zu verstehen sind: Bereits in der Quelle, auf die alle Berichte über diese *obstetrices* zurückgehen, werden deren zwei erwähnt. Die betreffende Stelle aus dem apokryphen *Pseudo-Evangelium Matthaei* lautet:

> Iam enim dudum Ioseph perrexerat ad quaerendas obstetrices. Qui cum reversus esset ad speluncam, Maria iam infantem genuerat. Et dixit Ioseph ad Mariam: Ego tibi Zelomi et Salomen obstetrices adduxi, quae foris ante speluncam stant et prae splendore nimio huc introire non audent...[69]

---

[65] Lk. 2, 16.
[66] Nur im *Officium Stellae* aus Freising wird in der betreffenden Rubrik ein „angelus" erwähnt (Young, II, 96). Da jedoch unmittelbar danach das Ende dieses Dialogs zwischen Magiern und *obstetrices* aufgeteilt ist, scheint diese Stelle verderbt überliefert zu sein.
[67] Zum Beispiel Young, II, 9, 14, 17.
[68] Vgl. Kap. B II.
[69] Tischendorf, S. 77; vgl. Anz, S. 19 ff.

Dieser Bericht war seit dem frühen Mittelalter in Westeuropa verbreitet.[70] Da der Tropus den potentiellen Gesprächspartner der Hirten zunächst unbestimmt gelassen hatte, boten sich den Verfassern der *Visitationes Praesepis* die Personen der *obstetrices* als die Fragenden des Dialogs an.

Im Gegensatz zur *Visitatio Sepulchri* ist der Kern-Dialog der *Visitatio Praesepis* erst aufgrund einer typologischen Übertragung entstanden; die Fragenden sind erst später aus einem apokryphen Bericht übernommen worden: Alle diese Faktoren bewirken, daß der Kristallisationskern der *Visitatio Praesepis* mit dem dargestellten weihnachtlichen Geschehen nicht unlösbar verbunden ist. Insbesondere gehören die Personen der *obstetrices* nicht wesensnotwendig zur *Visitatio Praesepis*. Da diese Hebammen nur in apokryphen Berichten erwähnt werden, konnten sie *a priori* keine feste Verwendung in der weihnachtlichen Liturgie finden. Bereits Hieronymus entrüstet sich über diese apokryphen Zusätze zu den kanonischen Evangelienberichten:

> Nulla ibi obstetrix: nulla muliercularum sedulitas intercessit. Ipsa [Maria] pannis involvit infantem, ipsa et mater et obstetrix fuit, „et collocavit eum", inquit, „in praesepio...". Quae sententia et a p o c r y p h o r u m d e l i r a m e n t a convincit, dum Maria ipsa pannis involvit infantem.[71]

Aufgrund dieser abwertenden theologischen Beurteilung ist es nicht verwunderlich, daß die *obstetrices* in den liturgischen *Officia Pastorum*, die eng mit der Weihnachtsmesse verbunden sind, grundsätzlich nicht erwähnt werden. Erst nachdem der Tropus *Quem quaeritis in praesepe* Bestandteil der liturgisch weniger zentralen Matutin geworden ist, werden in den Rubriken die *obstetrices* ausdrücklich benannt.

In keiner lateinischen Version der *Visitatio Praesepis* wird jedoch das Mirakel dargestellt, das in den apokryphen Quellen ausführlich geschildert wird und in dessen Mittelpunkt die beiden Hebammen stehen. Im *Pseudo-Evangelium Matthaei* heißt es:

> Cumque ingressa esset Zelomi, ad Mariam dixit: Dimitte me ut tangam te. Cumque permisisset se Maria tangi, exclamavit voce magna obstetrix et dixit: Domine domine magne, miserere. Numquam hoc auditum est nec in suspicione habitum, ut mamillae plenae sint lacte et natus masculus matrem suam virginem ostendat... Virgo concepit, virgo peperit, virgo permansit. Audiens hanc vocem alia obstetrix nomine Salome dixit: Quod ego audio

---

[70] Er geht wiederum auf das griechische apokryphe *Protevangelium Iacobi* zurück (Tischendorf, S. 35 ff.).
[71] *De perpetua virginitate B. Mariae adversus Helvidium liber*, Migne, P.L., 23, col. 201.

non credam nisi forte ipsa probavero. Et ingressa Salome ad Mariam dixit: Permitte me ut palpem te et probem utrum verum dixerit Zelomi... Et cum misisset et tangeret, statim aruit manus eius, et prae dolore coepit flere...: ...ecce misera facta sum propter incredulitatem meam... Cumque haec diceret, apparuit iuxta illam iuvenis quidam valde splendidus dicens ei: Accede ad infantem et adora eum et continge de manu tua, et ipse salvabit te... Quae confestim ad infantem accessit, et adorans eum tetigit fimbrias pannorum, in quibus infans erat involutus, et statim sanata est manus eius...[72]

Diese im Mittelalter weit verbreitete Legende wird erst in die Weihnachtsspiele aufgenommen, als diese bereits jegliche Bindungen an die Weihnachtsliturgie verloren haben und Bestandteile der volkssprachlichen Zyklen geworden sind. In den *Chester Plays* und dem *Ludus Coventriae* wird diese Legende ausführlich dargestellt, während die beiden *obstetrices* in der darauffolgenden *Visitatio Praesepis* nicht mehr als die Dialog-Partner der Hirten auftreten: Das Interesse der Autoren hat sich vom ehemals streng Liturgischen auf das Mirakel verlagert. Während die Verfasser der lateinischen *Officia Pastorum* die *obstetrices* als Sprecher bzw. Sänger eines liturgischen Textes verwandten, sind

Abb. 10. Die ungläubige Salome
(Holkham Bible Picture Book)

---

[72] Tischendorf, S. 78 f.

die Hebammen in den *Chester Plays* und dem *Ludus Coventriae* die Hauptdarsteller eines Mirakelspiels: Der Expositor der *Chester Plays* spricht ausdrücklich von "myracle".[73] Ähnlich äußert sich im *Ludus Coventriae* die ungläubige Salome:

> Of þis grett meracle more knowlege to make
> I xal go telle it in iche place i-wys.[74]

Auf der hier wiedergegebenen Abbildung (Abb. 10, S. 231) ist die Funktion der *obstetrix* bereits an einem charakteristischen Requisit erkennbar: An ihrem rechten Handgelenk ist ein Handschuh befestigt, der offensichtlich die verdorrte Hand andeuten sollte; er war entsprechend bemalt und wurde von der ungläubigen Hebamme abgestreift, sobald sie durch die Berührung des Jesuskindes geheilt war. Diese Abbildung stellt eindeutig eine Szene aus einem Weihnachtsspiel dar, in der die Hebammen die Hauptpersonen eines mirakelhaften Geschehens sind.

In den englischen Zyklen ist also für die Verwendung der *obstetrices* nicht die liturgische, sondern die außer-liturgische, legendäre Tradition bestimmend geworden. Die von Anfang an unfeste Bindung der *obstetrices* an die *Visitatio Praesepis* ist durch das Eindringen des Salome-Mirakels in das vorhergehende *pageant* vollends gelöst worden.

Noch ein weiterer Grund wird dazu beigetragen haben, daß sich der Kern-Tropus *Quem quaeritis in praesepe* in keinem englischen Zyklus erhalten hat. In Teil B wurde dargestellt, daß das *Officium Pastorum* bald mit dem *Officium Stellae* kombiniert und schließlich ganz von diesem aufgesogen wurde: Bezeichnenderweise sind nur wenige Versionen eines lateinischen *Officium Pastorum* überliefert. Infolgedessen konnte auch die Kern-Komposition dieser *Visitatio Praesepis* – der Tropus *Quem quaeritis in praesepe* – nie in dem starken Maße bis in die volkssprachlichen Spiele nachwirken wie etwa der Tropus *Quem quaeritis in sepulchro*.

c) Die Anbetung der Drei Könige

Der theologische Kern des *Officium Stellae* ist das Aufsuchen Gottes durch die Magier (später: Drei Könige). Es handelt sich also wieder um den Typ der *visitatio*. Wie in den *Officia Pastorum* geht der *adoratio* bzw. *oblatio* in fast allen Versionen ein Dialog zwischen den Gottsuchern und den bereits Wissenden voraus:

---

[73] I, 126, V. 577.   [74] S. 145, V. 307 f.

Obstetrices:
: Qui sunt hi, quos stella ducit, nos adeuntes, inaudita ferentes?

Magi:
: Nos sumus, quos cernitis, reges Tharsis et Arabum et Saba dona ferentes Christo, Regi, nato Domino, quem, stella deducente, adorare venimus.

Obstetrices:
: Ecce puer adest quem queritis; iam properate, adorate, quia ipse est redemptio mundi.[75]

Dieser zentrale Dialog, der nach dem typologischen Vorbild des Tropus *Quem quaeritis in praesepe* gestaltet wurde, ist in den englischen Fronleichnamszyklen nicht mehr erhalten.

Der Fortfall dieses Dialogs kann auf mehrere Ursachen zurückgeführt werden. Zunächst einmal gilt für die Dialog-Partner der *Magi* – die *obstetrices* – das oben gelegentlich des *Officium Pastorum* Gesagte: Die Hebammen des *Officium Stellae* sind sogar noch weniger fest mit dem Epiphanias-Geschehen verbunden als jene des *Officium Pastorum* mit dem Weihnachts-Geschehen. Die Hebammen des *Officium Stellae* stellen sekundäre, typologische Übertragungen aus dem *Officium Pastorum* dar, in dem sie bereits aufgrund ihrer apokryphen Herkunft nur lose mit dem – nach dem kanonischen Lukas-Evangelium gestalteten – Geschehen verknüpft waren.

Ein weiterer Grund für das Fehlen jeglicher liturgischer Spuren in den Drei-Königs-Szenen der englischen Fronleichnamszyklen ist auf die Eigenart des Dialogs *Qui sunt hi* zurückzuführen: Er ist zwar ein wesentlicher Bestandteil des *Officium Stellae,* keineswegs aber ein Kristallisationskern wie die *Quem-quaeritis*-Tropen, aus denen sich die *Visitatio Sepulchri* bzw. *Visitatio Praesepis* entwickelt haben. In Kap. B II 2 b wurde bereits dargelegt, daß das *Officium Stellae* nicht aus einer liturgischen Kern-Komposition entstanden ist und auch mit der Liturgie weniger fest verbunden war als die anderen *visitationes*. So wird das Fehlen jeglicher liturgischer Reste in den englischen Zyklen verständlich.

Die unterschiedliche Nachwirkung der bisher erörterten liturgischen Kompositionen wird in der Drei-Königs-Szene der *York Plays* besonders deutlich. Auch in dieser Szene finden sich keine Spuren von liturgischen Kompositionen des *Officium Stellae*. Statt dessen ist im Text eine typologische Abwandlung des *Quem-quaeritis*-Tropus enthalten – jenes liturgischen Stückes also, das länger und vielfältiger als alle anderen nachgewirkt hat. Als die Drei Könige in Bethlehem angelangt sind, bleibt der Stern, der sie geführt hat, stehen:

---

[75] Young, II, 79.

I. Rex:
A! siris! I se it stande
A-boven where he is borne,
Lo! here is þe house at hande,
We have noȝt myste þis morne.

Ancilla:
W h a m e s e k e ȝ e s y r s, be wayes wilde,
With talkyng, travelyng to and froo?
Her wonnes a woman with her childe,
And hir husband; her ar no moo.

II. Rex:
W e s e k e a b a r n e þ a t a l l s h a l l b y l d e,
His sartayne syngne hath saide us soo,
And his modir, a mayden mylde,
Her hope we to fynde þam twoo.

Ancilla:
C o m e n e r e, gud syirs, a n d s e e,
Youre way to ende is broght...[76]

Wahrscheinlich handelt es sich hier eher um eine typologische Übertragung aus dem *Officium Pastorum* als aus der *Visitatio Sepulchri*. Dafür spricht vor allem die Person der *ancilla*, die hier offenbar an die Stelle der *obstetrices* getreten ist.[77] Auf der hier wiedergegebenen Miniatur (Abb. 11) ist eine solche Magd an der Seite der Gottesmutter erkennbar.

Mit der Ablösung der *obstetrices* durch eine Magd ist der Bruch mit der apokryphen Tradition vollzogen: An die Stelle von zwei Hebammen, deren Aufgaben am Tage Epiphanias – also geraume Zeit nach der Geburt Christi – nicht mehr einsichtig sind,[78] ist eine Magd getreten, die die Drei Könige an der Tür des Hauses „empfängt". Diese *ancilla* ist nicht – wie die *obstetrices* – liturgischer Dialogpartner (*Officium Pastorum* und *Officium Stellae*) oder Hauptperson eines Mirakels (*Chester Plays* und *Ludus Coventriae*), sondern gewissermaßen „Dienstbote" in einem „bürgerlichen Hause".[79]

Diese Entwicklung hatte sich bereits in einigen lateinischen *Officia Stellae* angekündigt. In einer Version aus Nevers[80] werden die Drei Könige nicht von *obstetrices*, sondern von *custodes* befragt, die man

---

[76] S. 134, V. 225–238.
[77] Andererseits verweist das "Come nere ... and see" auf das „Venite et videte" der *Visitatio Sepulchri*.
[78] Vgl. dazu Young, II, 47.
[79] Ulman, S. 166, erkennt diese Entwicklung nicht, wenn er die *ancilla* als "one of the midwives" bezeichnet.
[80] Young, II, 51.

Abb. 11. Geburt Christi (Missale des Henry of Chichester)

wohl als eine Art „Wächter des Hauses, Dienstboten"[81] bezeichnen kann. In den Rubriken eines Textes aus Compiègne ist von *mulieres* die Rede. Das *Officium Stellae* aus Freising läßt bereits deutlich eine Dienstboten-Funktion der *obstetrices* erkennen. Der Dialog zwischen „Hebammen" und *Magi* entwickelt sich an der Türschwelle des Hauses; dann erst treten die *Magi* ein:

> Obstetrices:
> Ecce puer adest quem queritis; iam properate et orate, quia ipse est redemptio mundi.
> Intrantes Magi:
> Salve, Princeps seculorum![82]

Die allmähliche Entfernung der *obstetrices* vom Ort des Heilsgeschehens – der Krippe – und zugleich ihr Funktionswandel wird in dem *Ordo Stellae* aus Laon klar erkennbar:

> Obstetrices ad Magos, antequam intrent:
> Qui sunt hi qui, stella duce, nos adeuntes inaudita ferunt?
> Magi:
> Nos sumus, quos cernitis, reges Tharsis ...
> Obstetrices introducentes Magos, ostendunt Puerum et dicunt:
> Ecce puer adest quem queritis; introeuntes adorate, quia ipse est redemptio mundi.[83]

Hier sind die „obstetrices" in Wirklichkeit Dienstboten, die die Fremden an der Pforte empfangen und sie ins Haus führen. Daß sie nur noch von ferne auf Christus zeigen, geht aus dem geänderten Text ihrer Rede hervor: „...introeuntes adorate...".

d) Der bethlehemitische Kindermord

Wie in Kap. B II 2 c dargestellt wurde, entstand der *Ordo Rachelis* aus einer Tropierung des Responsoriums *Sub altare Dei*. Unter dem Einfluß des biblischen Berichtes[84] erhielt dieser „Tropus" die Form eines *planctus*, in dem auf die Klage Rachels Trostworte meist zweier *consolatrices* folgen.

In den englischen Versionen des bethlehemitischen Kindermordes finden sich keinerlei Reste dieses Kompositions-Kernes wieder: Die *consolatrices* treten in keinem Text mehr auf, die jüdische Ur-Mutter

---

[81] Du Cange, *Glossarium mediae et infimae latinitatis*.
[82] Young, II, 96.   [83] Ebd., II, 105.   [84] Mt. 2, 18.

Rachel ist durch mehrere Mütter ersetzt worden. Im Mittelpunkt steht nicht mehr der zwischen Rachel und den Trösterinnen aufgeteilte *planctus*, sondern ein Dialog zwischen Müttern und den Soldaten des Herodes. Durch den Wegfall des *planctus* ist die heilsgeschichtliche Bedeutung des bethlehemitischen Kindermordes fast völlig verlorengegangen.

In den Trostreden der *consolatrices* waren immer wieder zwei Gründe aufgetaucht, die die trauernde Rachel froh stimmen sollten: „Freue Dich, Rachel, denn die Kinder leben bei Gott im Himmel." Und: „Freue Dich, denn die Kinder sind für Christus, unseren Erlöser, gestorben." Das erste Motiv wird in allen erhaltenen Versionen des *Ordo Rachelis* verwendet:

> Tu, que tristaris, exulta, que lacrimaris,
> Namque tui nati vivunt super astra beati.[85]

> Numquid flendus est iste, qui regnum possidet celeste,
> Quique prece frequenti miseris fratribus apud Deum auxilietur?[86]

> Noli, Rachel, deflere pignora.
> Cur tristaris, et tundis pectora?
> Noli flere, sed gaude potius,
> cui nati vivunt felicius.[87]

Das zweite Motiv ist nur in der Version aus Limoges enthalten:

> Summi patris eterni filius,
> hic est ille quem querit perdere,
> qui vos facit eterne vivere.
> Ergo gaude![88]

In allen *Ordines Rachelis* wird also der heilsgeschichtliche Bezug offenbar: Die ermordeten Kinder zeugen mit ihrem Tod für Christus und erlangen dadurch die ewige Seligkeit; sie sind die ersten Märtyrer.[89]

In den englischen Zyklen ist dieser heilsgeschichtliche Bezug verlorengegangen. An die Stelle der Klage und theologisch begründeten Tröstung ist eine handfeste Auseinandersetzung der Mütter mit den Soldaten des Herodes getreten. Die Mütter nehmen die Ermordung

---

[85] Young, II, 106, 112.
[86] Ebd., II, 113, 120.
[87] Ebd., II, 109.
[88] Ebd.
[89] Vgl. die Hymne *Salvete, flos martyrum* des Prudentius, die am Fest der Unschuldigen Kinder gesungen wird. In der *Oratio* der Messe dieses Festes heißt es: „Deus, cuius hodierna die praeconium Innocentes M a r t y r e s non loquendo, sed moriendo confessi sunt, ...".

Abb. 13. Der bethlehemitische Kindermord (Glasfenster aus St. Peter Mancroft, Norwich)

Abb. 12. Der bethlehemitische Kindermord (St. Albans-Psalter)

ihrer Kinder nicht mehr passiv-klagend hin, sondern beschimpfen und verprügeln die Soldaten. Diese Akzentverschiebung kommt auch in der bildenden Kunst der Zeit zum Ausdruck: Während im *St. Albans-Psalter* (ca. 1120–1130) die Mütter klagen (Abb. 12), befindet sich auf einem Glasfenster aus St. Peter Mancroft (Abb. 13) eine Mutter im Handgemenge mit einem Soldaten, der ihren Sohn mit seinem Schwert durchbohrt hat. Der traditionelle *planctus,* der zwischen Rachel und Trösterinnen aufgeteilt war, ist einem erregten Wortwechsel zwischen Müttern und Soldaten gewichen, in dem keine heilsgeschichtlichen Bezüge, sondern allein menschliche Emotionen sichtbar werden. Stellvertretend für die anderen Zyklen möge das folgende Zitat aus den *Chester Plays* stehen:

> PRIMUS MILES:
> Come hither to me, dame Parnell!
> and shew me here thy sonne Snell,
> for the king hase bid me quell
>   all that we finde mone.
>
> PRIMA MULIER:
> My sonne? nay! strong theefe!
> for as I have good preefe,
> doe thou my chylde any greefe,
>   I shall cracke thy crowne.
>
> Tunc miles transfodiet primum puerum et lancea accipiet.
>
> PRIMA MULIER:
> Out! out and woe is me!
> theife! thou shalt hanged be!
> My childe is dead, nowe I see,
>   my sorrowe may not cease.
>
> Thou shalt be hanged on a tree,
> and all thy fellowes with thee;
> All the men in this contree
>   shall not make thy peace.
>
> Have thou this! thow foule harlott!
> and thou knight to make a knott,
> And one buffet with this boote
>   thou shalt have to boot.
>
> And thou this and thou this!
> though you both shyte and pisse,
> and if you think we do amiss,
>   goe, buskes you to moote! [90]

---
[90] I, 199 f., V. 337–360.

Abschließend können wir feststellen, daß allein liturgische Kompositionen der *Visitatio Sepulchri* sich bis in die englischen Fronleichnamszyklen verfolgen lassen; insbesondere der Tropus *Quem quaeritis in sepulchro* ist noch in den spätesten Texten erkennbar. Dagegen sind die liturgischen Stücke des *Officium Pastorum*, *Officium Stellae* und *Ordo Rachelis* ohne Ausnahme eliminiert worden. Dieses Ergebnis entspricht durchaus der Feststellung, die wir in Kap. B II trafen: Am längsten sind die liturgischen Stücke der *Visitatio Sepulchri* bewahrt worden – also jener Szene, die im Zentrum des christlichen Heilsgeschehens steht.

Wenn in den *Visitationes Sepulchri* der englischen Zyklen traditionelle liturgische Kompositionen erhalten blieben, wurden diese meist nicht unverändert übernommen, sondern in charakteristischer Weise umgestaltet: Sie wurden nicht mehr als Einzelstücke behandelt, die zu einem alogisch „montierten" Text kombiniert wurden, sondern man inkorporierte sie in eine ätiologisch erweiterte Szene.

2. Übernahmen aus der Liturgie des Fronleichnamsfestes

Angesichts der starken Beeinflussung der englischen Fronleichnamsspiele durch Fronleichnamsfest und -prozession stellt sich die Frage, ob in die Zyklen auch liturgische Kompositionen dieses Festes eingedrungen sind. Solche Stücke würde man *a priori* in den Szenen erwarten, die am engsten mit der Eucharistie zusammenhängen: den Szenen des österlichen Zyklus.

In allen englischen Zyklen wird das Letzte Abendmahl dargestellt. Gerade in dieser Szene, in der die Einsetzung des Altarssakraments erfolgt, wäre die Verwendung liturgischer Kompositionen des Fronleichnamsfestes naheliegend. Von dieser Möglichkeit ist jedoch in keinem Falle Gebrauch gemacht worden. Dennoch wird auf das eucharistische Dogma fast immer mehr oder weniger ausführlich hingewiesen. In dieser Hinsicht unterscheiden sich die englischen Fronleichnamszyklen wesentlich von den lateinischen Spielen: Die Verfasser der beiden lateinischen Passionsspiele, in denen das Letzte Abendmahl dargestellt wird, haben der Einsetzung der Eucharistie nur geringe Aufmerksamkeit geschenkt. In der Rubrik des längeren Passionsspiels aus Benediktbeuern heißt es ganz beiläufig:

> Interea Iesus faciat ut mos est in cena.[91]

---

[91] Young, I, 525.

Auch in dem *Ludus breviter de Passione* derselben Handschrift spielt die Einsetzung der Eucharistie eine untergeordnete Rolle:

> Et ista hora accipiat Dominus panem, frangat, benedicat, et dicat:
>   Accipite et comedite, hoc est corpus meum.
> Similiter et calicem.[92]

Um so ausführlicher wird das Letzte Abendmahl in den englischen Zyklen dargestellt. In den *Chester Plays* wird mehrmals das Opfer des Neuen Bundes dem des Alten gegenübergestellt:

> IHESUS:
>
> . . . .
> ffor know you now, the tyme is come
> 70 that s i g n e s and s h a d o w s be all done:
> therfore make hast, that we may soone
>   all f i g u r s cleane reiect.
>
> ffor now a n e w l a w I will beginn,
> to help mankynd out of his synne,
> 75 so that he may heaven wynn,
>   the which for synne he lost.
>
> and here, in presence of you all,
> an other sacrifice beginne I shall,
> to bring mankynd out of his thrall,
>   for helpe him nede I must.[93]

Dieser präfigurative Bezug findet sich in mehreren Kompositionen der Liturgie des Fronleichnamsfestes. So heißt es in der Sequenz *Lauda, Sion, Salvatorem*:

> In hac mensa n o v i Regis,
> N o v u m pascha n o v a e l e g i s ;
>   Phase v e t u s terminat.
> Vetustatem novitas,
> U m b r a m fugit veritas,
>   Noctem lux eliminat.[94]

Vers 70 und 72 des zitierten englischen Textes entsprechen fast wörtlich einem Vers des Hymnus *Sacris solemniis* aus der Matutin des Fronleichnamsfestes:

> Dat panis coelicus figuris terminum.[95]

Dennoch ist der englische Text wohl kaum direkt durch diese liturgische Komposition beeinflußt worden.

---

[92] Ebd., I, 514 f.
[93] II, 268, V. 69–80.
[94] Thomas von Aquin, *Opera*, XXIX, 341.
[95] Ebd., 336.

Die Einsetzung der Eucharistie wird am ausführlichsten im *Ludus Coventriae* dargestellt. Wiederum findet sich der präfigurative Bezug zwischen „altem und neuem Pascha".[96] Darüber hinaus hat der Autor zahlreiche dogmatische Zusätze in den Text eingefügt. So legt er die Lehre von der Transsubstantiation und vom mystischen Leib Christi diesem selbst in den Mund:

> JHESU:
> þis fygure xal sesse, A-nothyr xal folwe þer-by,
>   Weche xal be of my body þat am ȝour hed.
> weche xal be shewyd to ȝow be A mystery
>   Of my fflesch and blood in forme of bred.
> . . . .
> Wherefore I as man worchep þe deyte,
>   Thankyng þe fadyr þat þou wylt shew þis mystery
> And þus þurwe þi myth, fadyr, and blyssyng of me
>   Of þis þat was bred is mad my body.[97]

Nicht mehr das Letzte Abendmahl wird dargestellt, sondern – wie auch häufig in der bildenden Kunst des Mittelalters (Abb. 14)[98] – eine Meßfeier:

> here xal jhesus take An o b l e in his hand lokyng upward in to hefne to þe fadyr þus seyng...[99]

Christus opfert nicht mehr Brot und Wein, sondern konsekriert als Priester die Hostie. Die Apostel werden zu Gläubigen, die die Hl. Kommunion empfangen:

> whan our lord ȝyvyth his body to his dyscypulys he xal sey to eche of hem, except to judas:
>   This is my body, Fflesch and blode
>   þat for þe xal dey up-on þe rode.[100]

Christus reicht dem Judas nicht mehr eingetauchtes Brot, um ihn auf diese Weise als Verräter zu be-zeichnen. Der Evangelist Johannes berichtet über diese Szene:

> 21. Cum haec dixisset Iesus, turbatus est spiritu: et protestatus est, et dixit: Amen, amen dico vobis: Quia unus ex vobis tradet me.
> 22. Aspiciebant ergo ad invicem discipuli, haesitantes de quo diceret.

---

[96] S. 255, V. 690 ff.
[97] S. 254 f., V. 682–701.
[98] Réau, II, 2, 419, sagt treffend über die eucharistische Abendmahls-Darstellung: «L'iconographie se modèle sur la liturgie.»
[99] S. 255.
[100] S. 257.

Abb. 14. Das Letzte Abendmahl (Fresko der Angelico-Schule in S. Marco, Florenz)

Abb. 15. Das Letzte Abendmahl (Evangeliar des hl. Bernward)

23. Erat ergo recumbens unus ex discipulis eius in sinu Iesu, quem diligebat Iesus.
24. Innuit ergo huic Simon Petrus, et dicit ei: Quis est, de quo dicit?
25. Itaque cum recubuisset ille supra pectus Iesu, dicit ei: Domine, quis est?
26. Respondit Iesus: Ille est cui ego intinctum panem porrexero. Et cum intinxisset panem, dedit Iudae Simonis Scariotis.[101]

Aufgrund dieses Berichtes reicht Christus nach dem eigentlichen Mahl Judas ein Stück Brot, um diesen als Verräter zu brandmarken. Im *Ludus Coventriae* ist diese Szene in charakteristischer Weise umgedeutet: Judas empfängt unwürdig die Kommunion – nach der Lehre der Kirche zu seiner Verdammnis:

> And whan judas comyth last, oure lord xal sey to hym:
> Judas, art þou Avysed, what þou xalt take?
>
> JUDAS:
> Lord, þi body I wyl not for-sake.
>
> And sythyn oure lord xal sey on-to judas:
> JHESU:
> Myn body to þe I wole not denye,
> Sythyn þou wylt presume þer-upon.
> Yt xal be þi dampnacyon verylye:
> I ȝeve þe warnyng now be-forn.
>
> And aftyr þat judas hath reseyvyd, he xal syt þer he was.[102]

In der Sequenz *Lauda, Sion, Salvatorem* des Fronleichnamsfestes heißt es entsprechend:

> Sumunt boni, sumunt mali,
> Sorte tamen inaequali,
> Vitae vel interitus.
> Mors et malis, vita bonis.
> Vide paris sumptionis
> Quam sit dispar exitus![103]

Auf der hier wiedergegebenen Miniatur (Abb. 15) ist eine ähnliche eucharistische Umdeutung des Johannes-Berichtes erkennbar wie im *Ludus Coventriae*: Wie in dem englischen Spiel hat Judas sich von seinem Sitz erhoben und kniet nun vor Christus, der ihm das Brot – wie zur Kommunion – reicht.

Wir stellen fest, daß in den englischen Zyklen – besonders im *Ludus*

---

[101] 13, 21–26.
[102] S. 257 f., V. 772–777.
[103] Thomas von Aquin, *Opera*, XXIX, 342.

Coventriae – die Darstellung des Letzten Abendmahls durch zahlreiche dogmatische Zusätze angereichert wird, die sich auf das Altarssakrament beziehen. Obwohl die dogmatischen Lehren der Kirche über die Eucharistie bereits in der Liturgie des Fronleichnamsfestes formuliert sind, haben die Verfasser der englischen Spielzyklen keinen Gebrauch von diesen liturgischen Kompositionen gemacht: Die Autoren der englischen Zyklen vermitteln das eucharistische Dogma nicht mit Hilfe liturgischer Texte, sondern durch szenische, quasi-liturgische Darstellung. Bevor wir diesen Befund auswerten, soll noch eine weitere Szene betrachtet werden, in der sich der Einfluß des eucharistischen Dogmas stark bemerkbar macht: die Auferstehung Christi.

Obwohl die Auferstehung Christi dem Besuch der drei Marien am Grabe chronologisch unmittelbar vorausgeht, wird diese selbst in den hoch entwickelten „Ludi Paschales" nicht dargestellt.[104] Die Autoren beschränken sich darauf, die Auferstehung durch Engel verkünden zu lassen:

> Tunc veniant duo Angeli, unus ferens ensem flammeum et vestem rubeam, alter vero vestem albam et crucem in manu. Angelus autem ferens ensem percutiat unum ex Militibus ad galeam, et medio fiant tonitrua magna, et Milites cadant quasi mortui. Et Angeli stantes ante Sepulchrum et nuncient cantando Christum surrexisse:
> Alleluia.
> Resurrexit victor ab inferis...[105]

Etwa bis zum 13. Jahrhundert bestand also offensichtlich kein Bedürfnis, die Auferstehung Christi in die stark erweiterten *Visitationes Sepulchri* aufzunehmen. Der Grund für dieses merkwürdige Phänomen ist wohl in folgender Tatsache zu suchen: Die Auferstehung Christi wurde bereits in einer selbständigen liturgischen Zeremonie – der *Elevatio* – symbolisch dargestellt, die meist vor Beginn der Matutin des Ostersonntags – also unmittelbar vor der *Visitatio Sepulchri* – stattfand.[106]

---

[104] In der Version aus Benediktbeuern findet sich lediglich eine Interpolation, die auf eine Teilnahme Christi an dieser Szene hindeutet. Dieser spätere Zusatz lautet:
> Et dominica persona:
> Ego dormivi qui sompnum cepi
> Suscipe cum sceptro...
> Et induat vestem ortulani. (Young, I, 435).

Auch in der bildenden Kunst wird der Vorgang der Auferstehung selbst erst seit dem 12./13. Jahrhundert dargestellt. (Vgl. Pächt, *Narrative*, S. 42; Molsdorf, S. 76).

[105] Young, I, 435; ähnlich: 423. – Beide Versionen stammen aus dem 13. Jahrhundert.
[106] Vgl. Young, I, Kap. IV.

Es bestand zunächst also kein Anlaß, die Auferstehung Christi in der liturgischen *Visitatio Sepulchri* zu vergegenwärtigen.

Erst als die *Visitatio Sepulchri* ihren liturgischen Charakter verlor und in keinerlei Zusammenhang mehr mit den sie umgebenden liturgischen Zeremonien der *Depositio* und *Elevatio* stand, wurde die Auferstehung Christi fester Bestandteil eines Osterspiels.

In allen erhaltenen englischen Zyklen wird die Auferstehung Christi dargestellt. Die betreffende Passage aus den *Chester Plays* lautet:

> Tunc Cantabunt duo Angeli:
>> Christus resurgens a mortuis, [iam non moritur; mors illi ultra non dominabitur, quod enim vivit, vivit Deo, alleluia, alleluia.]
>
> Et Christus tunc resurget ac Cantu finito dicat ut sequitur:
>
>> IESUS RESURGENS:
>> Earthly man, that I have wrought,
>>> awake out of thy sleepe!
>> Earthly man, whom I have bought,
>>> of me thou take no keepe.
>>
>> from heaven mans sowl I sought
>>> into a Dongeon deepe:
>> my deere Lemmon from thence I brought,
>>> for ruthe of her I weep.
>>
>> I am very prince of peace
>>> and kinge of free mercy;
>> who will of sinnes have releace,
>>> on me the call and cry.
>>
>> And if they will of synnes cease,
>>> I graunt them peace truly,
>> and therto a full rich m e s s e
>>> in B r e a d, my own body.
>>
>> I am very b r e a d of lyfe,
>>> from heaven I light and am send.
>> who eateth this B r e a d, man or wyfe,
>>> shall lyve with me, without ende.
>>
>> And that B r e a d that I you geve,
>>> your wicked lyfe to amend,
>> becomes my flesh through your beleife,
>>> and doth release your sinfull Band.
>>
>> And who so ever eateth that B r e a d
>>> in synne or wicked lyfe,
>> he receiveth his owne death,
>>> I warne both man and wyfe.

> The which b r e a d shall be seene insteade,
> ther ioy is aye full ryfe,
> when he is dead through fooles redd,
> then is he brought to payne and stryf.
>
> Tunc duo Angeli postquam Christus resurrexit, sedebunt in Sepulcro quorum alter ad Caput, alter ad pedes sedeant.[107]

Wie in den *Towneley Plays* (und wahrscheinlich auch den *York Plays*) wird die Szene durch das Singen der Antiphon *Christus resurgens* eingeleitet. Diese traditionelle liturgische Komposition findet sich bereits früh in Texten der *Elevatio* oder der *Visitatio Sepulchri*.[108] Diese Antiphon ist das einzige liturgische Stück, das in den genannten drei Zyklen im lateinischen Original erhalten ist. Diese Tatsache überrascht zunächst, kann jedoch hinreichend erklärt werden: Nur im unmittelbaren Zentrum der christlichen Heilsgeschichte – der Auferstehung Christi – hat sich eine liturgische Komposition vollständig erhalten. Da die Auferstehung Christi heilsgeschichtlich noch zentraler als der Besuch der drei Marien am Grabe ist, erscheint es nicht verwunderlich, daß die Antiphon *Christus resurgens* urtümlicher als der Tropus *Quem quaeritis in sepulchro* erhalten blieb. Unsere zu Ende des Kap. B II aufgestellte These hat sich erneut bestätigt: Die Nähe zum Zentrum der Heilsgeschichte bestimmt das Beharrungsvermögen liturgischer Kompositionen.

Nach der Oster-Antiphon *Christus resurgens* müßte man eigentlich erwarten, daß die folgenden Worte Christi sich ebenfalls auf die Auferstehung oder die vorhergehende Passion beziehen. Dies ist jedoch kaum der Fall: Die von Christus gesprochenen Verse beziehen sich fast ausschließlich auf die Eucharistie. Im Mittelpunkt der Worte Christi steht das eucharistische "bread", das in vier Strophen sechsmal genannt wird. In der Rede Christi sind die wichtigsten dogmatischen Feststellungen über das Altarssakrament getroffen: Transsubstantiation, würdiger und unwürdiger Empfang der Hl. Kommunion usw. Das österliche Geschehen der Auferstehung wird also in einen umfassenden eucharistischen Zusammenhang gestellt.

Der Text der entsprechenden Szene in den *Towneley Plays* zeigt, daß derartige eucharistische Gedankengänge in späterer Zeit von anderen wieder zurückgedrängt oder völlig überlagert wurden. Nachdem die Engel die Antiphon *Christus resurgens* gesungen haben, beginnt die Rede Christi ähnlich wie in den *Chester Plays*:

---

[107] II, 337 f., V. 154–185.
[108] Zum Beispiel Young, I, 169, 246, 303, 304, 305, 385.

> IHESUS:
> Erthly man, that I have wroght,
> wightly wake, and slepe thou noght!
> with bytter bayll I have the boght,
>> To make the free;
> Into this dongeon depe I soght
>> And all for luf of the.[109]

Nach dieser Strophe sind jedoch fünfzehn weitere eingefügt, die sich nicht im Text des Chester-Zyklus finden. In ihnen wird den Zuschauern andachtsbildartig der zerschundene Leib Christi vor Augen geführt.[110] Nach diesem langen Einschub, dessen Vorbilder Kreuzigungsszene[111] und lyrisches *complaint* Christi am Kreuz[112] sind, wird die Rede Christi durch zwei Strophen abgeschlossen, die – wie die oben zitierte erste – auf die gleiche Vorlage wie die entsprechenden Strophen im Chester-Zyklus zurückgehen:

> ffor I am very prynce of peasse,
> And synnes seyr I may releasse,
> And whoso will of synnes seasse
>> And mercy cry,
> I grauntt theym here a m e a s s e
>> In brede, myn awne body.
>
> That ilk veray b r e d e of l y f e
> Becommys my fleshe in w o r d y s f y f e;
> who so it resaves in syn or stryfe
>> Bese dede for ever;
> And whoso it takys in rightwys lyfe
>> Dy shall he never.[113]

Ähnlich wie in den *Chester Plays* wird die gedankliche Verbindung mit der Eucharistie hergestellt. Durch den vorhergehenden umfangreichen Einschub, der sich auf die Passion Christi bezieht, tritt die Bedeutung des Altarssakraments jedoch in weniger konzentrierter Form hervor.

In der Endphase der Entwicklung schließlich ist die letzte Strophe – sicher nach der Reformation – in der Handschrift durchgestrichen worden: Das in ihr enthaltene Dogma von der Transsubstantiation war mit den nunmehr herrschenden theologischen Auffassungen nicht mehr vereinbar.

---

[109] S. 313, V. 226–231.
[110] Vgl. dieselbe Tendenz in der "Digby Resurrection" (Kap. C II 1 a).
[111] Vgl. z. B. *Towneley Plays*, S. 265 ff., V. 233 ff.
[112] Zum Beispiel Davies, *Lyrics*, Nr. 41, S. 116; Brown, *XIV*, Nr. 46, S. 59 f.; Nr. 74, S. 90. – Vgl. hierzu Robinson, *Cult*.
[113] S. 316, V. 322–333.

Die obigen Ausführungen zeigen, daß in verschiedene neutestamentliche Spiele der englischen Fronleichnamszyklen eucharistisches Gedankengut eindringt.[114] In keinem Falle werden jedoch liturgische Kompositionen des Fronleichnamsfestes übernommen. Dies ist um so bemerkenswerter, als die von den Verfassern der englischen Zyklen gemachten dogmatischen Zusätze sich in ähnlicher Form bereits in der Liturgie des Fronleichnamsfestes finden. Die Tatsache, daß die Autoren der Zyklen von der Möglichkeit der Übernahme liturgischer eucharistischer Kompositionen keinen Gebrauch gemacht haben, bestätigt wiederum unsere oben (Kap. B II) getroffene Feststellung: Die Funktion eines Textes bestimmt die Auswahl und Verwertung der Quellen. Im Gegensatz zu den frühen lateinischen Versionen der *Visitatio Sepulchri, Visitatio Praesepis* usw. erfüllen die Fronleichnamsspiele keine liturgische Funktion im engen Sinne, sondern sind geistliche Spiele, in denen die alten liturgischen Bindungen aufgegeben sind. Die neue Liturgie des Fronleichnamsfestes hat aufgrund ihres dogmatischen Gehaltes die Zusammensetzung der Fronleichnamszyklen beeinflußt;[115] die einzelnen liturgischen Kompositionen des Festes sind jedoch nicht in die Zyklen übernommen worden: Das eucharistische Dogma wurde den Zuschauern der Zyklen direkt in szenischer Darstellung vor Augen geführt und nicht auf dem „Umweg" über liturgische Texte vermittelt.

---

[114] Zur Verbindung alttestamentlicher Spiele mit der Eucharistie vgl. Kap. C I.
[115] Vgl. Kap. C I.

III. KAPITEL

Typologische Übertragung als Konstante

> Es ist meine Überzeugung, daß die typologische Exegese das eigentliche Lebenselement der christlich mittelalterlichen Dichtung bildet.
> (E. Auerbach)

In Teil B wurde dargelegt, daß das Prinzip der typologischen Übertragung die Entwicklung der kirchlichen quasi-dramatischen Feiern und Spiele wesentlich beeinflußt hat: Typologische Übertragungen fanden sich bereits in den *Quem-quaeritis*-Tropen und wurden noch in den hoch entwickelten „Ludi Paschales" beobachtet. Im folgenden soll untersucht werden, ob sich dieses Verfahren auch im Bereich des außerkirchlichen Spiels als Konstante erweist. Die Klärung dieser Frage ist um so wichtiger, als in den englischen Fronleichnamsspielen die für die lateinischen Feiern und Spiele relevanten Kompositionsprinzipien und charakteristischen Merkmale durch andere ersetzt worden sind:[1] An die Stelle alogischer, achronischer Montage tritt das dramaturgisch-logisch komponierte Spiel; liturgische Kompositionen werden – wenn überhaupt erhalten – nicht mehr als isolierte Stücke verwendet, sondern in das Textganze inkorporiert; die Autoren fügen ätiologische Ergänzungen ein usf. Wenn sich die typologische Übertragung auch in den Fronleichnamszyklen als relevant erweist, wäre man berechtigt, dieses Prinzip – im Gegensatz zu den erwähnten übrigen – als eine Konstante zu bezeichnen, die in den quasi-dramatischen kirchlichen Feiern und lateinischen Spielen wie in den englischen Fronleichnamszyklen gleichermaßen zu beobachten ist.

1. Typologische Übertragungen aus der *Visitatio Sepulchri*

In anderem Zusammenhang wurde bereits festgestellt, daß die Antiphon *Quis revolvet* wichtiger und fester Bestandteil der *Visitatio Sepulchri* war und bis in die englischen Fronleichnamszyklen nachwirkte. In den englischen Zyklen aus York, Wakefield und Chester wurden der ursprünglich isoliert stehenden Frage „Quis revolvet...?" ätiologische Ergänzungen beigefügt. Insbesondere wurde – entsprechend dem Mar-

---

[1] Vgl. Kap. C II.

kus-Evangelium – immer wieder erwähnt, daß der Stein auf dem Grabe „groß und schwer" sei.

Diese kurze Szene, in der ein großer Stein vom Grabe gewälzt wird, ist im *Ludus Coventriae* in die *Suscitatio Lazari* übertragen worden.[2] Die betreffenden Verse lauten:

> JHESUS:
> . . . .
> Take of þe ston, do Aftyr my rede:
> 400 þe glorye of þe godhede a-non ȝe xal se.
>
> I. CONSOLATOR:
> ȝoure byddynge xal be don anon ful swyfte.
> Sett to ȝour handys and helpe echon.
> I pray ȝow, serys, help me to lyfte:
> I may not reyse it my-self a-lon.
>
> II. CONSOLATOR:
> 405 In feyth, it is An hevy ston:
> Ryth sad of weyth and hevy of peys.
>
> III. CONSOLATOR:
> Thow it were twyes so evy as on,
> Undyr us foure we xal it reyse.
>
> NUNCIUS:
> Now is þe ston take from þe cave . . .[3]

Besonders die Verse 403 f. der Rede des ersten *consolator* lassen das typologische Vorbild der *Visitatio Sepulchri* erkennen, in der eine der Marien die anderen fragt:

> Suster, which of us echone
> shall remove this great Stonne
> that lyeth my sweet Lord uppon?
> for move it I ne may.[4]
>
> II. MARIA:
> And who schall nowe here of us thre
> remove þe stone?
>
> III. MARIA:
> þat do we noght but we wer moo,
> For it is huge and hevy also . . .[5]

---

[2] In Th. Manns Roman *Joseph und seine Brüder* ist diese Szene übrigens auf Joseph – einen *typus* Christi – übertragen: „... taten die Brüder oben das übrige mit Mannesarmen und bedeckten sein Haus mit dem Stein in rufender Arbeit. Denn er war wuchtig, und nicht *eines* Mannes Werk war es, ihn auf die Grube zu wälzen, sondern alle faßten sie an ..." (S. 419).
[3] S. 223, V. 399–409.
[4] *Chester Plays*, II, 343, V. 333–336.   [5] *York Plays*, S. 408, V. 221–224.

Abb. 16. Die drei Marien am Grabe (Psalter Ingeborgs von Dänemark)

Abb. 17. Die Erweckung des Lazarus (Fresko im Gurker Dom)

Diese Übertragung ist besonders deutlich zu erkennen, da im Bericht des Evangelisten Johannes über die Erweckung des Lazarus von einem großen, nur mit Mühe wegzuwälzenden Stein nicht die Rede ist:

> 38. Iesus ... venit ad monumentum. Erat autem spelunca, et lapis superpositus erat ei.
> 39. Ait Iesus: Tollite lapidem ...
> 41. Tulerunt ergo lapidem ... .[6]

In diesem Falle handelt es sich nicht um eine mehr oder weniger willkürliche Motivübernahme, sondern um eine typologische Übertragung: Beide Szenen sind eine *visitatio sepulchri*. Die Auferstehung des Lazarus geht der Passion und Auferstehung Christi unmittelbar voraus, wie am Ende der *Suscitatio Lazari* ausdrücklich betont wird:

> JHESUS:
> . . . .
> To-ward my passyon I wyl me dyght,
> the tyme is nere þat I must deye ...[7]

Wie die Geburt Johannis des Täufers die Geburt Christi ankündigt,[8] so geht die Auferweckung des Lazarus der Auferstehung Christi voraus. Aus diesem Grunde wird es verständlich, wenn etwa in dem Passionsspiel aus Arras Lazarus und Johannes der Täufer vor ihrem Tode die Worte des sterbenden Christus sprechen: „In deine Hände befehle ich meinen Geist."[9]

Diese typologische Beziehung beider Auferstehungen geht auch aus dem Vergleich der Abbildungen 16 und 17 hervor. Der schwere Stein ist vom Grabe entfernt, analog der Dreizahl der Marien stehen drei Personen am Grab des Lazarus; ihre Blicke sind – wie die der drei

---

[6] 11, 38–41.
[7] *Ludus Coventriae*, S. 225, V. 451 f.
[8] Vgl. Kap. B I.
[9] V. 7286, 9007; vgl. Lk. 23, 46. – Im Passionsspiel des Jean Michel (1486) versuchen die Juden, die Auferstehung des Lazarus – wie später die Auferstehung Christi – zu leugnen:
> Pour ce, fault il livrer a mort
> ce Lazare, soit droit ou tort,
> et puis, luy mort, nous publiron
> a chascun et signifiron
> que, a la reale verité
> il n'estoit pas resuscité
> et n'estoit rien que enchanterie ...
> de ceste resurrection
> du Lazare dont on fait feste ...
> (V. 14934–44; vgl. Mt. 28, 11–15)

Marien – auf die Person gerichtet, die ihnen die Auferstehung vor Augen führt.[10]

Aufgrund dieser typologischen Beziehungen lag es nahe – und war es theologisch begründet –, die Szene, in der von dem schweren Stein die Rede ist, von der *Visitatio Sepulchri* auf die „*Visitatio Lazari*" zu übertragen.[11]

---

[10] In beiden Fällen ist die Grabeshöhle der Vulgata durch einen Sarkophag ersetzt worden. – Weitere Beispiele für typologische Übertragungen von der Auferstehung Christi auf die des Lazarus in Réau, II, 2, 389. In diesem Zusammenhang ist besonders die Alabasterskulptur in der Kirche von Perques (Normandie) bemerkenswert: Hier steigt Lazarus – ähnlich wie Christus – aus dem Grabe.

[11] Die typologische Verwandtschaft dieser beiden *visitationes* wurde im Mittelalter als so stark empfunden, daß in zahlreichen religiösen Spielen ähnliche Übertragungen wie die oben beschriebenen stattfanden. So wird in dem umfangreichen Passionsspiel des Arnoul Greban (Mitte des 15. Jhs.) ausführlich dargestellt, wie sich vier Männer alle Mühe geben, den schweren Stein vom Grabe des Lazarus zu wälzen:

JHESUS: Descouvrez moy ce monument:
ostez la pierre de dessus.
. . . .
ABACUT: Sus donc! la pierre soit ostee;
mes seigneurs, chacun s'i attire.
CELIUS: Et fust l'odeur quatre fois pire,
si metterons jus ce perron,
et après cella nous verron
de Jhesus quel povoir il a.
Sus! levez!
TUBAL: Mes levez de la!
vous ne faictes que caqueter.
ABACUT: Mes vous nous faictes craventer
par vostre plet.
GEDEON: Est ce cela?
Sus! levez!
CELIUS: Mes levez de la!
Halle amont!
TUBAL: Va, de par Dieu va!
elle commance a desmonter.
ABACUT: El n'est pas ainsi a oster.
Sus! levez!
GEDEON: Mes levez de la!
vous ne faictes que caqueter.
CELIUS: Mes vous nous faictes craventer.
Ça, a moy! encor ung peu..., la!...
Or garde ses piez qui vouldra
pour doubte d'un pinsson tout vert.
TUBAL: Veez la le sercus tout ouvert:
sire, faictes vostre plaisir...

(V. 15030–61)

In diesen spätmittelalterlichen Text sind komische Elemente eingedrungen, die die Zuschauer erheiterten, jedoch vom theologischen Gehalt der Szene ablenkten.

Nachdem die typologischen Beziehungen beider *visitationes* hinreichend erörtert sind, stellt sich die Frage, welcher Funktion die beschriebene typologische Übertragung im *Ludus Coventriae* dient. Um diese Frage beantworten zu können, muß der Text der ganzen *Suscitatio Lazari* berücksichtigt werden.

In diesem Spiel finden sich zahlreiche Ergänzungen, die eine ätiologische Absicht des Verfassers erkennen lassen: Die Zuschauer erhalten Auskunft über Einzelheiten, die im biblischen Bericht nicht erwähnt sind. So drängt sich dem Zuschauer eines Lazarus-Spiels die Frage auf: An welcher Krankheit ist Lazarus gestorben? Diese Frage wird nicht vom Evangelisten Johannes, wohl aber – in freier Erfindung – vom Verfasser des Spiels beantwortet. An mehreren Stellen werden die Symptome der Krankheit genau beschrieben:

> LAZARUS:
> O gracyous god, att þi plesauns
> of my dysese now comforte me,
> Which þurowe syknes hath such penawnce,
> On-ethys ffor heed Ache may I now se.[12]
> . . . .

Diese Szene wurde von Jean Michel fast wörtlich in sein Passionsspiel übernommen (V. 13753–13772), außerdem aber an anderer Stelle seines Spiels wieder in Zusammenhang mit dem Grab Christi gebracht. Bevor die Juden das Grab Christi siegeln, prüfen sie, ob der Leichnam noch vorhanden ist. Zu diesem Zweck wälzen sie den schweren Stein hinweg:

CAŸPHE:	Sus, gallans,
	monstrez vous cy fors et vaillans;
	remectez ceste pierre a l'uys.
Ycy remectent la pierre.	
RUBION:	Leve de ton bout.
MARCANTHONNE:	Je ne puis;
	elle est si grande que c'est raige.
ASCANIUS:	Hault, hault, Marcanthonne, couraige,
	lyeve fort!
MARCANTHONNE:	Il est bien mestier ...

(V. 29893–99; ähnlich: *Passion d'Arras*, V. 20205 ff.).

Auch in den religiösen Spielen des deutschen Sprachraums finden sich typologische Übertragungen aus der *Visitatio Sepulchri* in die „*Visitatio Lazari*". So wird im Egerer „Fronleichnamsspiel" ausführlich dargestellt, wie vier *tumulantes* den schweren Stein vom Grabe des Lazarus heben (V. 3205 ff.):

> QUARTUS TUMULANS dicit:
> Gesellen, verpring wir den willen sein
> Und heben von diesem grab den stein.
> Et sic deponunt lapidem a monumento.

---

[12] S. 210, V. 5–8.

MAGDALYN:
A man may have ryght grett pete
the fervent hete of hym to fele.¹³

. . . .

NUNCIUS:
They be in dowte þat he xal deye:
grett sykens hym sore doth holde.
Ffor vervent hete his blood doth dreye,
his colore chaungyth as they me tolde.¹⁴

Lazarus stirbt also an einem – für mittelalterliche Verhältnisse genau bezeichneten – „hitzigen Fieber".

Ebenfalls in ätiologischer Absicht ergänzt der Verfasser das Begräbnis des Lazarus, das in der Vulgata nicht ausdrücklich erwähnt ist. Für unsere Fragestellung ist von besonderer Wichtigkeit, daß der Stein, der später mit so großer Mühe vom Grabe gewälzt wird, bereits in dieser Begräbnis-Szene genannt wird:

I. CONSOLATOR:
This coors we burry here in þis pytte,
all myghty god þe sowle mut have;
and with þis ston þis grave we shytte
ffro ravenous bestys þe body to save ¹⁵

In diesen Versen wird wiederum eine mögliche Frage des Zuschauers vorweggenommen und beantwortet: Der Stein auf dem Grabe soll die Tiere vom Leichnam fernhalten. Ein Stein, der diese Aufgabe zweckmäßig erfüllen soll, muß notwendigerweise groß und schwer zu bewegen sein: Wenn der Autor später ausführlich darstellt, wie sich vier Männer bemühen, den Stein fortzuwälzen, verwendet er die typologische Übertragung in ätiologischer Absicht.

Während sich die typologischen Übertragungen von der *Visitatio Sepulchri* in die *Suscitatio Lazari* des *Ludus Coventriae* auf wenige – wenn auch wesentliche – Einzelheiten beschränken, findet sich in der *Assumptio Mariae* desselben Zyklus und der *York Plays* eine Reihe typologischer Übertragungen, die oft ganze Szenen betreffen. Diese Übertragungen sind meist bereits in den von den Autoren der Spiele benutzten apokryphen Quellen¹⁶ vorhanden: In diesem Falle erübrigte

---

[13] S. 211, V. 45 f. [14] S. 215, V. 161–164. [15] S. 216, V. 205–208.
[16] Vgl. z. B. *Legenda Aurea*, S. 504 ff.; James, *Testament*, S. 194 ff. – Réau, II, 2, 598, bemerkt treffend zu diesen Übertragungen: «Le parallélisme frappant des deux récits décèle nettement une contrefaçon que les Apocryphes ne cherchent aucunement à dissimuler.»

es sich für die Verfasser, selbständig zu verfahren, da sie auf eine traditionelle, seit der frühchristlichen Zeit verbreitete Typologie zurückgreifen konnten. Die Tatsache, daß zahlreiche Einzelheiten aus dem Leben Jesu so früh auf Maria übertragen wurden, läßt erkennen, daß seit langem ein dringendes theologisches Bedürfnis bestand, Christus und seine Mutter typologisch in enge Verbindung zu bringen.

Bereits die letzten Worte der sterbenden Maria in den *York Plays* stellen eine typologische Beziehung zwischen Christus und der Gottesmutter her. Maria spricht die leicht abgewandelten Worte Christi am Kreuz:

> Here thurgh þi grace, god sone, I g i f f e þ e m y g o s t e.
> Mi sely saule I þe sende
> To hevene þat is highest on heghte,
> To þe, sone myne, þat moste is of myght,
> R e s s a y v e it here in-to þyne h a n d e.[17]

Wie Christus wird Maria drei Tage in einem vorher nicht benutzten Grabe[18] liegen; Christus gibt den Aposteln Anweisung, Maria dort zu begraben:

> alle ye myn apostelis, of this body taketh cure.
> In the valle of Josephat there fynde schul ye
> A g r a v e n e w m a d for maryes sepulture.
> there beryeth the body wyth all youre solempnite
> and bydyth me there stylle t h r e d a y e s severe.[19]

Bevor die Apostel den Befehl Christi ausführen, wird der Leichnam Mariä von zwei Jungfrauen gewaschen[20] – wie Christi Leichnam von Nikodemus und Joseph von Arimathia vor dem Begräbnis gesalbt wurde.[21]

Nach drei Tagen steht Maria – wie vorher Christus – von den Toten auf. In der vorhergehenden Bitte des Apostels Johannes wird der typologische Bezug *expressis verbis* hergestellt:

> lord, as thou rese from deth and regnyst in thyn empere, so reyse thou this body to thy blysse, that lyth is . . .[22]

Wie Christus u. a. der Maria Magdalena, so erscheint in den *York Plays* Maria nach ihrer Auferstehung dem Thomas.[23] Sie fordert ihn – wie Christus die Maria Magdalena – auf, den Jüngern die bevorstehende Himmelfahrt zu verkünden:

---

[17] S. 479, V. 170–174; vgl. Lk. 23, 46.
[18] *Legenda Aurea*, S. 507.
[19] *Ludus Coventriae*, S. 366, V. 304–308.
[20] S. 366 f., V. 320–327.
[21] Joh. 19, 38–40.
[22] *Ludus Coventriae*, S. 372, V. 474 f.
[23] Vgl. James, *Testament*, S. 217.

> Go to þi brethir þat in bale are abiding,
>   And of what wise to welthe I ame wendande,
> With-oute taryng þou telle þame þis tithynge,
>   þer mirthe so besse mekill amendande.
> . . . .
>   Go saie þem sothely, þou sawe me assendinge.[24]

Diese Aufforderung ist von Christus auf Maria typologisch übertragen worden; in der Vulgata und zahlreichen *Visitationes Sepulchri* heißt es:

> Dicit ei [d.i. Maria Magdalena] Iesus: ... vade autem ad fratres meos, et dic eis: Ascendo ad Patrem meum ...[25]

In den *York Plays* nehmen die Apostel die Nachricht des Thomas von der Himmelfahrt bzw. Auferstehung Mariä ungläubig auf und halten ihn für verrückt:

> THOMAS:
> Sirs, with hir have I spoken
> Lattar þanne yee.
>
> JOHANNES:
> þat may not bee.
> . . . .
>
> ANDREAS:
> Ya, Thomas, unstedfaste full staring þou stode,
> þat makis þi mynde nowe full madde for to be.[26]

Um sich selbst von der Wahrheit zu überzeugen, begeben sich die Apostel zum Grabe Mariä:

> ANDREAS:
> But herken and here nowe:
> Late us loke where we laid hir,
> If any folke have affraied hir.
>
> JOHANNES:
> Go we groppe wher we graved hir,
> If we fynde ouȝte þat faire one in fere nowe.[27]

Am Grabe angelangt, stellt Petrus fest, daß es leer ist:

> Be-halde nowe, hidir youre hedis in haste,
> þis glorious and goddely is gone fro þis grave.[28]

Auch diese beiden Szenen – Gespräch des Thomas mit den Aposteln, Gang zum Grabe – sind typologische Übertragungen. In der Vulgata

---

[24] S. 485, V. 144–147, 162. [25] Joh. 20, 17.
[26] S. 488, V. 242–244, 253 f. [27] S. 488 f., V. 255–259. [28] S. 489, V. 260 f.

und zahlreichen weiterentwickelten *Visitationes Sepulchri* glauben die Apostel zunächst nicht an die Richtigkeit der Nachricht von der Auferstehung und bevorstehenden Himmelfahrt Christi:

> 10. Illa [d. i. Maria Magdalena] vadens nuntiavit his, qui cum eo fuerant, lugentibus et flentibus.
> 11. Et illi audientes quia viveret, et visus esset ab ea, non crediderunt.[29]

Sie bezeichnen die Worte der drei Marien als ‚wahnwitzig':

> Et visa sunt ante illos, sicut deliramentum verba ista: et non credebant illis.[30]

Um sich selbst zu überzeugen, läuft Petrus (nach Joh. 20, 3 ff. zusammen mit Johannes) zum Grabe Christi und findet es leer.[31]

Diese zahlreichen Übertragungen erfüllen die Funktion, die theologische Bedeutung der Gottesmutter zu erhöhen und der ihres göttlichen Sohnes anzunähern: Als Erste aller Heiligen soll sie in der Nachfolge Christi diesem am ähnlichsten werden. In diesem Falle erfüllen die Übertragungen keine außertheologische Funktion – wie etwa in der vorher erörterten *Suscitatio Lazari* –, sondern dienen einer bestimmten theologischen Absicht.[32]

2. Der Typ des Anti-Christen

Es wurde bereits erwähnt, daß innerhalb des lateinischen *Officium Stellae* die Herodes-Szenen immer mehr in den Vordergrund traten, während der *visitatio*-Charakter des *Officium Stellae* im Laufe der Zeit immer weniger betont wurde. Herodes Magnus, der in dem wahrscheinlich frühesten Text eines *Officium Stellae* – der Version aus Nevers (11. Jahrhundert) – keineswegs als Bösewicht erscheint, erhält in fast allen späteren Versionen die Züge eines Gewaltherrschers, der in maßlosen Zorn gerät, als er von der heimlichen Rückkehr der Magier in ihre Heimat erfährt.

Der Keim zu dieser Entwicklung ist bereits im Matthäus-Evangelium angelegt, in dem es unmißverständlich heißt:

---

[29] Mk. 16, 10 f.
[30] Lk. 24, 11.
[31] Lk. 24, 12.
[32] Reese, S. 189, weist auf typologische Übertragungen im musikalischen Bereich hin. So wurde die Musik der Sequenz *Victimae paschali laudes* auf marianische Sequenzen übertragen, die auch im Text die Entlehnung erkennen ließen: Mehrere dieser Sequenzen beginnen mit dem Vers: „Virgini Mariae laudes..."

> Tunc Herodes videns quoniam inlusus esset a Magis, iratus est valde, et mittens occidit omnes pueros, qui erant in Bethleem, et in omnibus finibus eius...[33]

In den frühen Versionen des *Officium Stellae* reagiert Herodes auf die Nachricht von der Rückkehr der Magier zwar zornig, jedoch noch maßvoll:

> Armiger:
> Delusus es, Domine; magi viam redierunt aliam.
> Rex:
> Incendium meum ruina extinguam.[34]

Oder:

> Nuncius ad Regem:
> Delusus es, Domine; magi viam redierunt aliam.
> Armiger:
> Decerne, domine, vindicari iram tuam, et stricto mucrone querere iube puerum; forte inter occisos occidetur et puer.
> Rex:
> Indolis eximie, pueros fac ense perire.[35]

Bereits in einer Version des 12. Jahrhunderts erscheint Herodes jedoch als tobender Wüterich. Er entreißt einem Höfling das Schwert und schwingt es hin und her:

> Hac peracta, Duces tenentes nudatos gladios dicant Herodi:
> Decerne, Domine, vindicari iram tuam; iube occidi pueros; forte inter occisos occidetur et puer.
> Herodes aceptum gladium librans hac et illac reddat a quo sumpsit.[36]

Vorher hat er wutentbrannt das Buch zu Boden geworfen, aus dem die Schriftgelehrten die Geburt Christi in Bethlehem prophezeit haben:

> Quo finito, chorus dicat:
> Betleem, non es minima [in principibus Juda, ex te enim exiet dux qui regat populum meum Israel...]
> Quo audito, Herodes prospiciens in libro prophetie iratus proiciat...[37]

In der entsprechenden Rubrik einer Version des 13. Jahrhunderts heißt es noch genauer:

---

[33] 2, 16. – Zum Einfluß der Apokryphen auf die Darstellung des Herodes vgl. Parker, *Herod.*
[34] Young, II, 66.
[35] Ebd., II, 55.
[36] Ebd., II, 72.
[37] Ebd., II, 70 f.

> Tunc Herodes, visa prophetia, furore accessus, proiciat librum; at Filius eius, audito tumultu, procedat pacificaturus patrem, et stans salutet eum...[38]

Diese Ergänzung entspricht dem Verhalten eines *Herodes iratus*, findet sich aber nicht im biblischen Bericht.

In dem Bilsener *Ordo Stellae* aus dem 12. Jahrhundert gerät Herodes bereits vor der Prophezeiung der Geburt Christi in maßlosen Zorn:

> [Magi] monstrant stellam fuste levato:
>   Stella monstrante.
> Ira tumens gladios sternens [Rex] ista [red]undat:
>   Si illum regnare creditis, dicite nobis.[39]

Während also Herodes als *rex iratus* bereits früh in zahlreichen *Officia Stellae* erscheint, wird ein anderes bestimmendes Merkmal nur in einem lateinischen Text des 13. Jahrhunderts sichtbar. In der Version aus Benediktbeuern reagiert Herodes auf die Nachricht von einem neugeborenen König der Juden mit folgenden Worten:

> Respondet Herodes cum magna indignatione:
>   Cur audetis talia
>   regi presentare?
>   Nolite, vos consulo,
>   falsum fabricare!
>   Nam Herodes ego sum
>   potens subiugare
>   quicquid mundus continet,
>   celum, terra, mare.[40]

Aus dieser Rede spricht nicht Zorn, sondern *superbia* – die erste der Sieben Todsünden und zugleich die Wurzel aller Übel. Herodes rühmt sich der Herrschaft über Himmel und Erde; er beansprucht uneingeschränkte Gewalt über alle Geschöpfe. Unter diesem Gesichtspunkt muß auch seine folgende Rede betrachtet werden:

> Post hec Herodes maxime indignatus vocari faciat Archysinagogum cum Iudeis suis dicens:
>   Huc Iudea veniat
>   fecunda consilio,
>   ut nobiscum disserat
>   super hoc negocio.
>   Ego vos precipiam
>   exponi suplicio,
>   si vos esse devios
>   conprobabit ratio![41]

---

[38] Ebd., II, 87.   [39] Ebd., II, 77.
[40] Ebd., II, 184, V. 390–397.   [41] Ebd., II, 185, V. 398–405.

Als allmächtiger Herr über Leben und Tod droht er seinen Beratern mit der Todesstrafe, falls ihnen ein Irrtum unterlaufen sollte.

Seit dem 13. Jahrhundert wird also der Typ des Herodes in den *Officia Stellae* durch zwei wesentliche Merkmale geprägt: *ira* und *superbia*. Im Gegensatz zu dem ersten Charakteristikum wird das zweite im biblischen Bericht in keiner Weise angedeutet. Die Herkunft dieses Merkmals ist nur als typologische Übertragung erklärbar.

In Kapitel B III ist ausführlich dargelegt worden, in welch enger präfigurativer Beziehung die alttestamentlichen Gewaltherrscher Nebukadnezar, Belsazar und Darius mit dem neutestamentlichen Herodes Magnus stehen.[42] Diese Verbindung wurde aufgrund eines Vergleichs des *Ordo Stellae* aus Bilsen und der Danielsspiele deutlich. Es wurde festgestellt, daß die genannten Despoten des Alten und Neuen Testaments Ausprägungen e i n e s Typs sind: Sie sind Gegenspieler Gottes, die vor allem durch ihren Anspruch auf göttliche Allmacht charakterisiert werden, in mittelalterlicher moraltheologischer Terminologie also der Erzsünde *superbia* verfallen sind.

Nach dem Vorbild der alttestamentlichen Despoten wurde Herodes Magnus im Verlauf des Mittelalters immer häufiger auch als ein Anti-Christ betrachtet, der – wie in dem Benediktbeurer Weihnachtsspiel – durch Herrschaftsansprüche gekennzeichnet ist, die allein Christus für sich fordern darf.[43] Während die *superbia* als konstitutives Merkmal des Anti-Christen Herodes in den lateinischen Texten nur vereinzelt auftritt (Bilsen und Benediktbeuern) und Herodes vor allem als *rex iratus* erscheint, ändert sich dieses Verhältnis in den englischen Fronleichnamszyklen zugunsten der *superbia*.[44]

---

[42] Vgl. ferner Maltman, *Study*, S. 32 und *passim*.
[43] Hussey übersieht das Vorbild der alttestamentlichen Anti-Christen völlig und leitet statt dessen die Hoffart des Herodes Magnus von Herodes Agrippa ab. In der Tat berichtet die Apostelgeschichte über diesen Herodes folgendermaßen:
   21. Statuto autem die Herodes vestitus veste regia, sedit pro tribunali, et contionabatur ad eos.
   22. Populus autem adclamabat: D e i   v o c e s ,   e t   n o n   h o m i n i s .
   23. Confestim autem percussit eum angelus Domini, e o   q u o d   n o n   d e d i s s e t   h o n o r e m   D e o : et consumptus a vermibus, expiravit.
   (12, 21–23).
Auch Herodes Agrippa ist der *superbia* verfallen und wird zum Gegenspieler Gottes. Es ist also durchaus möglich, daß – wie viele andere Anti-Christen – auch dieser hoffärtige Herrscher als Vorbild für den hochmütigen Herodes Magnus gedient hat. Die Behauptung Husseys, S. 253, die *superbia* des Herodes Magnus sei allein auf "a confused memory of the King Herod of *Acts*" zurückzuführen, beruht auf einer grob vereinfachenden und einseitigen Betrachtungsweise.
[44] Weimann sieht in Herodes vor allem den „zeitgenössischen Feudalmagnaten"

Entsprechend dem biblischen Bericht und der Tradition des *Officium Stellae* erscheint Herodes Magnus auch in den englischen Spielzyklen als *rex iratus*. Wie in den weiterentwickelten *Officia Stellae* bricht er meist bei zwei Anlässen in maßlosen Zorn aus: als er von der Geburt eines Königs der Juden erfährt und/oder als ihm die heimliche Rückreise der Drei Könige gemeldet wird. Daß Herodes als *rex iratus* meist in traditioneller, nicht wesentlich veränderter Weise dargestellt wird, geht auch aus der wörtlichen Übernahme einiger Details hervor. So schreibt der Bearbeiter der *Chester Plays* vor, daß Herodes sein Schwert zu Boden wirft, nachdem er von der Geburt eines Königs der Juden erfahren hat:

HERODE:
. . . .
what the Devill shold this be!   Gladius
a boy, a groome of Low degree
shold raigne above my Roialtie
an make me but a goose!   Iace Gladium[45]

Bereits im Bilsener *Ordo Stellae* hatte Herodes in gleicher Weise auf die Nachricht von dem neugeborenen König reagiert.[46]

Die Häufigkeit und Publikumswirksamkeit dieser Szenen, in denen Herodes Magnus als *rex iratus* auftritt, haben dazu geführt, ihn ausschließlich als „zornigen Wüterich", "ranting tyrant" u. ä. zu bezeichnen.[47] Zu dieser einseitigen Beurteilung hat nicht unwesentlich Shakespeare beigetragen, der Hamlet sprechen läßt:

> O, it offends me to the soul to hear a robustious periwig-pated fellow tear a passion to tatters, to very rags, to split the ears of the groundlings, who, for the most part, are capable of nothing but inexplicable dumbshows and noise; I would have such a fellow whipped for o'erdoing Termagant; it out-herods Herod; pray you, avoid it.[48]

Diese Worte Hamlets an die Schauspieler werden in der Forschung immer wieder zur Stützung der These verwendet, daß Herodes vor allem

---

(*Herodes*, S. 115; *Shakespeare*, S. 111–121); Herodes wird nicht als Anti-Christ erkannt, der durchaus später auch Züge eines zeitgenössischen Tyrannen annehmen kann.

[45] I, 168, V. 193–196.
[46] Bereits oben zitiert; Young, II, 77.
[47] Zum Beispiel Creizenach, S. 295; Sondheimer, S. 175; Tomlinson, S. 35. Ähnliche Formulierungen sind fast in jeder englischen Literaturgeschichte zu finden. Lediglich Penninger, S. 173 ff., Boughner, S. 119 ff. und Kolve, S. 222 ff., erkennen *ira* und *superbia* als die wichtigsten Merkmale des Herodes, ohne jedoch die lateinischen Spiele zu berücksichtigen; das Prinzip der typologischen Übertragung ist auch von ihnen nicht erkannt worden.   [48] III, ii, 1 ff.

oder gar ausschließlich als tobender Wüterich zu betrachten sei. So schreibt Craig:

> Herod is the most notorious of mystery play characters, and Hamlet's 'out-heroding Herod' has made him proverbial.⁴⁹

Die eigentliche Bedeutung dieser Gestalt kann jedoch nur erfaßt werden, wenn die zweite Komponente seines Charakters berücksichtigt wird: die Hoffart des Anti-Christen. In den englischen Zyklen wird Herodes meist zu Anfang der betreffenden *pageants* als ein solcher Anti-Christ vorgestellt:

> HERODES:
> The clowdes clapped in clerenes þat þer clematis inclosis,
> Jubiter and Jovis, Martis & Mercury emyde,
> Raykand overe my rialte on rawe me reioyses,
> Blonderande þer blastis, to blaw w h e n I b i d d e.
> S a t u r n e m y s u b g e t t þat sotilly is hidde,
> I list at my likyng and laies hym full lowe;
> The rakke of þe rede skye full rappely I ridde,
> Thondres full thrallye by thousandes I thrawe
>   w h e n m e l i k i s ;
> Venus his voice to me awe
> þat princes to play in hym pikis.
>
> þe prince of planetis þat proudely is pight
> Sall brace furth his bemes þat oure belde blithes,
> þe mone a t m y m y g h t he mosteres his myght...⁵⁰

Oder:

> HERODE:
> . . . .
> I maister the Moone; take this in mynde
> that I am most of mighte.
>
> I am the greatest above degree,
> that is or was or ever shall be.
> the Sonne it dare not shyne on me
>   if I byd hym goe downe;
>
> No rayne to fall shall none be free...⁵¹

Dies ist nicht einfach bombastische Prahlerei,⁵² sondern die Anmaßung des Anti-Christen, über den Kosmos gebieten zu wollen: Herodes be-

---

⁴⁹ S. 297.   ⁵⁰ *York Plays*, S. 123, V. 1–14.
⁵¹ *Chester Plays*, I, 167, V. 171–177.
⁵² So bezeichnet Tomlinson, S. 16, Herodes Magnus als „Prahler" und „sich selbst verherrlichenden Tyrannen". – Weitere Beispiele für solch eine oberflächliche Charakterisierung: Anm. 47. – Richtig aber: Hess, S. 97–102.

ansprucht in maßloser *superbia* die Macht, die allein Gott zusteht und
– wie zahlreiche Beispiele aus der Bibel zeigen – tatsächlich von ihm
ausgeübt wird.[53] Im Zyklus aus Coventry rühmt sich Herodes – als
Gegen-Typ Gottes – sogar, Himmel und Hölle erschaffen zu haben:

> Qui statis in Jude et Rex Iseraell,
>   And the myghttyst conquerowre that eyver walkid on grownd;
> For I am evyn he thatt made bothe hevin and hell,
>   And of my myghte powar holdith up this world rownd...[54]

Wie in den Zyklen aus York und Chester gebietet er über die Elemente:

> I am the cawse of this grett lyght and thunder;
>   Ytt ys throgh my fure that the soche noyse dothe make.
> My feyrefull contenance the clowdis so doth incumbur
>   That oftymis for drede ther-of the verre yerth doth quake.[55]

In den Spielen aus Chester,[56] Wakefield[57] und dem *Ludus Coventriae*[58] wird Herodes als „König der Könige" o. ä. bezeichnet: Auf ihn als Gegen-Typ Gottes bzw. Christi werden göttliche Attribute übertragen.[59] Im *Ludus Coventriae* werden die Ansprüche beider *reges regum* gegenübergestellt und so der gegen-typologische Bezug besonders deutlich:

> Mors:
> Ow, I herde a page make preysyng of p r i d e :
>   all prynces he passyth – he wenyth – of powste.
> he wenyth to be þe wurthyest of all þis werde wyde:
>   k y n g e o v y r A l l k y n g s þat page wenyth to be.

---

[53] Wenn Herodes z. B. behauptet, er könne den Lauf der Sonne bestimmen, erinnert dies an das wunderbare Zeichen, das Gott dem Ezechias gibt: Er läßt die Sonne zurückwandern. (Is. 38, 1–22; 4. Könige 20, 1–11).
[54] S. 17, V. 486–489.
[55] S. 18, V. 493–496.
[56] I, 167, V. 161.
[57] S. 167, V. 37.
[58] S. 174, V. 171.
[59] Noch in der *Comédie de l'adoration des trois roys* der Marguérite von Navarra aus dem 16. Jahrhundert kommt das Begehren des Herodes, mächtiger als Gott sein zu wollen, deutlich zum Ausdruck:

> Herodes: Envie n'ay sur autre lieu,
>   Fors sur Dieu;
>   Car plus grand que luy voudrois estre.
>   Dens le cœur me brusle le feu
>   Peu à peu
>   D'ambition, pour estre maistre.
>
> (S. 74, V. 844–849)

> He sent into bedlem to seke on every syde
>   Cryst for to qwelle, yf þei myght hym se.
> but of his wykkyd wyl lurdeyn ȝitt he lyede:
>   goddys sone doth lyve, þer is no lorde but he,
>   Over all lordys he is kynge...[60]

In mehreren Zyklen rühmt sich Herodes der Macht, die Teufel zur Hölle fahren zu lassen:

> I weilde this world withouten wene,
> I beat all those unbuxon beene,
> I dryve the Devills all by deene
>   deepe in hell a-downe.[61]

Ähnlich heißt es im *Ludus Coventriae*:

> I dynge with my dowtynes þe devyl down to helle,
> Ffor bothe of hevyn and of herth I am kyng sertayn.[62]

Auch in diesem Falle wird eine Fähigkeit des allmächtigen Gottes[63] auf dessen Gegen-Typ Herodes übertragen.

Im Chester-Zyklus werden Herodes die Worte Christi in den Mund gelegt, die dieser zu Petrus spricht:

Matthäus-Evangelium:
Et quodcumque l i g a v e r i s super terram, erit ligatum et in caelis: et quodcumque s o l v e r i s super terram, erit solutum et in caelis.[64]

Chester Plays:
> For I am king of all mankinde,
> I byd, I beat, I l o o s e, I b y n d e...[65]

Im bethlehemitischen Kindermord des Ms. Digby schließlich spricht der sterbende Herodes die gleichen Worte wie Christus am Kreuz:

> my lord Mahound, I pray the with hert enteer:
> take my soule in-to thy holy hande...[66]

Aus diesen Beispielen geht hervor, daß zahlreiche Attribute Gottes bzw. Christi auf den Gegen-Typ Herodes übertragen wurden. Dadurch erscheint Herodes als einer der vielen Gegenspieler Gottes, die im Alten und Neuen Testament auftreten. Aus diesem Grunde ist es nicht verwunderlich, daß auf Herodes – wie bereits z.B. im Bilsener *Ordo Stellae* – Einzelheiten aus dem Leben alttestamentlicher Anti-Christen übertragen werden.

---

[60] S. 174, V. 168–176.   [61] *Chester Plays*, I, 167, V. 165–168.
[62] *Ludus Coventriae*, S. 151, V. 7 f.; ähnlich: *Towneley Plays*, S. 141, V. 23 f.
[63] Vgl. den Sturz der Engel oder Christi Höllenfahrt.
[64] 16, 19.   [65] I, 167, V. 169 f.   [66] S. 16, V. 385 f.; vgl. Lk. 23, 46.

Im *Ludus Coventriae* stirbt Herodes – wie Belsazar – während eines Trinkgelages mit seinen Edlen:[67]

> HERODES REX:
> Now, kene knyghtys, be mery and glad,
> With all good diligens shewe now sum myrth.
> . . . .
> spare nother mete nor drynke and spare for no dyrthe
> of wyne nor of brede.
> . . . .
> Amonges all þat grett rowthte
> he is ded, I have no dowte.
> þerfore, menstrell, rownd a-bowte
>   blowe up a mery fytt.

Hic dum buccinant, mors interficiat herodem et duos milites subito et diabolus recipiat eos.[68]

Damit vergleiche man den biblischen Bericht über den Tod Belsazars:

> 1. Baltasar rex fecit grande convivium optimatibus suis mille, et unusquisque secundum suam bibebat aetatem ...
> 4. Bibebant vinum, et laudabant deos suos ...
> 30. Eadem nocte interfectus est Balthasar, rex Chaldeus.[69]

Im Zyklus aus Coventry verfolgt Herodes mit seinem Heer die flüchtende Heilige Familie – wie seinerzeit Pharao Moses und die Israeliten:

> NUNCIOS:
> Eyrode, kyng, I schall the tell,
>   All thy dedis ys cum to noght;
> This chyld ys gone in-to Eygipte to dwell.
>   Loo! sir, in thyn one land what wondurs byn wroght!
>
> EROD:
> Into Eygipte? alas, for woo!
>   Lengur in lande here I canot abyde;

---

[67] Hussey, S. 254 f., behauptet, im *Ludus Coventriae* sterbe Herodes Magnus den gleichen Tod wie Herodes Agrippa: er werde von Würmern zerfressen. Hier handelt es sich jedoch nicht um "a confused memory of the King Herod of *Acts*" (Apg. 12, 23), sondern um ein Mißverständnis Husseys. An der betreffenden Stelle im *Ludus Coventriae* werden die Würmer nicht als Ursache, sondern als Folge des Todes bezeichnet. N a c h d e m Herodes gestorben ist, sagt der Tod in topischer Formulierung: "Now is he as pore as I / wormys mete is his body" (S. 177, V. 255 f.). – Eher läßt der Tod des Herodes Magnus im Benediktbeurer Weihnachtsspiel auf eine Übertragung von Herodes Agrippa schließen. Hier gibt die betreffende Rubrik tatsächlich an: „Herodes corrodatur a vermibus" (Young, II, 189); vgl. hierzu Young, II, 194 f.
[68] S. 175 f., V. 206 f., 214 f., 229–232.
[69] Dan. 5, 1–4, 30.

> Saddull my palfrey, for in hast wyll I goo,
>   Aftur yondur trayturs now wyll I ryde,
> Them for to sloo.
> Now all men hy fast
> In-to Eygipte in hast!
> All thatt cuntrey woll I tast,
>   Tyll I ma cum them to.⁷⁰

Im biblischen Bericht heißt es über die Verfolgung der Israeliten durch das Heer Pharaos:

> 5. Et nuntiatum est regi Aegyptiorum quod fugisset populus: immutatumque est cor Pharaonis et servorum eius super populo...
> 6. Iunxit ergo currum, et omnem populum suum adsumpsit secum.
> 7. Tulitque sescentos currus electos ... et duces totius exercitus...⁷¹

In diesem Fall wurde eine typologische Übertragung bereits dadurch nahegelegt, daß im Mittelalter Pharao als *figura* des Herodes angesehen wurde.⁷¹ᵃ In beiden Fällen versucht der Anti-Christ vergebens, die Kinder Gottes in seine Hand zu bringen.

Von den Exegeten des Mittelalters wird Pharao auch mit dem ersten Gegenspieler Gottes – Luzifer – identifiziert:

> Pharao, qui interpretatur *negans eum*, id est Dominum, significat diabolum, qui eum negavit quando dixit: „Ponam sedem meam ad aquilonem, et ero similis Altissimo." ⁷²

Gerade von Luzifer aber werden zahlreiche Merkmale auf Herodes übertragen. Durch diese Übertragungen wird wiederum die *superbia* des Herodes betont. In allen englischen Zyklen rühmt sich Herodes, daß er an Schönheit von keinem übertroffen werde; immer wieder wird der „strahlende Glanz" seiner Erscheinung erwähnt:

> Ther is no lord of lond in lordchep to me lyche,
> non lofflyere, non lofsummere, evyr lastyng is my lay.
> Of bewte and of boldnes I bere ever-more þe belle.⁷³

> For I am fairer of face and fressher on folde
> (þe soth yf I saie sall) sevene and sexti sithis,
> þan glorius gulles þat gayer is þan golde in price;⁷⁴

---

⁷⁰ S. 31, V. 888–900.   ⁷¹ Ex. 14, 5–7.
⁷¹ᵃ Vgl. z. B. *Concordantia Caritatis* aus Lilienfeld, fol. 165 (Heider, S. 51), ferner Molsdorf, S. 35.
⁷² Pseudo-Hugo (= Richard) von St. Victor, *Allegoriae in Vetus Testamentum*, Migne, *P.L.*, 175, col. 654.
⁷³ *Ludus Coventriae*, S. 151, V. 3–5.
⁷⁴ *York Plays*, S. 124, V. 17–20.

> ffor I am myghty man ay whare,
>   Of ilk a pak;
> Clenly shapen, hyde and hare,
>   withoutten lak.⁷⁵

> I. MILES:
> . . . .
> this is the fayrest kinge that ever I see!

> II. MILES:
> This day under the sonne shininge
> is there none so semely a kinge.⁷⁶

Im Zyklus aus Coventry ist bereits der Übergang von hyperbolischem Schönheitsanspruch zu komisch wirkender Eitelkeit vollzogen:

> ERODE:
> Behold my contenance and my colur,
>   Bryghtur then the sun in the meddis of the dey.
> Where can you have a more grettur succur
>   Then to behold my person that ys soo gaye?
>   My fawcun and my fassion, with my gorgis araye, –
> He thatt had the grace all-wey ther-one to thynke,
> Lyve he myght all-wey with-owt othur meyte or drynke.⁷⁷

Dies gilt in besonderem Maße für die Worte, mit denen Herodes die Drei Könige begrüßt:

> Now welcum, syr kyngis, all in fere;
> But of my bryght ble, surs, bassche ye noght!⁷⁸

Dieser maßlose Schönheitsanspruch als spezielle Ausprägung der *superbia*⁷⁹ ist von dem ersten Gegenspieler Gottes auf Herodes übertragen

---

⁷⁵ *Towneley Plays*, S. 141, V. 33–36.
⁷⁶ *Chester Plays*, I, 189 f., V. 86–88.
⁷⁷ S. 18, V. 507–513.
⁷⁸ S. 22, V. 642 f. – Tomlinson, S. 35, und Melchers, S. 8, übersehen die moraltheologische Relevanz dieser Eitelkeit als eine Ausprägung der *superbia*, wenn sie ausschließlich die komischen Züge dieser Eitelkeit für wichtig halten. So schreibt Melchers (a. a. O.):
> Am ganzen Ton dieser Reden erkennt man deutlich, daß sie als Lustspielelemente gewertet werden müssen, benutzt, um die zarte Lieblichkeit zu der polternden Tyrannei in desto schärferen Gegensatz zu bringen.
⁷⁹ So schreibt Robert of Brunne in seinem Traktat *Handlyng Synne* über die Eitelkeit als Hoffart:
> ȝyf þou be proute of þy bewte,
> No shoch kote to þe shulde be,
> þat feyrhede ne shal long with þe wende;
> Swych pryde endyþ foule at þe last ende.
> (EETS, O.S. 119, S. 107, V. 3043–46).

worden. Die leuchtende Schönheit Luzifers war konstitutives Merkmal dieses „Licht-Trägers":

> Le premer des set criminals,
> Qe sunt apeleʒ pechiez mortals,
> Est **orgoil**, qe en ciel comenca
> Quant encuntre deu se leva
> Li angle, qe ‹Lucifer› fu apelé
> Pur sun nobleie & sa **beauté**;
> Tant grant fu de orgoil le peché
> Qe par tant est en enfern dampné.[80]

In den englischen Fronleichnamszyklen finden sich zahlreiche Beispiele für diese besondere Art der *superbia* Luzifers. Das folgende Zitat aus den *Chester Plays* möge genügen:

> LUCIFER:
> Ah! ah! that I am wonderous **bright**,
>   among yow all **shyning full cleare**!
> of all heaven I beare the light
>   thoughe God himself, and he were here.
> . . . .
> ... I commaunde yow for to cease
>   and se the **bewtye** that I beare;
> all heaven **shynes** throughe my **brightnes**,
>   for god himselfe **shynes** not so **cleare**.
> . . . .
>
> LIGHTBOURNE:
> the **brightnes** of your body **cleare**
> is **brighter** then god a thowsand fould.
>
> THRONES:
> Alas that **bewty** will yow spill,
>   if yow kepe yt all in your thoughte;
> then will **pryde** have all his will
>   and bring your **brightnes** all to naught.
> . . . .
>
> POTESTATES:
> Alas, that **pride** is the wall of lewtye,
>   that turnes your thought to great offence;
> the **brightnes** of your **fayer** bodye
>   will make yow sone for to goe hence.[81]

---

[80] William of Wadington, *Manuel des Pechiez*, EETS, O.S. 119, S. 105 f., V. 3155 bis 3162.

[81] I, 13 ff., V. 105 ff. Ähnlich: *York Plays*, S. 3 f., V. 49 ff.; *Towneley Plays*, S. 3 f., V. 77 ff. – Laut, S. 29, bemerkt in den *York Plays* keine *superbia* Luzifers: Statt dessen sei Luzifer "enamored of his own beauty". Laut übersieht hier, daß die Eitelkeit eine besondere Ausprägung der Hoffart ist.

Luzifer versündigt sich Gott gegenüber, indem er in maßloser Hoffart liturgische Verehrung für sich verlangt, die allein Gott zusteht.⁸² Der sinnfälligste Ausdruck solcher Verehrung ist der Kniefall. So knien die abgefallenen Engel vor Luzifer – dem Gegentyp Gottes:

> ANGELI MALI:
> Goddys myth we for-sake
> and for more wurthy we þe take.
> þe to w u r c h e þ honowre we make
>   and f f a l l e d o w n at þi ffete.⁸³
>
> LUCIFER:
> All Angelles turne to me, I redd,
>   and to your Soveraigne k n e l e on your knee!
> I am your Comfort, both Lord and head,
>   the myrth and might of the maiesty.⁸⁴

In gleicher Anmaßung fordert Herodes für sich Verehrung und Proskynese:

> NUNCIUS:
> Downe dyng of youre knees,
> All that hym seys.
> . . . .
> here he commys now, I cry / that lord I of spake;
> ffast afore wyll I hy / radly on a rake,
> And welcom hym w o r s h i p f u l l y / laghyng with lake,
> As he is most worthy / and knele for his sake
>   So low;
> Downe dernly to f a l l,
> as renk most ryall:
> hayll, the worthyest of all!
>   to the must I b o w !⁸⁵

Im *Ludus Coventriae* verlangt Herodes, daß sich alle Geschöpfe ‚des Himmels, der Erde und der Hölle' vor ihm verneigen:

> In sete now am I sett as kynge of myghtys most.
> All þis werd ffor þer love to me x u l þ e i l o w t,
> both of hevyn and of erth and of helle-cost.⁸⁶

Es ergibt sich, daß Herodes in den englischen Fronleichnamszyklen nicht einfach ein tobender, bombastisch redender Wüterich ist, sondern daß er eine heilsgeschichtlich wichtige Funktion als Gegenspieler Gottes zu erfüllen hat. Neben der durch die biblische Quelle und die Tradition

---

⁸² Vgl. Kap. C I 2.
⁸³ *Ludus Coventriae*, S. 18, V. 62–65.
⁸⁴ *Chester Plays*, I, 16, V. 169–172.
⁸⁵ *Towneley Plays*, S. 168, V. 60–72.
⁸⁶ S. 173, V. 129–131.

des *Officium Stellae* nahegelegten *ira* bestimmt *superbia* das Verhalten des Herodes. Die vielfältigen Übertragungen zeigen, daß er von den Verfassern der Spiele als Typ des Anti-Christen aufgefaßt wurde, der mit Luzifer, Belsazar u. a. vor allem die *superbia* gemein hat: die hoffärtige Anmaßung göttlicher Eigenschaften.

Wesentliche Merkmale der Herodes-Gestalt sind auf andere in den Zyklen vertretene Personen übertragen worden. Insbesondere wurden auf diese Weise Charakter und heilsgeschichtliche Funktion des Pilatus verändert.

In den kanonischen Evangelienberichten ist Pilatus keineswegs abwertend dargestellt: Böse erscheinen allein die jüdischen Hohepriester Annas und Kaiphas.[87] Im Gegensatz zu diesen religiösen Führern der Juden behandelt Pilatus Christus gerecht und unvoreingenommen: Er „findet keine Ursache" an ihm[88] und verurteilt ihn nach langem Widerstreben nur aufgrund des Drängens der Juden. Pilatus fühlt sich „unschuldig an dem Blut dieses Gerechten".[89]

Getreu den biblischen Quellen wird Pilatus in den lateinischen „Ludi Paschales" (aus Klosterneuburg, Benediktbeuern und Tours) und dem lateinischen Passionsspiel (zwei Versionen aus Benediktbeuern) dargestellt: Pilatus, der erst in diesen späten, hoch entwickelten Versionen aus dem 13. Jahrhundert auftritt, erscheint keineswegs als tobender Despot.

Erst in den englischen Fronleichnamszyklen wird seit dem 14. Jahrhundert die Gestalt des Pilatus entscheidend verändert: Er erscheint nunmehr als Anti-Christ, dessen direktes typologisches Vorbild der Herodes der Weihnachtsspiele ist.[90] Während jedoch Herodes bereits in relativ frühen Versionen durch *ira* und *superbia* gekennzeichnet ist, werden auf Pilatus fast immer nur Elemente übertragen, die der Todsünde *superbia* zuzuordnen sind. In fast allen Zyklen werden Szenen, in denen Pilatus auftritt, durch eine hoffärtige Rede des römischen Statthalters eingeleitet, die eindeutig auf Herodes als typologisches

---

[87] Vgl. hierzu Stoephasius und Parker, *Pilates Voys*.
[88] Lk. 23, 4.
[89] Mt. 27, 24. – Stoephasius, S. 23, und Maltman, *Pilate*, weisen darauf hin, daß Pilatus in den Apokrypha und einigen mittelalterlichen Kompendien mit geringerem Wohlwollen dargestellt wird.
[90] Zur Darstellung des Pilatus als zeitgenössischer ungerechter Richter vgl. u. a. Weimann, *Shakespeare*, S. 114; Parker, *Pilates Voys*; Owst, *Literature*, S. 495 f.; wenn auch der Pilatus der englischen Zyklen – gemäß der traditionellen Ständesatire – Züge des zeitgenössischen korrupten Richters trägt, darf darüber seine heilsgeschichtliche Stellung als Anti-Christ nicht vergessen werden.

Vorbild schließen läßt. Wie Herodes rühmt sich Pilatus seiner unübertrefflichen Schönheit:

> If all my **blee** be as **bright**
> As blossome on brere.[91]
>
> Ye wote not wel, I weyn / what wat is commen to the towne,
> So **comly cled** and **cleyn** / a rewler of great renowne.[92]
>
> Say, wote ye not that I am pylate, **perles to behold**?[93]
>
> ...none is **worthier in face**...[94]
>
> for I am most **fayrest** and **freshest** to fynde...[95]

Im *pageant* XXXII der *York Plays* schließlich gibt Pilatus von sich selbst eine fast vollständige Schönheitsbeschreibung:

> For I ame þe luffeliest lappid and laide,
>   With feetour full faire in my face,
> My forhed both brente is and brade,
>   And myne eyne þei glittir like þe gleme in þe glasse.
> And þe hore þat hillis my heed
>   Is even like to þe golde wyre,
> My chekis are bothe ruddy and reede,
>   And my coloure as cristall is cleere.[96]

Nicht nur außerordentliche Schönheit, sondern auch ungewöhnliche Gelehrsamkeit und Weisheit nimmt Pilatus für sich in Anspruch:

> Emange þe philosofers firste
> Ther fanged I my fame.[97]
>
> My wysdom and my wytt,
> In sete here as I sytt,
> was never more lyke it...[98]

Auch dieser Anspruch ist eine spezifische Form der *superbia*:

> ȝyf þou be prout of þy cunnyng,
> þat þou hast lerned moche þyng,
> As sum man ys, þat ys scolere,
> wenyþ þat none ys to hym pere,
> He wenyþ weyl þat he kan
> To be mayster, and over-man,
> And when þe ende ys al shewyd,
> þan ys he almost al lewyd.[99]

---

[91] *York Plays*, S. 220, V. 20. [92] *Towneley Plays*, S. 204, V. 10 f.
[93] Ebd., S. 243, V. 5. [94] Ebd., S. 280, V. 40.
[95] *Chester Plays*, II, 332, V. 12. [96] S. 308, V. 17–24.
[97] *York Plays*, S. 220, V. 17. – Vgl. ähnliche Ansprüche des Herodes ebd., S. 124, V. 22.
[98] *Towneley Plays*, S. 204, V. 15–17.
[99] Robert of Brunne, *Handlyng Synne*, EETS, O.S. 119, S. 108, V. 3075–82.

Wie Herodes bezeichnet sich Pilatus als „Herr aller Herrscher"[100] und fordert die Proskynese.[101] Er fuchtelt – wie Herodes bereits in den *Officia Stellae* – mit dem Schwert in der Luft herum und stößt wüste Drohungen aus.[102]

Diese Drohreden, die im Laufe der Zeit einen immer größeren Raum in den englischen Zyklen einnehmen, arten oft in bombastischen *rant* aus, der zuweilen in keinem organischen Zusammenhang mit dem folgenden Geschehen steht. So wird *pageant* XXIII (*Processus Crucis*) der *Towneley Plays* durch eine lange Drohrede des Pilatus eingeleitet, auf die ohne Übergang die Kreuzigungsszene folgt; Pilatus selbst tritt erst wieder am Ende dieses *pageant* (in einer anderen Szene) auf. Auch die unterschiedlichen Strophenformen von Pilatusrede und folgendem Dialog der *tortores* weisen darauf hin, daß die Rede des Pilatus späterer Zusatz ist, der ohne Rücksicht auf den organischen Bau der Szene eingeschoben wurde: Wie in der mittelalterlichen Lyrik der Natureingang, so wurde im englischen geistlichen Spiel des Mittelalters nach einer gewissen Zeit die Drohrede zu einer Art Versatzstück, das ohne Rücksicht auf den Kontext oft recht willkürlich verwendet werden konnte.[103] Der bombastische *rant* dieser Drohreden war bereits gegen Ende des 14. Jahrhunderts sprichwörtlich geworden, so daß Chaucer schreiben konnte:

> The Millere, that for dronken was al pale,
> So that unnethe upon his hors he sat,
> He nolde avalen neither hood ne hat,
> Ne abyde no man for his curteisie,
> But in P i l a t e s v o y s he gan to crie,
> And swoor, "By armes, and by blood and bones,
> I kan a noble tale for the nones,
> With which I wol now quite the Knyghtes tale." [104]

Trotz allen bombastischen Beiwerks ist jedoch – wie oben gezeigt wurde – in diesen Drohreden immer noch erkennbar, daß sie sich aus den hoffärtigen, prahlenden Reden eines Herodes entwickelt haben, die dann später auf Pilatus übertragen wurden.[105]

---

[100] *Towneley Plays*, S. 279, V. 10.
[101] Ebd., S. 259, V. 25; S. 280, V. 29; S. 281, V. 56. *York Plays*, S. 220, V. 22; S. 307, V. 3.
[102] *Towneley Plays*, S. 204, 243, 258; *York Plays*, S. 270, 306.
[103] Auch andere Pilatusreden sind bereits aufgrund der verwendeten Strophenformen als spätere Zusätze oder Umarbeitungen erkennbar (z. B. *Towneley Plays*, *pageant XX*, Strophe 1–6; *Chester Plays*, *pageant XVIII*, Strophe 2).
[104] *Canterbury Tales, Miller's Prologue*, V. 3120–27.
[105] Diese Entwicklung wird in der Forschung durchweg nicht erkannt; es ist immer

Der Anti-Christ Pilatus ist vor allem durch *superbia* gekennzeichnet; die andere für den Charakter des Herodes konstitutive Todsünde – *ira* – wird seltener auf Pilatus übertragen. Wie Herodes bereits in einigen lateinischen *Officia Stellae* bei der Nachricht von der Geburt eines Königs der Juden in maßlosen Zorn ausbricht, so erzürnt Pilatus, als die Grabwächter ihm melden, daß Christus auferstanden sei:

> Now by the othe I have to Cesar sworne,
> all you Doggs sonnes beforn to morne
> shall dye! therfore think no scorne
> yf it be on you long.
> . . . .
> fye Theif! fye Traytor!
> fye on thee! thy Thrift is full bare.
> fye feind! fye feyture!
> Hye hence! fast, I redd, that thou fare.
> . . . .
> fye harlott! fye hownd!
> fye on thee, thou taynted Dogge!
> why lay thou still in that stownd
> and lett that Lozenger go on thee, rogge?[106]

Dieser Zorn über die Auferstehung Christi ist symptomatisch für die Umwertung des Pilatus in den englischen Zyklen: In den Apokrypha richtete sich der Zorn des Pilatus gegen die Juden, die den Tod Jesu forderten.[107]

Ebenfalls in den Passions-Szenen der englischen Fronleichnamszyklen erscheint Herodes Antipas als Anti-Christ, der durch *superbia* gekennzeichnet ist.[108] Wie Herodes Magnus und Pilatus fuchtelt er mit dem Schwert in der Luft herum und hält eine Drohrede:

---

nur in oberflächlicher Beschreibung von *rant* u. ä. die Rede. So schreibt Stoephasius, S. 74:
> Die Engländer, die zur Darstellung des Pilatus mehr die Schablone des durch seine Großtuerei komisch wirkenden Herrschers benutzen, werten jedes Auftreten des Pilatus aus zu großartig klingenden Monologen, in denen er seinem Volke Ruhe gebietet.

In ähnlicher Weise spricht Williams, *Pilate*, von "raging tyrant" (S. 14), "rant" (S. 18) und "conventional boasting speech" (S. 21).

[106] *Chester Plays*, II, 340 f., V. 250 ff. Ähnlich: *York Plays*, S. 415, V. 363–366; *Towneley Plays*, S. 321, V. 506–509; *Ludus Coventriae*, S. 323, V. 1512–19.

[107] Vgl. Tischendorf, S. 348, 358.

[108] In einer späten Ergänzung (*Addition V*) zu dem Passionsspiel des Jean Michel erscheint Herodes Antipas ebenfalls als hoffärtiger Despot:
> Que dictes vous de ma haulte haultesse,
> Galileens prudens, discretz, subtilz?
> En Judee n'y a prince ne roy
> qui tienne estat en sumptueux arroy

>   Pes, ye brothellis and browlys, in þis broydenesse in brased,
>   And frekis þat are frendely your freykenesse to frayne,
>   Youre tounges fro tretyng of trifillis be trased,
>   4 Or þis brande þat is bright schall breste in youre brayne.[109]

Vers 4 stimmt fast wörtlich mit Vers 4 der entsprechenden Pilatusrede überein:

>   Or ellis þis brande in youre braynes
>   schalle brestis and brekis.[110]

In bezug auf Herodes Antipas gilt in besonderem Maße das bereits über Pilatus Gesagte: Die Einzelheiten typologischer Übertragungen sind durch die Aufschwellung der Reden zu bombastischen Tiraden kaum noch erkennbar.[111] Auch der Anspruch des Anti-Christen ist als solcher nicht mehr erhalten, sondern ins Komische abgewandelt:

>   I. Dux:
>   My lorde, youre bedde is new made,
>   You nedis not for to bide it.
>
>   Rex:
>   Ya, but as þou luffes me hartely,
>   Laye me doune softely,
>   For þou wotte full wele
>   þat I am full tendirly hydid.[112]

Wenn Herodes Antipas beim Ankleiden darauf achtet, daß sein Oberkleid ohne Makel „sitzt", ist aus der ernstzunehmenden Hoffart komische Eitelkeit geworden:

>   Rex:
>   And se þat my sloppe be wele sittande.[113]

>   si triumphant, si hault et magnifique
>   comme je fais; et s'on commet desroy,
>   pugnition je fais selon la loy
>   imperïalle par raison jurisdicque.
>   Mon hault renom, excellant, magnifique
>   s'espand partout ...
> (S. 467, V. 12–21; ähnlich: *Addition II*, S. 448 f., V. 320–353).

[109] *York Plays*, S. 292, V. 1–4.
[110] S. 270. – Laut, S. 161, erkennt diese typologische Übertragung nicht, wenn er schreibt:
> The play begins with the tyrant's usual ranting speech, and the matter here is very like that of Pilate's speech in Play xxvi and Play xxx. Whether or not this is to indicate the follow-the-leader qualities of Herod or whether or not there is some textual confusion, it is impossible to determine.

[111] Z. B. *York Plays*, S. 292; *Ludus Coventriae*, S. 271 f.
[112] *York Plays*, S. 294, V. 46–51.
[113] Ebd., S. 295, V. 77. – Laut, S. 162, nennt Herodes zu Recht einen "fop", wenngleich er diese Eitelkeit als isoliertes Phänomen betrachtet und sie nicht von der *superbia* herleitet.

Auch aus anderen, neuen Übertragungen geht hervor, daß Herodes
Antipas und Pilatus als Ausprägungen ein und desselben Typs betrachtet wurden. Wie nach dem Verhör durch Pilatus[114] wird Christus nach
dem Verhör durch Herodes verspottet. Herodes gibt ihm ein Zepter
in die Hand und läßt ihn als „König" verehren:

> REX:
> Nowe lely I leve þe,
> And therfore schall y waffe it away.
> And softely with a s e p t o u r e assaie.
> . . . .
> Mi menne, ȝe go m e n s k e h y m with mayne,
> And loke yhow þat it wolde seme.
> I. DUX:
> Fayff sir, and sofferayne . . .[115]

Im *Ludus Coventriae* fragt Herodes den schweigenden Christus:

> And here jhesus xal not speke no word to þe herowde.
> REX HEROWDE:
> Jhesus, w h y s p e k y s t n o t to þi kyng?
>   what is þe cawse þou stondyst so stylle?
> þ o u k n o w y s t I may deme All thyng:
>   thyn lyf and deth lyth At my wylle.[116]

Dies sind fast die gleichen Worte, die Pilatus an Christus richtet:

> Dicit ergo ei Pilatus: Mihi non loqueris? nescis quia potestatem habeo
> crucifigere te, et potestatem habeo dimittere te?[117]

> What seyst, jhesus, w h i s p e k y s t n o t me to?
> k n o w y s t n o t, I have power on þe cros þe to do?
> And also I have power to lete þe forth go . . .[118]

---

[114] Mt. 27, 27 ff.; Mk. 15, 16 ff.; Joh. 19, 2 ff.   [115] *York Plays*, S. 301, V. 247–256.
[116] S. 285, V. 413–416.   [117] Joh. 19, 10.
[118] *Ludus Coventriae*, S. 291, V. 592–594. — Die gleiche Übertragung findet sich im
Passionsspiel des Arnoul Greban; die Worte, die Herodes und Pilatus jeweils an
Christus richten, stimmen fast wörtlich überein:
> HERODES: J'ay la puissance
>   de ta vie ou ta mort juger   (V. 22238 f.).
> PILATUS: J'ay la puissance
>   de toy prestement delivrer
>   ou destruire et a mort livrer   (V. 23112 ff.).

Die weite Verbreitung solcher typologischer Verfahren zeigt auch das folgende
Beispiel. Im Alsfelder Passionsspiel werden auf Herodes die Pilatusworte „non
invenio in eo causam" (Joh. 19, 6) übertragen:
> HERODES: das ich nicht uff en finden sachen
>   die en des todes schuldig machen   (V. 4130 f.).
> PILATUS: Uff en weiß ich kein sach
>   die en des todes schuldig mach   (V. 4164 f.).

Ebenfalls im *Ludus Coventriae* läßt Herodes Christus nach dem Verhör geißeln:

> REX HEROWDE:
> what, spek, I say, þou foulyng, evyl mote þou fare.
> loke up, þe devyl mote þe cheke.
> Serys, bete his body with scorgys bare.
> . . . .
> here þei pulle of jhesus clothis and betyn hym with whyppys.[119]

Auch dieses Detail ist von Pilatus auf Herodes übertragen worden.[120]

Neben Pilatus und Herodes Antipas sind in den Passions-Szenen vor allem die Hohepriester Annas und Kaiphas die Gegenspieler Christi und Gottes. Die *superbia* des Kaiphas zeigt sich – wie zum Teil schon bei Pilatus – im Prahlen mit seiner Gelehrsamkeit und Weisheit:

> PEES, bewshers, I bid no jangelyng ȝe make,
>   And sese sone of youre sawes, & se what I saye,
> And trewe tente unto me þis tyme þat ȝe take,
>   For I am a lorde l e r n e d l e l l y in y o u r e l a y ;
> 5 By c o n n y n g of c l e r g y a n d c a s t i n g of w i t t e
>   Full wisely my wordis I welde at my will,
> So semely in s e e t e me semys for to sitte,
>   And þe lawe for to lerne you and lede it by skill.[121]

In Vers 7 wird der "seat" erwähnt, der – bereits in einigen lateinischen Versionen als *solium* vorhanden – in allen englischen Zyklen Symbol für den unmäßigen Herrschaftsanspruch der Anti-Christen ist.

Auch im *Ludus Coventriae* erscheint die *superbia* des Kaiphas als Dünkel des Schriftgelehrten:

> CAYPHAS:
> As A primat m o s t p r e u d e n t I present here sensyble
>   buschopys of þe lawe with al þe cyrcumstawns.
> I, Cayphas, am jewge with powerys possyble
>   To distroye alle errouris þat in oure lawys make varyawns.
>   All thyngys I convey be reson and temperawnce,
> And all materis possyble to me ben palpable.
>   Of þe lawe of moyses I have A c h e f g o v e r n a w n s
> To severe ryth and wrong in me is termynable.[122]

Wie die anderen Anti-Christen fordert Kaiphas Proskynese:

> Wherfore takes tente to my tales and l o w t i s u n t o m e.[123]

---

[119] S. 286, V. 433 ff.
[120] Vgl. Mt. 27, 26; Mk. 15, 15; Joh. 19, 1.
[121] *York Plays*, S. 254, V. 1–8.
[122] S. 232, V. 45–52.   [123] *York Plays*, S. 255, V. 21.

In den *Towneley Plays* erscheint die Anmaßung dieses Verlangens besonders deutlich, da Kaiphas Christus – den Gottessohn – zum Kniefall zwingen will:

>   Lad, I am a prelate   a lord in degre,
>   Syttys in myn astate   as thou may se,
>   knyghtys on me to wate   in dyverse degre;
>   I myght thole the abate   and k n e l e o n t h i k n e
>   In my present.[124]

Getreu der Tradition des *Herodes iratus* gerät der Kaiphas des Wakefield-Zyklus in maßlosen Zorn, als Christus ihm nicht antwortet:

>   The dwill gif the shame   that ever I knew the!
>   Nather blynde ne lame   will none persew the;
>   Therfor I shall the name   that ever shall rew the,
>   kyng copyn in oure game   thus shall I indew the,
>   ffor a fatur.
>   Say, dar thou not speke for ferde?
>   I shrew hym the lerd,
>   weme! the dwillys durt in thi berd,
>   vyle fals tratur!
>   . . . .
>   Be it hole worde or brokyn   com, owt with som,
>   Els on the I shall be wrokyn or thi ded com
>   All outt.
>   Aythere has thou no wytt,
>   Or els ar thyn eres dytt;
>   why bot herd thou not yit?
>   So, I c r y a n d I s h o w t e.[125]

Kaiphas erregt sich so sehr, daß Annas ihn zu beruhigen versucht.[126] Trotzdem fährt Kaiphas fort, Todesdrohungen und Verwünschungen auszustoßen. Bis zum Schluß dieses *pageant* wechseln Zornesausbrüche des Kaiphas mit Besänftigungsversuchen des Annas ab:

>   CAYPHAS:
>   . . . .
>   let me gyrd of his hede!
>
>   ANNA:
>   I hope not ye wold;
>   Bot, sir, do my red youre worship to hald.
>
>   CAYPHAS:
>   Shall I never ete bred   to that he be stald
>   In the stokys.

---

[124] S. 233, V. 154–158. [125] S. 233, V. 163–180. [126] Ebd., V. 181 ff.

> ANNA:
> Sir, speke soft and styll,
> let us do as the law will.
>
> CAYPHAS:
> Nay, I myself shall hym kyll,
> murder with knokys.
>
> ANNA:
> Sir, thynk ye that ye ar a man of holy kyrk,
> ye shuld be oure techer mekenes to wyrk.[127]

In diesem *pageant* des Wakefield Master ist Kaiphas zorniger als sein typologisches Vorbild Herodes: Kaiphas "out-herods Herod".

Während typologische Übertragungen von Merkmalen des Herodes auf Personen der Passions-Szenen häufig sind, beschränken sie sich in

---

[127] S. 234, V. 200–209. – Im Passionsspiel des Arnoul Greban tritt ein solcher *Kaiphas iratus* in einer anderen Szene auf. Er bricht – ähnlich wie Pilatus in den englischen Zyklen – in maßlosen Zorn aus, als er die Nachricht von der Auferstehung Christi erhält. Auch er muß von anderen beruhigt werden:

> CAYPHE: Escoutez cy quel deablerie,
> quel dueil, quel passion, quel rage;
> escoutez quel hideux langage
> pour un cueur humain depaisier!
> NATHAN: Sire, vueillez vous appaisier:
> par trop se traveille d'i r e hons.
> (V. 30061–66).

Jean Michel läßt den *Kaiphas iratus* wiederum in einer anderen Szene seines Passionsspiels erscheinen. Als Christus im Tempel predigt, beginnt Kaiphas zu toben:

> Cest homme cy presche le dyable
> et congnoit noz cas si exprés
> qu'il nous touche au cueur de si pres
> que je ne le puis endurer.
> Il me fault de despit f u r e r
> et crever de rage mortelle!
> . . . .
> Ce fait mon, le plus vivement
> que onques fusmes en nostre vie.
> J'en meurs, j'en e n r a g e d'envie,
> le cueur de dueil me va partant
> et n'est homme, tant fust constant,
> qui ne perdist cy pacience
> en cueur, en corps, en conscience;
> il nous hait, a dire tout oultre:
> on le voit!
> (V. 16089–107).

Auch hier wird er von Annas besänftigt:

> Mais, monseigneur, tenés maniere,
> ne declarés pas telz rancunnes ...
> (V. 16109 f.).

den weihnachtlichen Szenen auf die Gestalt des Kaisers Augustus (Octavian). Diese zahlenmäßige Verteilung beruht einfach auf der Tatsache, daß in den Passions-Szenen weit mehr potentiell als Anti-Christen darstellbare Personen erscheinen als im Weihnachts-Zyklus: Pilatus, Annas, Kaiphas, Herodes Antipas stehen Herodes Magnus und Kaiser Augustus gegenüber. Bemerkenswert ist dennoch die Feststellung, daß die Bearbeiter der spätmittelalterlichen Zyklen durchweg von der Möglichkeit Gebrauch gemacht haben, alle in Frage kommenden Personen durch typologische Übertragungen als Anti-Christen darzustellen.

In den *Towneley Plays* erscheint Kaiser Augustus in der Tradition des *Herodes iratus et superbus*. Auf ihn sind zahlreiche Attribute seines typologischen Vorbildes übertragen worden: Er droht mit dem Schwert,[128] verlangt von allen die Proskynese,[129] bezeichnet sich mehrmals als unübertrefflich schön[130] und wird als "lord of lords" angeredet.[131] Wie der Herodes der *Chester Plays*[132] hat er die Macht, ‚zu binden und zu lösen'.[133]

Neben diesen Merkmalen der *superbia* werden auch jene der *ira* auf Augustus übertragen. Diese Übertragungen betreffen nicht nur – wie oben – Reden, in denen sich der Kaiser selbst charakterisiert, sondern erfassen wesentliche Handlungselemente dieses *pageant*. Wie die meisten Anti-Christen der englischen Zyklen verfügt Augustus über mehrere Ratgeber. Einer dieser *consulti* berichtet ihm über eine Prophezeiung:

> All redy, lord, now permafay,
> Thys have I herd syn many day,
>   ffolk in the contre tell;
> That in this land shuld dwell a may,
> The which sall bere a chylde, thay say,
>   That shall youre force downe fell.[134]

Als der Kaiser von der bevorstehenden Geburt eines Rivalen hört, bricht er in maßlosen Zorn aus und ergeht sich in Todesdrohungen und Verwünschungen:

> Downe fell? dwyll! what may this be?
> Out, harow, full wo is me!
>   I am full wyll of reede!
> A, fy, and dewyls! whens cam he
> That thus shuld reyfe me my pawste?
>   Ere shuld I be his dede.

---

[128] S. 78, V. 5. [129] S. 79, V. 20 f. [130] Ebd., V. 22, 32 f.
[131] S. 83, V. 152. [132] I, 167, V. 170. [133] S. 78, V. 16.
[134] *Towneley Plays*, S. 80, V. 67–72.

> ffor certis, then were my worshyp lorne,
> If sych a swayn, a snoke horn,
>   Shuld thus be my suffrane;
> may I wyt when that boy is borne,
> In certan, had the dwyll hit sworne,
>   that gadlyng shuld agane.[135]

Einer der *consulti* rät ihm, den Neugeborenen töten zu lassen,[136] und schließlich macht Sirinus ihm den Vorschlag, den Knaben im ganzen Lande suchen und umbringen zu lassen.[137]

Alle Einzelheiten dieser Szene sind von Herodes Magnus auf Kaiser Augustus übertragen worden: Prophezeiung der Geburt eines Königs; Zornesausbruch bei Erhalt dieser Nachricht; Tötungsbefehl usw. Durch diese zahlreichen Übernahmen erscheint Augustus – wie Herodes Magnus – als Gottes Gegenspieler, der seinen hoffärtigen, absoluten Herrschaftsanspruch durch die Geburt Christi gefährdet sieht. Die ursprüngliche Verbindung des Kaisers Augustus mit dem *processus prophetarum* ist in diesem *pageant* kaum noch erkennbar: Die Person der erythräischen Sibylle, die dem Kaiser die Geburt Christi prophezeit, ist eliminiert. Nicht mehr die Prophezeiung steht im Vordergrund, sondern die Reaktion des Anti-Christen auf diese Weissagung: Die Prophezeiung ist nur auslösendes, nicht beherrschendes Element dieses *pageant*.

Im Gegensatz dazu ist im Chester-Zyklus die Verbindung der Augustus-Handlung mit dem *processus prophetarum* noch deutlich zu erkennen: Die Prophezeiungen der Sibylle stehen im Mittelpunkt des Geschehens. Diese Weissagungen sind jedoch nicht mehr Bestandteil eines *processus prophetarum*, sondern bilden den Kern eines selbständigen Spiels, das durch legendäre Zusätze erweitert wurde. Im wesentlichen folgt der Autor des Spiels dieser Legendentradition, wie sie z.B. in der *Legenda Aurea* überliefert ist:

> Octavianus insuper imperator ... in tantum senatui placuit, ut eum pro Deo colere vellent. Prudens autem imperator se mortalem intelligens immortalitatis nomen sibi noluit usurpare. Ad illorum instantiam Sibyllam prophetissam advocat, scire volens per ejus oracula, an in mundo major eo aliquando nasceretur. Cum ergo in die nativitatis domini consilium super hac re convocasset et Sibylla sola in camera imperatoris oraculis insisteret, in die media circulus aureus apparuit circa solem et in medio circuli virgo pulcherrima, puerum gestans in gremio. ... dixitque ei [= Caesari] Sibylla: hic puer major te est et ideo ipsum **adora**... Intelligens igitur imperator, quod hic puer major se erat, ei **thura obtulit** et Deus de caetero dici recusavit.[138]

---

[135] S. 80, V. 73–84.   [136] S. 81, V. 85–90.   [137] S. 83, V. 181–186.   [138] S. 44.

Getreu dieser Tradition lehnt der Kaiser in den *Chester Plays* die Apotheose ab. In Demut weist er auf seine menschliche Unzulänglichkeit und Sterblichkeit hin:

> I thanke you all that ever I maye,
>   the homage ye doe to me;
>
> but folly it were, by many a waie,
> such soveraingtie for to assaie,
> sith I must dye I wot not what daye,
>   to desire such dignitye.
>
> for of fleshe, blood, and bone
> made I am, borne of a woman;
> . . . .
> though I be highest worldlie king,
> of godhead have I no knowing;
>   it were unkindlie.[139]

Als die Sibylle ihm die Geburt Christi verkündet, bricht er nicht – wie der Kaiser Augustus der *Towneley Plays,* Herodes u. a. – in Zorn aus und befiehlt die Tötung des Neugeborenen; er will sich vielmehr Christus unterwerfen, ihm Weihrauch opfern und ihn anbeten:

> h o n o u r I will that sweet wight
> w i t h I n c e n s e through all my might;
> for that reverence is most right,
>   yf that it be thy reade.
>
> I n c e n c e bring, I commaund, in hie
> to h o n o u r this child, king of mercy.
> shold I be god? nay, nay! witterly
>   great wrong, I wis, it were.
>
> for this child is more worthye
> then such a thousand as am I,
> therfore t o g o d, most mightie,
> I n c e n s e I o f f e r h e r e.[140]

In diesem Falle konnte der Autor des Spiels auf eine typologische Übertragung zurückgreifen, die seit langem bekannt war:[141] Wie die Hl. Drei Könige opfert Augustus als demütiger Herrscher dem Neugeborenen und betet ihn an. Es wird ausdrücklich festgestellt, daß durch den Weihrauch die Gottheit verehrt werden soll. Auch in diesem Detail folgt der Autor des Spiels der Tradition des *Officium Stellae,* in dem

---

[139] I, 117, V. 323–344.   [140] I, 130, V. 669–680.
[141] Vgl. obiges Zitat aus der *Legenda Aurea.*

von Anfang an Weihrauch als Opfer für die Gottheit gedeutet wird; noch im Dreikönigs-Spiel des Chester-Zyklus selbst heißt es:

> SECUNDUS REX:
> And sith he hath in hym G o d h e a d,
> me thinkes best, as eate I bread,
> I n c e n s e to geve hym through my red
>   in name of Sacrifice.[142]

In schroffem Gegensatz zu dieser Charakterisierung des Kaisers Augustus stehen jedoch die Reden, die er zu Anfang dieses *pageant* hält: Durch sie wird er als hoffärtig gekennzeichnet. Wie die anderen durch *superbia* sündigenden Anti-Christen rühmt sich Augustus seiner Allmacht und Schönheit:

> I, preeved prynce, most of power,
> under heaven highest am I here,
> fayerest foode to feight in feare,
>   noe freak my face may flee.
>
> all this world, withoutten weare,
> King, prince, Baron, Bachler,
> I may destroy in great danger
>   through vertue of my degree
>
> (my name Octavian called is)
> all me aboute, full in my blisse;
> for wholly all this world, I wis,
>   is ready at my owne will.
>
> no man on mould dare doe amisse
> against mee, I tell you this,
> ne no man saie that ought is his,
>   but my leave be thertyll.[143]

In den folgenden Versen wechseln Drohungen und Prahlereien einander ab:

> peace, or here my truth I plighte:
> I am the manfullest man of might
> . . . .
>   takes mynde of my m a n a c e.
>
> all leedes in lande be at my liking,
> castle, conquerour, and king
> bane bene to doe my byddinge,
>   yt will non other be.
>
> righte as I think, so is all thinge;
> for all the world dose my willing.[144]

---

[142] I, 179, V. 73–76.   [143] I, 112, V. 185–200.   [144] I, 113 f., V. 229–238.

Die in diesen Reden zutage tretende *superbia* ist mit der Demut, die den Kaiser während der eigentlichen Spielhandlung kennzeichnet, unvereinbar. Auch eine Art „Konversion" unter dem Einfluß der christlichen Heilsbotschaft liegt hier nicht vor, da sich die Demut des Kaisers bereits v o r den sibyllinischen Prophezeiungen zeigt.[145] Der hier vorliegende Widerspruch ist nur auf folgende Weise zu erklären: In diesem *pageant* sind zwei verschiedene Bearbeitungs-Schichten erkennbar. Der eine – frühere – Bearbeiter verfaßte den Text des Spiels gemäß der legendären Überlieferung, in der Augustus die ihm angetragene Apotheose ablehnt. Ein späterer Bearbeiter hat dann am Anfang dieses Spiels einige Reden hinzugefügt, in denen Augustus als hoffärtiger Anti-Christ erscheint. Dieser letztere Bearbeiter hat keine Rücksicht auf den Gesamtzusammenhang des Spiels genommen und – wie der Bearbeiter des *pageant* XXIII in den *Towneley Plays* (s. o.) – die topisch gewordenen Droh- und Prahlreden der eigentlichen Handlung ohne organische Verbindung vorangestellt.

Es wurde bereits erwähnt, daß im Zyklus aus Coventry Herodes die fliehende Heilige Familie mit seinem Heer verfolgt: Dort wurde die Verfolgung der Israeliten durch den Pharao typologisch auf Herodes übertragen. In den *pageants* der *York Plays* und *Towneley Plays,* die den Exodus der Israeliten darstellen, läßt sich jedoch eine Übertragung in umgekehrter Richtung feststellen. Zu Beginn des Spiels hält der Pharao eine Prahl- und Drohrede, die ihn – wie Herodes Magnus und viele andere – als hoffärtigen Gegenspieler Gottes kennzeichnet.[146]

Darüber hinaus wird im Verlauf der Handlung eine weitere Übertragung von Herodes Magnus auf den Pharao erkennbar. Der ägyptische Herrscher zeigt sich über die wachsende Zahl der Israeliten in seinem Reich beunruhigt. Diese Sorge gibt – im biblischen Bericht und den *pageants* der *York Plays* und *Towneley Plays* – den Anlaß für den Befehl des Pharao, alle neugeborenen Knaben der Israeliten zu töten:

> REX:
> What devill ever may it mene,
> þat they so fast encrese?
>
> II. CONSOL:
> Howe they encrese, full wele we kenn,
> Als oure elders be-fore us fande,

---

[145] Aus diesem Grunde ist Craigs Bezeichnung dieses Spiels als "Conversion of Octavian" (S. 175) unrichtig und irreführend.
[146] *York Plays,* S. 68 f.; *Towneley Plays,* S. 64 f. – Im französischen *Mistère du Viel Testament* bezeichnet sich der Pharao als gottgleich (II, 226).

> Thay were talde but sexty and ten
> Whan þei enterd in to þis lande.
> . . . .
> Now ar they noumbered of myghty men,
> Wele more þan thre hundereth thowsande,
> With-owten wiffe and childe.
> . . . .
> REX:
> So myght we be bygillid,
> But certis þat sall noght be,
> For with qwantise we sall þam qwelle,
> Þat þei sall no farrar sprede.[147]

In den englischen Spielen taucht jedoch noch eine zusätzliche Motivierung des Befehls auf:

> I. CONSOL:
> Lorde, we have herde oure ffadres telle,
> Howe c l e r k i s, þat ful wele couthe rede,
> S a i d e, a m a n s h u l d e w a x þ a m e m e l l,
> That suld for-do us and owre dede.
>
> REX:
> Fy on þam! to þe devell of helle!
> Swilke destanye sall we noght drede.
> We sall make mydwayes [= midwives] to spille þam,
> Whenne oure Ebrewes are borne,
> All þat are mankynde to kille þam,
> So sall they sone be lorne.[148]

Diese Begründung basiert nicht auf dem biblischen Bericht, sondern stellt eine typologische Übertragung aus dem Weihnachtsgeschehen dar: Dort gibt Herodes Magnus den Befehl, alle neugeborenen Knaben zu töten, nachdem ihm prophezeit wurde, ein mächtigerer König als er werde geboren werden. Diese Begründung wird in das alttestamentliche Geschehen übernommen: Pharao gibt den Tötungsbefehl, da ihm die Geburt eines Mächtigeren – d. i. Moses – prophezeit wurde.

Auch in diesem Falle konnte der Verfasser des Pharao-Spiels auf eine Übertragung zurückgreifen, die durch eine lange Überlieferung bekannt war: Sie findet sich bereits bei Flavius Josephus[149] und wurde von vielen mittelalterlichen Autoren übernommen.[150] Die Exegeten des

---

[147] *York Plays*, S. 71 f., V. 47–62; ähnlich: *Towneley Plays*, S. 66, V. 51–66. – Vgl. Ex. 1, 8–16.
[148] *York Plays*, S. 72, V. 63–72; ähnlich: *Towneley Plays*, S. 66, V. 67–76.
[149] *Historia*, II, v.
[150] Vgl. z. B. Comestor, *Historia Scholastica*, Migne, *P.L.*, 198, col. 1142; Vinzenz von Beauvais, *Speculum Historiale* (Straßburg, 1473), lib. III, cxxxi.

Mittelalters verwendeten diese Übertragung aus folgendem – theologischen – Grunde. Der Tötungsbefehl des Pharao wurde als Präfiguration des von Herodes gegebenen aufgefaßt; Moses galt als *typus* (*figura*) Christi: Beide entgingen der Ermordung, während zahlreiche andere unschuldige Knaben getötet wurden. So heißt es *expressis verbis* im französischen *Mistère du Viel Testament*:

> Dieu:
> Pharaon, qui mes serfz supére,
> Se vouldra si fort desvoyer
> Qu'i fera les enfans noyer
> Des Ebrieux; l'un d'iceulx sera
> Fugitif, on le mussera
> De crainte qu'il ne soit destruit;
> Luy trouvé, fera ung grant fruit,
> Car je le feray nompareil
> Aux autres, et duc d'Israel
> Doresnavant s'appellera,
> Qui mon peuple en paix regira,
> **Et est prefiguré cecy**
> **Sur Jesus, qui sera aussi**
> Fugitif; alors innoscens
> Seront par milliers et par cens
> Occis, navrés.[151]

Mit diesem – im engen theologischen Sinne – typologischen Interpretationsakt hat man sich jedoch nicht begnügt, sondern durch typologische Übertragungen die Beziehung zwischen alt- und neutestamentlichem Geschehen zusätzlich verdeutlicht: Aus diesem Grunde wurden die erwähnte Prophezeiung und später die Prahl- und Drohreden von Herodes auf Pharao übertragen.[152]. Die typologische Übertragung steht hier im Dienst der Figural-Interpretation alttestamentlicher Ereignisse.

Abschließend sei noch die Gestalt des – im engen, eschatologischen Sinne so bezeichneten – Antichrists erörtert, die nur in den *Chester Plays* auftritt. Dieser Gegenspieler Gottes *kat'exochen* ist in besonderem Maße durch *superbia* gekennzeichnet. Er maßt sich alle nur denkbaren göttlichen Fähigkeiten und Attribute an und wird so zum voll-

---

[151] III, 215 f.
[152] In dem Pharaonenspiel des *Mistère du Viel Testament* (III, 207 ff.) sind noch zahlreiche weitere Details aus dem neutestamentlichen Geschehen in das alttestamentliche Spiel übertragen worden: Pharao gibt den Befehl, alle Knaben zu töten, die «soubz deux ans» sind (vgl. Mt. 2, 16). Die Szene, in der die Soldaten des Pharao die hebräischen Knaben ertränken, ist in allen Einzelheiten dem bethlehemitischen Kindermord nachgebildet: Die Soldaten entreißen den Müttern die Knaben; die Mütter klagen und drohen usw.

kommenen Gegen-Typ Christi. In den *Chester Plays* bezeichnet er sich als Schöpfer des Kosmos:

> I am very god of might,
> all thinges I made through my might,
> Sonne and Moone, Day and night;
> to Blis I may you bringe.

> Therfore kinges, noble and gay,
> token your people what I say,
> that I am Christ, god veray,
> and tell them such Tydinge.[153]

. . . .

> I made the day and eke night,
> And all thinge that is on earth growinge,
> flowers fresh that fayre can springe;
> also I made all other thinge,
> the Starrs that be so bright.[154]

Er fordert für sich – den ‚Schöpfer des Menschen und aller Dinge' – liturgische Verehrung:

> I made the man of flesh and fell,
> and all that is lyvinge.

> for other godds have you none,
> therfore worshipp me alone,
> the which hath made the water and Stonne,
> and all at my lykinge.[155]

Seine Erscheinung ist heller als die Sonne.[156] Um seine göttlichen Ansprüche glaubhafter zu machen, bedient er sich auch des Lateinischen – der liturgischen Sprache der Kirche.[157] Wie die anderen Anti-Christen bricht auch er in maßlosen Zorn aus, als er seine Herrschaft bedroht sieht; seine Widersacher erschlägt er mit dem Schwert:

> A! false fayturs, turne ye now?
> ye shall be slayne, I make a vow,
> and thos Traytors that torned you,
> I shall make them unfayne;

> That all other, by very sight,
> shall know that I am most of might;
> for with this sword now will I feight,
> for all you shall be slayne.

---

[153] II, 408, V. 221–228.
[154] II, 416 f., V. 460–464. [155] II, 417, V. 471–476.
[156] II, 400, V. 1. [157] II, 400, V. 1–8.

> Tunc Antechristus Occidet Enochum et Heliam, omnesque Reges cum gladio...[158]

Wenn auch die *superbia* des Antichrists bereits in der wichtigsten Quelle[159] und auch im Tegernseer *Ludus de Antichristo* betont wird, sind dennoch einige der oben zitierten Details spätere, direkte typologische Übertragungen aus den Reden des Herodes Magnus: die strahlende Erscheinung des Antichrists; Herrschaft über den Kosmos u. a. Vor allem die *ira* des Antichrists ist späterer, typologischer Zusatz. Man vergleiche etwa mit dem obigen Zitat die entsprechende Szene im Tegernseer *Ludus de Antichristo*:

> Tunc Antichristus commotus dicit Ministris:
>   Ecce blasphemias   meę divinitatis
>   Ulciscatur manus   divinę maiestatis.
>   Qui blasphemant in me   divinam pietatem,
>   Divini numinis   gustent severitatem.
>   Pereant penitus   oves occisionis
>   Pro tanto scandalo   sanctę religionis.
>   . . . .
> Tunc Ministri educunt eos [= Enoch, Elias u. a.] et occidunt...[160]

Hier handelt der Antichrist – im Gegensatz zu dem der *Chester Plays* – besonnen und würdevoll; er tötet nicht selbst, sondern läßt den Mord durch seine Soldaten ausführen.

Aufgrund unserer Untersuchungen ergibt sich, daß alle in den englischen Zyklen auftretenden Gegenspieler Gottes nach dem typologischen Vorbild des Herodes Magnus durch *ira* und *superbia* gekennzeichnet sind. Durch die zahlreichen Übertragungen sind sie einander so ähnlich geworden, daß die Zuschauer meist schon durch die ersten Worte eines solchen Anti-Christen darauf hingewiesen werden, daß hier ein Gegner Gottes auftritt. In späterer Zeit ist dieser theologische Bezug in den nunmehr topisch gewordenen Reden nur noch undeutlich erkennbar: Erst jetzt werden in einigen Texten die Anti-Christen zu *ranting tyrants*.

---

[158] II, 422, V. 621–628. – Man erinnere sich an den tobenden, mit dem Schwert drohenden Herodes Magnus.
[159] Adsos Brief an Gerberga (Young, II, 496 ff.).
[160] Young, II, 386 f., V. 393 ff.

3. Typologische Übertragungen von den Hl. Drei Königen auf die Hirten in den Weihnachtsspielen

In den lateinischen *Officia Pastorum* wird die Zahl der Hirten, die Christus in Bethlehem anbeten, meist nicht angegeben; in zwei Versionen[161] schreiben die Rubriken jeweils zwei, in einem Fall[162] fünf Hirten vor. In den englischen Fronleichnamszyklen treten dagegen ausnahmslos drei Hirten auf.[163] Diese Festlegung auf die Dreizahl kündigt sich bereits in dem einzigen erhaltenen Text der Übergangsphase – den *Shrewsbury Fragments* – an, in dem ebenfalls drei Hirten auftreten. Auf welche Ursache läßt sich diese auffallende zahlenmäßige Fixierung zurückführen?

Zu der ausschließlichen Verwendung der Dreizahl mag die auch für andere Fälle gültige Tatsache beigetragen haben, daß besonders im Mittelalter Personen-Triaden in jeglicher Art von Literatur sehr häufig verwendet wurden. In religiösen Texten konnte vor allem darauf verwiesen werden, daß die Drei durch die göttliche Trinität geheiligt sei.[164] Aus diesem Grunde haben sich wohl auch die Verfasser der englischen Zyklen für eine Dreizahl der Marien am Grabe entschieden, während anfangs noch häufig Schwanken zwischen zwei und drei Marien zu beobachten ist.[165]

Darüber hinaus hat im Falle der drei Hirten das typologische Vorbild der Drei Könige eine wichtige Rolle gespielt. Es wurde bereits dargestellt,[166] wie eng die typologische Verwandtschaft zwischen den Hirten und Drei Königen ist, die sich in der gleichen Anbetungsabsicht zur Krippe begeben. Hier sei nur noch das folgende Zitat aus der Legende von den Hl. Drei Königen des Johannes von Hildesheim ergänzt:

> Fulgentius sagt in seinen Reden:
> „Die Könige und die Hirten sind zwei Mauern, die von verschiedenen Seiten an einen Eckstein herangeführt werden. Diesen Eckstein erkannten sie in einmütigem Glauben. Die eine Mauer sind die Juden, die andere Mauer die Heiden. Sie waren getrennt, solange sie verschiedenen Glauben hatten. Durch den Eckstein aber wurden sie im wahren Glauben vereint und beide mit *einem* Namen benannt. Durch Christus, der unser Friede ist, wurden Juden und Heiden in der Gnade des Sakraments *Eins*. Die eine

---

[161] Ebd., II, 8, 9.
[162] Ebd., II, 14.
[163] Sie werden später in den Zyklen aus Chester und Wakefield durch einen Hirtenjungen Garcio ergänzt.
[164] Vgl. z. B. Curtius, S. 493 ff., und Hopper.
[165] Vgl. Kap. B II 1 a.
[166] Vgl. Kap. B I.

Mauer wurde an den Eckstein herangeführt, als der Engel den jüdischen Hirten die Geburt des Herrn verkündete, die andere Mauer, als der Stern den heidnischen Magiern erschien. Das soll heißen: die Hirten waren die Erstberufenen der Juden, die drei Könige die Erstberufenen der Heiden. Die Hirten wurden aus der Nähe, die Könige aus weiter Ferne herangeführt.[167]

Obwohl die Zahl der Magier im Matthäus-Evangelium nicht erwähnt wird, war sie spätestens seit dem zweiten nachchristlichen Jahrhundert fixiert: Bereits Origines zog aus den drei Gaben Gold, Weihrauch und Myrrhe den Schluß, es müsse sich um drei Magier gehandelt haben.[168]

Angesichts der engen Verbindung – und häufigen Kombination – von *Officium Pastorum* und *Officium Stellae* und der zahlreichen, bereits erörterten typologischen Übertragungen innerhalb dieser *visitationes* ist es durchaus erklärlich, daß im Laufe der Zeit die Dreizahl nicht nur für die königlichen *visitatores*, sondern auch die Hirten verwendet wurde.[169]

Eine weitere typologische Übertragung findet sich ebenfalls erst in den *Shrewsbury Fragments* und allen englischen Zyklen. In dem *Officium Pastorum* der *Shrewsbury Fragments* spricht der dritte Hirt u.a. folgende Worte:

>   ʒone brightnes wil us bring
>   Unto þat blisful boure;
>   For solace schal we syng
>   To seke oure Saveour.
>   . . . .
>   For no þing thar us drede,
>   But thank God of alle gode;
>   þis light ever wil us lede
>   To fynde þat frely fode.[170]

In diesen Versen ist von einer "brightnes" und einem "light" die Rede, das die Hirten nach Bethlehem zur Krippe führen wird. Diese beiden Worte stehen hier eindeutig für ‚Stern': denselben Stern, der die Drei Könige nach Bethlehem führt. Im entsprechenden *pageant XV* der *York Plays*, die zum Teil auf die *Shrewsbury Fragments* zurückgehen, lautet die betreffende Stelle:

---

[167] S. 35.
[168] *LTK, s.v. Drei Könige*. – Young, II, 31, setzt diese Tradition zu spät an (5. Jahrhundert).
[169] Vgl. auch die weiter unten erläuterten Abbildungen. – Die Dreizahl wird auch auf die Königin von Saba und deren Begleiterinnen übertragen: Ihr Besuch bei König Salomo galt als Präfiguration der Anbetung Christi durch die Drei Könige (vgl. Soltész, S. 3).
[170] Young, II, 515 f.

III. Pastor:
Hym for to fynde has we no drede,
I sall you telle a-chesonne why,
ʒone sterne to þat lorde sall us lede.

II. Pastor:
ʒa! þou sais soth, go we for-thy
    hym to honnour.
And make myrthe and melody,
    with sange to seke oure savyour.[171]

In diesen Versen, die teilweise wörtlich an die Vorstufe der *Shrewsbury Fragments* anknüpfen, ist eindeutig von einem ‚Stern' die Rede: An die Stelle des ungenauen "brightnes" und "light" ist nunmehr die genaue Bezeichnung "sterne" getreten.

In den *Chester Plays* wird ein weiteres Detail ergänzt, das ebenfalls die Erwähnung des Sterns durch die Hirten als typologische Übertragung kennzeichnet:

Primus Pastor:
nowe follow we the star that shines,
    till we come to that holie stable;
to bethlehem[172] bend we our lynes,
    follow we it without any fable.

Secundus Pastor:
Followe we it that hyeth full fast,
    such a frend loth were us to fayle;
lanch on! I will not be the last
    upon Mary for to marveyle.
Tunc vadunt versus Bedlem.

Tertius Pastor:
Stynt nowe! goe no more steppes!
    for now the star begins to stand
here by; that good bene our happes
    we see by this: our savyour is found.[173]

Hier wird ausdrücklich festgestellt, daß der Stern, dem die Hirten gefolgt sind, über der Geburtsstätte Christi stillsteht. Diese Einzelheiten finden sich nicht im Evangelienbericht über die Anbetung der Hirten,[174] sondern in zahlreichen *Officia Stellae*, die wiederum auf Mt. 2, 1–12 zurückgehen. Im Bericht des Matthäus heißt es:

---

[171] S. 121, V. 79–85.
[172] Ms.: "bethelem".
[173] I, 151 f., V. 463–474.
[174] Lk. 2, 7–20.

Abb. 18. Die Drei Könige erblicken den Stern (*Hortus Deliciarum* der Herrad von Landsberg)

Abb. 19. Die Hirten erblicken den Stern (Monzeser Ampulle I)

Abb. 20. Anbetung der Drei Könige (Wolfenbütteler Evangeliar)

Abb. 21. Verkündigung an die Hirten (Wolfenbütteler Evangeliar)

> 9. Qui cum audissent regem, abierunt, et ecce **stella**, quam viderant in oriente, **antecedebat eos, usque dum veniens staret supra, ubi erat puer.**
> 10. Videntes autem stellam gavisi sunt gaudio magno valde.[175]

Die entsprechende Stelle lautet zum Beispiel in der Version des Dreikönigsspiels aus Fleury folgendermaßen:

> Magis egredientibus, **precedat Stella eos**, que nondum in conspectu Herodis apparuit. Quam ipsi sibi mutuo ostendentes, procedant. Qua visa, Herodes et Filius minentur cum gladiis. Magi:
>   Ecce stella in oriente previsa
>   Iterum **precedit nos** lucida.
> . . . .
> ...Magi **procedant post Stellam** usque ad Presepe cantantes:
> . . . .
>   Sed oritur stella lucida, prebitura Domino obsequia
>   Quem Balaam ex Iudaica nasciturum dixerat prosapia.
>   Hec nostrorum oculos fulguranti lumine prestrinxit lucida,
>   Et **nos ipsos provide ducens ad cunabula** resplendens fulgida.[176]

Auch auf den hier wiedergegebenen Abbildungen 18 bis 21 sind die erörterten typologischen Übertragungen erkennbar. Auf der Monzeser Ampulle (Abb. 19) sind die drei Magier drei Hirten gegenübergestellt. Die Hirten erblicken – wie ursprünglich nur die Magier – den Stern; ihre Gesten des Zeigens und Erstaunens entsprechen durchaus denen der Magier bzw. Könige, wie sie auf vielen bildlichen Darstellungen zu beobachten sind (vgl. Abb. 18): Die oben zitierte Rubrik „quam [= stellam] ipsi sibi mutuo ostendentes", die sich auf die Magier bezieht, könnte ebensogut das Verhalten der auf der Ampulle dargestellten Hirten erläutern. Abb. 20 und 21 stimmen bis ins Detail überein.

In den Hirtenspielen aller englischen Fronleichnamszyklen findet sich noch eine weitere typologische Übernahme aus den Dreikönigs-Szenen: Wie die Drei Könige bringen auch die Hirten dem Christusknaben Geschenke dar.[177] Durch diese Übertragung – die noch nicht in

---

[175] Mt. 2, 9–10.
[176] Young, II, 88.
[177] Diese Übertragung ist auch in zahlreiche französische Spiele aufgenommen worden: Sie findet sich zum Beispiel im Passionsspiel des Arnoul Greban (V. 5476 ff.), in der *Passion de Semur* (V. 2576 ff.), der *Passion* aus Arras (V. 2290 ff.), in der *Incarnation* aus Rouen (V. 347 ff.) und noch spät in dem Weihnachtsspiel der Marguérite von Navarra (16. Jahrhundert; V. 695 ff.).
Wie in den englischen Fronleichnamszyklen bringen die Hirten Geschenke von geringem materiellen Wert dar: Pfeife, Vögel, Käse, Milch, Brot usw. Im Gegensatz zu den englischen Spielen werden jedoch in einigen Fällen die Geschenke der Hirten symbolisch gedeutet. Auch dies stellt eine Übertragung aus den Drei-

den lateinischen *Officia Pastorum* auftritt – wird die typologische Übereinstimmung von Königen und Hirten vervollständigt: Beide Gruppen von Gottsuchern beten die Gottheit an und opfern ihr. Zwischen Hirten und Königen besteht wesensmäßig kein Unterschied: Sie unterscheiden sich nur in soziologischer Hinsicht. Marguérite von Navarra drückt in ihrer *Comédie de l'adoration des trois roys* diese soziologische Unterscheidung folgendermaßen aus:

> DIEU:
> Les Pasteurs l'ont comme Dieu recongnu.
>   Si au bas Peuple ay fait ce bien apprendre,
>   Aux sages Roys du Messias venu
>   Je veux aussi faire nouvelle entendre.[178]

Diese ständische Differenzierung geht aus der Art der Geschenke hervor. Während die Drei Könige Gold und kostbare Spezereien darbringen, schenken die Hirten – in den einzelnen Zyklen unterschiedlich – Mütze, Ball, Löffel usw.[179]

Auf dem Glasfenster aus East Harling (Abb. 22) bringen die Hirten dem Christusknaben Mütze (wie in den Zyklen aus Chester und Coventry), *pipe* (wie im Zyklus aus Coventry) und Lamm als Geschenke dar.

Mit der hier erörterten Übertragung haben sich spätere Bearbeiter der *Chester Plays* nicht begnügt. In den Handschriften B, W, h ist nach der Anbetung und Beschenkung Christi durch die drei Hirten eine weitere Übertragung eingefügt. Nicht nur die drei Hirten begeben sich zur Krippe, sondern auch ihre jungen Gehilfen:

> THE FIRST BOYE:
> Now to you, my fellowes, this doe I say;
> for in this place, before I wende away,
> unto yonder Child lett us goe pray,
>   as our masters have done us before.

---

königs-Spielen dar, in denen die Geschenke der Drei Könige auf Christi Königtum (Gold), Priesterschaft und Gottestum (Weihrauch) und Sterblichkeit (Myrrhe) bezogen wurden. So werden in der *Passion* aus Arras Tasche, Hirtenstab und Apfel symbolisch als Attribute des Erdenpilgers, Guten Hirten und ewigen, allmächtigen Herrschers gedeutet (V. 2290 ff.). (Vgl. außerdem die Deutung der Geschenke in der *Incarnation*, V. 364 ff.).

[178] V. 45–48.
[179] Williams, *Drama*, S. 73, vertritt dagegen die abwegige Ansicht, die Geschenke der Hirten seien eine "comic addition": "Most of the gifts are ridiculous." Die Geschenke der Hirten sind bescheiden, aber nicht lächerlich, zumal einige dieser Gaben symbolische Bedeutung haben: Der "tennis ball" verweist auf die Weltkugel, der "bob of cherries" auf das *midwinter miracle* bzw. die Auferstehung usw. (Vgl. hierzu Rose, S. 257; Cawley, S. 113; Cantelupe).

Abb. 22. Anbetung der Hirten (Glasfenster aus East Harling)

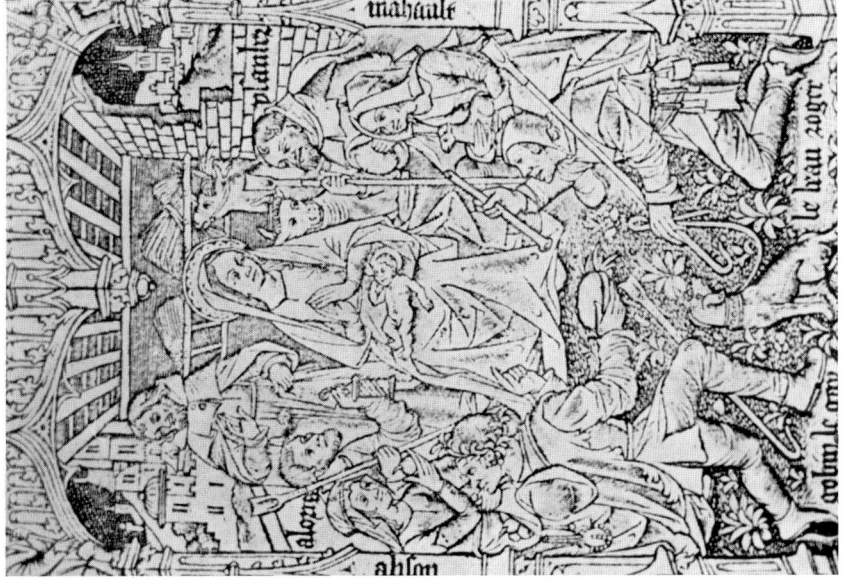

Abb. 23. Anbetung der Hirten (Holzschnitt von Simon Vostre)

> THE SECOND BOYE:
> And of such goodis, as we have here,
> l e t t u s o f f e r to this prince so dere,
> and to his mother, that mayden clere,
> that of her boddy hasse him borne.[180]

In Bethlehem angelangt, beschenken sie – wie ihre Herren – das Gotteskind. In ähnlicher Weise bringen auf dem hier wiedergegebenen Holzschnitt (Abb. 23) nicht nur die Hirten, sondern auch zwei Schäferinnen ihre Geschenke dar.

In den *Chester Plays* liegt der seltene Fall vor, daß eine ganze Szene – einer Kettenreaktion vergleichbar – von A auf B, dann von B auf C übertragen worden ist: von den Drei Königen auf die Hirten, von diesen auf ihre Gehilfen.[181]

4. Typologische Übertragungen in der *Secunda Pagina Pastorum* der *Towneley Plays*

Dieses wohl bekannteste – und künstlerisch bemerkenswerteste[182] – *pageant* der englischen Fronleichnamszyklen besteht aus drei Teilen: Nach einleitenden Klagen der drei Hirten über das schlechte Wetter, das harte Los der Bauern, die zänkische Ehefrau u. a. folgen die Szenen, in denen der Schafsdieb Mak die Hauptrolle spielt, und schließlich der ursprüngliche Kern des Weihnachtsspiels: die Anbetung Christi durch die Hirten.[183]

Der zweite Teil – das Mak-Spiel – wurde bisher in der Forschung vornehmlich als eine komische Einlage angesehen, die als frühe Vorläuferin der Komödie des 16. Jahrhunderts den Rahmen des mittelalter-

---

[180] I, 157; Interpolation: V. 1–8.
[181] In dem Passionsspiel aus Arras ist die Beschenkung Christi aus dem weihnachtlichen Bereich in den der Passion übertragen worden. Drei Juden bringen dem am Kreuz hängenden Christus Geschenke dar: „savate", „chausse", „chaperon" (V. 16627). Sie „schenken" diese wertlosen, alten Kleidungsstücke dem Sterbenden und verspotten ihn. Diese typologische Übertragung stellt eine Anti-Szene zur *oblatio magorum* bzw. *pastorum* dar: Drei „Gottsucher" begeben sich zur Gottheit, um dieser als Huldigung Geschenke darzubringen. Während die Drei Könige und die Hirten Christus als *rex regum* verehren, verhöhnen ihn die drei Juden unter dem Kreuze als Bettlerkönig. Den Anstoß zu dieser Übertragung hat wahrscheinlich die vorhergehende Szene gegeben, in der die Soldaten vor Christus niederknien und ihn „anbeten".
[182] Vgl. Diller.
[183] Zum Aufbau dieses *pageant* vgl. Gardner.

lichen religiösen Spiels sprengt und allein der Belustigung der Zuschauer dient.[184] Die folgenden Ausführungen sollen – im Anschluß an Thompson – eine Neubewertung dieses Spieles geben, die dessen Charakter und Funktion eher gerecht wird als die bisher einseitig vertretene Auffassung.

Bereits die Bedeutung der ersten Worte, die Mak an die drei Hirten richtet, kann ohne Berücksichtigung der typologischen Arbeitsweise mittelalterlicher Autoren nicht voll erfaßt werden. Die betreffenden Verse lauten:

>   MAK:
>   what! ich be a yoman   I tell you, of the king;
>   The self and the same   sond from a greatt lordyng,
>   And sich.
>   ffy on you! goyth hence
>   Out of my presence!
>   I must have reverence;
>   why, who be ich?
>   . . . .
>   211 Ich shall make complaynt   and make you all to thwang
>   At a worde,
>   And tell evyn how ye doth.[185]

---

[184] Die meisten Forscher, die sich mit dem Mak-Spiel befassen, bezeichnen es als "farce", "burlesque", "comedy", Posse o. ä. Selbst ausgezeichnete Sachkenner halten bis in die jüngste Zeit an diesen irreführenden, nur zum Teil richtigen Bezeichnungen fest, so z. B.: Chambers, *English Literature*, S. 38; Baugh, S. 281; Rossiter, S. 69; Schlauch, S. 319; Cawley, S. xxiv; Williams, *Drama*, S. 129; Anderson, *Drama*, S. 213; Speirs, *Shepherds' Plays*, S. 170; Speirs, *Mystery Cycle*, S. 110; Weimann, *Realismus*, S. 112 und *passim*; ders., *Shakespeare*, S. 146 und *passim*; Roston, S. 43 f.
Immerhin hat sich seit dem Erscheinen von Watts Aufsatz im Jahre 1940 allgemein die Auffassung durchgesetzt, daß das Mak-Spiel – als „Parodie" der Anbetungsszene – einen organisch inkorporierten Bestandteil der *Secunda Pagina Pastorum* bildet. Bis dahin hatte Creizenachs Urteil beinahe uneingeschränkt gegolten, das Mak-Spiel sei ein „fast selbständiges Possenspiel" (S. 209 f.).
Während also die strukturelle Einheit der *Secunda Pagina* richtig erkannt worden ist, wird die Funktion des Mak-Spiels innerhalb des ganzen *pageant* bis heute zu Unrecht ausschließlich als "burlesque" bezeichnet (s. o. – Weimann [*Realismus*, S. 118 ff.; *Shakespeare*, S. 147 ff.] spricht sogar von „Blasphemie" und sieht das Mak-Spiel im Zusammenhang „ketzerischer Unehrerbietigkeit". Wäre die Aufführung solch eines Spiels geduldet worden?).
Allein Thompson hat gegen eine solche Interpretation Stellung genommen: "To call the Mak story a satire on the Nativity is almost perverse" (S. 306). Seine richtige Erkenntnis, Mak sei "of the devil's party" (S. 304), ist leider unbeachtet geblieben. Während Thompson jedoch das Mak-Spiel als isolierten Einzelfall betrachtet, soll im folgenden betont werden, daß dieses Spiel nur eines von vielen Beispielen für die typologische Arbeitsweise mittelalterlicher Autoren darstellt.
[185] S. 122 f., V. 201–213.

Diese Rede Maks, die seinen ersten Auftritt einleitet, stimmt in wesentlichen Details mit den bereits erörterten Einführungsreden der Anti-Christen überein: Sie ist vor allem durch die *superbia* bestimmt, die in Prahlerei und Drohungen zum Ausdruck kommt. Wie die königlichen Anti-Christen verlangt Mak "reverence", droht den Ungehorsamen mit ‚Prügel' usw. Den von Mak erhobenen Machtanspruch ignorieren die drei Hirten jedoch: Sie nehmen Mak nicht ernst und verspotten ihn.[186]

Bereits in dieser ersten Szene wird deutlich, daß Mak zwar als komisch, aber auch als böse zu betrachten ist. Diese beiden Merkmale sind enger miteinander verbunden, als man zunächst annehmen könnte. Als bekanntestes Beispiel für die Verknüpfung des Bösen mit dem Komischen sei hier nur der Teufel angeführt, der in der Literatur des Mittelalters sehr häufig durch diese beiden Merkmale charakterisiert wird: Der gläubige Christ betrachtet jeden Versuch eines Widersachers Gottes, dessen Pläne zu stören, *a priori* als vergeblich und zum Scheitern verurteilt. Insbesondere der Teufel erscheint als Gefoppter, der trotz aller Anstrengungen nicht sein Ziel erreicht und so dem Gelächter preisgegeben wird. Durch das Wissen der Leser oder Zuschauer um die Vergeblichkeit seines Bemühens und durch die beobachtete Diskrepanz zwischen Arbeitsaufwand und Ergebnis erscheint der Teufel als komische Figur. Der komische Effekt wird meist noch durch den maßlosen Zorn der Bösen gesteigert, die ihre Ohnmacht gegenüber Gott erkennen müssen.[187]

Aus diesem Grunde ist es nicht verwunderlich, daß in den englischen Zyklen fast alle komischen Wirkungen auf Kosten – im theologischen Sinne – böser Gestalten erzielt werden. Dazu gehören etwa: der ohnmächtige und in seiner Übersteigerung komisch wirkende Zorn des Kaiphas über das Schweigen Christi, die lächerliche Eitelkeit des hoffärtigen Anti-Christen Herodes Antipas, der Eigensinn und Ungehorsam von Noahs Weib[188] und vieles andere. Auch die Gestalt des Mak scheint vom ersten Auftreten an komisch und böse zu sein.

Diese Annahme wird im weiteren Verlauf des Spiels durch zahlreiche Einzelheiten bestätigt. Als Mak über Krankheit klagt, wird er von einem Hirten mit dem Teufel in Verbindung gebracht:

---

[186] S. 123, V. 208–210.
[187] Vgl. Reinhold, S. 136–142; das mittelalterliche Drama wird dort allerdings nicht berücksichtigt. Vgl. ferner Penninger, S. 242; Hess, S. 169–179. Eckhardt, S. 53 ff., erkennt diesen Zusammenhang nicht.
[188] Vgl. Utley, S. 450 f.

> MAK:
> And I am trew as steyll   all men waytt,
> Bot a sekenes I feyll   that haldys me full haytt,
> My belly farys not weyll   it is out of astate.
>
> III. PASTOR:
> Seldom lyys the d e w y l l   dede by the gate.[189]

Von den – im theologischen Sinne – guten Hirten wird Mak mehrmals verwünscht:

> ... the dewyll myght hym hang!
> ... the dewill in youre ee ...[190]

Als die drei Hirten und Mak sich zum Schlaf niederlegen, spricht Mak folgendes Nacht-„Gebet":

> . . . .
>   no drede.
> ffro my top to my too,
> Manus tuas commendo,
> poncio pilato,
>   Cryst crosse me spede![191]

Diese Verse stellen eine Bearbeitung jenes Nachtgebets dar, das der dritte Hirt in der (ebenfalls vom Wakefield Master verfaßten) *Prima Pagina Pastorum* spricht:

> ffor ferde we be fryght   a crosse lett us kest,
> C r y s t c r o s s e , benedyght   eest and west,
>   ffor d r e d e .
> Ihesus onazorus,
> Crucyefixus,
> Morcus, andreus,
>   God be oure s p e d e ![192]

In diesem Gebet ruft der Hirte „Jesus von Nazareth, den Gekreuzigten, Markus und Andreas" um Schutz an.[193] Ganz bewußt hat der Wakefield Master dieses Gebet in der *Secunda Pagina Pastorum* so sehr verändert, daß nur noch die Formel "Cryst crosse" und die Reimworte "drede : spede" erhalten sind. Aus dem Munde Maks ist kein Gebet zu vernehmen, sondern eine Pervertierung biblischer Worte: Wie der sterbende Christus am Kreuz seinen Geist in die Hände Gottes,[194] so be-

---

[189] S. 123, V. 226–229.   [190] Ebd., V. 210, 217.
[191] S. 125, V. 264–268.   [192] S. 109, V. 289–295.
[193] Zur magischen Wirkung dieses Gebets vgl. Robbins, *Witchcraft*, s. v. *Night Spell, Charms*; vgl. auch das Nachtgebet in Chaucers *Miller's Tale* (V. 3480 ff.).
[194] Lk. 23, 46.

fiehlt der Bösewicht Mak seinen Körper in die Hände des Pilatus. Während die letzten Worte Christi häufig auf Maria und viele Heilige typologisch übertragen wurden,[195] liegt hier eine gegen-typologische Übertragung vor: Aus dem Munde Maks klingen die Sterbeworte Christi blasphemisch.[196] Durch diese Übertragung erscheint Mak eindeutig auf der Seite der Bösewichte. Es sei noch daran erinnert, daß dem sterbenden Herodes Magnus ebenfalls die letzten Worte Christi – als gegentypologische Übertragung – in den Mund gelegt werden:

> my lord Mahound, I pray the with hert enteer:
> take my soule in-to thy holy hande...[197]

Die weitere Handlung der *Secunda Pagina Pastorum* unterstreicht die Unglaubwürdigkeit der Gebetsabsicht Maks: Er wollte durch das Sprechen dieses „Gebets" die drei Hirten in Sicherheit wiegen, nicht aber Gottes Schutz erflehen. Nachdem die Hirten eingeschlafen sind, steht er auf und spricht über sie einen Zauber, der sie bis zum Mittag des folgenden Tages schlafen läßt:

> Bot abowte you a serkyll   as rownde as a moyn,
> To I have done that I wyll   tyll that it be noyn,
> That ye lyg stone styll   to that I have doyne,
> And I shall say thertyll   of good wordys a foyne.
>   On hight
> Over youre heydys my hand I lyft,
> Outt go youre een, fordo your syght,
> Bot yit I must make better shyft,
>   And it be right.[198]

Zu einem echten Gebet ist Mak nicht fähig, wohl aber zu einer magischen Beschwörung: Nicht mit Gott, sondern mit dem Teufel vermag er ein Gespräch zu führen.

Schließlich erzählt nach dem Erwachen der Hirten einer von ihnen, welch schrecklichen Traum er gehabt habe:

> III. PASTOR:
> Me thoght he [= MAK] was lapt   in a wolfe skyn.
> . . . .
> When we had long napt   me thoght with a gyn
> A fatt shepe he trapt...[199]

---

[195] Vgl. Kap. C III 1.
[196] Cawleys Kommentar, "a comic effect is intended in making the rascally Mak recite the charm against the evil spirits of the night" (S. 108, Anm. zu V. 265–268), trifft nicht den Kern des Problems.
[197] Ms. Digby: *Bethlehemitischer Kindermord*, S. 16, V. 385 f.
[198] S. 125, V. 278–286.   [199] S. 128, V. 368–371.

Für unsere Interpretation ist dieser Traum von größter Wichtigkeit: Während des Mittelalters war „Wolfsgestalt" oft gleichbedeutend mit „Teufel, Dämon". So war auch der Werwolf nichts anderes als ein Mensch, der „zu einem Dämon in Wolfsgestalt durch zauberischen Gestaltwandel" wurde.[200] Auf der mittelalterlichen Bühne erschien der Teufel oft in Wolfsfelle gehüllt.[201] Wenn man schließlich bedenkt, daß der Teufel seit dem Sündenfall als Meister der Verstellung und der Verwandlung erscheint, liegt es nahe, den Mak des erörterten Traumes als eine Verkörperung des Teufels zu betrachten.

Aus all diesen Hinweisen ergibt sich, daß Mak vor allem als gegen Gott und dessen Gläubige (hier: die Hirten) handelnder teuflischer Bösewicht zu betrachten ist.[202] Dieses wesentliche Kennzeichen Maks darf über den ebenfalls vorhandenen komischen Elementen nicht – wie bisher – übersehen werden.

Während die drei Hirten schlafen, stiehlt Mak einen Widder und schafft ihn in sein Haus. Mak und sein Weib Gyll verstecken das gestohlene Tier vor den mißtrauischen Hirten in einer Wiege. Die damit beginnende Szene stellt nicht einfach ein komisches Zwischenspiel dar, sondern ist aufgrund zahlreicher Einzelheiten als eine Anti-Szene zur Geburt Christi und der Anbetung durch die Hirten anzusehen.

Gyll gibt – um die Hirten zu täuschen – vor, in der Christnacht einen Knaben geboren zu haben, den sie in Windeln gewickelt und in eine Wiege gelegt hat:

> Uxor:
> A good bowrde have I spied   syn thou can none.
> here shall we hym hyde   to thay be gone;
> In my c r e d y l l abyde   lett me alone,
> And I shall lyg besyde   in chylbed, and grone.
>
> Mak:
> Thou red;
> And I shall say thou was lyght
> Of a k n a v e c h i l d e this n y g h t.
> . . . .
> Uxor:
> I shall swedyll hym right   In my credyll;
> If it were a gretter slyght   yit couthe I help tyll.
> I wyll lyg downe stright;   com hap me...[203]

---

[200] Philippson, S. 53; vgl. Melchers, S. 3; Murray, *Witch-Cult*, S. 61.
[201] Borcherdt, S. 34; Wieck, S. 23 f.; Boehn, S. 168.
[202] Der vorliegende Befund läßt auch erkennen, daß Speirs' Behauptung unzutreffend ist, Maks "grand original" sei der germanische Gott Loki (*Mystery Cycle*, S. 112).   [203] S. 127, V. 332–338; S. 130, V. 432–434.

Als die drei Hirten den gestohlenen Widder vermissen, brechen sie vom Felde zum Hause Maks auf. Wie in den *Officia Pastorum* wird ihr Aufbruch durch eine Art *processionale* eingeleitet:

> III. PASTOR:
> Go we theder, I rede   and ryn on oure feete.
> Shall I never ete brede   the sothe to I wytt.
>
> I. PASTOR:
> Nor drynk in my heede   with hym tyll I mete.
>
> II. PASTOR:
> I wyll rest in no stede   tyll that I hym grete,
>   My brothere.
> Oone I will hight:
> Tyll I se hym in sight
> shall I never slepe one nyght
>   Ther I do anothere.[204]

Am Ziel angelangt, finden die drei Hirten – nicht Christus in der Krippe, sondern den Widder in der Wiege:

> III. PASTOR:
> wyll ye se how thay swedyll
> his foure feytt in the medyll?
> Sagh I never in a credyll
>   A hornyd lad or now.[205]

Durch die Bezeichnung "hornyd lad" wird die Beziehung zum Bösewicht Mak hergestellt: In der Wiege liegt nicht Gottes Sohn, sondern der durch Teufelshörner gekennzeichnete „Sohn" eines teuflischen Übeltäters. Speirs[206] betrachtet diesen "hornyd lad" als eine Anspielung auf den heidnischen *Horned God*, der noch während des Mittelalters in England verehrt worden sei. In der Tat berichtet Murray:

> In 1303 ... the Bishop of Coventry was accused before the Pope of doing homage to the Devil in the form of a sheep.[207]

Während Christus der Sohn Gottes, geboren aus Maria, ist, wird der "hornyd lad" als „Sohn" des teufelsgleichen Mak und dessen Weib Gyll geboren. Durch die Namensgleichheit mit der *Uxor Noe* der *Towneley Plays* ist Gyll *a priori* als böse gekennzeichnet. Wie der Name Eva auf

---

[204] S. 131, V. 467–475; vgl. das traditionelle *Transeamus et videamus*.
[205] S. 135, V. 598–601.
[206] *Poetry*, S. 339 f.
[207] *God*, S. 33 f.; Quelle: T. Rymer, *Foedera* (London, 1704), II, 934.

die Gattin Noahs übertragen wurde,²⁰⁸ so hier der Name der *Uxor Noe* auf Maks Weib. Diese Übertragung ist um so bemerkenswerter, als das Weib Noahs – ähnlich wie Eva – nach apokrypher Tradition vom Teufel verführt worden sein soll:²⁰⁹ Der "hornyd lad" wurde – als Gegen-Typ Christi – vom Teufel (Mak) „gezeugt".

Wie in zahlreichen *Officia Pastorum* und *Officia Stellae*²¹⁰ wird die Gegenwart des in der Wiege liegenden „Kindes" durch das Emporheben von Tüchern de-monstriert:

> III. PASTOR:
> Gyf me lefe hym to kys   and lyft up the clowtt.
> what the dewill is this?   he has a long snowte.²¹¹

Schließlich ist auch das Darbringen von Geschenken aus den Dreikönigs- und Hirtenspielen in diese Anti-Szene übernommen worden:

> I. PASTOR:
> Gaf ye the chyld any thyng?
>
> II. PASTOR:
> I trow not oone farthyng.
> III. PASTOR:
> ffast agane will I flyng,
>   Abyde ye me there.
> Mak, take it to no grefe   if I com to thi barne.
> . . . .
> Mak, with youre leyfe   let me gyf youre barne,
>   Bot sex pence.²¹²

Unmittelbar auf dieses Mak-Spiel folgt dann die Anbetung Christi durch dieselben drei Hirten.

Wie aus den angeführten Einzelheiten hervorgeht, handelt es sich bei diesem Mak-Spiel um eine vollständige Anti-Szene zur Geburt und Anbetung Christi: Fast alle wesentlichen Details eines *Officium Pastorum* sind gegen-typologisch auf Gottes Gegenspieler – den Teufel –

---

²⁰⁸ Utley, S. 450 f.; vgl. auch Carey, S. 197, Anm. 52. – Zum Namen "Mak" vgl. Murray, *Witch-Cult*, S. 229; dort ist von einem Hexenverhör des Jahres 1662 die Rede, in dem ein Teufel namens "Mak Hector" erwähnt wird. Bevor aus dieser Beobachtung voreilige Schlüsse gezogen werden, müßten die den Teufeln im Mittelalter gegebenen Namen untersucht werden.
²⁰⁹ Ebd.
²¹⁰ Vgl. Kap. B III.
²¹¹ S. 135, V. 584 f. – Die Erwähnung der "long snowte" weist wiederum auf die Identität des "hornyd lad" mit dem Teufel hin; vgl. hierzu Cawley, S. 112, Anm. zu V. 601.
²¹² S. 134, V. 571–579.

übertragen worden. Es zeigte sich, daß die komischen Elemente des Mak-Spiels nicht autonom zu werten sind, sondern sich sekundär aus der Darstellung des Bösen ergeben.

Abschließend kann festgestellt werden, daß das Prinzip der typologischen Übertragung auch in den englischen Fronleichnamsspielen als Konstante zu betrachten ist: Von den liturgischen Anfängen des kirchlichen Spiels – dem Tropus *Quem quaeritis in sepulchro* – bis zu den spätmittelalterlichen Zyklen beeinflußt die typologische Übertragung die Gestaltung der Texte in entscheidendem Maße. Während andere konstitutive Merkmale der lateinischen Feiern und Spiele beim Übertritt in den außerkirchlichen Bereich durch neue ersetzt werden (statt alogischer, achronischer Montage: chronologische, ätiologische Komposition u. a.), wird das Verfahren der typologischen Übertragung in lateinischen Texten und außerkirchlichen Spielen gleichermaßen angewandt. Es ergibt sich also, daß typologische Übertragungen Komposition und Details quasi-dramatischer und dramatischer Texte während des ganzen Mittelalters wesentlich mitbestimmen.

Schlußbetrachtung

Ziel der vorliegenden Untersuchung war es, bestimmte Merkmale des mittelalterlichen geistlichen Spiels von den liturgischen Anfängen bis zu seiner spezifisch englischen Ausprägung in den Fronleichnamszyklen zu verfolgen. Durch die Berücksichtigung zeitgenössischer theologischer Denkweisen und liturgischer Praxis sollte gezeigt werden, nach welchen Prinzipien die einzelnen Texte von ihren Verfassern gestaltet wurden.

In der frühesten Stufe der Entwicklung wurden aufgrund neugewonnener Kriterien zwei unterschiedliche Gruppen sichtbar: quasidramatische liturgische Feiern und geistliche Spiele. Die Texte der ersten Gruppe erfüllen durchweg eine liturgische Funktion. Diese Funktion bestimmt zugleich die Arbeitsweise der jeweiligen Autoren: Durch die liturgische Funktion ist die Wahl der Quellen und deren Verarbeitung festgelegt, die aufgrund eines bestimmten „liturgischen" Denkmusters erfolgte. Die alogischen, achronischen Elemente dieser Denkweise ergeben Montagen, die vornehmlich aus liturgischen Kompositionen zusammengesetzt sind. Der Gesichtspunkt einer logisch-dramaturgischen, chronologischen Anordnung ist für die Autoren solcher Texte irrelevant. Dadurch wird das Vorhandensein zahlreicher "incongruities" in den Texten dieser Gruppe verständlich.

Diejenigen Geschehnisse, die den beiden zentralen Ereignissen der christlichen Heilsgeschichte – *resurrectio* und *nativitas* – am nächsten stehen, haben am längsten ihren rein liturgischen Charakter bewahrt: Die zentripetale beharrende Wirkung der Liturgie war an den heilsgeschichtlich wichtigsten Festen am wirksamsten. Infolgedessen haben sich in den meisten dieser Fälle – z. B. *Visitatio Sepulchri* und *Visitatio Praesepis* – unabhängige Spiele mit außer-liturgischer Funktion nicht entwickelt. Bezeichnenderweise entstanden die der Liturgie am festesten verbundenen quasi-dramatischen Feiern aus Tropen, die noch für die späten volkssprachlichen Spiele einen Kristallisationskern abgaben.

Dagegen unterlagen andere „Themen" infolge ihrer heilsgeschichtlich weniger zentralen oder gar peripheren Stellung in weit geringerem Maße dem Einfluß der Liturgie. Sie nahmen nicht von Tropen ihren Ausgang, sondern von ursprünglich außer-liturgischen Kompositionen (z. B. *sermones*) oder liturgisch unfesten Zeremonien (z. B. das *Officium Stellae*). Daher konnten in diesen Texten von Anfang an freiere, von der Liturgie unabhängige Kompositionsprinzipien wirksam werden. Es entstanden selbständige geistliche Spiele, die aufgrund einer veränderten, nichtliturgischen Denkweise frei von den sonst so häufigen Widersprüchen und durchweg nach logisch-dramaturgischen Gesichtspunkten gestaltet sind. Auf diese Weise wird verständlich, warum die heilsgeschichtlich peripheren alttestamentlichen und Mirakel-Spiele als unabhängige geistliche Spiele konzipiert sind. Die Freiheit vom Zwang einer liturgischen Funktion bietet Raum für verschiedene Absichten – moralische, politische usw. –, die von den Autoren dieser Spiele verwirklicht werden können.

Während also aufgrund der erörterten alogischen, achronischen Merkmale quasi-dramatische Feiern von geistlichen Spielen unterschieden werden müssen, ist den meisten Texten beider Gruppen ein wesentliches Gestaltungsprinzip gemeinsam: die typologische Übertragung. Dieses Verfahren hat bereits den wichtigsten Baustein der mittelalterlichen Feiern und Spiele – den Tropus *Quem quaeritis in sepulchro* – maßgeblich geprägt: Entstehung, Bedeutung und Verwendung dieses Tropus werden erst durch die Berücksichtigung typologischer Arbeitsweise verständlich. Typologische Übertragungen finden sich sowohl in Texten mit liturgischer Bindung und Funktion als auch in geistlichen Spielen, die von der Liturgie unabhängig sind: Für den Bereich der Feiern und Spiele in lateinischer Sprache ergibt sich als wesentliche Konstante das Prinzip der typologischen Übertragung, die innerhalb der einzelnen Texte die verschiedenartigsten Aufgaben erfüllen kann.

Der zweite Teil unserer Untersuchungen war den englischen Fronleichnamszyklen gewidmet. Zunächst wurde wieder versucht, den Zusammenhang zwischen Spiel und liturgischer Praxis bzw. theologischer Bedeutung zu erhellen. Es ergab sich, daß erst nach der allgemeinen Einführung des Fronleichnamsfestes in England echte Spielzyklen entstanden sind: Die Eucharistie wurde von Theologen und Liturgikern des Mittelalters in einen umfassenden kosmischen Bezug gestellt. Als zentrales Mysterium der Kirche schließt die Eucharistie alle göttlichen Wunder ein: von der Erschaffung der Welt bis zu Geburt, Auferstehung und Theophanie Christi. Es lag also nahe, am Fronleichnamsfest diesen kosmischen Bezug durch die Aufführung eines allumfassenden Spielzyklus darzustellen. Dieser Zyklus enthielt u. a. dieselben "mirabilia", die mit der Eucharistie in Verbindung gebracht wurden.

Durch Vergleich mit theologischen Abhandlungen wurde ermittelt, welch große Rolle die „kosmische Liturgie" in den englischen Fronleichnamszyklen spielt: Besonders in den *York Plays* und dem *Ludus Co-*

ventriae erscheint die Geschichte als Liturgie, der Mensch als Liturge, der – wie alle anderen Geschöpfe – Gott anbetet und ihm im Opfer danksagt. Seine Ur-Sünde besteht darin, daß er Gott die geschuldete liturgische Verehrung verweigert.

Anschließend wurde die Frage erörtert, warum nur in England prozessional aufgeführte Fronleichnamszyklen eine Bedeutung erlangten, die die – auf dem Kontinent vorwiegend verbreiteten – Passionsspiele überschattete. Mit Hilfe liturgiegeschichtlicher Betrachtungen wurde versucht, eine Lösung dieses Problems zu finden. Es ergab sich, daß nur in England (abgesehen von einigen normannischen Orten) seit dem 11. Jahrhundert eucharistische Palmsonntagsprozessionen stattfanden, die auch aufgrund ihrer weiten Verbreitung als wichtigste Vorläufer der englischen Fronleichnamsprozession anzusehen sind. Durch diese lange liturgische Tradition war England geradezu prädestiniert, seine Fronleichnamszyklen in prozessional-„theophorischer" Weise aufzuführen: Theophorische Prozessionen waren Klerus und Laien seit Jahrhunderten vertraut und legten die prozessionale Aufführung eines eucharistischen Spielzyklus nahe.

Dieser Zusammenhang zwischen Fronleichnamsprozession und prozessional aufgeführten Fronleichnamszyklen wurde im Rahmen der allgemeinen frömmigkeitsgeschichtlichen Entwicklung betrachtet: Prozession und Spiele sind wesensähnliche Ausprägungen des gleichen frömmigkeitsgeschichtlichen Phänomens, das seit dem 14. Jahrhundert in seinem ganzen Ausmaß erkennbar wird. Sowohl durch die Fronleichnamsprozession als die Fronleichnamszyklen wird die Gottheit aus dem Heiligtum in die Welt gebracht: Der Erscheinungsort des Göttlichen ist nicht mehr auf das *fanum* beschränkt, sondern wird auf das *pro-fanum* ausgedehnt. Die Gläubigen begeben sich nicht mehr an den heiligen Ort – die Kirche –, um die Eucharistie bzw. eine Teildarstellung der Heilsgeschichte zu schauen: Nunmehr kommt die ganze Heilsgeschichte zu ihnen.

Weiterhin ist Fronleichnamsprozession und -zyklus die aktive Beteiligung der Laien gemeinsam: An die Stelle der «liturgie passive» ist eine «liturgie active» getreten. In Prozession und Spiel werden die Laien zu „Liturgen".

Endlich sind Fronleichnamsprozession und -zyklen dadurch charakterisiert, daß beide sich von ihren ursprünglichen heortologischen Bindungen befreit haben. Sie finden außerhalb der in den Festkreisen geheiligten Zeit statt: Die auf dem Geschehen des Gründonnerstags basierende Fronleichnamsprozession wird nicht in der österlichen Zeit begangen; innerhalb der Spielzyklen werden am Fronleichnamsfest weihnachtliche, österliche u.a. Szenen aufgeführt. Alle heortologischen Zeitpunkte, alle Ausschnitte aus der profanen Zeit, sind nunmehr zu einer Einheit zusammengefaßt.

Nachdem der Zusammenhang der Fronleichnamszyklen mit dem Fronleichnamsfest erklärt war, wurden die im ersten Teil unserer Untersuchung gestellten Fragen wieder aufgegriffen. Zunächst wurde festgestellt, daß allein liturgische Kompositionen der *Visitatio Sepulchri* sich bis in die englischen Fronleichnamszyklen verfolgen lassen; insbesondere der Tropus *Quem quaeritis in sepulchro* ist noch in den spätesten Texten erkennbar. Dagegen sind die liturgischen Stücke des *Officium Pastorum*, *Officium Stellae* und *Ordo Rachelis* ohne Ausnahme eliminiert worden. Dieses Ergebnis entspricht der Feststellung, die wir bereits für den Bereich der Feiern und Spiele in lateinischer Sprache trafen: Am längsten sind die liturgischen Stücke der *Visitatio Sepulchri* bewahrt worden – also jener Szene, die dem christlichen Heilsgeschehen am nächsten steht.

Wenn in den *Visitationes Sepulchri* der englischen Zyklen traditionelle liturgische Kompositionen erhalten blieben, wurden diese meist nicht unverändert übernommen, sondern in charakteristischer Weise umgestaltet: Sie wurden nicht mehr als Einzelstücke behandelt, die man zu einem alogisch montierten Text kombinierte; sie wurden vielmehr in eine ätiologisch erweiterte Szene inkorporiert. Durch diese Feststellung wird wiederum eine im ersten Teil unserer Untersuchung getroffene Beobachtung bestätigt: Die Funktion eines Textes bestimmt die Wahl der Quellen und deren Bearbeitung. Gegenüber nichtliturgischen Quellen wie Vulgata, Evangelienharmonien usw. spielen liturgische Texte eine geringe Rolle. Auf diese Weise wird auch verständlich, warum keine liturgischen Kompositionen des Fronleichnamsfestes in die Texte der Spielzyklen übernommen wurden.

Konstitutive Merkmale der lateinischen Feiern und Spiele sind also beim Übertritt in den außerkirchlichen Bereich durch andere ersetzt worden: An die Stelle achronischer, alogischer Montagen sind chronologisch geordnete, ätiologisch erweiterte Kompositionen getreten. Allein das Prinzip der typologischen Übertragung ist auch in den englischen Fronleichnamszyklen als Konstante zu betrachten: Es erfüllt in zahlreichen *pageants* wichtige, vielfältige Aufgaben, als deren bemerkenswerteste wir hier die Schaffung von sogenannten Anti-Szenen anführen.

Die Komposition quasi-dramatischer und dramatischer Texte – gleich in welcher Sprache sie verfaßt sind – wird während des ganzen Mittelalters durch die Verwendung solcher typologischer Übertragungen wesentlich mitbestimmt. Diese Feststellung wird durch die Evidenz des musikalischen und ikonographischen Materials bestätigt. Das Vorhandensein einer solchen Konstante ist um so beachtenswerter, als die untersuchten Texte in anderer Hinsicht starke Unterschiede aufweisen, die im einzelnen darzulegen hier nicht der Ort ist.

In einer Untersuchung, die sich chronologisch an die vorliegende Arbeit anschließt, könnte nachgewiesen werden, daß typologische Übertragungen – insbesondere die Schaffung von Anti-Szenen – noch in den Moralitäten und Interludien des späten Mittelalters und des 16. Jahrhunderts relevant sind. Als einer der wichtigsten Gesichtspunkte müßte die Überschneidung und Verschmelzung mittelalterlicher und antiker Traditionen behandelt werden. Diese beiden Traditionen sind etwa in *Thersites* und *Ralph Roister Doister* erkennbar. Eine *revaluation* unter diesem Aspekt ist um so dringlicher, als die englischen Schauspiele des 16. Jahrhunderts in der Forschung oft einseitig als Bearbeitungen antiker Vorlagen bezeichnet werden. Mittelalterliche Kompositionstechniken sind jedoch noch bis in die zweite Hälfte des 16. Jahrhunderts wirksam und werden von zahlreichen protestantischen Autoren z. T. in neuer Funktion verwendet. Als Beispiel für das lange Nachwirken typologischer Verfahren sei aus dem Interludium *Life and Repentance of Mary Magdalene* des Lewis Wager zitiert, das im Jahre 1566 zum ersten Mal gedruckt wurde. Ähnlich wie im Großen Benediktbeurer Passionsspiel und in der *Passion* des Jean Michel geht in diesem Interludium der Salbung Christi durch Maria Magdalena eine Anti-Szene voran, in der die sündhafte Verwendung von Spezereien gezeigt wird. Das Laster *Infidelitie* rät Maria Magdalena zum Kauf von "oyntments" für ihren Körper:

> You must ever have a tongue well fyled to flatter,
> Let your garmentes be sprinkled with r o s e w a t e r.
> Use your c i v e t, p o m m a n d e r, m u s k e, w h i c h b e t o s e l l,
> That the odor of you a myle of, a man may smell,
> With swete o y n t m e n t s such as you can appoynt,
> Use you evermore y o u r p r o p r e b o d y t o a n o y n t.[1]

Die – auch in den mittelalterlichen Spielen bereits vorhandene – moralische Funktion dieser Anti-Szene wird in diesem Interludium ausdrücklich betont, als die reuige Sünderin Christus salben will:

---

[1] *Life and Repentance,* S. [27].

MARY MAGDALEN sadly apparelled:
With this o y n t m e n t most pure and precious,
I was wont to make t h i s c a r k a s pleasant and swete
Wherby it was made more wicked and vicious,
And to all unthriftynesse very apt and mete.
N o w would I gladly this o y n t m e n t bestowe,
About the innocent feete of my s a v i o u r . . .[2]

Während hier eine traditionelle typologische Übertragung die gleiche moralische Funktion wie in den mittelalterlichen Spielen erfüllt, lösen sich in zahlreichen anderen Fällen derartige Übertragungen aus dem Bereich des religiösen Spiels und werden in komischer, parodistischer u. ä. Funktion verwendet: Dies gilt in besonderem Maße für typologische Übertragungen, die sich in spätmittelalterlichen französischen *farces* oder deutschen Fastnachtsspielen des 16. Jahrhunderts finden.

Unsere Untersuchungen gingen vom Tropus *Quem quaeritis in sepulchro* aus – mit ihm sollen sie enden. Aus den abschließenden Zitaten geht hervor, welch langen Weg dieser Tropus von der Liturgie des 10. Jahrhunderts über die Zyklen des Hochmittelalters bis zu den erwähnten Fastnachtsspielen und Schwankbüchern des 16. Jahrhunderts zurückgelegt hat. Im Buch von Till Eulenspiegel heißt es:

Abb. 24. Die drei Marien am Grabe
(Holzschnitt aus dem Buch von Till Eulenspiegel)

[2] Ebd., S. [60].

Nun da es sich nahet den Ostern, da sprach der Pfarer zu Ulenspiegel, dem Meßner, es ist ein Gewonheit hie, das die Buren alwegen zu den Ostern in der Nacht ein Osterspil machen, wie unser Her entstet uß dem Grab, und so müst er darzu helffen, wann es wär recht also, das die Sigristen das zurichtent und regierten. Da sprach Ulenspiegel und gedacht, wie sol das Mergenspil zugon von den Buren, und sprach zu dem Pfarrer: „Nun ist doch kein Buer hie, der da glert ist, Ihr müßen mir Euwer Magt dazu leihen, die kan wol schreiben und lesen." Der Pfarrer sprach: „Ja, ja, nim nur dazu, wer dir helffen kan; auch ist mein Magt vor mer darbeigewesen." Es waz der Kellerin lieb, und sie wolt der Engel im Grab sein, wann sie kund den Reimenußwendig. Da sucht Ulenspiegel zwen Bauren und nam sie zu ihm und wolten die drei Marien sein. Und Ulenspiegel leert den einen Buren zu latein seinen Reimen. Und der Pfarer waz unser Hergot, der solt uß dem Grab erston.

Da nun Ulenspiegel für das Grab kam mit seinen Buren, als die Marien angelegt warn, da sprach die Kellerin als der Engel im Grab den Reimen zu latein:

„Quem queritis. Wen suchen ihr hie?"

Da sprach der Buer, der vorderst Merg, als ihn Ulenspiegel gelert het: „Wir suchen ein alte einäugige Pfaffenhur."

Da sie daz hört, daz sie verspottet ward mit ihrem einen Aug, da ward sie gifftig auff Ulenspiegel und sprang uß dem Grab und meint, sie wolt ihm in daz Antlit fallen mit den Füsten. Und schlug her ungewiß und traff den einen Buren, daz ihm daz ein Aug geschwall. Da der ander Buer daz sah, der schlug auch dar und traff die Kellerin an den Kopff, daz ihr die Flügel entpfielen. Da daz der Pfarrer sahe, da ließ er daz Van fallen[3] und kam seiner Kellerin zu Hilff und fiel dem einen Buren in daz Har und zohen sich für daz Grab hindan. Da das die anderen Bauren sahen, da luffen sie hinzu und ward ein grosses Gerühel und lag der Pfaff mit der Kellerin under, unnd da lagen die Bauren, die zwo Mergen, auch under, das sie die Buren voneinander musten ziehen. Aber Ulenspiegel, der het der Sach acht genümmen und thet sich zeitlich darvon und lieff zu der Kirchen hinauß und gieng uß dem Dorff und kam nit wider.[4]

Aus dem liturgischen Tropus ist die derbe Pointe eines Schwanks geworden. Damit ist das Schicksal des Tropus *Quem quaeritis in sepulchro* jedoch noch nicht endgültig erfüllt: Im Jahre 1613 erscheint in England unter dem Titel *Scoggins Iestes* ein *jest-book,* das mehrere Schwänke aus dem deutschen Volksbuch von Till Eulenspiegel in englischer Übersetzung enthält. Unter diesen *jests* findet sich auch eine Version der oben zitierten Geschichte. Der englische Autor, der seiner

---

[3] Der Pfarrer sollte den auferstandenen Christus spielen, der in den meisten Spielen als Zeichen seine Triumphes eine Fahne in der Hand hielt.
[4] *Till Eulenspiegel,* S. 39–41. – Dieser Schwank findet sich ähnlich auch in Werken des Hans Sachs, J. Fischart u. a. (vgl. Herrmann, S. 40).

Vorlage im allgemeinen genau folgt,[5] hat als einzigen Zusatz einige Angriffe gegen die „Papisten" eingefügt:

> At Easter following Scoggin came to the same Village againe, at which time the Parson of the towne (according to the order of the popish Clergie would needes have a stage play, and as in that age the whole earth was almost planted with superstition & idolatry, so such like prophane pastimes was greatly delighted in, especially playes made of the Scripture at an Easter, as I said before) the Parson of the Village would have a play of the resurrection of the Lord...[6]

Während der Verfasser des *Till Eulenspiegel* die geistlichen Spiele keineswegs verurteilt, nimmt der englische Bearbeiter in schärfster Weise gegen diese Stellung: Der Tropus *Quem quaeritis in sepulchro* ist nicht mehr Kern der heilsgeschichtlich zentralen *Visitatio Sepulchri*, sondern erscheint nunmehr als Bestandteil von "prophane pastimes".

---

[5] Vgl. Brooks, *Scogan*.
[6] Farnham, S. 290.

Literatur- und Abkürzungsverzeichnis

In der vorliegenden Arbeit sind sämtliche erwähnten Editionen und Werke der Sekundärliteratur unter Kurztiteln aufgeführt: Meist ist nur der Name des Autors angegeben; sind jedoch mehrere Werke eines Autors oder Werke gleichnamiger Autoren erwähnt, werden sie zusätzlich durch ein ihrem Titel entnommenes Stichwort gekennzeichnet.

Das folgende Literaturverzeichnis enthält sämtliche dieser Werke in der alphabetischen Reihenfolge ihrer Kurztitel, außerdem wichtige Werke der Sekundärliteratur, die benutzt, aber nicht ausdrücklich erwähnt wurden. Die Einträge der letzteren beginnen ohne Kurztitel mit dem Namen des Autors.

Außerdem enthält dieses Verzeichnis die Auflösung der in der Arbeit verwendeten Abkürzungen für Zeitschriften, Serien usw.

Albert, H., *Der Stilcharakter des mittellateinischen Dramas* (Diss. München, 1927).
ALSFELDER PASSIONSSPIEL. R. Froning, ed., *Das Drama des Mittelalters*, Bde. II und III (Stuttgart, 1891–1892).
ALT. H. Alt, *Theater und Kirche* (Berlin, 1846).
ANDERSON, *Drama*. M. D. Anderson, *Drama and Imagery in English Medieval Churches* (Cambridge, 1963).
ANDERSON, *Literature*. G. K. Anderson, *Old and Middle English Literature from the Beginnings to 1485*, new ed. (New York, 1962).
ANGLÈS. H. Anglés, *La Musica a Catalunya fins al segle XIII* (Barcelona, 1935).
ANZ. H. Anz, *Die lateinischen Magierspiele* (Leipzig, 1905).
ARBUSOW. L. Arbusow u. A. Bauer, ed., *Heinrich v. Lettland: Livländische Chronik* (Darmstadt, 1959).
AUERBACH, *Figura*. E. Auerbach, „Figura", *Archivum Romanicum*, 22 (1938), 436–489.
AUERBACH, *Mimesis*. E. Auerbach, *Mimesis. Dargestellte Wirklichkeit in der abendländischen Literatur* (Bern, 1945).
AUERBACH, *Motive*, E. Auerbach, *Typologische Motive in der mittelalterlichen Literatur*, Schriften und Vorträge des Petrarca-Instituts Köln, 2 (Krefeld, 1964).
BÄCHTOLD-STÄUBLI. H. Bächtold-Stäubli, *Handwörterbuch des deutschen Aberglaubens*, 10 Bde. (Berlin/Leipzig, 1927–1942).
Bartholomaeis, V. de, *Origini della Poesia Drammatica Italiana*. 2. Aufl. (Torino, 1952).
Bates, K. L., *The English Religious Drama* (New York, 1893).
BAUGH. A. C. Baugh, ed., *A Literary History of England* (New York, 1948).
BERGER. S. Berger, *Les noms des rois mages* (Mélusine, 1894).
BERTHOLET. A. Bertholet, *Wörterbuch der Religionen*, 2. Aufl. (Stuttgart, 1962).
BETHLEHEMIT. KINDERMORD. Siehe DIGBY PLAYS.
BEUSCHER. E. Beuscher, *Die Gesangseinlagen in den englischen Mysterien*, Universitäts-Archiv, Anglist. Abt., 2 (Münster, 1930).
BIBLIA SACRA. R. Weber, B. Fischer, J. Gribomont, H. F. D. Sparks, W. Thiele, eds., *Biblia Sacra Iuxta Vulgatam Versionem*, 2 Bde. (Stuttgart, 1969).

BISHOP. E. Bishop, *Liturgica Historica*, repr. (Oxford, 1962), essay XII: "Holy Week Rites of Sarum, Hereford and Rouen Compared".

BLAIR. L. Blair, "A Note on the Relation of the Corpus Christi Procession to the Corpus Christi Play in England", *MLN*, 55 (1940), 83–95.

BLUME, *A. H.* G. M. Dreves und C. Blume, ed., *Analecta Hymnica Medii Aevi* (Leipzig, 1886 ff.).

BODKIN. M. Bodkin, *Studies of Type-Images in Poetry, Religion, and Philosophy* (Oxford, 1951).

BÖHME. M. Böhme, *Das lateinische Weihnachtsspiel* (Diss. Leipzig, 1916).

BOEHN. M. v. Boehn, *Das Bühnenkostüm in Altertum, Mittelalter und Neuzeit* (Berlin, 1921).

DE BOOR, *Grundlage*. H. de Boor, „Die lateinische Grundlage der deutschen Osterspiele", in: Ders., *Die Textgesch. d. lat. Osterfeiern* (Tüb., 1967), 329–345.

DE BOOR, *Salbenkauf*. H. de Boor, „Der Salbenkauf in den lateinischen Osterspielen des Mittelalters", in: Ders., *Die Textgeschichte der lateinischen Osterfeiern* (Tübingen, 1967), 346–362.

DE BOOR, *Textgeschichte*. H. de Boor, *Die Textgeschichte der lateinischen Osterfeiern*, Hermaea, Germanistische Forschungen, Neue Folge, Bd. 22 (Tübingen, 1967).

BORCHERDT. H. H. Borcherdt, *Das europäische Theater im Mittelalter und in der Renaissance* (Leipzig, [1953]).

BORST. Borst, Arno, *Der Turmbau von Babel. Geschichte der Meinungen über Ursprung und Vielfalt der Sprachen und Völker*, 4 Bde. (Stuttgart, 1957–1963).

BOTTÉRO. J. Bottéro, *La Religion babylonienne* (Paris, 1952).

BOUGHNER. D. C. Boughner, *The Braggart in Renaissance Comedy* (Minneapolis, 1954).

BOUSSET. W. Bousset, *The Antichrist Legend* (London, 1896).

BRACKMANN. A. Brackmann, „Die Wandlung der Staatsanschauungen im Zeitalter Kaiser Friedrichs I.", *Historische Zeitschrift*, 145 (1931), 1–18.

BREUER. H. H. Breuer, „Das mittelniederdeutsche Osnabrücker Osterspiel", *Beiträge zur Geschichte und Kulturgeschichte des Bistums Osnabrück* (Osnabrück, 1939).

BRIDGETT. P. E. Bridgett, *History of the Holy Eucharist in Great Britain*, 2. Aufl. (London, 1908).

BRINKMANN. H. Brinkmann, „Zum Ursprung des liturgischen Spieles", *Xenia Bonnensis: Festschrift zum 75jährigen Bestehen des Philol. Vereins und Bonner Kreises* (Bonn, 1929), 106–143.

Brinkmann, H., „Die Eigenform des mittelalterlichen Dramas", *Germanisch-Romanische Monatsschrift*, 18 (1930), 16–37, 81–98.

BROOKS, *Processional Drama*. N. C. Brooks, "Processional Drama and Dramatic Procession in Germany in the Late Middle Ages", *JEGP*, 32 (1933), 141–171.

BROOKS, *Scogan*. N. C. Brooks, "Scogan's *Quem Quaeritis* and Till Eulenspiegel", *MLN*, 38 (1923), 57.

Brooks, N. C., *The Sepulchre of Christ in Art and Liturgy*, Univ. of Illinois Studies in Lang. and Lit., VII, 2 (Urbana, 1921).

BROWE, *Ausbreitung*. P. Browe, „Die Ausbreitung des Fronleichnamsfestes", *Jahrbuch für Liturgiewissenschaft*, 8 (1928), 107–143.

BROWE, *Entstehung*. P. Browe, „Die Entstehung der Sakramentsprozessionen", *Bonner Zeitschrift für Theologie und Seelsorge*, 8 (1931), 97–117.

BROWE, *Textus*. P. Browe, *Textus antiqui de festo Corporis Christi*, Opera et textus hist. eccl., ser. lit., 4 (Münster, 1934).
BROWN, *XIV*. C. Brown, ed., *Religious Lyrics of the XIVth Century*, 2. Aufl. (Oxford, 1952).
Brown, A., "The Study of English Medieval Drama", *Franciplegius*, ed. by J. B. Bessinger et al. (New York, 1965), 265–273.
Brown, A., "York and its Plays in the Middle Ages", *Chaucer und seine Zeit. Symposion für W. F. Schirmer* (Tübingen, 1968), 407–418.
BRUGNOLI. G. Brugnoli, „Intorno alle origini del teatro moderno", *Cultura Neolatina*, 15 (1955), 147–151.
BRUMM. U. Brumm, *Die religiöse Typologie im amerikanischen Denken* (Leiden, 1963).
BRUNNER. K. Brunner, *Die englische Sprache. Ihre geschichtliche Entwicklung*, 2 Bde., 2. Aufl. (Tübingen, 1960–1962).
BUCHTHAL. H. Buchthal, *The Miniatures of the Paris Psalter* (London, 1938).
BUDGE. E. A. W. Budge, *Osiris and the Egyptian Resurrection* (London, 1911).
BULST. W. Bulst, „Das Daniel-Spiel", *Gegenwart im Geiste. Festschrift für R. Benz* (Hamburg, 1954), 82–94.
BULTMANN. R. Bultmann, „Ursprung und Sinn der Typologie als hermeneutischer Methode", *Theologische Literaturzeitung*, 75 (1950), Sp. 205–212.
CABANISS. A. Cabaniss, *Amalarius of Metz* (Amsterdam, 1954).
CABROL, *Prayer*. F. Cabrol, *Liturgical Prayer: Its History and Spirit* (London, 1925).
CADY. F. W. Cady, "The Liturgical Basis of the Towneley Mysteries", *PMLA*, 24 (1909), 419–469.
CAMERON. K. Cameron and S. J. Kahrl, "The N-Town Plays at Lincoln", *Theatre Notebook*, 20 (1966), 61–69.
Campbell, A. P., "The Mediaeval Mystery Cycle Liturgical in Impulse", *Revue de l'Université d'Ottawa*, 33 (1936), 23–37.
CANTELUPE. E. B. Cantelupe und R. Griffith, "The Gifts of the Shepherds in the Wakefield 'Secunda Pastorum': An Iconographical Interpretation", *Mediaeval Studies*, 28 (1906), 328–335.
CAREY. M. Carey, *The Wakefield Group in the Towneley Cycle*, Hesperia, Ergänzungsreihe, 11 (Göttingen, 1930).
CARGILL. O. Cargill, *Drama and Liturgy* (New York, 1930).
CAWLEY. A. C. Cawley, ed., *The Wakefield Pageants in the Towneley Cycle* (Manchester, 1958).
CHAILLEY, *Drame*. J. Chailley, »Le drame liturgique mediéval à St.-Martial de Limoges«, *Revue d'Histoire du Théâtre*, 2 (1955), 127–144.
CHAILLEY, *Histoire*. J. Chailley, *Histoire musicale du moyen âge* (Paris, 1950).
CHAMBERS, *English Literature*. E. K. Chambers, *English Literature at the Close of the Middle Ages*, Oxford History of English Literature, 2. Aufl. (Oxford, 1947 u. ö.).
CHAMBERS, *Stage*. E. K. Chambers, *The Mediaeval Stage*, 2 Bde. (Oxford, 1903).
CHARITY. A. C. Charity, *Events and their Afterlife: The Dialectics of Christian Typology and Dante* (Cambridge U.P., 1966).
CHAUCER, *Canterbury Tales. The Complete Works of Geoffrey Chaucer*, ed. F. N. Robinson, 2. Aufl. (London, 1957).
CHESTER PLAYS. The Chester Plays, ed. H. Deimling und Dr. Matthews, 2 Bde., EETS. ES., 62 (1892) und 115 (1916).
CHUBB. M. Chubb, *Nefertiti Lived Here* (London, 1954).

Chydenius, J., *The Typological Problem in Dante. A Study in the History of Medieval Ideas* (Helsinki, 1958).
CLARK. E. M. Clark, *Liturgical Remains and Influences in the Towneley Plays* (Ph. D. Diss. Oklahoma, 1941).
CLUNES. A. Clunes, *The British Theatre* (London, 1964).
COFFMAN. G. R. Coffman, "A Plea for the Study of the Corpus Christi Plays as Drama", *Studies in Philology*, 26 (1929), 411–424.
COHEN, *Mise-en-scène*. G. Cohen, *Histoire de la mise-en-scène dans le théâtre religieux français du moyen âge*, 2. Aufl. (Paris, 1926).
COHEN, *Théâtre*. G. Cohen, *Le Théâtre en France au moyen âge* (Paris, 1948).
COLLINS. F. Collins, jr., "Music in the Craft Cycles", *PMLA*, 47 (1932), 613–621.
CORBIN. S. Corbin, »Le manuscrit 201 d'Orléans. Drames liturgiques dits de Fleury«, *Romania*, 74 (1953), 1–43.
CORBLET. J. Corblet, *Histoire dogmatique, liturgique et archéologique du Sacrement de l'Eucharistie*, 2 Bde. (Paris, 1885–1886).
CORNFORD. F. M. Cornford, *From Religion to Philosophy* (London, 1912).
COUSSEMAKER. E. de Coussemaker, *Drames liturgiques du moyen âge (texte et musique)*, repr. (New York, 1964).
Coussemaker, E. de, *Histoire de l'harmonie au moyen âge* (Paris, 1852).
COVENTRY PLAYS. *Two Coventry Corpus Christi Plays*, ed. H. Craig, 2. Aufl., EETS. ES., 87, repr. (1967).
Craddock, L. G., "Franciscan Influences on Early English Drama", *Franciscan Studies*, 10 (1950), 383–417.
CRAIG. H. Craig, *English Religious Drama of the Middle Ages* (Oxford, 1955).
Craig, H., "The Corpus Christi Procession and the Corpus Christi Play", *JEGP*, 13 (1914), 589–602.
CRAWFORD. J. P. W. Crawford, *Spanish Drama before Lope de Vega*, rev. ed. (Philadelphia/London, 1937).
CREIZENACH. W. Creizenach, *Geschichte des neueren Dramas*, Bd. I, 2. Aufl. (Halle, 1911).
CULLMANN, *Ursprung*. O. Cullmann, *Der Ursprung des Weihnachtsfestes* (Zürich/Stuttgart, 1960).
CULLMANN, *Zeit*. O. Cullmann, *Christus und die Zeit* (Zollikon/Zürich, 1946).
CURTIUS. E. R. Curtius, *Europäische Literatur und lateinisches Mittelalter*, 2. Aufl. (Bern, 1954).
DAICHES. D. Daiches, *A Critical History of English Literature*, Bd. I (London, 1960).
D'ANCONA. A. D'Ancona, *Origini del teatro italiano*, 2 Bde., 2. Aufl. (Torino, 1891).
DANTE, *Epistola X*. *Le opere di Dante Alighieri*, ed. E. Moore, 5. Aufl. (Oxford, 1963).
Davidson, C., *Studies in the English Mystery Plays* (Ph. D. Diss. Yale, 1892).
DAVIES, *Extracts*. R. Davies, *Extracts from the Municipal Records of the City of York during the Reigns of Edward IV, Edward V, and Richard III* (1843).
DAVIES, *Lyrics*. R. T. Davies, ed., *Medieval English Lyrics. A Critical Anthology* (London, 1963).
DEUTSCHE THOMAS-AUSGABE. Thomas von Aquin, *Summa Theologica*, vollständige, ungekürzte deutsch-lat. Ausgabe, übers. von Dominikanern und Benediktinern Deutschlands, Bd. XXX (Salzburg/Leipzig, 1938).
DHORME. E. Dhorme, *Les Religions de Babylonie et d'Assyrie* (Paris, 1949).
DIBELIUS. M. Dibelius, *Jungfrauensohn und Krippenkind. Untersuchungen zur Ge-*

burtsgeschichte Jesu im Lukas-Evangelium, Sitzungsber. der Heidelberger Ak. d. Wiss., phil.-histor. Kl., 1931/32, 4 (Heidelberg, 1932).

DICKSON. M. P. Dickson, ed., *Consuetudines Beccenses,* Corpus Consuetudinum Monasticarum, 4 (Siegburg, 1967).

DIGBY PLAYS. *The Digby Plays,* ed. F. J. Furnivall, EETS. ES., 70 (1896).

DILLER. H. J. Diller, "The Craftsmanship of the 'Wakefield Master'", *Anglia,* 83 (1965), 271–288.

DÖRRER. A. Dörrer, *Tiroler Umgangsspiele,* Schlern-Schriften, 160 (Innsbruck, 1957).

DONOVAN. R. B. Donovan, *The Liturgical Drama in Medieval Spain* (Toronto, 1958).

DRIOTON, *Recherche.* E. Drioton, »A la recherche du théâtre de l'ancienne Égypte«, *Arts Asiatiques,* 1 (1954), 96–108.

DRIOTON, *Théâtre I.* E. Drioton, *Le Théâtre égyptien* (Kairo, 1942).

DRIOTON. *Théâtre II.* E. Drioton, »Le théâtre dans l'ancienne Égypte«, *Revue d'histoire du théâtre,* 6 (1954), 7–45.

DRONKE. P. Dronke, *Medieval Latin and the Rise of European Love-Lyric,* 2 Bde., 2. Aufl. (Oxford, 1968).

DU CANGE, *Glossarium.* Du Cange, *Glossarium mediae et infimae latinitatis,* 10 Bde., repr. (Graz, 1954).

DUCHESNE. L. Duchesne, *Christian Worship, its Origin and Evolution,* transl. M. L. McClure (London, 1927).

DUMOUTET. E. Dumoutet, *Le désir de voir l'hostie et les origines de la dévotion au St.-sacrement* (Paris, 1926).

DUNN, *Form.* E. C. Dunn, "Lyrical Form and the Prophetic Principle in the Towneley Plays", *Mediaeval Studies,* 23 (1961), 80–90.

DUNN, *Principle.* E. C. Dunn, "The Prophetic Principle in the Towneley Prima Pastorum", *Linguistic and Literary Studies in Honor of Helmut A. Hatzfeld,* ed. A. S. Crisafulli (Washington, 1964), 117–127.

Dunn, E. C., "The Medieval 'Cycle' as History Play: An Approach to the Wakefield Plays", *Studies in the Renaissance,* 7 (1960), 76–89.

EBERLE. O. Eberle, *Cenalora. Leben, Glaube, Tanz und Theater der Urvölker* (Olten, 1955).

ECKHARDT. E. Eckhardt, *Die lustige Person im älteren englischen Drama* (bis 1642), Palaestra, 17 (Berlin, 1902).

EETS. ES. Early English Text Society: Extra Series.

EETS. OS. Early English Text Society: Original Series.

EGERER *«FRONLEICHNAMSSPIEL».* Egerer Fronleichnamsspiel, ed. G. Milchsack, Bibl. d. Litterar. Vereins, 156 (Tübingen, 1881).

FARNHAM. W. Farnham, "Scogan's *Quem Quaeritis", MLN,* 37 (1922), 289–292.

FINSCHER. L. Finscher, „Parodie und Kontrafaktur", in: *Musik in Geschichte und Gegenwart,* Bd. 10 (Kassel, 1962), Sp. 815–826.

FORTESCUE. A. Fortescue, *The Mass* (London, 1917).

Foster, D. W., "Figural Interpretation and the *Auto de los reyes magos", Romanic Review,* 58 (1967), 3–12.

FRANCESCHINI. E. Franceschini, *Teatro latino medievale* (Milano, 1960).

FRANK. G. Frank, *The Medieval French Drama* (Oxford, 1954).

Frappier, J., *Le théâtre profane en France au moyen âge. XIIIe et XIVe siècles* (Paris, o. J.).

FRAZER, *Adonis*. J. G. Frazer, *The Golden Bough*, part IV: *Adonis, Attis, Osiris*, 2 Bde., 3. Aufl. (London, 1914 u. ö.).

FRAZER, *Spirits*. J. G. Frazer, *The Golden Bough*, part V: *Spirits of the Corn and of the Wild*, 2 Bde., 3. Aufl. (London, 1912 u. ö.).

FREEDLEY. G. Freedley and J. A. Reeves, *History of the Theater* (New York, 1940).

FRERE. *The Use of Sarum*, ed. W. A. Frere, 2 Bde. (Cambridge, 1898–1901).

FRETTÉ. S. E. Fretté, ed., *Thomae Aquinatis Opera Omnia*, 34 Bde. (Parisiis, 1873 bis 1882).

FRIEDRICH. J. Friedrich, „Ras Schamra", *Der Alte Orient*, 33 (1933), Heft 1/2.

GAMER. H. M. Gamer, "Mimes, Musicians, and the Origin of the Mediaeval Religious Play", *Deutsche Beiträge zur Geistigen Überlieferung*, 5 (1965), 9–28.

GARDINER. H. C. Gardiner, *Mysteries' End: An Investigation of the Last Days of the Medieval Religious Stage*, Yale Studies in English, 103 (New Haven, 1946).

GARDNER. J. Gardner, "Theme and Irony in the Wakefield *Mactatio Abel*", *PMLA*, 80 (1965), 515–521.

Gardner, J., "Structure and Tone in the Second Shepherds' Play", *Educational Theatre Journal*, 19 (1967), 1–8.

GASTER, *Miracle-Play*. T. H. Gaster, "The Earliest Known Miracle Play?", *Folklore*, 44 (1933), 379–390.

GASTER, *Thespis*. Th. H. Gaster, *Thespis. Ritual, Myth and Drama in the Ancient Near East* (New York, 1950).

Gayley, C. M., *Plays of Our Forefathers* (London/New York, 1908).

GEISELMANN. J. Geiselmann, „Zur Eucharistielehre der Frühscholastik", *Theologische Revue*, 29 (1930), 1–12.

GESTA ABBATUM MONASTERII S. ALBANI. Gesta Abbatum Monasterii Sancti Albani a Thoma Walsingham Compilata, Bd. I (A. D. 793–1290), ed. H. T. Riley, Rerum Britann. Medii Aevi Script., 28 (London, 1867).

Ghellinck, J. de, *L' Essor de la littérature latine au XIIe siècle*, 2 Bde. (Bruxelles/Paris, 1946).

GLUNZ. H. H. Glunz, *Die Literarästhetik des europäischen Mittelalters* (Bochum, 1937).

GNEGEL-WAITSCHIES. G. Gnegel-Waitschies, *Bischof Albert von Riga* (Hamburg, 1958).

GNEUSS. H. Gneuss, „Englands Bibliotheken im Mittelalter und ihr Untergang", *Festschrift für Walter Hübner*, hrsg. von D. Riesner und H. Gneuss (Berlin, 1964), S. 91–121.

GOPPELT. L. Goppelt, *Typos. Die typologische Deutung des Alten Testaments im Neuen*, Beiträge zur Förderung christlicher Theologie, 2. Reihe, Bd. 43 (Gütersloh, 1939).

Graf, H., *Der Miles Gloriosus im englischen Drama bis zur Zeit des Bürgerkrieges* (Diss. Rostock, Schwerin i. M., 1891).

GRAHAM. R. Graham, "The Relation of Cluny to some other Movements of Monastic Reform", *English Ecclesiastical Studies* (London, 1921), 1–29.

GREBAN. *Le Mystère de la Passion d'Arnoul Greban*, ed. G. Paris et G. Raynaud (Paris, 1878).

GREENBERG-SMOLDON. N. Greenberg u. W. L. Smoldon, *The Play of Herod* (New York/Oxford, 1964).

GREENE. R. L. Greene, *The Early English Carols* (Oxford, 1935).

GRÖNBECH. W. Grönbech, *Kultur und Religion der Germanen*, 2 Bde., 4. Aufl. (Hamburg, 1939–1942).
Grünberg, A., *Das religiöse Drama des Mittelalters. Österreich, Deutschland, Schweiz*, 3 Bde. (Wien, 1965).
GRUNDMANN. H. Grundmann, *Studien über Joachim von Fiore*, repr. (Stuttgart, 1966).
GUIETTE. Guiette, R., »Reflexions sur le drame liturgique«, *Mélanges Offerts á René Crozet* (Poitiers, 1966), 197–202.
GUTBERLET. H. Gutberlet, *Die Himmelfahrt Christi in der bildenden Kunst von den Anfängen bis ins hohe Mittelalter* (Straßburg, 1934).
HAACKE, *Eucharistielehre*. R. Haacke, „Zur Eucharistielehre des Rupert von Deutz", *Recherches de Théologie Ancienne et Médiévale*, 32 (1965), 20–42.
HAACKE, *Überlieferung*. R. Haacke, „Die Überlieferung der Schriften Ruperts von Deutz", *Deutsches Archiv für Erforschung des Mittelalters*, 16 (1960), 397–436.
HARDISON. O. B. Hardison, jr., *Christian Rite and Christian Drama in the Middle Ages. Essays in the Origin and Early History of Modern Drama* (Baltimore, 1965).
HARTKER. *Antiphonale du B. Hartker*, Paléographie musicale, IIe série, 1 (Solesmes, 1900).
HARTL, *Aufriß*. E. Hartl, „Das Drama des Mittelalters", *Deutsche Philologie im Aufriß*, Bd. II, 2. Aufl. (Berlin, 1960), Sp. 1949–1996.
Hartl, E., *Das Drama des Mittelalters* (Leipzig, 1937).
HEIDER. G. Heider, *Beiträge zur christlichen Typologie aus Bilderhandschriften des Mittelalters*. Jahrbuch der k. k. Central-Commission zur Erforschung und Erhaltung der Baudenkmale, 5 (Wien, 1861), 1–128.
HEITZ. C. Heitz, *Recherches sur les rapports entre architecture et liturgie à l'époque carolingienne*, Bibliothèque générale de l'Ecole Pratique des Hautes Etudes, 6 (Paris, 1963).
Hemingway, S. B., ed., *English Nativity Plays*, Yale Studies in English, 38 (New York, 1909).
HENSHAW. M. Henshaw, "A Survey of Studies in Medieval Drama, 1933–1950", *Progress of Medieval and Renaissance Studies in the United States and Canada*, Bulletin No. 21 (Boulder, Colo., 1951), 7–35.
HERODOT. Herodotus, *Historien*, übers. v. A. Horneffer, 3. Aufl. (Stuttgart, 1963).
HERRMANN. M. Herrmann, „Das Volksbuch von Till Eulenspiegel als theatergeschichtliche Quelle", *Neues Archiv für Theatergeschichte*, 1 (1929), 1–54.
HERWEGEN. J. Herwegen, *Kirche und Seele. Die Seelenhaltung des Mysterienkultes und ihr Wandel im Mittelalter* (Münster, 1926).
HESS. R. Hess, *Das romanische geistliche Schauspiel als profane und religiöse Komödie* (München, 1965).
Heyde, J. E., „Typus. Ein Beitrag zur Bedeutungsgeschichte des Wortes Typus", *Forschungen und Fortschritte*, 17 (1941), 220–223.
HICKMANN, *Dramen*. H. Hickmann, „Liturgische Dramen: Mysterienspiele", in: *Musik in Geschichte und Gegenwart*, Bd. 8 (1960), Sp. 1010–1012.
HICKMANN-MECKLEMBOURG. H. Hickmann und Charles Grégoire Duc de Mecklembourg, *Catalogue d'enregistrements de musique folklorique égyptienne* (Straßburg/Baden-Baden, 1958).
Hildburgh, W. L., "English Alabaster Carvings as Records of the Medieval Religious Drama", *Archaeologia*, 93 (1949), 51–101.

HOLL. K. Holl, „Der Ursprung des Epiphaniasfestes", in: *Gesammelte Aufsätze zur Kirchengeschichte* (Tübingen, 1928), II, 123–154.

HOPPER. V. F. Hopper, *Medieval Number Symbolism* (New York, 1938).

Hotze, A. J., *Medieval Liturgical Drama. The Origin and Religiosity* (Ph. D. Diss. Univ. of Missouri, 1956).

HUIZINGA. J. Huizinga, *Herbst des Mittelalters,* 8. Aufl. (Stuttgart, 1961).

HUNNINGHER. B. Hunningher, *The Origin of the Theater* (Den Haag/Amsterdam, 1955).

Hurrell, J. D., "The Figural Approach to Medieval Drama", *College English,* 26 (1965), 598–604.

HUSSEY. S. S. Hussey, "How Many Herods in the Middle English Drama?", *Neophilologus,* 48 (1964), 252–259.

INCARNATION. Mystère de l'Incarnation et Nativité ..., ed. P. Le Verdier (Rouen, 1886).

INGRAM. R. W. Ingram, "The Use of Music in English Miracle Plays", *Anglia,* 75 (1957), 55–76.

INGUANEZ, *Dramma.* D. M. Inguanez, "Un dramma della passione del secolo XII", *Miscellanea Cassinese,* 18 (1939), 7–55.

INGUANEZ, *Quem quaeritis.* D. M. Inguanez, „Il ‚Quem quaeritis' pasquale nei codici Cassinesi", *Studi Medievali,* N. S. 14 (1941), 142–149.

ISIDOR, *Etymologiae. Isidori Hispalensis Episcopi Etymologiarum sive Originum Libri XX,* ed. W. M. Lindsay, 2 Bde., repr. (Oxford, 1962).

JAMES, *Myth.* E. O. James, *Christian Myth and Ritual* (London, 1933).

JAMES, *Testament. The Apocryphal New Testament,* transl. by M. R. James (Oxford, 1960).

JANTSCH. H. G. Jantsch, *Studien zum Symbolischen in frühmittelhochdeutscher Literatur* (Tübingen, 1959).

JEANMAIRE. H. Jeanmaire, *Dionysos* (Paris, 1951).

JEGP. *The Journal of English and Germanic Philology.*

JEU D'ADAM. *Das Adamsspiel,* ed. K. Grass, Romanische Bibliothek, 6, 3. Aufl. (Halle, 1928).

JIRKU. A. Jirku, *Kanaanäische Mythen und Epen aus Ras Schamra-Ugarit* (Gütersloh, 1962).

JODOGNE. O. Jodogne, »Recherches sur les débuts du théâtre religieux en France«, *Cahiers de Civilisation Médiévale,* 8 (1965), 1–24, 179–189.

Jodogne, O., »Le théâtre médiéval et sa transmission par le livre«, *Research Studies,* 32 (1964), 63–75.

JOHANNES VON HILDESHEIM. Johannes von Hildesheim, *Die Legende von den Heiligen Drei Königen,* übers. von E. Christern (München, 1963).

JONES. C. W. Jones, *The Nicholas Liturgy and its Literary Relationships (9th to 12th Centuries)* (Berkeley, Ca., 1963).

JULIAN VON CIVIDALE. Siehe MURATORI.

JUNGMANN. J. A. Jungmann, *Missarum Sollemnia,* 2 Bde., 3. Aufl. (Freiburg, 1952).

KAHLES. W. Kahles, *Geschichte als Liturgie. Die Geschichtstheologie des Rupertus von Deutz* (Münster, 1960).

KAMLAH. W. Kamlah, „Der Ludus de Antichristo", *Historische Vierteljahresschrift,* 28 (1934), 53–87.

KEES. H. Kees, *Totenglauben und Jenseitsvorstellungen der alten Ägypter*, 2. Aufl. (Berlin, 1956).
KEHRER. H. Kehrer, *Die Heiligen Drei Könige in Literatur und Kunst*, 2 Bde. (Leipzig, 1908–1909).
Kernodle, G. R., "Seven Medieval Theatres in One Social Structure", *Theatre Research*, 2 (1960), 26–36.
Kindermann, H., *Theatergeschichte Europas*, Bd. I: *Antike und Mittelalter* (Salzburg, 1957).
KNOWLES, *Decreta*. D. Knowles, ed., *Decreta Lanfranci Monachis Cantuariensibus Transmissa*, Corpus Consuetudinum Monasticarum, 3 (Siegburg, 1967).
KNOWLES, *Order*. D. Knowles, *The Monastic Order in England (940–1216)*, 2. Aufl. (Cambridge, 1963).
KOLVE. Kolve, V. A., *The Play Called Corpus Christi* (Stanford U. P., 1966).
Konrad, R., *De Ortu et tempore Antichristi: Antichristvorstellung und Geschichtsbild des Abtes Adso von Montier-en-Der*, Münchener Histor. Studien, Abt. Mittelalterl. Gesch., 1 (Regensburg, 1964).
KREPS. J. Kreps, »Le Chant de la passion«, *Les Questions Liturgiques et Paroissiales*, 8 (1923), 3–15.
KRETZMANN, *Inquiry*. P. E. Kretzmann, *An Inquiry into the Origin and Theological Significance of the Corpus Christi Festival and Procession, and their Relation to the Corpus Christi Plays* (M. A. thesis Univ. of Minnesota, 1913).
KRETZMANN, *Liturgical Element*. P. E. Kretzmann, *The Liturgical Element in the Earliest Forms of the Medieval Drama*, Univ. of Minnesota Studies in Lang. and Lit., 4 (Minneapolis, 1916).
KRIEG. E. Krieg, *Das lateinische Osterspiel von Tours* (Würzburg, 1965).
LANGDON. St. Langdon, *The Epic of Creation* (Oxford, 1923).
LANGE, *Osterfeiern*. C. Lange, *Die lateinischen Osterfeiern* (München, 1887).
LANGE, *Programm*. C. Lange, *Die lateinischen Osterfeiern* (Programm Halberstadt, 1881).
Langosch, K., *Lateinisches Mittelalter. Einleitung in Sprache und Literatur* (Darmstadt, 1963).
LAUSBERG. H. Lausberg, *Handbuch der literarischen Rhetorik*, 2 Bde. (München, 1960).
LAUT. S. J. Laut, *Drama Illustrating Dogma: A Study of the York Cycle* (Ph. D. Diss. North Carolina, 1960).
LAY FOLKS MASS BOOK. *The Lay Folks Mass Book*, ed. T. F. Simmons, EETS. OS., 71 (1879).
LE BRAS. G. Le Bras, »Liturgie et Sociologie«, *Mélanges Andrieu* (Strasbourg, 1956), 291–304.
Leendertz, P., *Middelnederlandsche Dramatische Poëzie* (Leyden, 1907).
LEGENDA AUREA. *Jacobi a Voragine Legenda Aurea vulgo Historia Lombardica Dicta*, ed. T. Graesse (Dresden, 1846).
LEGG. *The Sarum Missal*, ed. J. W. Legg (Oxford, 1916).
Legge, D., *Anglo-Norman Literature and its Background* (Oxford, 1963).
LEIPOLDT. J. Leipoldt, *Sterbende und auferstehende Götter* (Leipzig, 1923).
LESKY, *Geschichte*. A. Lesky, *Geschichte der griechischen Literatur*, 2. Aufl. (Bern, 1963).
LESKY, *Tragische Dichtung*. A. Lesky, *Die tragische Dichtung der Hellenen*, 2. Aufl. (Göttingen, 1964).

LESKY, *Tragödie.* A. Lesky, *Die griechische Tragödie,* 2. Aufl. (Stuttgart, 1958).
LIFE AND REPENTANCE. Lewis Wager, *Life and Repentance of Mary Magdalene,* Old English Drama, Student's Facsimile Edition, 128 ([London/Edinburgh], 1908).
LIPPHARDT, *Dramen.* W. Lipphardt et al., „Liturgische Dramen: Liturgische Dramen des Mittelalters", in: *Musik in Geschichte und Gegenwart,* Bd. 8 (Kassel, 1960), Sp. 1012–1051.
LIPPHARDT, *Weihnachtsspiel.* W. Lipphardt, „Weihnachtsspiel und Liturgie", *Die Singgemeinde,* 8 (1931/32), 34–46.
LIPPHARDT, *Weisen.* W. Lipphardt, *Die Weisen der lateinischen Osterspiele des 12. und 13. Jahrhunderts* (Kassel, 1948).
LIUZZI. F. Liuzzi, "L'Espressione musicale nel dramma liturgico", *Studi Medievali,* N. S. 2 (1929), 74–109.
LOOMIS. R. S. Loomis, "Lincoln as a Dramatic Centre", *Mélanges d'histoire du théâtre du moyen âge et de la Renaissance offerts à Gustave Cohen* (Paris, 1950), 241–247.
LTK. *Lexikon für Theologie und Kirche,* 10 Bde., 2. Aufl. (Freiburg, 1957 ff.).
LUBAC. H. de Lubac, *Corpus Mysticum. L'Eucharistie et l'église au moyen âge,* 2. Aufl. (Paris, 1949).
LUDUS COVENTRIAE. *Ludus Coventriae or The Plaie called Corpus Christi,* ed. K. S. Block, EETS. ES., 120 (1922).
MAAG. V. Maag, III. Abschnitt: „Syrien–Palästina", in: H. Schmökel, *Kulturgeschichte des Alten Orient* (Stuttgart, 1961).
MACDONALD. A. J. Macdonald, *Lanfranc. A Study of his Life, Work and Writing* (Oxford, 1926).
MACKENSEN. L. Mackensen, *Zur deutschen Literatur Altlivlands* (Würzburg, 1961), [„Das ‚Rigaer' Prophetenspiel von 1205", S. 10–20].
McNeir, W. F., "The Corpus Christi Passion Plays as Dramatic Art", *Studies in Mediaeval Culture Dedicated to G. R. Coffman, Studies in Philology,* 48 (1951), 601–628.
McSHANE. M. M. McShane, *The Music of the Medieval Liturgical Drama* (Ph. D. Diss. Catholic Univ. of America, 1961).
MALE, *Fin.* E. Mâle, *L'Art religieux de la fin du moyen âge en France* (Paris, 1949).
MALE, *XIII.* E. Mâle, *L'Art religieux du XIIIe siècle en France. Etude sur l'iconographie du moyen âge et sur ses sources d'inspiration,* 5. Aufl. (Paris, 1923).
Mâle, E., »La Résurrection de Lazare dans l'art«, *Revue des Arts* (Paris, 1951), 44–52.
MALTMAN, *Pilate.* Sr. N. Maltman, „Pilate – Os Malleatoris", *Speculum,* 36 (1961), 308–311.
MALTMAN, *Study.* Sr. N. Maltman, *A Study of the Evil Characters in the English Corpus Christi Cycles* (Ph. D. Diss. California, 1957).
Manitius, M., *Geschichte der lateinischen Literatur des Mittelalters,* Bd. III (München, 1931).
MANLY, *Literary Forms.* J. M. Manly, "Literary Forms and the New Theory of the Origin of Species", *Modern Philology,* 4 (1906–7), 577–595.
Manly, J. M., "The Miracle Play in Mediaeval England", *Transactions of the Royal Soc. of Lit. of the U. K.,* N. Ser., 7 (1927), 133–153.
Manly, W. M., "Shepherds and Prophets: Religious Unity in the Towneley Secunda Pastorum", *PMLA,* 78 (1963), 151–155.

MANN. Th. Mann, *Joseph und seine Brüder* (Frankfurt/M., 1964).
MANSHOLT. T. Mansholt, *Das Künzelsauer Fronleichnamsspiel* (Diss. Marburg, 1892).
MARGUÉRITE VON NAVARRA, *Comédie de l'adoration des trois roys*. Marguérite de Navarre, *Œuvres*, ed. F. E. Schnéegans, Bibliotheca Romanica, 295–299 (Strasbourg, [1923]), 46–95.
MARGUÉRITE VON NAVARRA, *Weihnachtsspiel*. Marguérite de Navarre, *Œuvres*, ed. F. E. Schnéegans, Bibliotheca Romanica, 295–299 (Strasbourg, [1923]), 1–45.
MARSHALL, *Tradition*. M. H. Marshall, "The Dramatic Tradition Established by the Liturgical Plays", *PMLA*, 56 (1941), 962–991.
MARSHALL, *Values*. M. H. Marshall, "Aesthetic Values of the Liturgical Drama", *English Institute Essays, 1950*, ed. A. S. Downer (New York, 1951), 89–115.
MATERN. G. Matern, *Zur Vorgeschichte und Geschichte der Fronleichnamsfeier, besonders in Spanien*, Spanische Forschungen der Görresgesellschaft, 2. Reihe, Bd. 10 (Münster, 1962).
MATTHAEUS PARISIENSIS. Siehe *GESTA ABBATUM*...
MAYER. A. L. Mayer, „Die heilbringende Schau in Sitte und Kult", Beiträge zur Geschichte des alten Mönchtums, Supplementband 1: *Heilige Überlieferung* (Münster, 1938).
MEDIATOR DEI. Siehe PIUS XII.
MEISEN. Meisen, K., *Die heiligen drei Könige und ihr Festtag im volkstümlichen Glauben und Brauch* (Köln, 1949).
MELCHERS. P. Melchers, *Kulturgeschichtliche Studien zu den mittelenglischen Misterienspielen* (Diss. Bonn, 1936; Würzburg, 1938).
Merchant, W. M., *Creed and Drama. An Essay in Religious Drama* (London, 1965).
MEYER, *Fragmenta Burana*. W. Meyer, „Fragmenta Burana", *Festschrift zur Feier des 150-jährigen Bestehens der Kgl. Ges. d. Wiss. zu Göttingen* (Berlin, 1901), 1–190.
MEYER, *Melodiebildung*. K. Meyer, „Über die Melodiebildung in den geistlichen Spielen des frühen Mittelalters", *Beethoven-Zentenarfeier in Wien 1927* (Wien, 1927), 145–148.
MICHAEL, *Drama*. W. F. Michael, „Das deutsche Drama und Theater vor der Reformation. Ein Forschungsbericht", *Deutsche Vierteljahrsschr. f. Literaturw. u. Geistesgesch.*, 31 (1957), 106–153.
MICHAEL, *Prozessionsspiele*. W. F. Michael, *Die geistlichen Prozessionsspiele in Deutschland*, Hesperia, 22 (Baltimore/Göttingen, 1947).
MICHEL. Jean Michel, *Le Mystère de la Passion (Angers, 1486)*, ed. O. Jodogne (Gembloux, 1959).
MIGNE, *P. G.* J. P. Migne, ed., *Patrologiae Cursus Completus: Series Graeca*, 161 Bde., (Paris, 1857–1866).
MIGNE, *P. L.* J. P. Migne, ed., *Patrologiae Cursus Completus: Patrologia Latina*, 221 Bde. (Paris, 1844–1864).
MILCHSACK. G. Milchsack, *Die Oster- und Passionsspiele* (Wolfenbüttel, 1880).
Mill, A. J., *Mediaeval Plays in Scotland*, St. Andrews Univ. Publ., 24 (Edinburgh/London, 1927).
MISTÈRE DU VIEL TESTAMENT. *Le Mistère du Viel Testament*, ed. J. de Rothschild, 6 Bde., Société des Anciens Textes Français (Paris, 1878–1891).
MLN. *Modern Language Notes*.
MLR. *Modern Language Review*.

MOLSDORF. W. Molsdorf, *Christliche Symbolik der mittelalterlichen Kunst* (Leipzig, 1926).
MOMBRITIUS. B. Mombritius, *Sanctuarium seu Vitae Sanctorum*, 2 Bde. (Paris, 1910).
MOORTGAAT. A. Moortgart, *Tammuz* (Berlin, 1949).
MORF. Morf, H., „Das liturgische Drama von den fünf klugen und den fünf thörichten Jungfrauen", *ZRPh*, 22 (1898), 385–391.
MOWINCKEL. S. Mowinckel, *Religion und Kultus* (Göttingen, 1953).
MÜLLER, *Konzil*. E. Müller, *Das Konzil von Vienne 1311–1312. Seine Quellen und seine Geschichte*, Vorreformatorische Forschungen, 12 (Münster, 1934).
MÜLLER, *Stil*. W. Müller, *Der schauspielerische Stil im Passionsspiel des Mittelalters* (Leipzig, 1927).
Muller, H. F., "Pre-history of the Mediaeval Drama: The Antecedents of the Tropes and the Conditions of their Appearance", *ZRPh*, 44 (1924), 544–575.
MURATORI. L. A. Muratori, ed., *Rerum Italicarum Scriptores*, 2. Aufl., Bd. 24, Teil 14 (Milano, 1906).
MURRAY, *God*. M. A. Murray, *The God of the Witches*, 2. Aufl. (London, 1952).
MURRAY, *Witch-Cult*. M. A. Murray, *The Witch-Cult in Western Europe* (Oxford, 1921).
NEUNHEUSER. B. Neunheuser, *Eucharistie in Mittelalter und Neuzeit*, Handbuch der Dogmengeschichte, hrsg. v. M. Schmaus und A. Grillmeier, Bd. IV, fasc. 4 b (Freiburg, 1963).
NICOLL, *Development*. A. Nicoll, *The Development of the Theatre*, 4. Aufl., (London, 1958 u. ö.).
NICOLL, *Drama*. A. Nicoll, *British Drama*, 5. Aufl. (London, 1962).
Nicoll, A., *Masks, Mimes, and Miracles*, repr. (New York, 1963).
Niedner, H., *Die deutschen und französischen Osterspiele bis zum 15. Jahrhundert*, Germanische Studien, 119 (Berlin, 1932).
Noack, F., *Die Geburt Christi in der bildenden Kunst bis zur Renaissance* (Darmstadt, 1894).
NÖTSCHER. F. Nötscher, *Altorientalischer und alttestamentlicher Auferstehungsglauben* (Würzburg, 1926).
Norris, E., ed., *The Ancient Cornish Drama*, 2 Bde. (Oxford, 1859).
OWST, *Literature*. G. R. Owst, *Literature and Pulpit in Medieval England*, 2. Aufl. (Oxford, 1961).
Owst, G. R., *Preaching in Medieval England* (Cambridge, 1926).
PÄCHT, *Narrative*. O. Pächt, *The Rise of Pictorial Narrative in 12th Century England* (Oxford, 1962).
Pächt, O., C. R. Dodwell, F. Wormald, *The St. Albans Psalter* (London, 1960).
PARKER, *Herod*. R. E. Parker, "The Reputation of Herod in Early English Literature", *Speculum*, 8 (1933), 59–67.
PARKER, *Notes*. A. A. Parker, "Notes on the Religious Drama in Mediaeval Spain and the Origins of the *Auto Sacramental*", *MLR*, 30 (1935), 170–182.
PARKER, *Pilates Voys*. R. E. Parker, "'Pilates Voys'", *Speculum*, 25 (1950), 237–244.
PASCAL. R. Pascal, "On the Origins of Liturgical Drama in the Middle Ages", *MLR*, 36 (1941), 369–387.
PASSION D'ARRAS. *Le Mystère de la Passion, texte du ms. 679 de la bibliothèque d'Arras*, ed. J. M. Richard (Paris, 1893).

PASSION DE SEMUR. R. Roy, *Le Mystère de la Passion en France du XIVe au XVIe siècle*, Bd. I (Paris, 1905).
PASSIONSSPIEL AUS ARRAS. Siehe PASSION D'ARRAS.
Pellegrini, S., "Dante e la ‚Passione' di Montecassino", *Belfagor*, 17 (1962), 299–313.
PENNINGER. F. E. Penninger, *The Significance of the Corpus Christi Plays as Drama with Particular Reference to the Towneley Cycle* (Ph. D. Diss. Duke Univ., 1961).
PFANDL. L. Pfandl, *Geschichte der spanischen Nationalliteratur in ihrer Blütezeit* (Freiburg, 1929).
PHILIPPSON. E. A. Philippson, *Germanisches Heidentum bei den Angelsachsen*, Kölner Anglist. Arbeiten, 4 (Leipzig, 1929).
PHILLPOTTS. B. S. Phillpotts, *The Elder Edda and Ancient Scandinavian Drama* (Cambridge, 1920).
PIERSON. M. Pierson, "The Relation of the Corpus Christi Procession to the Corpus Christi Play in England", *Transactions of the Wisconsin Academy of Sciences, Arts and Letters*, 18, pt. 1 (1915), 11–165.
PIUS XII. Pius XII., *Enzyklika ‚Mediator Dei'*, Acta Apostolicae Sedis, 39 (Roma, 1947).
PMLA. *Publications of the Modern Language Association of America*.
POST. R. Post, *Kerkelijke verhoudingen in Nederland voor de Reformatie van ± 1500 tot ± 1580* (Utrecht, 1954).
PREUSS. H. Preuss, *Die Vorstellungen vom Antichrist im späteren Mittelalter, bei Luther und in der konfessionellen Polemik* (Leipzig, 1906).
PROSSER. E. Prosser, *Drama and Religion in the English Mystery Plays*, Stanford Studies in Lang. and Lit., 23 (Stanford, 1961).
RÉAU. L. Réau, *Iconographie de l'art chrétien*, Bd. II, 1 und II, 2 (Paris, 1956–1957).
REESE. G. Reese, *Music in the Middle Ages* (New York, 1940).
REGULARIS CONCORDIA. *Regularis Concordia*, ed. D. Th. Symons (London, 1953).
REINHOLD. H. Reinhold, *Humoristische Tendenzen in der englischen Dichtung des Mittelalters*, Buchreihe der Anglia, 4 (Tübingen, 1953).
RGG. *Die Religion in Geschichte und Gegenwart. Handwörterbuch für Theologie und Religionswissenschaft*, 6 Bde., 3. Aufl. (Tübingen, 1957 ff.).
RICE. D. T. Rice, *English Art 871–1100*, The Oxford History of English Art, Bd. II (Oxford, 1952).
RICKERT. M. Rickert, *Painting in Britain: The Middle Ages*, The Pelican History of Art (London, 1954).
ROBBINS, *Witchcraft*. R. H. Robbins, *An Encyclopedia of Witchcraft and Demonology* (London, 1959).
ROBINSON, *Cult*. J. W. Robinson, "The Late Medieval Cult of Jesus and the Mystery Plays", *PMLA*, 80 (1965), 508–514.
ROBINSON, *Lanfranc*. J. A. Robinson, "Lanfranc's Monastic Constitutions", *Journal of Theological Studies*, 10 (1909), 375–388.
ROEDER. G. Roeder, *Die ägyptische Religion in Text und Bild*, 4 Bde. (Zürich, 1959/61).
ROSE. M. Rose, ed., *The Wakefield Mystery Plays* (London, 1961).
ROSSITER. A. P. Rossiter, *English Drama from Early Times to the Elizabethans* (London, 1950).
ROSTON. M. Roston, *Biblical Drama in England* (London, 1968).
RÜDIGER. H. Rüdiger, "Zwischen Interpretation und Geistesgeschichte", *Euphorion*, 57 (1963), 227–244.

Salter, F. M., *Mediaeval Drama in Chester* (Toronto, 1955).

SANTI. A. de Santi, „La domenica delle Palme nella Storia liturgica", *La Civiltà Cattolica* (1906), 3-18, 159-177.

SAUNDERS. O. E. Saunders, *Englische Buchmalerei*, 2 Bde. (Leipzig, 1928).

Schiller, G., *Ikonographie der christlichen Kunst*, 2 Bde. (Gütersloh, 1967 ff.).

SCHLAUCH. M. Schlauch, *English Medieval Literature and its Social Foundations* (Warszawa, 1956).

Schless, H. H., "The Comic Element in the Wakefield Noah", *Studies in Medieval Literature: In Honor of Prof. A. C. Baugh,* ed. by Mc Edw. Leach (Philadelphia/London, 1961), 229-243.

SCHMÖKEL. H. Schmökel, *Kulturgeschichte des Alten Orient* (Stuttgart, 1961).

SCHULER. E. A. Schuler, *Die Musik der Osterfeiern, Osterspiele und Passionen des Mittelalters* (Kassel, 1951).

SCHUMANN, *Einleitung*. Siehe SCHUMANN, *Fronleichnamsspiel*.

SCHUMANN, *Fronleichnamsspiel*. A. Schumann, ed., *Das Künzelsauer Fronleichnamsspiel vom Jahr 1479* (Oehringen, 1926).

SCHUMANN, *Urfassung*. O. Schumann, „Die Urfassung des Nikolaus-Spiels von den drei Jungfrauen", *ZRPh*, 62 (1942), 386-390.

Schwietering, J., „Über den liturgischen Ursprung des mittelalterlichen geistlichen Spiels", *ZfdA*, 62 (1925), 1-20.

SENGPIEL. O. Sengpiel, *Die Bedeutung der Prozessionen für das geistliche Spiel des Mittelalters in Deutschland,* Germanistische Abhandlungen, 66 (Breslau, 1932).

SEPET. M. Sepet, *Origines catholiques du théâtre moderne* (Paris, [1901]).

SEROUX. J. B. L. G. Seroux d'Agincourt, *Sammlung der vorzüglichsten Denkmäler der Malerei vorzugsweise in Italien vom IV. bis zum XVI. Jahrhundert,* Bd. I (Frankfurt/M., o.J.).

SETHE, *Texte*. K. Sethe, *Dramatische Texte zu altägyptischen Mysterienspielen* (Leipzig, 1928).

SIEVERS. H. Sievers, *Die lateinischen liturgischen Osterspiele der Stiftskirche St. Blasien zu Braunschweig* (Diss. Würzburg, 1936).

SILD. O. Sild, „Missugune vaimulik näidend tuli etendusele Riias talvel 1205/1206 ja missuguse kirikupühaga ta oli seotud?" [,Welches Schauspiel wurde in Riga im Winter 1205/1206 aufgeführt und mit welchem kirchlichen Fest war es verbunden?'] *Usuteadusline Ajakiri* (Theologische Zeitschrift), 7 (1935), 47-49.

SMITS VAN WAESBERGHE. J. Smits van Waesberghe, *Muziek en Drama in de Middeleeuwen,* 2. Aufl. (Amsterdam, [1954]).

Smits van Waesberghe, J., "A Dutch Easter Play", *Musica Disciplina,* 7 (1953), 15 bis 37.

SMOLDON, *Daniel*. W. L. Smoldon, ed., *The Play of Daniel* (London, 1960).

SMOLDON, *Liturgical Drama*. W. L. Smoldon, "Liturgical Drama", *New Oxford History of Music,* Bd. II, ed. Dom A. Hughes (Oxford, 1954), 175-219.

SMOLDON, *Lyrical Melody*. W. L. Smoldon, "Medieval Lyrical Melody and the Latin Church Dramas", *The Musical Quarterly,* 51 (1965), 507-517.

SMOLDON, *Music*. W. L. Smoldon, "The Music of Medieval Church Drama", *Musical Quarterly,* 48 (1962), 476-497.

SMOLDON, *Music-Drama*. W. L. Smoldon, "The Easter Sepulchre Music-Drama", *Music and Letters,* 27 (1946), 1-17.

SODEN. W. v. Soden, „Gibt es ein Zeichen dafür, daß die Babylonier an die Wiederauferstehung Marduks geglaubt haben?", *Zeitschrift für Assyriologie*, N.F., 17 (1955), 130–166.

SOLTÉSZ. E. Soltész, ed., *Biblia Pauperum. Die vierzigblättrige Armenbibel in der Bibliothek der Erzdiözese Esztergom* (Berlin, o.J.).

SONDHEIMER. J. Sondheimer, *Die Herodes-Partien im lateinischen liturgischen Drama und in den französischen Mysterien*, Beitr. z. Gesch. d. roman. Spr. u. Lit., 3 (Halle, 1912).

Southern, R., *The Medieval Theatre in the Round* (London, 1957).

SPEIRS,*Mystery Cycle*. J. Speirs, "The Mystery Cycle. Some Towneley Cycle Plays", *Scrutiny*, 18 (1951/52), 86–117, 246–265.

SPEIRS, *Poetry*. J. Speirs, *Medieval English Poetry: The Non-Chaucerian Tradition* (London, 1957).

SPEIRS, *Shepherds' Plays*. J. Speirs, "The Towneley *Shepherds' Plays*", *The Age of Chaucer*, ed. B. Ford, Pelican Guide to English Literature, Bd. I, repr. (Harmondsworth, 1965).

Spencer, M. L., *Corpus Christi Pageants in England* (New York, 1911).

SPIEGEL. J. Spiegel, „Das Auferstehungsritual der Unaspyramide", *Annales du Service des Antiquités de l'Egypte*, 53 (Kairo, 1955), 339–439.

STÄBLEIN. B. Stäblein, „Tropus", in: *Musik in Geschichte und Gegenwart*, Bd. 13 (Kassel, 1966), Sp. 798–826.

STALLBAUMER. V. R. Stallbaumer, "The Easter Trope. The Major Source of English Drama", *Catholic World*, 134 (1952), 652–659.

Stamm, R., *Geschichte des englischen Theaters* (Bern, 1951).

Stammler, W., *Das religiöse Drama im deutschen Mittelalter* (Leipzig, 1925).

STECHER. J. A. Stecher, *Histoire de la littérature néerlandaise en Belgique* (Bruxelles, 1886).

STEMMLER,*Datierung*. Th. Stemmler, „Zur Datierung der *Chester Plays*", *Germanisch-Romanische Monatsschrift*, N.F., 18 (1968), 308–313.

STEMMLER, *Entstehung*. Th. Stemmler, „Entstehung und Wesen der englischen Fronleichnamszyklen", *Chaucer und seine Zeit. Symposion für Walter F. Schirmer* (Tübingen, 1968), 393–405.

STEMMLER, *Liebesgedichte*. Th. Stemmler, *Die englischen Liebesgedichte des Ms. Harl. 2253* (Diss. Bonn, 1962).

STEVENS. M. Stevens, "The Dramatic Setting of the Wakefield Annunciation", *PMLA*, 81 (1966), 193–198.

STICCA, *Note*. S. Sticca, "A Note on Latin Passion Plays", *Italica*, 41 (1964), 430 bis 433.

STICCA, *Planctus*. S. Sticca, "The *Planctus Mariae* and the Passion Plays", *Symposium*, 15 (1961), 41–48.

STÖHR. M. Stöhr, „Byzantinische Musik", in: *Die Musik in Geschichte und Gegenwart* Bd. 2 (Kassel/Basel, 1952), Sp. 577–596.

STOEPHASIUS. R. v. Stoephasius, *Die Gestalt des Pilatus in den mittelalterlichen Passionsspielen* (Diss. Würzburg, 1938).

STRATMAN. C. J. Stratman, *Bibliography of Medieval Drama* (Berkeley, Ca., 1954).

STROPPEL. R. T. Stroppel, *Liturgie und geistliche Dichtung, 1050–1300*, Deutsche Forschungen, 17 (Frankfurt/M., 1927).

STÜCKELBERG. E. A. Stückelberg, „Die Palmsonntagsfeier im Mittelalter", *Festbuch zur Eröffnung des historischen Museums Basel* (Basel, 1894), 17–36.

STUMPFL. R. Stumpfl, *Kultspiele der Germanen als Ursprung des mittelalterlichen Dramas* (Berlin, 1936).
SUMMA THEOLOGICA. Siehe DEUTSCHE THOMAS-AUSGABE.
SWENSON. E. L. Swenson, *An Inquiry into the Composition and Structure of 'Ludus Coventriae'*, Univ. of Minnesota Studies in Lang. and Lit., 1 (Minneapolis, 1914).
SYMONS, *Sources.* D. Th. Symons, "Sources of the Regularis Concordia", *Downside Review*, 59 (1941), 14ff., 143ff., 264ff.
SZONDI. P. Szondi, *Theorie des modernen Dramas*, edition suhrkamp, 27 (Frankfurt/M., 1963).
TAYLOR, *Melodien.* R. J. Taylor, *Die Melodien der weltlichen Lieder des Mittelalters*, 2 Bde. (Stuttgart, 1964).
TAYLOR, *Structure.* J. Taylor, "The Dramatic Structure of the Middle English Corpus Christi, or Cycle Plays", *Literature and Society: 19 Essays by G. Brée and Others*, ed. B. Slote (Lincoln, Nebr., 1963), 175–186.
Taylor, G. C., "The English 'Planctus Mariae'", *Modern Philology*, 4 (1907), 605 bis 637.
Taylor, H. O., *The Mediaeval Mind*, 2 Bde. (New York, 1919).
TER REEGEN. O. F. Ter Reegen, *De Sacramentsprocessie* (Nijmegen, 1956).
THALHOFER. V. Thalhofer, *Handbuch der katholischen Liturgik*, 2 Bde. (Freiburg, 1912).
THAUSING. G. Thausing, *Der Auferstehungsgedanke in ägyptischen religiösen Texten* (Leipzig, 1943).
THOMAS. L. P. Thomas, ed., *Le Sponsus* (Paris, 1951).
THOMAS VON AQUIN, *Opera.* Siehe FRETTÉ.
THOMPSON. F. J. Thompson, "Unity in *The Second Shepherds' Tale* [sic!]", *MLN*, 64 (1949), 302–306.
THOMSON. G. Thomson, *Aeschylus and Athens. A Study in the Social Origins of Drama*, 2. Aufl. (London, 1946).
THULIN. O. Thulin, *Johannes der Täufer im geistlichen Schauspiel des Mittelalters und der Reformationszeit*, Studien über christliche Denkmäler, 19 (Leipzig, 1930).
TILL EULENSPIEGEL. *Ein kurtzweilig Lesen von Dil Ulenspiegel*, hrsgg. v. W. Lindow (Stuttgart, 1966).
TINTORI. G. Tintori, *Sacre rappresentazioni* (Cremona, 1958).
TISCHENDORF. C. v. Tischendorf, *Evangelia Apocrypha* (Leipzig, 1876).
TOLHURST. *Ordinal and Customary of the Abbey St. Mary of York*, ed. J. Tolhurst, Bradshaw Society, 73 und 75 (London, 1936).
TOMLINSON. W. E. Tomlinson, *Der Herodes-Charakter im englischen Drama*, Palaestra, 195 (Leipzig, 1934).
TOSCHI. P. Toschi, *Le origini del teatro italiano* (Torino, 1955).
TOWNELEY PLAYS. *The Towneley Plays*, ed. G. England, with notes and introduction by A. W. Pollard, EETS. ES., 71 (1897).
TRANSITURUS. Siehe URBAN IV.
TRISTRAM. E. W. Tristram, *English Medieval Wall Painting: The 13th Century*, Bd. I (London, 1950).
ULMAN. S. P. Ulman, *The Dramatic Art of the English Medieval Magi Plays* (Ph. D. Diss. California, 1953).
URBAN IV. *Magnum Bullarium Romanum*, ed. A. Chevalier, Bd. I (Luxemburg, 1727).

URSPRUNG. O. Ursprung, *Die Katholische Kirchenmusik*, Handbuch der Musikwissenschaft, Bd. XII (Potsdam, 1931–1933).
USENER. H. Usener, *Das Weihnachtsfest*, Religionsgeschichtliche Untersuchungen, 1, 2. Aufl. (Bonn, 1911).
UTLEY. F. L. Utley, "The 103 Names of Noah's Wife", *Speculum*, 16 (1941), 426 bis 452.
Vale, G., „Il Dramma liturgico Pasquale nella Diocesi Aquileiese", *Rassegna Gregoriana*, 4 (1905), Sp. 193–202.
VECCHI, *Innodia*. G. Vecchi, „Innodia e dramma sacro", *Studi mediolatini e volgari* (Bologna, 1955), 225–237.
VECCHI, *Uffici*. G. Vecchi, *Uffici drammatici padovani* (Florenz, 1954).
VENZMER. B. Venzmer, *Die Chöre im geistlichen Drama des deutschen Mittelalters* (Diss. Rostock, 1897).
VITO. M. S. de Vito, *L'Origine del dramma liturgico*, Bibliotheca della „Rassegna", 21 (Milano, 1938).
VULGATA. Siehe *BIBLIA SACRA*.
WAGER. Siehe *LIFE AND REPENTANCE*.
Walther, H., „Eine versifizierte lateinische Osterfeier der frühen Stufe aus dem Spätmittelalter", *ZfdA*, 89 (1959), 288.
WARNACH. V. Warnach, „Kirche und Kosmos", *Enkainia. Gesammelte Arbeiten zum 800-jährigen Weihegedächtnis der Abteikirche Maria Laach*, ed. H. Emonds (Düsseldorf, 1956), 170–205.
WATT. H. A. Watt, "The Dramatic Unity of the 'Secunda Pastorum'", *Essays and Studies in Honor of Carleton Brown* (New York/London, 1940), 158–166.
WEAKLAND. R. Weakland, "The Rhythmic Modes and Medieval Latin Drama", *Journal of the American Musicological Society*, 14 (1961), 131–146.
WEBSTER, *Pre-History*. T. B. L. Webster, "Some Thoughts on the Pre-History of Greek Drama", *Bulletin of the Institute of Classical Studies at the University of London*, 5 (1958), 43–48.
WEBSTER, *Vorgeschichte*. T. B. L. Webster, „Die mykenische Vorgeschichte des griechischen Dramas", *Antike und Abendland*, 8 (1959), 7–14.
WECHSSLER. E. Wechssler, *Die romanischen Marienklagen* (Halle, 1893).
WEIMANN, *Herodes*. R. Weimann, „Die furchtbare Komik des Herodes", *Archiv*, 204 (1967), 113–123.
WEIMANN, *Platea*. R. Weimann, „*Platea* und *locus* im Misterienspiel: Zu einem Grundprinzip vorshakespearescher Dramaturgie", *Anglia*, 84 (1966), 330–352.
WEIMANN, *Realismus*. R. Weimann, „Realismus und Simultankonvention im Misteriendrama. Mimesis, Parodie und Utopie in den Towneley-Hirtenszenen", *Shakespeare-Jahrbuch*, 103 (1967), 108–135.
WEIMANN, *Shakespeare*. R. Weimann, *Shakespeare und die Tradition des Volkstheaters* (Berlin, 1967).
WELLEK-WARREN. R. Wellek und A. Warren, *Theorie der Literatur*, 3. Aufl. (Frankfurt/Berlin, 1963).
WELLESZ, *Byzantine Music*. E. Wellesz, *A History of Byzantine Music and Hymnography*, 2. Aufl. (Oxford, 1961).
WELLESZ, *Nativity Drama*. E. Wellesz, "The Nativity Drama of the Byzantine Church", *Journal of Roman Studies*, 37 (1947), 145–151.
Wells, H. W., "Style in the English Mystery Plays", *JEGP*, 38 (1939), 360–381.

WESTON. J. L. Weston, *From Ritual to Romance*, repr. (New York, 1957).
WICKHAM, *Drama*. G. Wickham, "Drama and Religion in the Middle Ages", *Forum for Modern Language Studies*, 3 (1967), 319–333.
WICKHAM, *English Stages*. G. Wickham, *Early English Stages: 1300 to 1600*, 2 Bde. (London, 1959).
WIECK. H. Wieck, *Die Teufel auf der mittelalterlichen Mysterienbühne Frankreichs* (Diss. Marburg; Leipzig, 1887).
Wiedemann, A., „Die Anfänge dramatischer Poesie im alten Ägypten", *Mélanges Nicole* (Genève, 1905), 561–577.
WIEPEN. E. Wiepen, *Palmsonntagsprozession und Palmesel* (Bonn, 1903).
WIESE. B. v. Wiese, „Geistesgeschichte oder Interpretation?" *Die Wissenschaft von deutscher Sprache und Dichtung. Festschrift für Friedrich Maurer* (Stuttgart, 1963), 239–261.
WILLIAMS, *Drama*. A. Williams, *The Drama of Medieval England* (East Lansing, Mich., 1961).
WILLIAMS, *Pilate*. A. Williams, *The Characterization of Pilate in the Towneley Plays* (East Lansing, Mich., 1950).
Williams, R. B., *The Staging of Plays in the Spanish Peninsula Prior to 1555*, Univ. of Iowa Studies in Spanish Lang. and Lit., 5 (Iowa City, 1935).
Withington, R., *English Pageantry*, 2 Bde., repr. (New York, 1963).
WOLFF, *Terminologie*. E. Wolff, „Die Terminologie des mittelalterlichen Dramas in bedeutungsgeschichtlicher Sicht", *Anglia*, 78 (1960), 1–27.
Wolff, E., „Proculas Traum. Der Yorker Misterienzyklus und die epische Tradition", *Chaucer und seine Zeit. Symposion für W. F. Schirmer* (Tübingen, 1968), 419–450.
WRIGHT, *Dissemination*. E. A. Wright, *The Dissemination of the Liturgical Drama in France* (Bryn Mawr, 1936).
Wright, J. G., *A Study of the Themes of the Resurrection in the Medieval French Drama* (Diss. Bryn Mawr, 1935).
YORK PLAYS. *York Plays*, ed. L. T. Smith, repr. (New York, 1963).
YOUNG. K. Young, *The Drama of the Medieval Church*, 2 Bde. (Oxford, 1933).
YOUNG, *Passion-Play*. K. Young, "Observations on the Origin of the Mediaeval Passion-Play", *PMLA*, 25 (1910), 309–354.
Young, K., "Officium Pastorum: A Study of the Dramatic Developments within the Liturgy of Christmas", *Transactions of the Wisconsin Academy of Sciences, Arts, and Letters*, 17 (1911), 299–396.
Young, K., "Ordo Prophetarum", *Transactions of the Wisconsin Academy of Sciences, Arts, and Letters*, 20 (1921), 1–82.
Young, K., *Ordo Rachelis*, Univers. of Wisconsin Studies in Lang. and Lit., 4 (Madison, 1919).
Young, K., "The Origin of the Easter Play", *PMLA*, 29 (1914), 1–58.
ZfdA. Zeitschrift für deutsches Altertum.
ZIMMERN. H. Zimmern, *Der babylonische Gott Tamuz*, Abh. d. Kgl. Sächs. Ges. d. Wiss., Phil.-histor. Kl., Bd. 27, Nr. 20 (Leipzig, 1909), 701–738.
ZRPh. Zeitschrift für Romanische Philologie.

Verzeichnis der Abbildungen

Der Einfachheit halber wird in diesem Verzeichnis meist auf Werke verwiesen, in denen die hier reproduzierten Abbildungen wiedergegeben und kommentiert sind.

Abb. 1. Gefangennahme Christi: Psalter des Robert de Lindseye. [E. W. Tristram, *English Medieval Wall Painting: The 13th Century*, Bd. I (London, 1950), suppl. plate 34.] . . . . . nach S. 26

Abb. 2. Die drei Marien am Grabe; Psalter des Robert de Lindseye. [E. W. Tristram, a. a. O., suppl. plate 34.] . . . . . . nach S. 26

Abb. 3. Gefangennahme Christi; West Chiltington Church, Sussex. [E. W. Tristram, a. a. O., plate 155.] . . . . nach S. 26

Abb. 4. *Visitatio Sepulchri* und Himmelfahrt Christi; Elfenbeinschnitzerei des 4./5. Jahrhunderts. [Bayer. Nationalmuseum, München. – C. Heitz, *Recherches sur les rapports entre architecture et liturgie à l'époque carolingienne*, Bibl. générale de l'Ecole Pratique des Hautes Etudes, 6 (Paris, 1963), planche XL.] . . . . nach S. 30

Abb. 5. Geburt Christi; griechisches Evangeliar der Vatikan-Bibliothek. [J. B. L. G. Seroux d'Agincourt, *Sammlung der vorzüglichsten Denkmäler der Malerei vorzugsweise in Italien vom IV. bis zum XVI. Jh.*, Bd. I (Frankfurt/M., o. J.), Tafel LIX, Abb. 3. – Vgl. den dazugehörigen Textband (Berlin, 1840), Teil III, S. 56 f.] . . . . nach S. 38

Abb. 6. Geburt Johannis des Täufers; griechisches Evangeliar der Vatikan-Bibliothek. [J. B. L. G. Seroux d'Agincourt, a. a. O., Tafel LIX, Abb. 5. – Vgl. den dazugehörigen Textband, a. a. O.] . . . . nach S. 38

Abb. 7. Die drei Marien am Grabe; Perikopenbuch Heinrich II. [Bayer. Staatsbibl., München, Cod. lat. 4452. – Vgl. A. Boeckler, *Deutsche Buchmalerei vorgotischer Zeit* (Königstein, 1959), S. 78, Anm. 30 u. 31.] . . . . nach S. 130

Abb. 8. Maria Magdalena und ihre Mägde; Miniatur aus einem Frühdruck der *Passion* des Jean Michel. [G. Cohen, *Le théâtre en France au moyen âge* (Paris, 1948), planche IV.] . . . . . nach S. 130

Abb. 9. Sturz der Engel; Caedmon-Handschrift. [D. T. Rice, *English Art 871–1100*, The Oxford History of English Art, vol. II (Oxford, 1952), Abb. 68. – *The Caedmon MS.*, introd. by I. Gollancz (Oxford, 1927), S. 3.] . . . . nach S. 182

Abb. 10. Die ungläubige Salome; Holkham Bible Picture Book. [M. D. Anderson, *Drama and Imagery in English Medieval Churches* (Cambridge, 1963), S. 139.] . . . . auf S. 231

Abb. 11. Geburt Christi; Missale des Henry of Chichester. [O. E. Saunders, *Englische Buchmalerei*, Bd. II (Leipzig, 1928), plate 67.] nach S. 234

Abb. 12. Der bethlehemitische Kindermord; St. Albans-Psalter. [O. Pächt, C. R. Dodwell, F. Wormald, *The St. Albans Psalter* (London, 1960), plate 21 a.] . . . . nach S. 236

Abb. 13. Der bethlehemitische Kindermord; Glasfenster aus St. Peter Mancroft, Norwich. [M. D. Anderson, a. a. O., plate 22 b.] . . nach S. 236
Abb. 14. Das Letzte Abendmahl; Fresko der Angelico-Schule in S. Marco, Florenz. [M. Vloberg, *L'Eucharistie dans l'art* (Grenoble/Paris, 1946), S. 92 f. – G. Schiller, *Ikonographie der christlichen Kunst* (Gütersloh, 1968), II, 346.] . . . . . . nach S. 240
Abb. 15. Das Letzte Abendmahl; Evangeliar des hl. Bernward. [St. Beissel, *Des hl. Bernward Evangelienbuch im Dome zu Hildesheim* (Hildesheim, 1891), S. 65, Tafel XVIII.] . . . . . nach S. 240
Abb. 16. Die drei Marien am Grabe; Psalter Ingeborgs von Dänemark. [Musée Condée, Chantilly, Codex 9 (1695).] . . . . . . nach S. 248
Abb. 17. Die Erweckung des Lazarus; Fresko im Gurker Dom. [Vgl. A. Schnerich, *Die beiden biblischen Gemälde-Cyklen des Domes zu Gurk* (Wien, 1894).] . . . . nach S. 248
Abb. 18. Die Drei Könige erblicken den Stern; *Hortus Deliciarum* der Herrad von Landsberg. [H. Kehrer, *Die Hl. Drei Könige in Literatur und Kunst,* Bd. II (Leipzig, 1908–09), S. 35.] . . . nach S. 288
Abb. 19. Die Hirten erblicken den Stern; Monzeser Ampulle I. [A. Grabar, *Les Ampoules de Terre Sainte (Monza-Bobbio)* (Paris, 1958), planche II.] . . . . nach S. 288
Abb. 20. Anbetung der Drei Könige; Wolfenbütteler Evangeliar, Cod. Guelf. 16.1 Aug. 2°. [A. Goldschmidt, *Die Deutsche Buchmalerei,* Bd. I: *Die karolingische Buchmalerei* (Leipzig, 1928), Tafel 86.] . . . . nach S. 288
Abb. 21. Verkündigung an die Hirten; Wolfenbütteler Evangeliar, Cod. Guelf. 16.1 Aug. 2°. [A. Goldschmidt, a. a. O., Tafel 85.] nach S. 288
Abb. 22. Anbetung der Hirten; Glasfenster aus East Harling. [M. D. Anderson, a. a. O., plate 22 a.] . . . . nach S. 290
Abb. 23. Anbetung der Hirten; Holzschnitt von Simon Vostre. [E. Mâle, *L'Art religieux de la fin du moyen âge en France* (Paris, 1949), Abb. 29, S. 54.] . . . . nach S. 290
Abb. 24. Die drei Marien am Grabe; Holzschnitt aus dem Buch von Till Eulenspiegel. [W. Lindow, ed., *Ein kurtzweilig Lesen von Dil Ulenspiegel* (Stuttgart, 1966), S. 39.] . . . . auf S. 306

Autorenregister

In diesem Register wird nur auf die Textstellen verwiesen, an denen die jeweiligen Autoren entweder zitiert, referiert oder (mehr oder weniger ausführlich) diskutiert werden; die in den Fußnoten enthaltenen lediglich hinweisenden Erwähnungen von Autoren sind hier nicht berücksichtigt.

Adso 116, 117, 285.
Aethelwold 205.
Albertus Livoniensis 171.
Albertus Magnus 44.
Alt, H. 5.
Amalarius von Metz 44, 45 f.
Anderson, M. D. 15.
Anz, H. 24.
Archipoeta 117 f.
Armer Hartmann 45.
Auerbach, E. 18, 123, 247.
Augustinus 78, 90.

Bale, J. 119.
Berengar von Tours 196.
Bernhard von Clairvaux 92.
Beuscher, E. 228.
Bishop, E. 197.
Bodkin, M. 7.
Böhme, M. 24, 229.
de Boor, H. 10, 11, 12, 15, 16, 19, 20, 55.
Bottéro, J. 6.
Boughner, D. C. 259.
Brooks, N. C. 188.
Bulst, W. 111.

Cady, F. W. 209.
Cargill, O. 4.
Cawley, A. C. 190, 295.
Chambers, E. K. 12, 169, 172, 191.
Chaucer, G. 270, 294.
Clark, E. M. 10.
Coffman, G. R. 12.
Collins, F. 228.
Coussemaker, E. de 18.
Craig, H. 12, 168, 169, 170, 171, 172, 173, 174, 260, 281.
Creizenach, W. 12, 189, 292.
Curtius, E. R. 11.

D'Ancona, A. 170.
Dante 18, 106.

Dhorme, E. 6.
Dionysius 177.
Donovan, R. B. 18.
Drioton, E. 69.
Dumoutet, E. 200.
Dunn, E. C. 226.
Durandus von Mende 32.

Eckhardt, E. 293.
Eliot, T. S. 68, 123, 148.

Fischart, J. 307.
Flavius Josephus 282.
Frazer, J. G. 8.

Gamer, A. M. 4.
Gardiner, H. C. 12.
Gaster, T. H. 5.
Geiselmann, J. 180.
Germanus von Konstantinopel 31.
Goppelt, L. 17.
Greban, Arnoul 188, 250, 273, 276, 289.
Gregor IX. 197.
Grönbech, W. 3.
Grundmann, H. 17, 18.

Hardison, O. B. 11, 23, 47.
Heitz, C. 203, 204.
Herodot 5, 6.
Herwegen, I. 200.
Hess, R. 260.
Hieronymus 230.
Hilarius 107, 110, 146.
Honorius von Autun 38.
Hunningher, B. 3, 4.
Hussey, S. S. 258, 263.

Ingram, R. W. 228.
Inguanez, D. M. 23.
Innozenz III. 44.
Irenäus von Lyon 125.
Isidor von Sevilla 78.

Jantsch, H. G. 17.
Jean d'Avranches 84, 199.
Jeanmaire, H. 8.
Jodogne, O. 42.
Johannes von Hildesheim 78, 148, 149 f,. 286 f.
Jones, C. W. 112.
Julian von Cividale 168, 169.
Jungmann, J. A. 43 f.

Kahles, W. 181, 186.
Kirchmayer s. Naogeorgus.
Kolve, V. A. 9, 10, 12, 16, 210, 259.
Kretzmann, P. E. 10, 209.

Lanfranc 195, 196, 198, 199.
Langdon, St. 6.
Lange, C. 4, 11.
Lausberg, H. 24.
Laut, S. J. 12, 266, 272.
Leipoldt, J. 8.
Leo der Große 78.
Lesky, A. 5.
Lipphardt, W. 18, 35, 36.
Liuzzi, F. 30.

Maltman, Sr. N. 268.
Manly, J. M. 111.
Mann, Th. 3, 7, 248.
Mansholt, T. 189.
Marguérite von Navarra 261, 289, 290.
Marshall, M. H. 10, 89, 209.
Martin, V. 207.
Matern, G. 196, 200, 201.
Matthaeus Parisiensis 196.
Melchers, P. 265.
Meyer, W. 69, 170.
Michael, F. W. 180, 189.
Michel, Jean 130, 188, 249, 251, 271 f., 276, 305.
Milchsack, G. 4, 11.
Moortgaat, A. 6.
Mowinckel, S. 5.
Müller, E. 202.
Müller, W. 189.
Murray, M. A. 297, 298.

Naogeorgus, Th. (Kirchmayer) 159.
Nicoll, A. 48.

Origenes 287.

Pascal, R. 3.

Penninger, F. E. 259.
Philippson, E. A. 296.
Phillpotts, B. S. 3.
Pius XII. 27, 177.
Post, R. 203.
Prado, G. 67.
Prosser, E. 12.
Prudentius 236.
Pseudo-Hugo von St. Viktor s. Richard von St. Viktor
Pseudo-Methodius 116.

Réau, L. 29, 240, 252.
Reese, G. 255.
Richard von St. Viktor (Pseudo-Hugo) 28, 105, 264.
Robert of Brunne 265, 269.
Roeder, G. 6.
Rogers, D. 190.
Rose, M. 190.
Rupert von Deutz 180, 181, 185, 186, 187, 206.

Sachs, H. 307.
Sallust 84, 85, 86, 89.
Schall, A. 86.
Schlauch, M. 192.
Schlegel, F. 11.
Schumann, A. 189.
Sengpiel, O. 189.
Sethe, K. 69.
Shakespeare, W. 259.
Sicardus von Cremona 44.
Sild, O. 171.
Smits van Waesberghe, J. 76.
Smoldon, W. L. 23.
Soden, W. v. 6.
Speirs, J. 3, 296, 297.
Stäblein, B. 41.
Stallbaumer, V. R. 48.
Stevens, M. 190.
Stöhr, M. 36.
Stoephasius, R. V. 268, 271.
Stroppel, R. T. 44, 59.
Stumpfl, R. 3.
Szondi, P. 19.

Tertullian 124.
Thausing, G. 8.
Thomas von Aquin 175, 176, 177, 178, 188, 193, 239, 241.
Thompson, F. J. 292.
Thomson, G. 5.

Tomlinson, W. E. 260, 265.
Tutilo 41.

Ulman, S. P. 234.
Urban IV. 174 f., 188, 194, 202, 203, 207.
Ursprung, O. 13.

Vecchi, G. 14.
Virgil 84, 85.
de Vito, M. S. 4, 23.

Wager, L. 305.
Warnach, V. 179.
Watt, H. A. 292.

Webermann, O. A. 171.
Weimann, R. 4, 190, 258 f., 292.
Wickham, G. 173, 192.
William of Wadington 266.
Williams, A. 58, 271, 290.
Wolff, E. 50.

Young, K. 4, 11, 12, 14, 15, 24, 25, 39, 49, 50, 52, 53, 56, 57, 58, 59, 61, 62, 69, 71, 77, 80, 82, 87, 88, 90, 98, 102, 132 f., 138, 140, 142, 145, 152, 156, 173, 198, 287.

Zimmern, H. 6.

Sach- und Werkregister

Abacut 250.
Abel 185 f.
Abendmahl 156 ff. (*Cena*); 159 (*Cena* u. *Ascensio*); 238 ff. (Letztes A. in den englischen Fronleichnamszyklen).
Aberdeen 189 f.
Abraham 150, 186.
achronische Anordnung der Ereignisse in quasi-dramatischen Texten 59 ff. (in der *Visitatio Sepulchri*); 66 (in *Ludi Paschales*); 69 A. 81 (in altägyptischen Texten); 73 ff. (Fehlen in *Officia Pastorum*); 92 (Fehlen im *Ordo Prophetarum*); 108 ff. (im *Ludus Danielis*); 123 ff. (als Ausdruck typologischer Denkweise).
Adam 9, 181, 184 f., 187.
Adoratio Crucis 204, 208.
Adso 285.
äthiopische Sprache 86.
ätiologische Arbeitsweise 216, 247, 251 f.
Alexander d. Gr. 148.
Allegoriae in Vetus Testamentum (Richard von St. Victor) 264.
allegorischer Schriftsinn 103 ff.
alogische Anordnung quasi-dramatischer Texte 19 A. 33, 48 ff., 120, 123 ff. (allgem.); 53 ff., 217, 225 (Anzahl d. Marien u. Engel); 65 f. (im *Ordo Paschalis* aus Klosterneuburg); 73 ff. (Fehlen in *Officia Pastorum*); 102 (in liturg. Feier zu Mariä Lichtmeß); 152 ff. (in *Hortulanus*-Szene aus Rouen); 228 (im Hirtenspiel aus Coventry).
Alsfeld 188.
altägyptische Texte 6 ff. (Osiris-Kult); 69 A. 81 (liturgische Texte).
Altar 32 (als Krippe und Grab); 46 (als Grab Christi); 152 (Ort der Theophanie); 157 (Ort der *Cena*); 191 (Altäre der Fronleichnamsprozession); 194 („mensa" bei Palmsonntagsprozession).
Altes Testament 103 ff. (allg.); *Einzelbelege:* 104 ff., 185 f. (Genesis); 26, 264 (Exodus); 180 f., 185 (Leviticus); 27, 177 (Psalmi); 123 f., 150 (Jesaias); 143 (Habakuk).

Anat 6.
Andreas 254, 294.
Angers 188.
Annas 268, 274, 275, 276, 277.
Annunciatio 92, 93.
Antiphonen 30, 210 ff., 247 (*Quis revolvet*); 52 (*Sedit angelus*); 56, 63 (*Ad monumentum*); 57 (*Maria Magdalena*); 58 f., 61 (*Venite et videte*); 62 f. (*Currebant duo*); 63, 138, 215, 224 (*Cernitis, o socii*); 67 (*Cum rex gloriae*); 74 (*Nolite timere*); 74, 226 ff. (*Transeamus*); 75, 141, 143 (*Quem vidistis, pastores*); 81 (*Ab oriente*); 101 (*Cum inducerent*); 101 f. (*Responsum accepit*); 102 (*Ecce positus*); 143 (*Pastores, dicite*); 145 (*Super solium David*); 155 (*Et intravit*); 176 (*O sacrum convivium*); 177 (*Miserator et misericors*); 195 (*Occurrunt turbae*); 195 (*Osanna filio David*); 195 (*Ave rex noster*); 244 (*Christus resurgens*).
apokryphe Quellen der mittelalterlichen Feiern und Spiele 78 (Hl. Drei Könige); 99 (Mariä Opferung); 229 f. (Hebammen bei Christi Geburt); 252 f. (Himmelfahrt Mariä).
Archysinagogus 93.
Arras 188, 249.
Ascanius 251.
Assumptio Mariae 252.
Atum 8.
Aufführungspraxis der Fronleichnamszyklen 190 f.
Aufsuchen der Gottheit 6 A. 18, 26, 124 ff. (allg.); 23 (Marien); 33 (Hirten); 37, 232 ff. (Magi); 43 (im Introitus der Messe); 61 (in der *Visitatio Sepulchri*).
Augsburg 56, 101.
Augustinus 92, 93.
Augustus (Octavian) 277 ff.
Autorität der Bibel 49, 52, 153, 155.
Avignon 99.

Baal 6 f.
Babylon 6, 149 f.
Balthasar 109 f., 146 ff., 258, 263, 268.

332

Bassingbourne 190.
Bayeux 81.
Beatrice (im Werk Dantes) 18.
Beauvais 107 f., 110, 120, 146, 148 f.
Bec 196, 199.
Belsazar s. Balthasar.
Benediktbeuern 69 f., 78, 92, 95, 128, 133, 167, 238, 242, 257, 268.
Benediktbeurer Passionsspiele 128, 130, 157, 238 f., 305.
Benediktbeurer Weihnachtsspiel 144 f., 258, 263.
Besançon 81 f., 126.
Bethlehem 32, 74, 81, 96, 108, 124, 149, 227, 233, 235, 256, 262, 286 ff., 291.
bethlehemitischer Kindermord 87 ff. (*Ordo Rachelis*); 96 (im Benediktbeurer Weihnachtsspiel); 235 ff., (in den englischen Fronleichnamszyklen).
Beverley 173, 189.
Bibel, s. auch Altes Testament u. Neues Testament. *Allg.:* 77, 84, 89, 115, 153, 228, 250 A. 10, 252, 304 (Vulgata).
Biberach 189.
Bileam 150.
Bilsen 84, 86, 145 ff., 257 ff., 262.
Burnt Norton 123.
byzantinische Liturgie 3, 9, 34 A. 39.

Canterbury 180, 189, 195, 199.
Canterbury Tales 270, 294.
Carmina Burana s. auch Benediktbeurer Passionsspiele u. Benediktbeurer Weihnachtsspiel. 68, 71.
Carols 228 f. (*As I out rode*).
Cayphe 251.
Celius 250.
Cethron 160.
Châlons-sur-Marne 32.
Chelmsford 190.
Chester 173, 189, 247, 286.
Chester Plays 167, 173, 193, 209, 216 ff., 226 f., 231 f., 234, 237, 239, 243 ff., 248, 259 ff., 265 ff., 269 ff., 277 ff., 283 ff., 288 ff.
Circumcisio 91 (Aufführung von *Ordines Prophetarum*).
Cividale 30, 38, 70, 100, 169 f., 172.
Clemens V. 207.
Clermont-Ferrand 75.
Comédie de l'adoration des trois roys 261, 289 A. 177, 290.
„commemorative" Deutung d. Messe 44 ff.

Compiègne 235.
Concordantia Caritatis (aus Lilienfeld) 264.
consolatrices s. *Ordo Rachelis*.
Consuetudinarium Sancti Osmundi 197.
Contra Judaeos, Paganos, et Arianos Sermo de Symbolo 90.
Conversio Sancti Pauli 96, 98.
Coventry 189, 227.

Daniel 92, 103, 107 ff., 145 f., 149.
Danielsspiele s. *Ludus Danielis*.
Darius 146, 148, 258.
David 4, 28, 74 f., 143, 145, 150, 171, 195, 203.
De corpore et sanguine Domini adversus Berengarium Turonensem liber 196.
Decreta pro ordine Sancti Benedicti 195, 198 f.
Deodatus 160.
Depositio und *Elevatio* 136 ff., 242 f. (allg.); 204 ff. (Beteiligung der Laien).
Digby Plays 191, 221, 245, 262.
„dionysische" Gottheiten 7.
Dionysos 7 f.
Drei Könige 93 f., 124 f., 140, 142 ff., 147 ff., 229, 232 ff., 255 f., 286 ff., 291.

Eadgar (König) 16.
East Harling 290.
Edinburgh 190.
Egerer Fronleichnamsspiel 188, 251.
Einsiedeln 65, 70.
Elevatio 204 f., 208, 242 ff.
Elias 285.
Elisabeth 37 f., 167.
Emmaus 156, 157 f., 178, 206.
Engelberg 69.
Enoch 285.
entremeses 189.
Epiphanias 77 ff. (Stellung im Kirchenjahr); 171 A. 18 (Aufführungsdatum eines Prophetenspiels).
Esau 104 f., 110.
Eucharistie 45 (E. und Drama); 70, 158 (realsymbolische Vergegenwärtigung des Opfers Christi); 174 (Fronleichnamsfest); 177 ff. (Sakrament); 191 (Fronleichnamsprozession); 194 ff. (in Palmsonntagsprozession); 203 A. 141 (Bezug zu Gründonnerstag u. Fronleichnam); 240 ff. (Einsetzung der E. im *Ludus Coventriae*).

333

Eufrosina 160 f.
Eva 184 f., 187, 297 f.
Exeter 201.
Ezechias 149 f., 261.

Fécamp 54.
figurale Exegese 103, 123 f. (allg.); 104 f. (Jakob und Esau).
Filius Getronis 114, 162.
Fleury 16, 69, 88 ff., 97, 112 f., 142, 156, 160, 162, 289.
Frankfurt 188 f.
Franziskus von Assisi 79.
Freiburg 189.
Freising 90, 144, 167, 229, 235.
Friedrich I. (Barbarossa) 119.
Fronleichnamsfest 172 f. (F. und Zyklenbildung); 174 (Einsetzung); 189 ff. (Prozession); 238 ff. (Liturgie).
Funktionswechsel der an liturgischen Feiern beteiligten Kleriker 62 ff. (im Apostellauf der *Visitationes Sepulchri*); 66 ff. (in *Ludi Paschales*); 75 f. (in *Officia Pastorum*); 80 ff. (in *Officia Stellae*); 102 (in der Feier zu Mariä Lichtmeß); 109 f. (im *Ludus Danielis*).
Fußwaschung 203.

Gabriel 99, 100.
gallische Liturgie 4 A. 6.
Garcio 286.
Gedeon 250.
Gefäße der Magier 147 ff.
geistesgeschichtliche Betrachtungsweise d. geistlichen Spiele 12 f.
Gent 16.
Gerberga 285.
Geschichtsbewußtsein des Mittelalters 28, 123 ff.
Gesta Abbatum Monasterii S. Albani 197.
Gideon 171.
Gloucester 172.
Goliath 171.
Gorze 16.
Grab 7 A. 18 (Grab des Adonis); 31 ff., 139 ff. (typologische Gleichsetzung von Grab und Krippe); 220 (Grab Christi im *Ludus Coventriae*); 248 f. (Grab des Lazarus); 253 (Grab Mariä).
Grabtücher Christi 62, 136 ff., 215, 224.
Graduarium-Troparium Modoetinum (Monza) 51.

Gregor d. Gr. 16.
Gregor IX. 197.
griechisches Drama 5.
Gyll 296 f.

Habakuk 143.
Hamlet 259, 260.
Handlyng Synne 265, 269.
Heidelberg 188.
heidnische Elemente in geistlichen Spielen 3, 5 A. 10.
heidnische quasi-dramatische Darstellungen 3, 5 ff., 9.
heidnischer Ursprung d. geistlichen Spiels 3 f. (abgelehnt); 192 A. 97 (heidnische Umzüge u. christliche Prozession).
Helisabeth s. Elisabeth.
heortologische Gesichtspunkte 39 (Geburt Johannis des Täufers); 40 f. (Auferstehung Christi); 77 ff. (Epiphanias und Weihnachten); 98 f. (Marienfeste); 168 f. (Aufführungszeit von geistlich. Spielen und Zyklen); 207 f. (heortologische Unfestigkeit der Fronleichnamsprozession).
Herodes Agrippa 258, 263.
Herodes Antipas 271 ff., 293.
Herodes iratus et superbus 85 (Sallustzitat); 255 ff. (als Anti-Christ).
Herodes Magnus 17, 37, 81 f., 85 ff., 94, 142, 145 ff., 153, 236, 255 ff., 267 ff., 277 ff., 281 ff., 285, 289, 295.
Hildesheim 112 f., 162.
Himmelfahrt Christi 29 (allg.); 159 (typgleich mit Letztem Abendmahl).
Himmelfahrt Mariä 252 ff.
Hiob 113.
Historienspiel 119.
historischer Schriftsinn 110.
Hodie cantandus est 41 f.
Horned God 297 f.
Hortulanus 151, 153 f., 167, 178.
Horus 69.
Hymnen 30 (*Iam Christus astra ascenderat*); 74 (*Salve virgo singularis*); 84, 182 (*Te Deum*); 110 (*Nuntium vobis fero*); 117 (*Salve, mundi domine*); 236 (*Salvete, flos martyrum*); 239 (*Sacris solemniis*).

Iacchos 7.
Iconia Sancti Nicholai 114.
Ingolstadt 159.

Innsbruck 188 f.
Internationalität der liturgischen Feiern 14 ff.
Ipswich 189.
Isaac 104 f.
Isaias 30, 92, 149 f.
Isis 6.

Jacob 104 f., 110.
Jacobus (Apostel) 178.
Jakob und Esau 103 ff.
Jehova 7.
Jeremias 92.
Jerusalem 116, 118 f., 147 ff., 153, 156, 158, 178, 193, 194, 201.
Jeu d'Adam 187.
Johannes (Apostel) 62, 64, 137, 154, 161, 178, 254 f.
Johannes der Täufer 38 f., 249.
Johannes XXII. 207.
Joseph hl. 99, 229.
Joseph und seine Brüder 3, 7, 248.
Joseph (von Ägypten) 103, 105 f., 111.
Joseph von Arimathia 253.
Judas 25 f., 240 f.
Jupiter 260.

Kain 168, 185 f.
Kaiphas 268, 274 ff., 293.
Kana 78.
Kendal 189.
King John (Bale) 119.
Kleophas 154.
Klosterneuburg 57, 65 f., 69, 128, 167 f.
komische Elemente 250 A. 11 (im Passionsspiel des Arnoul Greban); 272 (Herodes Antipas); 291 ff. (Mak-Spiel).
Konstanz 70.
Kontinuität zwischen lateinischen Feiern und Fronleichnamszyklen 9 ff., 209 ff.
Kontrafaktur 36 A. 39 u. 40.
Krakau 137.
Krippe 31 ff., 139 ff. (Altar als symbol. Ort für K., Gleichsetzung mit Grab); 79 (Krippenkult); 93 (im Benediktbeurer Weihnachtsspiel).
Künzelsau 188 f.

Laon 88 ff., 105, 142, 235.
Lay Folks Mass Book 201.
Lazarus 96 f., 249 ff.
Legenda Aurea 252 f., 278 f.
Legenden 78, 149 f., 286 (Hl. Drei Könige); 111 ff. (als Quellen der Mirakelspiele); 230 ff. (ungläubige Salome); 278 (Kaiser Augustus).
Leicester 189.
Life and Repentance of Mary Magdalene 305.
Limoges 10, 31, 72, 79 f., 82, 87, 91 f., 114, 236.
Lincoln 180, 189.
Lire 199.
liturgische Funktion der Geschöpfe Gottes 181, 184 f. (Adam), 182 f. (Engel), 183 (Luzifer), 186 (Kain und Abel, Liturgen des AT), 202 (Gläubige in Fronleichnamsprozession), 204 ff. (Ausschluß der Laien von *Depositio* und *Elevatio*); 206 ff. (Laien als „Liturgen" in Fronleichnamsprozession); 267 ff., 284 (Anspruch der Anti-Christen).
Loki 296.
London 189, 192.
lothringische Reform 16.
Louth 190.
Ludus breviter de Passione (Benediktbeuern) 239.
Ludus Coventriae 182 f., 189, 220 f., 226, 231 ff., 234, 240 ff., 248 f., 251 ff., 261 ff., 267, 271 ff., 281, 290, 302.
Ludus Danielis 106 ff., 120, 145 ff., 258.
Ludus de Antichristo 114, 116, 118 f., 285.
Ludus de Rege Aegypti 116.
Ludus Paschalis 64 ff., 70, 128, 135, 211, 242, 247, 268.
Ludus Prophetarum, s. auch *Ordo Prophetarum*. 171.
Ludus Resurrectionis 128.

Magd im Dreikönigsspiel 234 f.
Magi s. Drei Könige.
Mailand 52.
Mak 292 ff.
Manuel des Pechiez 266.
Marcanthonne 251.
Maria Jacobi 57, 126, 217, 219, 222.
Maria Magdalena 54 f., 57, 62 f., 65 f., 68, 126, 128 ff., 151 f., 154, 178, 211, 216, 218, 220, 224, 253 ff., 305 f.
Maria (Mutter Jesu) 30, 38 f., 41, 73, 76, 98 ff., 125 f., 139, 161, 167, 229 ff., 253 f., 295, 297.
Maria Salome 57, 126, 217 f., 231 f.

335

Marienfeste 98 (allg.); 98 f. (Mariä Verkündigung); 101 f. (Mariä Lichtmeß); 252 ff. (Mariä Auferstehung und Himmelfahrt).
Markus (Apostel) 294.
Mars 94, 260.
Martin V. 207.
Melchisedek 186.
Melford 198.
Merkur 94, 260.
Mimus 3 f.
minstrels 4.
Mirakelspiele 111 ff. (Nikolaus); 160 ff. (typologische Übertragung auf Nikolaus-Mirakel); 230 ff. (Salome-Mirakel).
missa solemnis 43.
missionarische Funktion geistlicher Spiele 171.
Mistère du Viel Testament 281, 283.
mittelalterliche Bibliotheken 14 A. 12.
Monte Cassino 70, 71, 167.
Montpellier 86.
Mont St. Michel 67.
Moosburg 158 f.
moralische Funktion lateinischer Spiele 106 (Joseph und seine Brüder); 113, 163 (*Tres Filiae*); 114 ff. (*Sponsus*); 130 ff. (*Maria Magdalena* im Benediktbeurer Passionsspiel).
Moses 91 f., 186, 263, 282 f.
Musik s. auch Antiphonen, Hymnen, Musikbeispiele, *processionale, prosulae,* Responsorien, Sequenzen, Tropen. 13 f. (methodologische Überlegungen); 14 A. 11 (Ausgaben); 34 ff. (typologische Übertragungen); 226 f. (in den englischen Fronleichnamszyklen); 255 A. 32 (typologische Übertragungen).
Musikbeispiele 34 (*Visitatio Sepulchri* – *Visitatio Praesepis*); 38 f. (Geburt Christi – Geburt Johannis des Täufers); 35 f. (Osterspiel – Hirtenspiel); 35 A. 39 (Weihnachts-Sticheron – Karfreitags-Sticheron).
Mystère de la Passion (Arnoul Greban) 273, 276, 289.
Mystère de la Passion (Jean Michel) 130, 249, 251, 271, 276, 305.
Mystère de l'Incarnation et Nativité 289 f.
Mysterienreligionen 7 f.
mythische Erzählungen 5.

Nathan 276.
Nazareth 30.
Nebukadnezar 147 f., 258.
Neues Testament 96 ff. (allg.); *Einzelbelege*: 23, 26, 29, 33, 54, 60, 88, 115, 124, 128 f., 151, 153, 157, 215 f., 220, 255, 262, 268, 273, 288 (Matthäus); 24, 29, 54, 126, 129, 151, 213, 215, 217, 220, 255, 273 (Markus); 24, 26, 29, 31, 33, 37 f., 54, 60, 74, 101, 126, 129, 132, 138, 143, 154 ff., 215, 217, 229, 255, 268, 288, 294 (Lukas); 25 f., 54 f., 68, 138, 151, 157 ff., 223, 240, 249, 253 f., 273 (Johannes); 29 (Apostelgeschichte); 9, 40 (1. Korinther).
Nevers 188, 234, 255.
Newcastle-upon-Tyne 189.
New Romney 189.
Nikodemus 135, 253.
Nikolaus 113 f., 160.
Noah 186, 297, 298.
Norwich 189.
Nürnberg 70.

obstetrices 42, 93, 139 f., 226, 229 ff.
Officium de Festo Corporis Christi 193.
Officium Pastorum 36, 73 ff., 79, 82, 87, 92, 94 f., 138 f., 141 ff., 167 f., 209, 226, 230 ff., 238, 286 f., 290, 297 f., 304.
Officium Sepulchri 36.
Officium Stellae 36, 77 ff., 82 ff., 92 ff., 99 f., 110, 120, 125 f., 128, 138, 140 ff., 149 f., 167 f., 208 f., 229, 232 ff., 238, 255 ff., 268, 270 f., 279, 287 f., 298, 301, 304.
„olympische" Gottheiten 7.
Opfer 70, 185 (O. Christi); 79, 125 232 ff. (Drei Könige); 83 (*oblatio populi*); 99 (Mariä Opferung); 126 ff. (Marien); 181 (Dankopfer Adams).
Ordo Adae 168.
Ordo de Ysaac et Rebecca et filiis eorum recitandus 104.
Ordo Prophetarum 90 ff., 107, 145, 167, 168.
Ordo Rachelis 87, 89 f., 92, 144 f., 160, 162, 167 f., 209, 235 f., 238, 304.
Ordo Stellae 145 ff., 235, 257 ff., 262.
Origny 66, 69, 128, 133, 211.
Osiris 3, 5 ff., 69.
Oxford 201.

Padua 102, 138.
Palmesel 194.
Palmsonntagsprozession 193 ff. (allg.); 198 f. (geographische Verbreitung der eucharistischen Palmsonntagsprozession); 203 f. (aktive Beteiligung der Laien).
pantomimische Darstellung 6 (im Baal-Kult); 93 (im Benediktbeurer Weihnachtsspiel); 188 A. 85 (*transitus figurarum* in Deutschland); 189 (span. *entremeses*); 192 A. 97 (in Fronleichnamsprozessionen).
Parusie Gottes 175.
Passau 63.
Passion d'Arras 251, 289 ff.
Passion de Semur 289.
passiones der Karwoche 71 (Ursprung d. Passionsspiele).
Peregrinus 154, 156.
Perques 250.
Petrus 24, 62, 64, 137 f., 154, 178, 225 f., 241, 254 f.
Pilatus 17, 167, 268 ff., 276 f., 295.
planctus 70 ff. (Verhältnis des *Planctus Mariae* zu den Passionsspielen); 88 f. (*Planctus Rachelis*); 160 ff. (*Planctus Rachelis* übernommen in Mirakel-Spiele); 161 (*Planctus Rachelis* übertragen auf *Planctus Mariae*); 224 (in den "Digby Plays"); 236 (Wegfall des *Planctus Rachelis* in den englischen Fronleichnamszyklen).
präfigurative Bezüge s. auch figurale Exegese. 28 (David – Christus); 37 ff. (Johannes – Christus); 145 ff., 258 (Belsazar, Nebukadnezar, Darius–Herodes Magnus); 239 f. („altes u. neues Pascha"); 264 ff. (Luzifer – Pharao – Herodes Magnus); 283 (Moses – Christus); 287 A. 169 (Königin von Saba – Hl. Drei Könige).
Preston 189.
processionale 74, 226 ff. (*Transeamus*); 210 ff. (*Iam, iam ecce*); 210 ff. (*Sed eamus*).
prosulae 80 (*O quam dignis*).
prozessionale Aufführungsweise 189 ff. (englische Zyklen); 189 A. 87 (Künzelsauer Fronleichnamsspiel).
psychologische Inkonsistenz liturgischer Texte 65 f. (in *Ludi Paschales*).
Pyramidensprüche 8.

Rachel 88, 96, 161, 163, 236 f.
Ralph Roister Doister 305.
Ras-Schamra 6.
Reading 190.
Rebecca 104 f.
Regensburg 170.
Regularis Concordia 16, 136, 205.
Responsorien 43 (*Hora est*); 57 (*Dum transisset*); 74 (*Pax in terris*); 88 ff., 96, 235 (*Sub altare Dei*); 100 (*Gaude Maria Virgo*).
Riga 171.
Ripoll 37, 133.
Rom 98, 198.
roques 189.
Rouen 34 f., 74 f., 82 ff., 91, 125, 139 f., 143, 151 ff., 197 ff.
royal entries 192 A. 97.
Rubion 251.

Saba 79; 287 (Königin von Saba).
Saint Albans 180, 196.
Saint Albans-Psalter 237.
Saint Benoît 34.
Saint Maur 188.
Saint Ouen 199.
Sais 6.
Salerno 91.
Salisbury 197.
Salome 230 ff., 287.
Sankt Gallen 10, 23, 31, 47 f., 188.
Santiago de Compostella 67.
Saturn 94, 260.
Schönheitsbeschreibung 269.
Scoggins Iestes 307.
Semur 188.
Sequenzen 55, 65, 141, 144, 153, 211, 225, 255 A. 32 (*Victimae paschali*); 61 f. (*Mane prima sabbati*); 92 (*Laetabundus*); 239, 241 (*Lauda Sion*).
Shrewsbury 190, 211, 226.
Shrewsbury Fragments 211, 286 ff.
Sibylle (erythräische) 278, 279.
Simeon 101 f.
Simon der Aussätzige 128, 132.
Simultanbühne 188.
Sirinus 278.
Soissons 125.
soziologische Aspekte 206 (Liturgie); 258 A. 44 (Herodes); 290 (Hl. Drei Könige und Hirten).
Speyer 58.
Spielleute 4.

Sponsus, 114 f.
stationäre Aufführungsweise 188 f. (auf dem Kontinent); 189 A. 93, 190 A. 94 (in England).
Stern der Magier 233, 287 ff.
Stichera s. byzantinische Liturgie.
Stilbon 94.
Stundengebet 47 ff. (Matutin am Ostermorgen); 73 (Weihnachtstropus); 76 (*Officia Pastorum*); 84, 87 (*Officia Stellae*); 87 (*Ordo Rachelis*); 91 (*Ordo Prophetarum*); 112 (Nikolauslegenden als *lectiones*).
Sulmona-Fragment 71.
Suscitatio Lazari 251 f., 255.

Tammuz-Adonis 7.
Tegernsee 56, 114, 116, 118, 285.
teleskopische Schachtelung typgleicher Szenen 68, 153.
Tharsis 79, 83.
theologische Lehre 13 (Umsetzung in dramatische Formen); 97 f. (im Lazarus-Spiel aus Fleury); 173 ff. (Fronleichnamsfest); 180 ff. (Umsetzung in den Fronleichnamszyklen); 240 ff. (Transsubstantiationslehre).
Theophanie 26, 37, 150 ff.
theophorische Prozessionen 193 ff. (Tradition in England); 201 ff. (Fronleichnamsprozession).
Thersites 305.
Thomas (Apostel) 253, 254.
Till Eulenspiegel 306 ff.
Toledo 52.
Tours 34 f., 66, 69, 91, 128, 133, 268.
Towneley Plays 215, 218, 221, 244 f., 262, 265 ff., 269 ff., 275, 277, 279, 281 f., 291, 297.
transitus figurarum 188 A. 85.
Transsubstantiationslehre 196 (Berengar von Tours und Lanfranc); 200 (liturgische Konsequenzen); 240 ff. (im *Ludus Coventriae*).
Tres Clerici 114.
Tres Filiae 112, 162.
Trier 136.
Troparium Beneventuanum (Benevento) 49.
Troparium Lemovicense (Limoges) 3, 31.
Troparium Mantuanum (Mantua) 43, 73.

Tropen 23–46, 47–70, 211 ff., 244 (*Quem quaeritis in sepulchro*); 28, 30 (*Quem creditis*); 30 ff., 72–96, 226 (*Quem quaeritis in praesepe*); 41 (*Hodie cantandus est*).
Troyes 188.
Tubal 250.
typologische Übertragung 17 f., 123 f. (allg.); 124–150 (*Visitatio Sepulchri – Officium Stellae – Officium Pastorum*); 151–159 (*Hortulanus – Peregrinus – Cena – Ascensio*); 160 ff. (*Ordo Rachelis – Filius Getronis – Tres Filiae*); 247 (i. d. engl. Fronleichnamszyklen allg.); 247–255 (*Visitatio Sepulchri – Suscitatio Lazari – Assumptio Mariae*); 255–285 (Luzifer – Herodes Magnus – Pilatus – Herodes Antipas – Kaiphas – Kaiser Augustus – eschatologischer Antichrist); 286–291 (Hl. Drei Könige – Hirten); 292 ff. (Anti-Christen-Mak); 294 f. (Gegentypologische Übertragung Christus – Mak).

Ugarit 6.
Urban IV. 202, 207.
Usir s. Osiris.
Utrecht 53.
Uxor Noe 297.

Valenciennes 188.
Vegetationsmythen 7 A. 23.
Venus 94, 260.
Vienne 174, 188, 202.
visitatio s. Aufsuchen der Gottheit.
Visitatio Lazari 250, 251.
Visitatio Praesepis 34, 41, 43, 72 f., 95, 120, 124, 139, 202, 208, 226 f., 229 ff., 246, 301.
Visitatio Sepulchri 9, 10, 13, 15 f., 19, 23, 27 f., 30 f., 34, 37, 39 ff., 46 ff., 51 ff., 61, 63 f., 67 ff., 72 ff., 80, 82 ff., 87, 102, 112, 120, 123 ff., 130, 135 ff., 141, 151, 153, 167, 182, 191, 202, 205 f., 209, 211 ff., 215 ff., 220 f., 223 ff., 229 f., 233 f., 238, 242 ff., 246 ff., 254 f., 301, 304, 308.
Vitae Abbatum Monasterii S. Albani s. *Gesta Abbatum*.
Volksfrömmigkeit 200 f.
Vulgata s. Bibel.

wagenspel 189.
Wakefield 189 f., 247, 261, 276, 286.

Weihnachtsfest 77 ff. (Stellung im Kirchenjahr).
Wien 57, 188.
Winchester 197.
Worcester 189.

York 173, 189, 197, 208, 211, 226, 247.
York Plays 181 ff., 185, 211 ff., 215 f., 218, 220, 226 f., 233, 244, 248, 252 ff., 260 f., 264, 266, 269 ff., 281 f., 287, 302.

Zacharias 37.
Zeitbegriff (im Mittelalter) s. auch achronische Anordnung. 28, 123 ff.
Zelomi 229 ff.
Zerbst 189.
Zeus 7, 260.
Zünfte 206.
Zwiefalten 61.
Zyklenbildung im mittelalterlichen Spiel 168 (allg.); 172 ff. (Heilsgeschichte u. Fronleichnamszyklen).